LES
FRANÇAIS AU TONKIN

1787-1884

PAR

HIPPOLYTE GAUTIER

AVEC SIX CARTES

Et un Portrait de Francis Garnier

NOUVELLE ÉDITION

CHALLAMEL AINÉ, ÉDITEUR
5, RUE JACOB, 5

PARIS   1884

LES

FRANÇAIS AU TONKIN

SCEAUX. — IMPRIMERIE CHARAIRE ET FILS.

FRANCIS GARNIER

HIPPOLYTE GAUTIER

LES
FRANÇAIS AU TONKIN

1787-1884

DAYOT — DUPUIS — SENEZ — FRANCIS GARNIER
BALNY D'AVRICOURT — DE TRENTINIAN
HAUTEFEUILLE — ESMEZ — RHEINHART
DE KERGARADEC — HENRI RIVIÈRE
GÉNÉRAL BOUËT — J. HARMAND
AMIRAL COURBET — GÉNÉRAL MILLOT

NOUVELLE ÉDITION

PARIS
CHALLAMEL AÎNÉ, ÉDITEUR
5, RUE JACOB, 5

1884

QUELQUES MOTS

SUR CETTE NOUVELLE ÉDITION

De nouveaux faits d'armes, depuis l'apparition de ce livre, ont encore illustré le nom de la France dans l'Indo-Chine. De nouveaux documents ont été divulgués. Il en est tenu compte ici [1].

Un récit consacré à la gloire des Français qui ont ouvert au commerce le fleuve Rouge devait se continuer à mesure qu'ils trouvent eux-mêmes des continuateurs.

On comprendra toutefois que les développements ne soient pas les mêmes que pour la période de l'initiative et du début. Il y a une grande différence entre les événements d'alors et ceux d'aujourd'hui. Les premiers éclairent plus vivement la question du Tonkin ; ils excitent d'ailleurs

---

1. Aussi cette édition comprend-elle deux cartes nouvelles : celle de Hanoï à Son-tay et celle des environs de Bac-Ninh.

l'étonnement ; ils constituent une véritable épopée, la plus extraordinaire du siècle. Les seconds rentrent dans le cadre des guerres lointaines, dures, pénibles, mais conduites avec des moyens proportionnés : la France a fini par envoyer là une armée, une flottille, des amiraux, des généraux : elle déploie des ressources avec lesquelles il serait étonnant qu'on ne fît point de grandes choses. — Ah ! si l'on m'en avait donné autant ! a pu dire avec regret le général Bouët. Que n'eût pas dit à plus forte raison Henri Rivière, s'il eût survécu ? Et Francis Garnier ? Avec lui, en 1873, une imperceptible poignée de braves fait l'invraisemblable conquête de cinq forteresses, dont la reprise depuis lors nous a coûté d'autres efforts. Elle est conduite par de jeunes héros. Le chef est un lieutenant de vaisseau ; il a trente-quatre ans ; il est secondé par des enseignes, Esmez, Balny d'Avricourt, des sous-lieutenants, de Trentinian, des aspirants, Hautefeuille ; ils ne sont même pas tous majeurs et se trouvent commandants militaires de populeuses provinces ; on voit, dans cette fantastique campagne, des quartier-maîtres détachés en expédition à la tête de milices commander la bataille contre des milliers d'ennemis. Un publiciste bienveillant[1] — de ceux

---

1. Raoul Frary, dans le *National*.

que je dois remercier ici, pour avoir honoré mon travail de leurs appréciations — a fait ressortir en termes admirablement justes cette physionomie de la première conquête, celle de Francis Garnier :

« Nous savions depuis longtemps que notre malheureux compatriote avait renouvelé sur les bords du fleuve Rouge, les exploits des Cortez et des Pizarre, et cela en face d'ennemis en somme bien différents des Aztèques et des Incas ; les Annamites connaissaient la poudre : ils avaient des canons, une certaine discipline militaire, des citadelles construites par des ingénieurs européens. Mais si les exploits de Francis Garnier ont quelque chose d'antique, son esprit et son caractère sont bien d'un moderne, d'un Français du XIXe siècle. Ce soldat est un géographe, un voyageur savant et hardi, aussi capable des pénibles et patientes conquêtes de l'explorateur que des coups de main audacieux. C'est un patriote dévoué, un administrateur habile, un vainqueur clément et généreux rassurant les populations après avoir épouvanté l'ennemi, et ralliant autour de lui, en quelques jours, de nombreux alliés volontaires. Ce Cortez généreux et désintéressé se doublait d'un Dupleix. Il joignait les qualités d'un pasteur des peuples à celles d'un chef de guerre. Il savait à la fois comment on exalte chez des Européens le sentiment de leur supériorité, comment on inspire aux Asiatiques la confiance et l'attachement.

« Les Anglais auraient pris le deuil de Francis Garnier, lui auraient fait des funérailles magnifiques, auraient accueilli avec enthousiasme un tel gage de relèvement national. »

Il n'en fut point ainsi chez nous, comme on le verra. Mais de telles appréciations valent bien pour la mémoire d'un héros des honneurs officiels et cette histoire ne pouvait souhaiter une meilleure préface.

Avril 1884.

AVANT-PROPOS

DE LA PREMIÈRE ÉDITION

Primitivement le titre devait être : Francis Garnier au Tonkin. Bien que le cadre ait été élargi par le récit de ce qui a été fait avant 1873, de ce qui a été fait depuis, ce titre serait encore exact. C'est en effet l'inspiration de Francis Garnier qui domine. Quand il est mort pour assurer à son pays un riche empire colonial, il y avait dix ans que son rêve était « l'Indo-Chine française » ; il y en avait six qu'il préconisait l'ouverture d'une route commerciale par la vallée du Tonkin comme « l'un des résultats les plus importants que la politique française doive chercher à obtenir dans l'Indo-Chine [1]. » Il a donné sa vie à cette idée.

J'ai rassemblé ici ce qui dans sa correspondance et ses ouvrages est relatif au Tonkin, les lettres que sa veuve, son frère, des amis m'ont communiquées, celles qu'il m'écrivait et qui me rendaient avec eux confident de ses espérances, dépositaire de sa pensée, le souvenir des entretiens par lesquels il m'initiait à ses vues sur l'Extrême-Orient, enfin des indications et des notes dues à plusieurs de ses compagnons d'armes, à plusieurs témoins de son œuvre.

« De votre côté, plaidez, non pas ma cause, mais celle des intérêts français que je défends, me recommandait une de ses lettres au moment où il partait pour le Tonkin.

---

[1]. Conclusion de sa Relation de voyage sur le Mékong.

Cette tâche qu'il me confiait, et qui, hélas! est devenue un legs, je l'ai remplie comme je l'ai pu pendant dix ans dans la presse. Aujourd'hui, la cause n'est plus à plaider ; grâce à de généreux efforts d'hommes de cœur, l'opinion est faite ; les démarches persévérantes, les écrits [1], la pétition du négociant français, M. Dupuis, qui le premier avait créé une entreprise de navigation sur le fleuve Rouge, et le rapport que M. Bouchet a fait sur cette pétition à la Chambre des députés ont grandement contribué à ce réveil. L'infortune du commandant Rivière qui est venue, à dix ans de distance, rappeler si tristement celle de Francis Garnier, a fait entrer maintenant la question du Tonkin dans les préoccupations les plus vives de la France.

Mais combien d'incertitudes et de préventions a-t-il fallu combattre! Et cela, depuis que nous avons mis le pied dans l'Annam. La conquête de Saïgon, le développement de notre colonie de Cochinchine avaient passé par les même phases d'hésitations.

Malheureusement l'opinion publique, inattentive à ces œuvres lointaines, stimulait mal et plutôt paralysait l'initiative du gouvernement. On s'était déshabitué à Paris de l'intelligence des intérêts coloniaux. Ces questions passionnaient si peu, que même les faits d'armes, eux qui font vibrer ordinairement la fibre patriotique, obtenaient à peine chez nous un coup d'œil ; la distance en éteignait l'éclat. Rien de décourageant comme cette indifférence. De toutes parts, on s'en plaignait parmi ceux qui assistaient de près à tant de stoïques efforts, à tant d'admirables dévouements mis au service de la patrie, à trois mille lieues d'elle, sans qu'elle y prît garde.

C'est à peine si les noms des victoires de Kihoa et de

---

1. Outre un *Mémoire*, M. Dupuis a publié un ouvrage intitulé : *L'ouverture du fleuve Rouge au commerce et les évènements du Tonkin*, 1872-1873, que je désignerai plus brièvement dans mes citations par son sous-titre : *Journal de Voyage*. (Challamel aîné, éditeur.)

Mitho ont été connus en France. L'annexion des trois nouvelles provinces de la Cochinchine en 1867 a passé presque inaperçue.

Il en a été de même pour l'exploration du Mékong, dont M. Vivien Saint-Martin a pu dire : « C'est sans contredit la plus grande entreprise scientifique qui ait eu lieu jusqu'à présent dans l'intérieur de l'Indo-Chine et l'une des plus marquantes dans l'histoire géographique de l'Asie », mais qui n'a pas eu, en dehors du monde savant, le retentissement qu'elle méritait. Les sociétés de géographie de Paris et de l'étranger la célébrèrent par de hautes récompenses; celle de Londres décerna à Francis Garnier sa grande médaille d'or, le Congrès international d'Anvers vota deux médailles d'honneur, l'une pour Livingstone, l'autre pour Francis Garnier. Mais, dans le public, combien, même aujourd'hui, savent seulement que le Mékong a été exploré et que la campagne du Tonkin est sortie de cette exploration?

Aussi faut-il voir avec quel serrement de cœur ces grands chercheurs, qui vont si loin sonder le globe pour nous, s'étonnent de retrouver la terre natale étrangère à l'ardent mobile qui les animait! Qu'on relise les conclusions dont Francis Garnier a fait suivre sa relation de voyage :

« Lorsqu'on revient en France après de longues années de séjour en pays lointain, pendant lesquelles on s'est trouvé mêlé plus ou moins à toutes les entreprises, à tous les efforts tentés à l'extérieur en vue de l'intérêt du pays, on reste singulièrement touché de la profonde indifférence du public pour tout ce qui se rattache à ce côté de la grandeur nationale qui jusqu'alors vous avait paru si intéressant et si nécessaire. Il semble qu'il n'y ait aucun lien entre les intérêts qu'on vient de défendre et cette nation, jadis aventureuse, aujourd'hui tellement repliée sur elle-même qu'elle ne songe même plus à chercher au dehors un aliment à son activité naturelle... Nous vivons, sans paraître nous en douter, à côté de populations innombrables et de contrées d'une richesse infinie, que la rapidité des communications a mises à nos portes. Alors que l'industrie des nations rivales sait aller y puiser les matières premières et y trouver les consommateurs qui la font vivre et prospérer, la nôtre, leur égale en habileté et en science, se restreint volontairement au seul marché de l'Europe et ignore que la fortune attend ailleurs ses produits.

Serait-il inexact, enfin, de dire que même la première expédition du Tonkin, celle de 1873, n'a pas été en son temps suivie avec une attention suffisante ? Malgré le caractère tragique que lui a donné la mort de son chef, malgré l'éclat que jetaient sur elle des actes d'audace qui sembleront un jour fabuleux et qui rappellent les exploits d'Albuquerque, n'est-il point vrai que la prise de Hanoï a été tout d'abord mal appréciée et qu'on n'avait pas su en mesurer chez nous la portée ni l'intérêt? Parce que la question se réveille, on s'occupe davantage aujourd'hui de ce passé surprenant, et grâce à une curiosité tardive, il commence à être mieux connu :

Mais que de faits dénaturés encore! Que d'interprétations diverses! Que de fausses légendes! C'est ce qui m'a déterminé à recueillir des documents et des notes pour former ce livre qui viendra corroborer sur certains points, compléter sur d'autres, les publications sérieuses de deux devanciers auxquels je me plais ici à rendre hommage : M. Henri Cordier qui a publié à Shanghaï, en 1875, *Narrative of the recent events in Tong-king*, et M. Romanet du Caillaud qui a écrit une *Histoire de l'intervention française au Tong-king* [1], abondamment nourrie de faits et suivie de pièces justificatives. M. le capitaine de vaisseau Trève, qui avait connu Francis Garnier en Chine, a consacré à la mémoire de son ami une *Notice* pleine de cœur où j'aurai plus d'une fois occasion de retremper mes souvenirs personnels.

---

1. Challamel aîné, éditeur.

LES FRANÇAIS AU TONKIN

CHAPITRE PREMIER

INTRODUCTION HISTORIQUE

I

De 1787 à 1820

Premières relations de la France avec l'Annam.

A la fin du siècle dernier, la cour de Versailles fut fort étonnée de recevoir la visite d'un prince de l'Extrême-Orient, escorté d'un évêque, de deux mandarins et trente Cochinchinois. Quoiqu'habituée naguère à des hommages venant de très loin, la descendance du Grand Roi ne s'attendait plus, elle qui tristement avait laissé perdre nos colonies des deux mondes, à voir son secours réclamé du fond de l'Asie. C'était le fait cependant : un missionnaire français, évêque d'Adran, Pigneau de Béhaine amenait de Saïgon à Louis XVI, en 1787, le tout jeune fils d'un prétendant à la royauté annamite; lequel prétendant, dernier débris d'une dynastie qui avait régné sur la Cochinchine pendant deux siècles, échappé à un massacre, maintenant fugitif, dépossédé, recueilli par le prélat, demandait à nos armes aide et protection.

Ce suppliant était Nguyen-Anh, l'ancêtre de l'empereur Tu-Duc.

Il prenait mal son moment. On avait autre chose en tête, dans le palais de Versailles déjà secoué par l'orage révolutionnaire, que de restaurer un monarque sur l'autre bout du continent, à trois mille lieues.

Il se conclut néanmoins un traité que le comte de Montmorin signa au nom du roi le 28 novembre.

Par ce traité, le prince Nguyen-Anh, se déclarant dépouillé et résolu à reconquérir son héritage « avec l'assistance de Sa Majesté le roi très-chrétien », promettait à la France, en échange d'un secours d'hommes et de bâtiments de guerre, d'un subside d'argent et de munitions, l'île de Poulo-Condor, la presqu'île de Tourane, la faculté de créer sur la côte des consulats, l'autorisation pour ceux-ci d'y construire des navires en prenant le bois dans les forêts du pays; enfin un secours réciproque à fournir aux Français en cas de guerre dans l'Inde ou d'attaque subie sur le territoire de Cochinchine.

Un malentendu avec notre gouverneur de Pondichéry, puis la Révolution ne permirent pas de donner suite à cet accord.

Mais si l'exécution en fut empêchée, si l'évêque

et son royal protégé en ressentirent une déception, toujours est-il résulté de leur démarche, qu'à défaut des troupes régulières de la France, plusieurs officiers de fortune et d'un grand mérite et d'un grand courage se mirent au service d'une cause où il semblait que l'intérêt national se trouvât désormais attaché.

Tels furent les premiers Français qui firent connaître nos armes au peuple annamite, de Saïgon au Tonkin. Leur souvenir est resté longtemps vivant dans l'imagination de ces peuplades, frappée des grandes choses qu'ils ont accomplies.

Ils s'appelaient Chaigneau, Vannier, de Forsant, Dayot, Lebrun, Barisy, Lefebvre, V. Ollivier.

Il paraît que Pigneau de Behaine avait reçu du comte de Montmorin quelques présents, deux millions, a-t-on supposé. Avec ces fonds, avec son crédit sur les négociants de Pondichéry, l'énergique missionnaire était parvenu à fréter des navires, les avait chargés de volontaires, d'armes, de munitions et amenés au malheureux Nguyen-Anh. C'étaient les commandants ainsi enrôlés qui devaient être sa providence.

Ils se mirent à l'œuvre, dressèrent des troupes, dirigèrent les attaques, livrèrent coup sur coup d'heureux combats aux usurpateurs, les chassèrent de leurs plus fortes positions, d'abord de la Basse-Cochinchine (1789), puis de la Cochinchine centrale (1793-1801), et rétablirent dans ces deux États le « roi légitime » comme l'appelait l'évêque, qui, en retour, était devenu premier ministre ; haute dignité, brillante fortune, dont Pigneau de Béhaine ne jouit pas longtemps ; car, en 1799, à 58 ans, il s'éteignit dans toute sa gloire, n'ayant plus à recueillir que les derniers honneurs, qui furent superbes, raconte la chronique des Missions : cinq parasols précédant le corps porté en riche palanquin par 80 porteurs ; des milliers de soldats l'escortant avec une suite d'éléphants, de canons, de musiciens ; la famille royale en pleurs conduisant le deuil ; le monarque prononçant lui-même l'oraison funèbre ; et, par dérogation aux usages, la reine-mère, l'impératrice, les dames de la cour, se joignant aux funérailles ; rien de solennel ne fut épargné pour se montrer sur le premier moment reconnaissant envers le bienfaiteur. Un tombeau lui fut élevé à Saïgon, confié à cinquante gardiens et déclaré à jamais monument sacré. Quant aux officiers français à qui était dû ce coup de théâtre oriental, et qui, justement la veille de l'apothéose funèbre, venaient d'arracher au parti rebelle sa dernière forteresse, assiégée par eux dans toutes les règles et, malgré « quarante mille défenseurs et cent vingt éléphants », réduite à capituler, plusieurs de ces heureux capitaines restèrent au service du vainqueur. Ils lui formèrent une armée à l'européenne, lui apprirent à fondre des canons, lui construisirent de nombreuses fortifications à la Vauban ; Ollivier lui refit son artillerie ; d'Ayot, sa marine. Ils lui donnèrent enfin un tel sentiment de sa puissance, qu'à peine réinstallé dans sa capitale, il se tourna contre un État voisin, qui ne faisait point partie de son héritage : le Tonkin. Le possesseur de ce royaume fut défait en 1802, à son tour détrôné, et le royaume entra comme simple province dans la souveraineté de Nguyen-Anh, qui prit alors le titre d'empereur (Hoang-dê) et le nom de Gialong. Cependant, l'annexion du Tonkin n'était pas consommée sans difficultés. Le peuple conquis ne supportait qu'impatiemment ses nouveaux dominateurs. Il regrettait d'anciens maîtres, la dynastie des Lê. Autant pour comprimer ses révoltes que pour le préserver des ambitions chinoises, il fallut multiplier les citadelles et ce furent encore nos compatriotes qui en devinrent les ingénieurs. Ils ne se doutaient guère, ces Français, que leurs travaux feraient un jour obstacle à d'autres Français, que nos marins devraient emporter d'assaut ces forts savamment contruits et bastionnés, entourés de fossés, garnis de redans, munis d'artillerie ; que le feu de ces canons, heureusement semblables à ceux des Invalides, serait dirigé sur nous et que la possession de ces parapets nous coûterait le plus pur de notre sang.

A soixante et onze ans de là, en effet, la France, à sa nouvelle stupéfaction, apprit coup sur coup, par deux laconiques télégrammes, qu'un lieutenant de sa marine, Françis Garnier, avec cent quatre-vingts hommes d'escorte, avait pris la citadelle de Hanoï, capitale du Tonkin, reçu la soumission des autorités locales, déclaré le fleuve Rouge ouvert au commerce des nations, expédié des ordres aux préfets de toute la contrée, détaché de sa petite troupe quelques hommes çà et là pour s'emparer des autres forteresses, installé dans quatre provinces ses compagnons d'armes comme gouverneurs ; puis qu'en plein triomphe, un mois après, le 21 décembre 1873, il avait péri dans une embuscade, nous laissant maîtres du pays.

Que s'était-il passé entre 1802 et 1873 ?

Gialong était mort en 1820.

D'Ayot, devenu son grand amiral, l'avait précédé de quelques années, noyé dans le golfe du Tonkin.

Les autres officiers, ses compagnons, se retirèrent ou furent éloignés peu à peu par une sorte de disgrâce. Les derniers furent Chaigneau, devenu consul de France à Hué, et Vannier, qui ne purent rester au delà de 1824.

Puis, il se fit un long silence sur cette épopée de nos prédécesseurs, vite oubliée chez nous. Un intervalle, pendant lequel, si nous avions pu prêter l'oreille, à travers le bruit de nos révolutions, aux échos de l'Extrême-Orient, nous n'eussions plus entendu d'autre voix française que le cri des missionnaires égorgés.

II

De 1820 à 1858.

Déclin de notre marine dans l'Extrême-Orient.

L'ingrate dynastie des Nguyen, retombée après

la mort de Gialong sous l'ascendant des lettrés, s'était mise à persécuter les continuateurs de l'évêque d'Adran et tenait avec un soin rigoureux le territoire annamite dorénavant fermé au contact européen. Peut-être, avec quelque imprudence, se prévalant trop haut des services rendus ou voulant trop vite brusquer la transformation de ce pays en pays chrétien, les missionnaires s'étaient-ils rendus gênants pour les maîtres de l'Annam, avaient-ils éveillé des défiances, des colères et compromis cette fois l'influence occidentale dont si souvent ils ont été les pionniers? Toujours est-il que les successeurs de Gialong, le premier, qui fut Minh-Mang (1820), le second, Thieu-Tri (1841), le troisième, Tu-Duc (régnant depuis 1847), ont tous été les adversaires ombrageux, impitoyables, de la propagande catholique.

Sous la royauté de juillet, on était peu porté aux expéditions lointaines. C'était assez d'avoir sur les bras l'Algérie. Les grandes conceptions maritimes du siècle de Colbert n'étaient pas le fait d'un parlementarisme préoccupé de portefeuilles ministériels et d'intérêts sédentaires. Notre commerce dans les mers orientales était devenu tellement nul que, de 1830 à 1840, le gouvernement jugea superflu d'y entretenir plus longtemps de ces vaisseaux d'État qui convoyaient autrefois les riches escadres marchandes, et notre station navale y fut réduite à la plus simple expression. Quelques rares bâtiments se montrant encore dans la baie de Tourane avaient infructueusement essayé d'y renouer des relations avec la Cochinchine.

Cependant la guerre de l'opium commença à nous ouvrir les yeux. Cette irruption armée des Anglais dans la Chine pour un intérêt de négoce attirait l'attention générale de ce côté. C'était en 1839. Alors, nous étions simples spectateurs; mais comme nous avions là, pour suivre des yeux les événements, un officier de grande valeur, le capitaine de vaisseau Cécille, on peut attribuer à ses avis un mot de M. Guizot, souvent cité : « Il ne convient pas à la France d'être absente dans une si grande partie du monde, où déjà les autres nations de l'Europe ont pris pied; il ne faut pas, en cas d'avaries, que nos bâtiments ne puissent se réparer que dans la colonie portugaise de Macao, dans le port anglais de Hong-Kong ou dans l'île espagnole de Luçon. »

Aussi, dès que le traité de Nankin (1842) eut ouvert le Céleste-Empire au commerce anglais, le ministère français fit-il un effort pour obtenir, au moins pacifiquement, notre part des avantages militairement obtenus par la Grande-Bretagne : il envoya un plénipotentiaire, M. de Lagrené, escorté pour la solennité par cinq navires; l'accueil répondit aux espérances et le traité fut signé, le 24 octobre 1844, à Whampoa.

Sur les côtes de l'Annam, quelques tentatives furent faites pour sauver les missionnaires en péril. En mars 1843, l'*Héroïne* en recueillit cinq désignés pour le supplice; en 1845 l'*Alcmène* en délivra un autre. En 1847, le commandant Lapierre avec deux navires, la *Gloire* et la *Victorieuse*, postés devant Tourane, s'efforça encore d'assurer protection à nos nationaux. Ses réclamations furent dédaignées; un guet-apens fut même dressé contre les officiers négociateurs; et le brave marin, ne consultant que l'honneur du pavillon, prit sur lui de répondre à cette déloyauté à coups de canon, en tuant quelques centaines d'Annamites attaqués par lui dans leurs forts et en coulant ou brûlant cinq corvettes de leur flottille.

Ainsi quoique la France ne comptât plus dans ces mers, ses officiers savaient encore la faire respecter. Il aurait fallu seulement que la patrie s'y montrât davantage et, malgré le mot de M. Guizot, elle en était toujours comme « absente ».

III

De 1858 à 1867.

Conquête de la Basse-Cochinchine.

De 1858 date pour nous le réveil de la politique coloniale.

C'est l'année où nous avons pris pied dans l'Extrême-Orient.

Modestement. Car on était loin du temps où la marine française, puissante en Asie, pouvait y prétendre à de grandes destinées. A côté du vaste et riche empire des Anglais dans l'Hindoustan, cet Hindoustan qui aurait dû rester nôtre et que Dupleix avait préparé pour nous, la France devait s'estimer heureuse de planter maintenant son drapeau sur un bout de terre.

Nous avions des griefs contre les Annamites. Il s'agissait d'en profiter pour leur faire payer notre premier essai de relèvement maritime. En 1856, ils avaient encore humilié par de nouveaux affronts un second négociateur qu'on leur envoyait, M. de Montigny; blessé de l'attitude insolente de leurs mandarins, le commandant du *Catinat*, Lelieur de la Ville-sur-Arce, avait dû leur infliger une nouvelle leçon : la prise d'un fort, dont les canons furent encloués.

Les Tuileries se décidèrent enfin à donner à ces hostilités une suite régulière et utile. C'était l'époque où la France d'autre part s'engageait avec l'Angleterre dans la seconde guerre de Chine. Nous n'étions plus comme la première fois réduits à regarder. Les Anglais nous invitaient à nous joindre à eux, nous pouvions accepter. Dans l'intervalle en effet, quelque force avait été rendue à notre escadre d'Extrême-Orient. Ordre lui avait été donné de promener ostensiblement le pavillon tricolore sur ces mers où l'on nous oubliait. C'était un prestige renaissant à soutenir. Nos forces navales furent donc réunies à celles de nos puissants rivaux, et ensemble elles commencèrent les opérations par le bombardement et la prise de Canton.

A cette occasion, comme de grands préparatifs étaient faits pour renforcer l'amiral Rigault de Genouilly, on prévoyait qu'ils serviraient ensuite à fonder quelque établissement colonial. De nombreux écrits y préparaient l'opinion un peu engourdie. M. C. Lavollée fit alors paraître dans la *Revue des Deux-mondes* un remarquable article où il cherchait à raviver, par le souvenir de ce que nous avions été, ls sentiment de ce que nous devions être. Il montrait les idées, les convoitises de l'Europe entraînées vers cette Asie orientale; l'écrasement dont nous étions menacés, même chez nous, faute d'avoir place là-bas; les concurrents qui nous y avaient supplantés; l'Angleterre y occupant le premier rang, gardant par Aden l'entrée de la mer Rouge, par Hong-Kong le seuil de la Chine, s'appuyant sur l'Himalaya comme sur un formidable rempart, maîtresse des ports indiens et birmans, maîtresse du détroit de Malacca; la Russie s'acheminant par le nord vers la Terre Promise du commerce, cette Chine près de laquelle les nations prévoyantes guettaient l'heure.

Pour nous, disait-il, si nous voulons relever l'influence française, ce ne peut plus être par l'Inde où elle est annulée sans retour, c'est plus à l'est vers les régions encore ouvertes aux ambitions possibles. Il pointait l'Indo-Chine.

Mais quelle partie de cette vaste péninsule? On discutait entre Saïgon et Tourane.

Tourane, près de Hué.

Saïgon, beaucoup plus au sud, dans la Basse-Cochinchine, au milieu d'un delta de plusieurs fleuves, parmi lesquels le Cambodge ou Mékong.

Ce fut d'abord Tourane. L'amiral Rigault de Genouilly s'y présenta le 31 août 1858, avec des forces respectables et un petit vapeur espagnol; car les Espagnols aussi avaient à se plaindre de l'Annam : le meurtre d'un vicaire apostolique du Tonkin, Diaz, les avait appelés à la vengeance, et ils nous aidaient. Le 2 septembre, la petite presqu'île était en notre pouvoir.

Mais c'était mal choisi comme poste fixe. C'était une impasse. On dut abandonner Tourane deux ans plus tard, après y avoir dépensé beaucoup en parcs, batteries et magasins. Une installation dans cette bourgade sans avenir commercial, sur un littoral rétréci par un mur de montagnes et dépourvu de grands cours d'eau, n'offrait qu'un médiocre intérêt. On l'avait signalée comme le point vulnérable de l'empire d'Annam, « sans doute, à pensé un écrivain maritime [1], parce que c'était le seul point de la côte qui fût bien connu des navigateurs. »

Ce qui avait aussi motivé le choix de Tourane, c'était le voisinage de la capitale, Hué, située à quinze lieues, sur laquelle primitivement l'amiral voulait agir. Il se proposait d'y conduire des canonnières par une rivière obstruée de bancs de

---

1. M. Van Eechoute, qui signait du Hailly, 1866.

sable. Mais les maladies, la mousson qui gênait ses opérations maritimes, contrarièrent ce dessein ; il y fallut renoncer et chercher un autre point vulnérable, un meilleur territoire.

Les missionnaires conseillaient de choisir la Basse-Cochinchine. Ils assuraient à l'amiral que les habitants, fatigués du joug de Tu-Duc, nous accueilleraient en libérateurs. Beaucoup de chrétiens autour de Saïgon ; beaucoup d'illusions surtout !

Il est présumable que si le Tonkin nous était apparu en ce temps-là tel que nous le connaissons aujourd'hui, c'est là que se fût jeté le dévolu tout d'abord.

L'amiral avait hésité, dit-on.

N'ayons point de regrets toutefois qu'il se soit décidé pour Saïgon, autre grenier de l'Annam, ville très peuplée et très commerçante. Ce poste bien situé n'était pas à négliger non plus. Placé sur la route de la Chine et du Japon, à proximité des îles hollandaises et espagnoles, Saïgon offrait en outre ce qu'il faut pour l'avenir d'une colonie : une vallée, la possibilité de s'étendre, des voies ouvertes sur l'intérieur.

Ce fut le 7 février 1859 que l'escadre de l'amiral Rigault de Genouilly se présenta devant le cap Saint-Jacques. On se renseigna comme on put sur l'entrée du fleuve qu'il fallait remonter pendant vingt heures pour arriver jusqu'à Saïgon. Des pilotes qu'on se procura le disaient bien défendu et barré par un banc de corail. Une canonnière, la *Dragonne*, envoyée en reconnaissance essuya sans riposter le feu de quelques fortins, qui tiraient mal ; le 10, toute la division appareilla, avec branle-bas de combat, et défila devant les batteries du cap. Au premier obus tiré, explosion épouvantable. On avait touché une poudrière annamite et le fort n'était plus qu'une ruine. La route se trouvait dégagée. On poussa de l'avant à travers des estacades en bambous et devant des redoutes qui furent tour à tour incendiées. Le 16 au soir, après avoir parcouru avec étonnement « des plaines magnifiques sillonnées de canaux et couvertes de riches moissons, de vertes prairies où paissaient de nombreux troupeaux de buffles, » trois canonnières et deux corvettes, le *Phlégéton* et le *Primauguet*, arrivèrent devant la ville.

On ne trouva pas les auxiliaires promis. La portion du peuple qu'on rencontra parut abjecte, tremblante, paisible. Mais on trouva la résistance des forts qu'il fallut canonner et enlever. Le 17, après un envoi d'obus qui réduisit au silence la citadelle, celle-ci fut attaquée par les troupes de débarquement. Les Annamites tinrent ferme et plusieurs se firent tuer à leurs pièces, jusqu'au moment où nos premiers soldats eurent pénétré dans l'enceinte. Alors ce fut un sauve-qui-peut par-dessus les murailles. Un armement considérable tomba entre nos mains, 5 ou 6,000 fusils de fabrique européenne, une centaine de canons, des uniformes militaires (robes rouges à bordure bleue et chapeaux coniques en bambou peint), des palanquins, d'immenses parasols de mandarins, des lingots d'argent et 500,000 francs en sapèques. Tout cela mis à part, on fit sauter la citadelle, ne se croyant ni assez d'hommes ni assez d'artillerie pour la défendre.

Mais ce qui caractérisa surtout cette prise de Saïgon, ce fut une lamentable série d'incendies ; le feu était mis chaque nuit par des mains invisibles tour à tour à l'un des quartiers de la ville. Il faut dire que les maisons avaient été pour la plupart abandonnées ; les habitants avaient émigré en masse à notre approche et les proclamations les plus rassurantes ne pouvaient arrêter cette émigration qui continuait toujours. Le 18, la ville apparut subitement embrasée. Nos navires, nos poudres coururent de grands dangers. Les incendiaires recommencèrent les lendemain et surlendemain leur œuvre systématique, malgré des rondes de surveillance aussitôt organisées et des exécutions sommaires sur les rôdeurs suspects. Les mandarins avaient sans doute pour but à la fois d'effrayer les populations qui resteraient dans notre voisinage et de répandre parmi elles le bruit odieux que nous détruisions tout. Il n'y eut bientôt plus d'épargné que le quartier chinois.

Les Chinois forment, dans les villes annamites, des communautés à part. C'est ainsi que nous les reverrons au Tonkin. Ces trafiquants intelligents, banquiers, usuriers, commissionnaires, armateurs,

ne se mêlent aux indigènes que pour les affaires [1].
Près de Saïgon, ils occupaient toute une ville,
Cho-len. Le négoce du riz était leur grande affaire.
Autour d'eux gravitaient de plus humbles compatriotes venus aussi pour s'enrichir, commis, détaillants, artisans, coolies. Les mandarins trouvaient parmi eux les ouvriers les plus laborieux, les plus habiles. A notre tour, nous fûmes heureux d'obtenir leurs services pour les travaux du génie. La plupart restèrent à Saïgon et ils furent les premiers à approvisionner le marché.

Peu à peu ce qui restait des autres habitants se familiarisa avec nous. Nous pûmes connaître l'Annamite chez lui. C'est à peu près le caractère, l'aspect, les mœurs qu'on lui retrouvera plus tard au Tonkin. On remarqua la douceur de ces indigènes, leur timidité, et qu'ils se plient facilement sous la main qui les gouverne. Au physique, teint cuivré, cheveux noirs qu'ils graissent avec de l'huile de coco et portent en chignon, barbe tardive, dents noircies par l'usage immodéré du bétel, ongles que les oisifs de distinction laisse pousser démesurément, nez épaté. Pour le costume, une robe tombant jusqu'au genou, de larges pantalons jusqu'à la cheville, un petit turban de crépon, souvent noir, serré en haut du front, un léger chapeau conique en feuille de palmier, un éventail, un parasol, une boîte à bétel

---

[1]. Cependant n'amenant pas de femmes chinoises, ils prennent femmes annamites et engendrent une race de métis.

contenant les ingrédients pour composer cette horrible chique (chaux vive et noix d'arec à mêler aux feuilles); tous fumeurs de tabac soit en cigarettes soit dans une pipe à long tuyau, à petit foyer, qui se fume en deux ou trois bouffées ! Beaucoup allant pieds nus. Les femmes portant la robe plus longue, des boucles d'oreilles, des colliers, des bracelets en verroteries et, plus heureuses que les Chinoises, se dispensant de la mutilation du pied, mais ayant comme les hommes l'habitude malpropre de mâcher le bétel. On remarqua aussi l'instruction tenue en faveur même dans les classes infimes, l'école très fréquentée, le livre jusque dans la main des pauvres, une réelle intelligence de l'agriculture, des aptitudes pour l'industrie, la soie occupant un grand nombre de métiers. On remarqua enfin l'organisation administrative qui correspond à la nôtre : des préfectures (phu), des sous-préfectures (huyen), des cantons, des communes, celles-ci régies par des chefs élus dont les uns sont de simples conseillers, l'autre un véritable maire faisant exécuter les ordres des mandarins, aidant au recrutement des troupes, au recouvrement des impôts, exerçant une police et responsable de l'ordre.

Les enthousiastes ont prophétisé que Saïgon serait le point de départ d'une Inde nouvelle. L'occuper, dans tous les cas, fut l'un des actes les mieux inspirés du second Empire. Peut-être, à la vérité, n'avait-on pas envisagé de prime abord tout le parti qu'on en tirerait ; peut-être n'y avait-on vu sur le premier moment qu'un nouveau pied-à-terre. Mais l'aspect de ce pays à riches cultures fut une révélation; et les conséquences de l'heureuse position prise devaient se dérouler peu à peu comme d'elles-mêmes : parmi ces conséquences, après l'extension du territoire voulue par les nécessités de la défense, après la création d'un établissement commercial, après l'exploration de la vallée du Mékong jusqu'au Yunnan, est venue logiquement aujourd'hui l'ouverture du Tonkin.

Tout d'abord cette œuvre du temps fut interrompue par la guerre de Chine.

Il fallut dégarnir Saïgon. Cette ville n'était pas prise depuis un an. Confinés dans un étroit espace en face d'un ennemi qui tenait ferme et dont le commandant Jauréguiberry n'avait pu forcer les lignes, nos soldats en étaient encore aux difficultés de la première lutte, quand on dut réduire leur nombre à 700. Cette poignée de braves fut laissée à la garde de la conquête sous le commandement du capitaine d'Ariès. Ce qu'eut à supporter de souffrances héroïques, de combats journaliers, pendant plus d'une année, et obscurément, et mal abritée derrière des défenses improvisées dans des pagodes, cette faible garnison serrée de près par environ 20,000 assaillants fortement retranchés, on ne l'aura jamais bien su en France. L'attention était portée ailleurs, vers le pays des petits pieds et des tours de porcelaine.

Le sujet de ce livre ne comporte pas le tableau

de cette guerre féerique de Chine, bien que le futur conquérant du Tonkin, Francis Garnier, tout jeune alors, mais déjà attiré par l'aimant asiatique, ait fait là ses premières armes dans l'état-major de l'amiral Charner. Qu'on se rappelle seulement les flottes anglo-françaises forçant les énormes barrages du Pei ho, en août 1860 ; nos marins rivalisant d'audace et d'entrain à l'escalade des forts où les canons prodigués par centaines singeaient le tonnerre tant qu'ils pouvaient ; nos régiments, débarqués avec leur joyeuse humeur, culbutant des légions de Tartares en de formidables batailles qui nous coûtèrent un homme chacune ; faisant leur trouée comme un boulet à travers plusieurs millions d'habitants qui n'avaient qu'à se serrer pour nous étouffer ; arrivant aux portes de Pékin ; surprenant par le pillage et par le feu des trésors inouïs dans le palais d'Été ; imposant un traité au fils du Ciel, à l'héritier de ces monarques superbes devant qui se prosternaient les ambassades des autres siècles ; puis, tournant leurs armes en faveur du vaincu et le délivrant des ravages de terribles rebelles, connus sous le nom de *Taïpings*, dont plus tard on croira retrouver les débris au Tonkin, dans les *Pavillons-Noirs* qui tueront Francis Garnier.

Il était temps de délivrer Saïgon.

Avec des forces imposantes retirées de Chine, l'amiral Charner vint, le 7 février 1861, ravitailler la petite garnison franco-espagnole exténuée de fatigues. Il ordonna aussitôt une attaque générale des retranchements de Ki-hoa, ouvrages ingénieux et patients par où les Annamites nous tenaient enserrés, épaulements de terre hauts de trois mètres garnis de meurtrières, hérissés de piquets, chevaux de frise rangés par devant, pointes de fer et de pieux dressées au fond de trous profonds habilement dissimulés sous des branchages gazonnés, palissades où les touffes épineuses du bambou étaient enchevetrées avec un art raffiné, diabolique ; ce fut une rude affaire, sous un ciel brûlant, que d'enlever ces défenses compliquées, soutenues par une artillerie tenace ; il y eut d'émouvantes péripéties ; la France y perdit de son sang, et du meilleur ; mais cette chaude action fut par ses résultats décisive. L'Annamite chassé, se dispersa, accablé cette fois par l'effet moral. Le 12 avril suivant, la place forte de Mitho fut enlevée de même, par un effort vigoureux de l'amiral Page. Puis, Bien-hoa tomba en notre pouvoir, presque sans coup férir. Nous tenions trois provinces ; nous avions en outre conquis la forteresse de Vinh-Long ; nous préparions même une expédition sur Hué, capitale de l'Annam, quand Tu-Duc se décida à signer la paix.

Il y était forcé d'ailleurs par une diversion inattendue : les Tonkinois s'étaient soulevés au nom du prétendant Lê, d'une dynastie ancienne demeurée populaire chez eux et que la dureté de l'Annam leur faisait chaque jour regretter davantage. L'heure semblait venue où ils allaient secouer le joug des conquérants. Cette insurrection s'était rapidement répandue sur quatre provinces. Le prince Lê venait de s'emparer d'une importante forteresse; il menaçait Hanoï. Obligé par là de diviser ses forces entre le Tonkin et nous, Tu-Duc avait dû, pour défendre ce qu'il pouvait perdre au Nord, nous abandonner ce qu'il avait perdu au Sud.

L'amiral Bonard gouvernait alors nos possessions de Cochinchine. Tu-Duc lui envoya son ministre des rites, Phan-tan-gian, et son ministre des armes, avec un nombreux cortège de secrétaires et, les conférences s'étant ouvertes à Saïgon même, l'accord se conclut le 5 juin 1862 sur les bases suivantes : Souveraineté française reconnue sur les trois provinces conquises : Mitho, Saïgon, Bienhoa et sur l'île de Poulo-Condor; quant à Vinhlong, restitution à l'Annam. Indemnité de guerre de 20 millions dont l'Espagnol, notre allié, aurait sa part. — Tolérance pour les chrétiens dans tout l'Annam. — Libre commerce dans trois ports : Tourane, Balat et Quang-an. Il fut stipulé, en outre, que nulle portion du territoire annamite ne pourrait être cédée à une puissance étrangère sans notre consentement.

Mais les choses n'en restèrent pas là. Des insurrections fréquentes encouragées sous main par l'Annam, une apparition de bandes rebelles sur la frontière, l'attitude menaçante de sauvages voisins (les Moïs) campés dans les montagnes de Baria, les intrigues enfin des mandarins de Hué à qui ne profitaient guère les leçons infligées et qui n'ouvraient aucun port, persécutaient de plus belle, fomentaient les troubles, nous déterminèrent bientôt à une action nouvelle. Heureusement ! Car nous étouffions dans un trop petit espace, coupé de rizières, d'arroyos, de bras de fleuves, où se glissait un ennemi insaisissable. Nous ne paraissions pas assez sûrement installés pour inspirer toute confiance aux indigènes, et le bruit de notre départ prochain courait toujours, soigneusement entretenu par des émissaires annamites et malheureusement accrédité aussi par les incertitudes connues des conseillers de Napoléon III. A tout hasard, le premier soin de l'amiral de la Grandière, nouveau gouverneur, fut d'assurer avant tout notre situation vis-à-vis d'un roi limitrophe, le roi de Cambodge, qui pouvait devenir inquiétant, si on le laissait dominer par les Siamois. Une élection, quelque peu guidée par nous, donna cette royauté cambodgienne à un jeune prince, Phra-Norodon, à qui l'amiral fit accepter notre protectorat (août 1863). D'un autre côté, les rebelles furent activement pourchassés, et chose remarquable qui se reproduira plus tard au Tonkin, les indigènes eux-mêmes, de plus en plus gagnés à notre civilisation, contribuèrent par leurs efforts à réprimer les tentatives dirigées contre nous ; ce furent ces auxiliaires qui finirent par avoir raison d'un de nos ennemis les plus acharnés, le mandarin Kuan-Din, surpris par eux, défait et tué en août 1864.

A cette époque, Francis Garnier, récemment

nommé inspecteur des affaires indigènes, bien qu'il n'eût que vingt-quatre ans, administrait l'arrondissement de Cholen. Cette ville, la plus importante de la colonie, avoisine Saïgon ; elle en est l'entrepôt ; elle en a accaparé la vie commerciale ; tandis que Saïgon est la ville des fonctionnaires et des militaires, Cholen est le véritable Saïgon des Annamites et des Chinois. Il y avait alors environ 30,000 des uns, 10,000 des autres. Tous ces habitants vivaient entassés dans des maisons obscures, malsaines, donnant sur des rues sales, étroites, souvent inondées par la marée. Le nouvel administrateur perça des rues, creusa des canaux, construisit des quais, des ponts dont il fut lui-même l'ingénieur. C'est un pays tout pratique. Avec des améliorations de ce genre, on le tient, beaucoup mieux qu'avec tous les coups de rotin et toutes les pendaisons du monde. Des écoles, des voies qu'on ouvre, des tribunaux justes, des impôts pas trop lourds, et cette population est à vous. Ainsi se fit-on bien vite comprendre d'elle sur tout le territoire occupé. Avoir aboli les bastonnades, adouci les rigueurs du code annamite, admis l'égalité entre les races, supprimé les douanes intérieures, et à la place de la vénalité des mandarins avoir installé la bienveillance gratuite de nos fonctionnaires, voilà qui nous a épargné certainement beaucoup d'obus et des milliers de soldats.

C'était l'exemple de ce qu'il y avait à faire au Tonkin.

Tandis que Francis Garnier vérifiait sur place, avec plusieurs de ses collègues, combien il était facile d'attirer à soi les habitants en s'intéressant à eux, à Paris on doutait, on s'effrayait des nouvelles parlant de rébellions, on proposait d'abandonner la contrée, et il écrivit, pour faire face à ces idées de rétrocession qui prenaient cours, une brochure intitulée : *La Cochinchine française en* 1864 [1]. Il y plaidait, non seulement le maintien de la colonie, mais son agrandissement, et, développant même devant elle un avenir commercial immense vers la Chine, il insistait pour qu'on explorât le chemin qui pouvait conduire dans cette direction : le cours et les rives du Mékong.

Déjà dès juin 1863, il s'en était ouvert à des collègues qui avaient adopté ses vues avec enthousiasme. L'un d'eux fut M. Henri de Bizemont ; un autre, arrivé plus tard, fut M. Luro. Le projet combiné par cet « ardent triumvirat » [2], fut appuyé à Paris par les pressantes démarches de quelques amis. Heureusement un homme de grand sens et de grand savoir dirigeait alors le ministère de la Marine, M. de Chasseloup-Laubat. La brochure de Francis Garnier, qui fit grande sensation dans le monde maritime, vint en aide à ces instances. Elle

---

1. Cette brochure était signée du nom transparent de G. Francis.
2. Préface de M. de Bizemont au livre posthume de M. Luro intitulé : *Le pays d'Annam* (1878).

trouvait le ministre bien disposé. M. de Chasseloup-Laubat s'en servit en conseil des ministres pour faire prévaloir des idées auxquelles le portait d'autre part sa haute intelligence. Il était de ceux qui avaient foi dans la destinée de la colonie. L'extension en fut résolue. Le voyage de Mékong fut décidé ; et enfin, pendant qu'il s'accomplissait, se réalisa en Cochinchine ce qu'avait encore demandé Francis Garnier dans cette même brochure, où tout est d'un haut intérêt parce que tout y est prophétique. Il y écrivait, — en 1864, — que réduite à trois provinces, notre occupation ne pouvait être solide et que nos administrés annamites en étaient frappés eux-mêmes ; « si vous voulez que nous devenions Français, disaient les plus intelligents d'entre eux, prenez encore Vinh-long, Ha-tien, An-giang, fermez l'étroite frontière de Hué du côté de Bariah, et délivrés de tout contact étranger, de toute excitation séditieuse, n'ayant plus à craindre ces menaces occultes qui assiègent aujourd'hui tous ceux qui se soumettent, nous serons à vous sans arrière-pensée. » — C'est ce qui fut fait en 1867. Après avoir dispersé une rébellion nouvelle conduite par un Cambodgien du nom de Pou-Combo, qui a failli être notre Abd-el-Kader asiatique, on se décida, une fois acquises les preuves matérielles que les mandarins de l'Annam avaient trempé dans le complot, à punir leur déloyauté par l'occupation de trois nouvelles provinces : Vinh-long, Chaudoc, Ha-tien. Cette prise de possession bien menée ne coûta point de luttes sanglantes. Mieux eût valu seulement qu'on l'eût faite plus tôt.

On éprouvera le même sentiment quand il sera question des provinces Tonkinoises et qu'on verra l'ambition de la France se restreindre au Delta; la possession du Delta ne sera jamais sûre tant que nous ne tiendrons pas le haut du pays. Mais avant de retracer ce qui a été fait de ce côté, il est indispensable de dire un mot de Francis Garnier, un mot aussi de l'exploration du Mé-kong, à laquelle se rattache par un lien intime cette expédition du Tonkin, et de rappeler par quel enchaînement de circonstances l'héroïque et savant officier, pour avoir visité en 1867 le cours supérieur du fleuve Rouge dans le Yunnan, fut appelé à risquer sa vie en 1873 sur les bords du même fleuve à Hanoï.

H. Gautier — Les Français au Tonkin

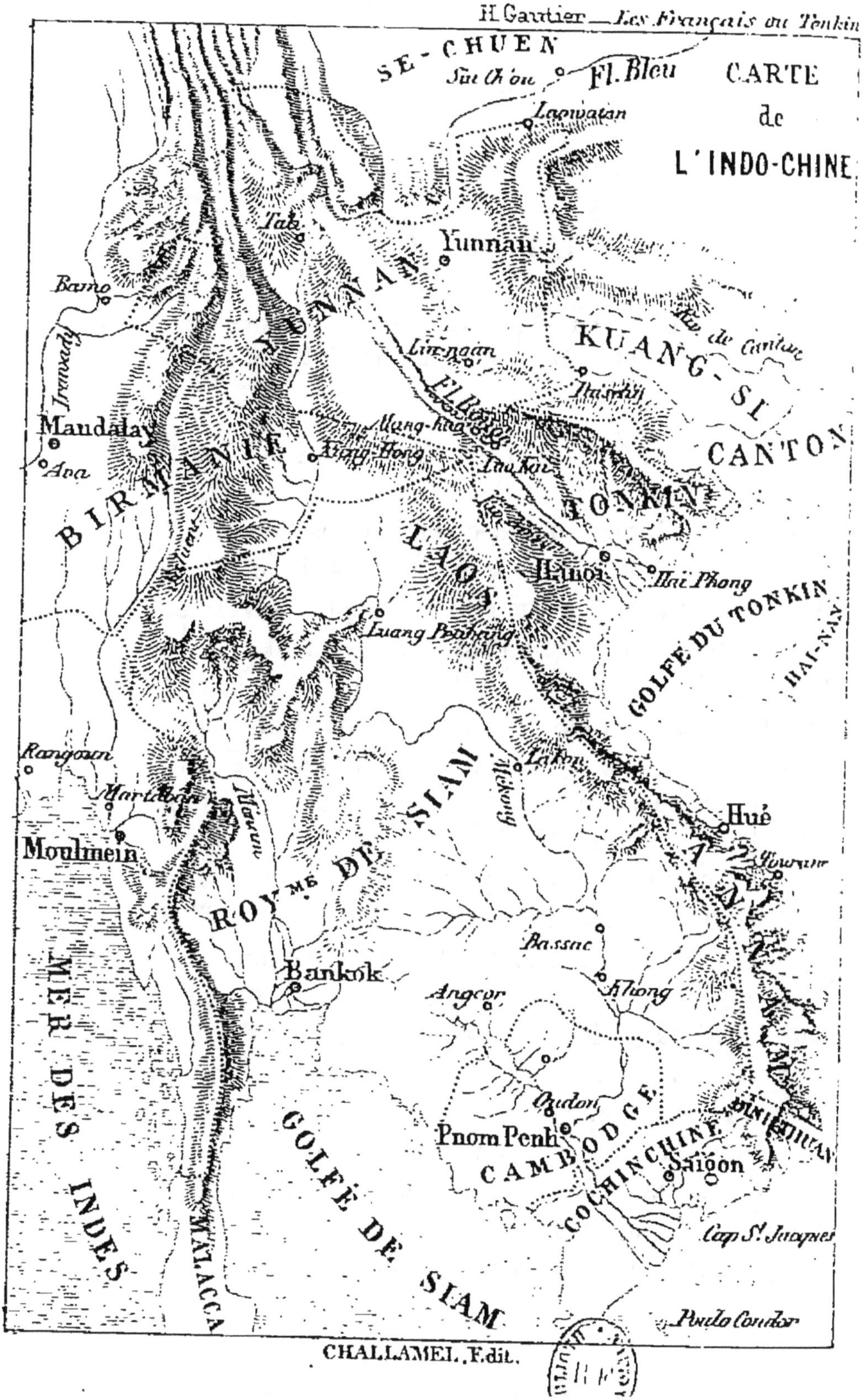

CHALLAMEL, Edit.

CHAPITRE II

FRANCIS GARNIER — LE MÉ-KONG, LE YUNNAN ET L'AVENIR DE LA FRANCE AU TONKIN

Francis Garnier est né à Saint-Étienne le 25 juillet 1839.

Il fit ses études au lycée de Montpellier. C'est là que je l'ai connu, ainsi que son frère, Léon. L'un et l'autre tenaient d'une éducation plus sévère et plus attentive qu'elle ne l'est généralement dans le Midi, quelque chose de réfléchi, qui les faisait remarquer au milieu des natures bruyantes, démonstratives, dont nous étions entourés. Parmi nos camarades, qui étaient le verbe ensoleillé, ils étaient la finesse d'observation. Leurs jeux n'étaient point les mêmes; ils lisaient. Leur vie se passait plus en famille qu'au dehors. Bien qu'il y eût entre les deux frères des différences marquées, l'un, le plus jeune, Francis, sobre de mots, concentré, laissant déjà percer une volonté de fer; ils avaient tous deux un même trait distinctif : l'esprit chercheur.

Francis Garnier avait eu de très bonne heure sa pensée irrésistiblement entraînée vers la marine. Ses parents inquiets d'une vocation qui n'annonçait pour eux que séparation et périls, s'efforçaient vainement de l'en détourner. « Supplications, refus de livres spéciaux, tout fut inutile. L'enfant s'obstina; c'était irrévocable; la famille céda [1]. » Il entra donc à l'École navale; il y fut admis en 1855 dans les premiers rangs. Les études astronomiques, ce voyage des yeux dans l'immensité, et l'étude de l'hydrographie furent celles qui le captivèrent le plus. Un trait de hardiesse dans ses exercices d'élève faillit lui être fatal. Parvenu à la cime d'un mât, il s'y tint debout et défia le danger en prenant même sur la boule terminale l'attitude qu'on a donnée sur la colonne de la Bastille au génie de la Liberté. Mal lui en prit. Du haut de ce mât, il tomba sur le pont. Les suites de cette chute furent graves pour l'un de ses poumons; on crut longtemps qu'il le perdrait; mais il ne perdit rien de son énergie.

Comme s'il avait eu le pressentiment des fascinations que l'Asie exercerait sur lui, il ne fut pas plus tôt aspirant de 1re classe qu'il demandait à faire partie de l'expédition de Chine. Un vaisseau à voiles, le *Duperré*, commandant Bourgois, appareillait. Le vœu de Garnier fut rempli, il partit sur le *Duperré*.

Un incident pendant la traversée fit déjà connaître ce qu'une apparence frêle, douce, couvrait en lui de résolution hardie.

La nuit, par une mer houleuse, un officier de

---

1. Notice de M. Trève.

cavalerie M. de Neverlée, accoudé sur les bastingages, s'était laissé choir du navire. Garnier, qui était couché dans le midship, fut à peine réveillé en sursaut par ce cri sinistre : « Un homme à la mer ! » qu'il franchit le sabord et se lança au secours. Le navire filait avec une vitesse qu'on ne pouvait arrêter que loin de là. On avait eu juste le temps de couper une bouée pour servir d'appui au nageur. Assez heureux pour ressaisir l'officier, le jeune aspirant se maintint avec lui, un temps d'une mortelle longueur, cramponné à cette bouée et perdu dans l'immensité de la mer, du silence et de la nuit. Ce ne fut pas l'une des chances les moins surprenantes de sa vie, qu'une embarcation mise à la recherche ait pu découvrir ces deux hommes, grains de sable jetés dans un désert de vagues. Sans ses chefs, sans des amis à qui j'ai ouï raconter le périlleux sauvetage, ce serait chose ignorée. Ce ne serait point par lui qu'on l'aurait su. Mais le commandant Bourgois, n'ayant pas les mêmes motifs pour être discret, obtint récompense à l'acte de dévouement par où Garnier préludait au perpétuel sacrifice de sa vie. Peu après, il fut promu, au choix, enseigne de vaisseau. Il n'avait que vingt ans.

C'est comme tel qu'il fut attaché à l'état-major de l'amiral Charner.

Les pavillons de soixante navires français flottaient dans la rade de Che-fou à côté du pavillon britannique. Sur la plage, le corps d'armée du général Montauban avait planté ses tentes et l'on construisait les canonnières de fer à fond plat qui devaient forcer les défenses du Peï-ho et qui ensuite nous rendront tant de services dans les rivières annamites. Occupé à ces travaux, puis au maintien des communications avec nos troupes dirigées sur Pékin, Garnier prit, en parcourant curieusement les rives du fleuve, sa part de cette guerre enrichissante pour les uns, instructive pour lui. Pendant que les représentants armés de la civilisation européenne pillaient, brûlaient le plus riche des palais, la plus précieuse collection de l'art asiatique, il cueillait, lui, un butin d'observations et d'études. Des notes, que plus tard en 1873 il publia dans le *Temps* et qu'a reproduites son livre posthume *De Paris au Tibet*, retracent quelques-unes des aventures où l'exposait son âpre désir de connaître. Puis il ajoute :

« Treize années ont passé sur ces souvenirs. Elles m'ont appris à être indulgent, et pour la faiblesse des populations chinoises devant l'invasion et pour les actes de vandalisme qu'on a justement reprochés au corps expéditionnaire. Dans des pays plus civilisés, n'ai-je pas assisté récemment à des défaillances aussi attristantes, à des scènes plus barbares ? »

C'est à la suite de cette campagne que nous avons trouvé Francis Garnier en Cochinchine. Il y était venu avec les forces ramenées du Peï-ho par l'amiral Charner et avait participé à l'heureuse expédition de Ki-hoa qui venait d'élargir notre territoire colonial. Ce territoire prenant la tournure d'un petit État, pouvait désormais recevoir une administration régulière, hiérarchique, munie d'un budget spécial. Le système était de laisser aux communes leurs chefs indigènes, sauf à remplacer dans chaque arrondissement à la tête de ces maires les anciens mandarins par un fonctionnaire français qualifié inspecteur. Telles étaient les fonctions que nous avons vu Garnier remplir à Cholen. Il a été dit que la population de Cholen est en partie annamite, en partie chinoise. C'est en contact journalier avec les deux races que le jeune administrateur, se familiarisant avec leurs dialectes, avec leurs idées, put développer en lui cette connaissance de l'Asie orientale, qui lui sera de si grande ressource par la suite. Il a été dit aussi quel genre de politique locale il y appliquait, une politique faite de bienveillance et de travaux publics. Il s'attachait à multiplier par des voies de communication le mouvement d'affaires dont cette ville, grâce à l'activité des négociants chinois, était le centre.

Mais les vues de Garnier ne s'enfermaient pas dans les étroites limites de son arrondissement. Ce qu'il faisait pour Cholen, il le concevait en grand pour la péninsule entière : l'ouverture de routes. Son rêve était de mettre la colonie en rapport avec les riches provinces méridionales de la Chine, pays des métaux et du thé. Saïgon eût été pour le

Yunnan un port plus avantageux que Shanghaï.

Seulement un immense point d'interrogation se dressait : le fleuve qui relie le Yunnan à notre Cochinchine pourrait-il être rendu navigable par quelques travaux ? On savait qu'il ne l'était point ; qu'il y avait des rapides ; mais de quelle importance ? Au-dessus de Luang-Prabang, où était mort notre compatriote Mouhot, explorateur au service des Anglais, la vallée du Mé-kong nous était absolument inconnue. C'était un mystère à éclaircir du plus haut intérêt pour l'avenir de la colonie française.

Voici ce qu'en disait Garnier dans sa brochure, *la Cochinchine française en* 1864 :

« Les Anglais, grâce à leurs rapports avec le Birman, ont pu attaquer par l'ouest cette région de l'Asie, la plus intéressante et la plus inconnue peut-être de toutes les parties du monde, et essayer d'en pénétrer les énigmes géographiques. On ne peut qu'admirer la persévérance et la sagacité avec lesquelles ils ont jusqu'à présent poursuivi cette tâche difficile. Si malgré leurs efforts la plus grande partie de cette zone reste encore inconnue, il ne faut s'en prendre qu'à la nature même du problème qu'ils sont obligés d'attaquer par le côté le moins abordable... A cet égard la France est plus heureusement placée depuis l'acquisition récente de la Cochinchine. » Il rappelait à quel point les renseignements sur les pays à parcourir étaient vagues et contradictoires. Le Laos, par exemple, n'était au dire des uns « qu'un pays de forêts et de lacs, où ne se trouverait aucune grande rivière; » plusieurs supposaient que le Mé-nam, fleuve siamois, communiquait avec le Mé-kong. D'après certains tracés, le Mé-kong, longtemps parallèle au Yang-tsé-kiang (ou fleuve Bleu), lui était uni par un canal. Que d'incertitudes! « Au delà du 18e ou 19e degré, aucune trace d'exploration européenne. Toute cette partie centrale de l'Indo-Chine, continuait-il, est encore vierge de recherche. Là cependant sont accumulées de grandes richesses. Aussi, les populations chinoises du Yunnan paraissent-elles y envoyer chaque année de nombreux travailleurs. D'immenses ressources minérales et végétales (or, argent, zinc, fer, serpentine, ambre, bois, laque, cire à péla, coton, rhubarbe, etc.) gisent dans ce pays montagneux... On voit à combien d'intérêts divers et importants toucherait un voyage d'exploration qui prendrait le Cambodge (Mé-kong) comme fil conducteur pour pénétrer jusqu'au Tibet... Qu'attend donc la France pour porter la lumière dans cette obscurité? »

Nous avons vu l'accueil fait par M. de Chasseloup-Laubat à ces instances; la mission fut organisée en 1866; Francis Garnier, dans l'intervalle, était devenu lieutenant de vaisseau; mais il parut trop jeune (il n'avait que 27 ans), pour la commander en chef; il fut placé, en second, sous les ordres de M. de Lagrée[1], supérieur en âge et en

---

1 M. Doudart de Lagrée, né en 1823, était capitaine de fré-

grade, et qui avait d'ailleurs attiré les yeux sur lui par une récente négociation à la cour d'Oudon.

On leur adjoignit un enseigne de vaisseau, M. Delaporte ; deux médecins, le docteur Joubert et le docteur Thorel, l'un géologue, l'autre botaniste ; enfin, un attaché au ministère des affaires étrangères, M. de Carné. La commission, ainsi complétée, reçut deux interprètes et une escorte de treize hommes ; bien armée, bien approvisionnée, elle quitta Saïgon sur une canonnière, le 5 juin 1866 [1].

La première étape de la commission fut pour les ruines d'Angcor, dans le royaume de Siam, ruines gigantesques, les plus mystérieuses du monde, couvertes d'inscriptions de tous les âges, assez conservées pour attester un art surprenant chez les peuples Khmers, mais auxquelles je ne dois pas m'arrêter ici.

Puis la commission regagna par le grand lac à travers les terres cambodgiennes une des branches du Mé-kong. Elle allait s'engager pour deux années entières, isolée du monde civilisé et sans nouvelles de la France, dans une région à décou-

---

gate ; en outre, « savant archéologue, numismate exercé, appréciateur intelligent de la statuaire et de la peinture, » a dit son biographe, M. Félix Julien.

1. La relation officielle de l'exploration a été rédigée sous la direction de Francis Garnier, en majeure partie par lui-même, et imprimée par les ordres du ministère en deux magnifiques volumes avec album et atlas sous ce titre : *Voyage d'exploration dans l'Indo-Chine.*

vrir où mille périls les attendaient : climat malsain, fièvres, marécages immenses, jungles et forêts, repaires de fauves, brigandages de tribus révoltées, guerres, accidents du sol, cataractes du fleuve, nuits perfides, tout semblait réuni, comme à l'entrée des jardins d'Armide, pour écarter les téméraires visiteurs.

Ce qui se rattache de plus en plus à notre sujet, c'est leur passage à travers le Laos.

Le Laos, vestibule du Yunnan, est cette région intérieure en grande partie peuplée de tribus sauvages, qui s'étend le long du Mé-kong, à l'ouest de l'Annam et du Tonkin, dont elle est séparée par un épais rideau de montagnes. A plusieurs reprises on voit M. de Lagrée préoccupé de savoir si ces montagnes peuvent être franchies et par où ont pu passer quelques émigrés annamites qu'il rencontre sur son chemin, à Lakon notamment; mais ce qu'il apprend par les reconnaissances qu'il envoie lui fait supposer que ces communications montagneuses ne sont ni aisées ni fréquentes [1].

Au seuil même du Laos, s'arrête tout espoir de navigation à vapeur.

Le relevé de cette portion du fleuve coûta des

---

1. Depuis lors, en 1877, le docteur Harmand, que nous retrouverons au Tonkin parmi les compagnons d'armes de Garnier, a pu passer du Laos à Hué à travers cette barrière séparative que les Annamites, plus encore que la nature, cherchaient à rendre impénétrable.

peines inouïes. Une innombrable quantité de rocs et d'îlots parsemés dans des courants d'une violence extrême et dans des chutes de 15 mètres de hauteur élargissent d'environ cinq lieues le lit du fleuve. Il fallut transporter à terre tous les bagages pour aller prendre des pirogues au-dessus de ces chutes. Il y eut une partie du trajet qui se fit en pleine forêt inondée, au risque de se briser à chaque tronc d'arbre. Garnier raconte l'une des excursions qu'il dirigea de la sorte dans une pirogue avec un matelot français et deux rameurs cambodgiens; elle peut donner une idée de son caractère.

Il était de cette trempe d'hommes dont Jules Verne s'est plu à former son capitaine Hatteras, qui veulent aller jusqu'au bout d'une idée, jusqu'au pôle Nord, dussent-ils n'y point survivre. Ses deux bateliers indigènes effrayés d'une passe dangereuse refusaient d'avancer.

« Je leur objectai, dit-il, qu'ils s'étaient engagés à me conduire au passage même de Preatapang, que c'était dans ce but précis qu'ils avaient reçu une rémunération exceptionnelle, qu'à ce moment ils n'avaient pas considéré la chose comme impossible et que je pouvais juger moi-même qu'elle ne l'était pas avec une barque aussi facilement manœuvrable. Enfin je leur promis de doubler le prix convenu. Après s'être consultés un instant, ils m'assurèrent qu'ils me feraient voir Preatapang, mais ils continuèrent à s'éloigner de la côte. Je m'aperçus bien vite que leur intention était de passer au milieu du fleuve en laissant le rapide... j'ordonnai à Renaud de faire mine de s'emparer de la pagaie de l'arrière, en même temps que je signifiai de nouveau aux bateliers, la main sur mon revolver, de suivre la route que j'indiquais. Ils obéirent. Là le courant atteignait une vitesse de 6 à 7 milles à l'heure, et il était trop tard pour retourner en arrière. Je voyais à leur mine de comique angoisse que s'il y avait danger il n'y avait pas mort certaine et je m'aperçus avec plaisir qu'ils prenaient toutes leurs dispositions pour manœuvrer avec énergie et promptitude. La menace de nous emparer des pagaies avait fait son effet ; ils préféraient se confier à leur habileté et à leur connaissance des lieux pour se sauver eux-mêmes.

« Je vis bientôt ce qui formait le rapide. Après avoir longtemps couru presque exactement nord et sud, la rive droite s'infléchit brusquement à l'est et vient présenter à l'eau une barrière perpendiculaire. En amont, sur l'autre rive, une pointe avancée renvoie dans ce coude toutes les eaux du fleuve qui la frappent, de sorte que leur masse entière vient s'engouffrer avec la rapidité et le bruit du tonnerre dans les quatre ou cinq canaux que forment les îles. Irritées de la barrière soudaine qu'elles rencontrent, les ondes boueuses attaquent la berge avec furie, l'escaladent, entrent dans la forêt, écument autour de chaque arbre, de chaque roche et ne laissent debout que les plus grands arbres et les plus lourdes masses de pierre. Les débris s'amoncellent, et s'élevant au milieu d'une vaste mer d'une blancheur éclatante, pleine de tourbillons et d'épaves, quelques géants de la forêt, quelques roches noirâtres résistent encore.

« C'est là que nous arrivions avec la rapidité de la flèche. Il était de la plus haute importance de ne pas être entraînés par les eaux dans la forêt où nous serions brisés en mille pièces, et de contourner la pointe. Nous y réussîmes en partie. Ce ne fut d'ailleurs qu'une vision, qu'un éclair. Le bruit était étourdissant, le spectacle fascinait le regard. Renaud eut le sang-froid et l'adresse de jeter, à mon signal, un coup de sonde qui accusa 10 mètres: ce fut tout. Un instant après nous frôlions un tronc d'arbre le long duquel l'eau rejaillissait à plusieurs mètres de hauteur. Mes bateliers courbés sur leurs pagaies, pâles de frayeur, mais conservant un coup d'œil prompt et juste, réussirent à ne point s'y briser. Peu à peu la vitesse vertigineuse du courant diminua, la rive se dessina de nouveau. Mes bateliers essuyèrent la sueur qui ruisselait de leurs fronts. Nous accostâmes pour les laisser se reposer de leur émotion et des violents efforts qu'ils avaient dû faire. »

Une fois la ligne des cataractes franchies, le Laos dans lequel on entre, offre à profusion, dit Garnier, les produits naturels des régions les plus favorisées de l'Asie tropicale. Si l'activité européenne peut s'y transplanter un jour et y stimuler l'indolence indigène, il y aura là un admirable foyer de production. Pour le moment, ce pays si fertile et si pittoresque est presque engourdi. La conquête qu'en firent les Siamois en 1828 y a paralysé toute culture industrielle; les conquérants ne songent qu'à prélever des taxes de douanes et des impôts exorbitants. Les Laotiens, découragés par les vexations, ne travaillent plus guère que pour eux-mêmes.

Leur ancienne capitale, Vien-chang, n'est plus qu'un monceau de ruines. Elle fut visitée le 2 avril 1867 par la commission française, qui arriva le 28 à Luang-Prabang, capitale actuelle ou plutôt résidence d'un dignitaire national auquel la cour de Bankok a laissé le titre de roi.

A partir de là, le Mé-kong prend un autre aspect; il redevient sauvage et tourmenté; lui qui, majestueux dans la plaine du Laos central, y compte parfois sa largeur par kilomètres, apparaît, au-dessus de Vien-chang, encaissé dans un défilé de 5 à 600 mètres. Ses eaux ont une course accélérée et bouillonnent dans les roches. Aux saisons sèches, elles n'occupent même qu'une minime partie de son lit, alors dénudé, « mosaïque grandiose de schistes, de marbres, de serpentines, de jades vivement colorés et quelquefois admirablement polis [1]. » A mesure qu'on le remonte, il se rétrécit à vue d'œil; 300 mètres; bientôt 80 seulement. Déjà à Xieng-Khong, les pirogues sont rares et les bateliers adroits presque introuvables.

---

1. *Voyage d'exploration dans l'Indo-Chine*, t. Ier, p. 292.

Nos voyageurs durent renoncer à cette route fluviale, de plus en plus impraticable. Ils dirent adieu au Mé-kong, près de Muong-Lim, vers le 21ᵉ parallèle, au moment où ils arrivaient à une zone du Laos qui ne dépend plus de Siam, mais de la Birmanie.

Sur ce territoire, ils furent en butte aux malveillances des autorités locales.

C'était en juin. Ils avaient fait près de 2,000 kilomètres en bateau. Il en restait plus de 2,400 à faire à pied.

Dès ce moment, ils eurent les plus grandes difficultés à recruter des porteurs pour leurs bagages, et la saison des pluies survenant, leur trajet devint insalubre, fatigant à l'extrême. Il leur fallut abandonner leurs collections de botanique et de géologie, la plupart de leurs effets, quelques-uns même de leurs instruments. Ils passèrent des journées et des nuits à mi-corps dans des ravins inondés. Il leur fallait dormir sur le sol humide, dévorés de sangsues terrestres, ces animaux qui, embusqués dans les buissons, guettent le passant, s'attachent à lui et l'épuisent à son insu. Bientôt saisis par les fièvres, mais sans repos, ils traversèrent de longues forêts, au milieu de perpétuelles alertes et l'arme toujours en éveil. C'est en luttant à la fois contre ces douleurs physiques et contre les embûches birmanes, qu'ils gagnèrent l'importante cité de Xien-Hong où réside un roi tributaire de la cour d'Ava. — Xien-Hong est une ville que précisément des projets anglais ont désignée depuis lors comme tête de ligne de leur futur chemin de fer de Rangoon.

Nous voici aux portes du Yunnan.

La commission entra dans cette province par Se-mao, le 16 octobre 1867. Laissons l'explorateur lui-même décrire l'arrivée :

« Ce ne fut pas sans une vive émotion que nous saluâmes cette première ville chinoise qui dressait devant nous ses toits hospitaliers. Après dix-huit mois de fatigues, après avoir traversé des forêts vierges encore de toute civilisation, nous nous trouvions devant une cité, représentation vivante de la plus vieille civilisation de l'Orient. Pour la première fois des voyageurs européens pénétraient en Chine par la frontière indienne.

« M. de Lagrée avait envoyé un messager prévenir de notre arrivée les autorités de Se-mao. A peine avions-nous mis le pied dans les faubourgs de la ville, que des officiers chinois, escortés de quelques soldats, vinrent faire la génuflexion devant nous et nous précédèrent dans les rues de la ville. Une foule énorme s'était rassemblée sur notre passage et témoignait une curiosité gênante à force d'empressement, mais au fond de laquelle on sentait de la bienveillance. A ce moment — et à ce moment-là seulement — nous fîmes un retour sur nous-mêmes et nous nous attristions de notre pauvre équipage. A peine vêtus, sans souliers, n'ayant d'autres insignes qui pussent faire reconnaître en nous les représentants de l'une des premières nations du monde que les galons ternis que portait encore M. de Lagrée, nous devions faire une mine bien piteuse aux yeux d'un peuple aussi formaliste que le peuple chinois. A coup sûr, nous n'aurions pu traverser dans le même équipage une ville de France, sans rassembler les badauds et ameuter les gamins contre nous. Mais c'était moins notre costume que notre physionomie elle-même qui attirait les habitants de Se-mao. On s'imagine difficilement quelles facultés singulières on attribue aux Européens dans ces provinces reculées de l'empire chinois. On ne les connaît qu'à travers les récits défigurés et grossis de bouche en bouche, qui des côtes se sont propagés dans l'intérieur. Les armes, les navires à vapeur, l'industrie étonnante de ces terribles barbares devant lesquels a succombé le prestige d'une civilisation de cinquante siècles, ont défrayé les récits les plus merveilleux et accrédité les préjugés les plus bizarres. Il arriva un jour qu'un mandarin militaire chinois s'efforça, contrairement à toutes les règles de l'étiquette, de passer derrière le commandant de Lagrée et de soulever son chapeau. Comme on lui demandait le motif de cette démarche singulière : « Je voulais m'assurer, dit-il, de l'existence de ce troisième œil que les Européens possèdent, dit-on, derrière la tête et à l'aide duquel ils découvrent les trésors cachés sous terre [1]. »

---

1. *Voyage d'exploration dans l'Indo-Chine*, t. Ier, p. 426.

Les trésors cachés! les Européens les découvrent, en effet, mais on voit au prix de quelles peines! Ils vont en découvrir maintenant encore dans le Yunnan, sans le secours du troisième œil.

Malheureusement, ils trouvaient le pays déchiré, dévasté par une rébellion de musulmans. La terreur partout, des ruines partout. C'était une guerre sans pitié, une guerre de fanatiques. Le faubourg de Se-mao même en portait la trace : « un grand nombre de maisons abandonnées, à moitié détruites; la plupart des pagodes transformées en casernes; leurs autels servaient de mangeoires aux chevaux; profanées déjà par les sectateurs de Mahomet, elles n'offraient plus que des dieux mutilés. » S'aventurer parmi les combattants, parmi ces hordes en révolte, il n'y fallait point songer. Un détour était nécessaire. La commission dut obliquer vers l'est, plus tranquille, et se rapprocher ainsi d'un fleuve, marqué Hoti-kiang sur les cartes, qui se trouve être le Song-coï ou fleuve Rouge du Tonkin.

Ils en rencontrèrent d'abord la branche la plus occidentale: large, rapide, grondante et profonde; ils en remarquèrent les eaux boueuses assez rougeâtres.

La branche principale leur apparut à Yuen-Kiang, qui mirait dans ses eaux bleues des terrasses blanches et des créneaux bordés de jardins. La contrée environnante est habitée par des sauvages Pa-y, de plus en plus nombreux et presque indépendants quand on se rapproche de la frontière tonkinoise.

Le Hoti-kiang a là de 150 à 200 mètres de large, ses eaux sont calmes et peu profondes; l'altitude de la vallée est de 500 mètres.

« Nous descendîmes le fleuve en barque, le 26 novembre. Au-dessous de Yuen-Kiang, la vallée se rétrécit et des murailles arides et rocheuses se dressent sur ses bords. » Puis, M. de Lagrée prenant la route de Lin-ngan, Francis Garnier fut autorisé à continuer seul la reconnaissance du cours d'eau.

« Je m'embarquai, dit-il, dans un léger canot, au-dessous du rapide de Pou-pio (village Pa-y) et je me laissai aller au courant de la rivière en compagnie de quelques barques de marchands. Le Hoti-kiang s'encaisse de plus en plus; les hauteurs qui l'enserrent atteignent bientôt 800 à 1,000 mètres. Chaque torrent qui vient déchirer ces flancs rocheux en détache une immense quantité de galets et de cailloux qui viennent obstruer le lit du fleuve et y former un rapide. A cette époque de l'année, presque tous ces torrents sont sans eau et la stérilité des pentes rougeâtres qui entourent le voyageur est complète.

« Nous franchîmes plusieurs rapides qui exigèrent que nous quittassions nos barques. Un seul batelier y restait; les autres, debout sur la rive, retenaient la barque vide avec une corde, puis, quand le pilote avait jugé le moment convenable et la barque bien présentée dans le sens du courant, ils ouvraient les mains et le léger esquif franchissait comme une flèche le passage dangereux ; l'homme qui le dirigeait abordait en aval pour reprendre son chargement et son équipage. Les tribus sauvages des environs fournissent un certain nombre d'hommes dont le métier consiste à transporter les marchandises entre l'amont et l'aval du rapide. Ces transbordements ne sont nécessaires qu'à la saison sèche... Je m'arrêtai le soir à une douane chinoise... A quelque distance en aval, je rencontrai un nouveau rapide que mes bateliers se refusèrent énergiquement à affronter. Le fleuve était là plus profondément encaissé qu'il ne l'avait jamais été ; des murailles presque verticales, de 1,800 mètres de hauteur, se dressaient des deux côtés des eaux écumantes, au milieu desquelles d'énormes blocs de rochers avaient roulé du haut de ces gigantesques falaises... Après d'infructueux efforts pour faire revenir mes bateliers sur leur décision ou pour trouver dans le village des gens qui consentissent à les remplacer, il fallut me résigner à reprendre plus tôt que je ne le voulais la route de Lin-ngan... J'arrivai au sommet de la falaise ; je pus embrasser de là tout un vaste panorama. Au sud, une haute chaîne calcaire s'élevait comme une barrière entre le Tong-king et la Chine et découpait l'horizon de ses sommets aigus qui atteignaient au moins 4,000 mètres de hauteur.

Près de moi, le Hoti-kiang traçait son énorme sillon ; ses eaux jaunâtres apparaissaient et disparaissaient tour à tour à une profondeur de près de 2,000 mètres, coulant avec impétuosité vers le sud-est... »

Puis, Garnier rejoint à Lin-ngan la commission.

« Il était regrettable, a-t-il écrit dans sa relation, que l'état de la contrée ne nous permît pas de pousser notre reconnaissance plus à l'est ; on nous signalait à Mong-tse, ville située à 3 jours de marche de Lin-ngan, des mines d'argent et de plomb [1]. De ce point, on se trouve à 200 li de Mang-ko (Mang-hao) grand marché situé sur les bords du Hoti-kiang et où ce fleuve, d'après les renseignements que j'avais recueillis pendant mon excursion, *commence à devenir navigable.* »

Une grande découverte était faite en cela. Elle ne s'appuyait, il est vrai, que sur des renseignements ; mais elle était confirmée par l'aspect du fleuve, profondément encaissé. Son lit n'étant au-dessus du niveau de la mer que de 400 mètres, on pouvait calculer qu'en effet la suite de son cours n'avait pas de trop fortes pentes à franchir.

Quant à l'intérêt de cette découverte, Garnier le faisait ressortir en ces termes :

« En aval de Mang-ko, on trouve sur les bords

---

1. Les mines d'argent, avérifié M. de Kergaradec en 1877, sont abandonnées, mais il y a de nombreuses mines d'étain activement exploitées.

du fleuve la ville de Lao-kay, qui est en plein pays annamite, à deux jours de la capitale du Tong-king. De nombreuses mines d'or, d'argent et de cuivre se trouvent dans le département chinois de Kai-hoa que traverse le Nan-si ho, affluent du Song-coi ou fleuve du Tong-king. Mang-ko paraît être le centre d'un commerce très actif. Les gens de Canton qui s'y rendent en traversant le Kouang-si et la partie nord du Tong-king, y apportent des laines, des cotonnades, des soieries et remportent en échange le coton et le thé que produisent les Pa-y des environs et de la vallée de Nam-hou. La plupart des soies que consomme le sud du Yunnan viennent par cette voie et le courant commercial du fleuve Bleu et du Se-tchouen ne commence à l'emporter sur l'exportation cantonnaise que beaucoup plus au nord. Les Chinois de Lin-ngan portent à Mang-ko des thés venus par la route de Pou-eul. Avant la guerre des Mahométans, les mandarins chinois du Yunnan faisaient apporter de Tong-tchouen à Sin-Kay, marché annamite qui se trouve sur le Song-coï en aval et à peu de distance de Mang-ko, de l'étain et du zinc, dont on se sert en Annam pour la fabrication de la monnaie nationale.

« Il n'était point permis aux Annamites d'entrer sur le territoire chinois, et nous ne pûmes découvrir, pendant tout notre séjour le long des frontières, aucun sujet de Tu-Duc. Une large bande de terrain habitée par des tribus Pa-y ou Lolos, paraît s'interposer de ce côté entre la Chine et l'Annam. Les troubles et les révoltes [1] qui ont accumulé la misère et les ruines dans les provinces méridionales du Céleste-Empire sont venus compliquer encore la situation politique de la contrée. Les Cantonnais, en possession depuis longtemps du commerce de Mang-ko, n'ont pas tardé à s'y porter en masse pour échapper aux bouleversements incessants dont leur province est le théâtre. Depuis quelques années un chef cantonnais s'est établi avec une nombreuse colonie de ses compatriotes à Lao-kay, s'est proclamé indépendant et vit des revenus considérables de la douane qu'il a installée sur le fleuve.

« Il y avait à étudier là une question commerciale d'un grand avenir et d'un intérêt exclusivement français, puisque le Tonkin, par suite des traités qui nous lient à la cour de Hué, se trouve placé sous notre influence politique. »

Toute la campagne du Tonkin est là en germe.

En mettant le pied dans le Yunnan, le voyageur se trouve dans un carrefour, à l'embranchement de six vallées.

Pour se faire une idée de la configuration de ce pays, il est un moyen simple : plier un papier en éventail ; serrer les plis par le haut et tenir cet éventail renversé, à la façon japonaise ; les plis serrés représenteront les vallées qui descendent du Tibet parallèlement et très pressées les unes contre les

---

1. Allusion aux Taïpings.

autres ; elles sont au nombre de quatre, savoir, en commençant par la plus occidentale :

1° Celle de l'Irawady (celle-ci est étrangère au Yunnan qui n'y déverse des eaux que par deux rivières inclinant vers Bamo).

2° Celle de la Saluen (qui se dirige vers les possessions anglaises du Pégou, au golfe de Martaban).

3° Celle du Mé-kong.

4° Celle du fleuve Bleu ou Yang-tsé (qui arrivée au Yunnan, tourne subitement vers l'est et remonte vers le nord pour traverser ensuite toute la Chine en obliquant vers Shanghaï).

Entre ces deux dernières grandes vallées, quand elles se mettent à diverger, il s'intercale dans leur évasement, par une sorte d'échancrure, deux nouveaux plis de terrain, deux vallées supplémentaires, également encadrées de montagnes :

D'abord, celle du fleuve Rouge (appelé Hoti-kiang dans le Yunnan, Song-coï dans l'Annam) qui se dirige vers le golfe du Tonkin en passant par Hanoï.

Puis, celle de la rivière de Canton, qui prend naissance par deux branches dans le Yunnan, et se dirige vers l'est au port même de Canton, après avoir traversé la province de Kuang-Si.

C'est donc au total six voies ouvertes, mais plutôt pour l'avenir que pour le présent ; car dans l'état des choses, le transport des marchandises n'est facile par aucune de ces voies. Une seule offre, de l'intérieur même du Yunnan, la ressource de la navigation : c'est le fleuve Rouge, à partir de Manghao, comme il a été dit. Encore dès la frontière, ce fleuve était-il inquiété par des rebelles chinois, qui avaient posté sur ses rives des douanes vexatoires et rançonneuses. On pouvait alors le regarder comme fermé. Cette fermeture était d'autant plus dommageable que Manghao n'est séparé de la mer que par moins de 600 kilomètres et de la ville de Yunnan que par 10 jours de marche.

Le point navigable des autres fleuves doit être cherché à dos d'homme ou de mulet par des routes pénibles et longues.

Sur l'Irawady, à Bamo, fonctionne un service de bateaux à vapeur. Mais on en est séparé par de hautes chaînes de montagnes. Il faut, de Yunnan à Tali, 14 journées de marche, puis de Tali à Bamo, 18 autres, des plus rudes. — Un chemin de fer seul peut y remédier. Les Anglais ont mis ce projet à l'étude.

La Saluen n'est navigable qu'à 150 kilomètres de son embouchure. Il faudrait un chemin de fer sur toute la longueur.

Le Mé-kong ne se prête à la circulation qu'au-dessous de Luang-Prabang, mais se heurte ensuite aux cataractes du sud.

La rivière de Canton porte bateaux sur son bras inférieur à partir de Pai-se-tin, situé à l'extrémité sud-est des limites du Yunnan. Encore la navigation, fort tourmentée par les rapides, dit-on, prend-elle une quarantaine de jours à la remonte. Il faut, de Pai-se-tin à Yunnan, 25 à 30 journées de marche dans les montagnes. — C'est cependant par cette voie que s'écoule en partie le produit des mines et qu'arrivent des articles de production chinoise ou européenne.

Le fleuve Bleu est la grande ressource actuelle. Et cependant quel énorme parcours (2,600 kilomètres) pour aboutir fort loin de l'Europe ! à quelle distance faut-il aller prendre, pour le trouver navigable, ce fleuve capricieux, inégal, dont les eaux se révoltent par moments, s'engorgent dans d'étroits défilés, rejaillissent contre de formidables écueils et entraînent leur charge dans les rapides plus d'une fois avant de parvenir à Han-Keou, le vaste entrepôt de l'intérieur, le dernier port fluvial ouvert aux Européens !

— Pour gagner le fleuve Bleu par la douane de Lao-wa-tan, il faut de la capitale du Yunnan 20 journées environ.

C'est le chemin que suit le mouvement commercial.

C'est aussi le chemin que prit la commission française — hélas ! sans son chef, M. de Lagrée, dont elle n'avait plus avec elle que le corps, le cercueil et le souvenir. Il avait succombé aux fatigues du voyage. La fièvre l'avait forcé de s'arrêter à Ton-chuen-fou, soigné par le docteur Joubert, tandis que Garnier avec MM. Delaporte, Thorel et de Carné s'aventurait dans une périlleuse excursion, à travers la partie de la province occupée par les insurgés musulmans et même jusqu'à Tali où résidait leur farouche sultan.

Tali est bâtie sur la rive d'un lac qu'on savait se déverser dans le Mé-kong. Les approches sont formées par de hautes montagnes aux gorges étroites, aux flancs escarpés. Tout autour gisaient les ruines de plus de cent villages incendiés par les nouveaux maîtres du pays et sur les routes étaient dressées de hautes potences où se balançait tristement un cadavre, pendant qu'auprès de lui quelques têtes humaines apparaissaient plantées à l'extrémité d'un bambou. Il y avait onze ans que les mahométans s'étaient emparés de cette ville; son admirable position stratégique et commerciale l'avait désignée à leurs convoitises. Les tentatives pour les en déloger avaient échoué l'une après l'autre. Ils y avaient consolidé leur pouvoir en assassinant les fonctionnaires chinois envoyés chez eux et en épouvantant le pays par de sanglantes exécutions; quoique les habitants fussent cent fois plus nombreux qu'eux, cette poignée de sectaires les tenait subjugués par l'intimidation. C'est le 26 février 1868 que Garnier et ses compagnons, heureusement guidés par un missionnaire qui se fit avec un grand courage leur interprète au risque de sa vie, le P. Leguilcher, se présentèrent dans le voisinage de Tali, après un long détour par le nord à travers le Se-chuen. Garnier se fit précéder par un courrier qui prévint de sa visite le sultan Tu-wen-sie. Ce potentat ombrageux fit d'abord espérer bon accueil; il accorda audience pour le 3 mars, et en attendant assigna à la petite expédition scientifique un logement hors de la ville. Le jour venu, au lieu d'une audience, ce fut un ordre de départ immédiat et menaçant que reçut Garnier. La nuit se passa en alerte, les armes chargées, au milieu des rumeurs les plus inquiétantes, car tout maintenant était à craindre de la populace et de la soldatesque. A la pointe du jour nos explorateurs contournèrent la ville et regagnèrent sans perdre de temps le défilé par où il avaient pénétré dans le pays. Le commandant du fort qui barre ce passage leur dit qu'il avait l'ordre de les héberger; mais avec une fierté qui était en même temps de la prudence, Garnier répondit qu'il ne recevrait pas dans une citadelle l'hospitalité que le sultan n'avait point donnée dans son palais, et sans que le commandant eût pu prendre aucune mesure, il fit vivement engager sa petite colonne sous les portes de la forteresse, les franchit et alla attendre les pourparlers plus librement de l'autre côté. Ils pouvaient respirer en pays ouvert.

Ce fut à leur retour à Tong-chuen qu'ils eurent la douleur d'apprendre que leur chef M. de Lagrée n'avait pu survivre; M. Joubert lui avait fermé les yeux le 12 mars. Ils ne voulurent pas laisser sur cette terre lointaine les restes du noble officier mort au service de la patrie et de la science, et quoiqu'il y eût encore un long voyage à faire à pied sur un sol montagneux et tourmenté, ils parvinrent, sous la conduite de Francis Garnier, à trans-

4

porter le cercueil jusqu'au bord du fleuve Bleu. Leurs fatigues allaient avoir un terme. Un mois après, le 12 juin 1868, la commission atteignait une terre devenue européenne, Shanghaï.

C'est encore à Shanghaï que, cinq ans après, nous allons retrouver l'ardent explorateur.

Il y est revenu, après avoir pris une part active à la défense de Paris [1], après avoir mis la dernière main à la monumentale relation du voyage d'Indo-Chine, après avoir instamment appelé par des conférences et des écrits ses compatriotes à un réveil commercial dans l'Extrême-Orient, il y est revenu,

---

[1]. Il n'est pas besoin de rappeler par quelles ressources de dévouement et d'intelligence la marine aida à la résistance des Parisiens. On se souvient assez qu'aux avant-postes, comme dans les forts, comme aux remparts, les marins et leurs officiers ont prodigué le zèle pour cette lutte désespérée. Les péripéties en ont été décrites avec une admirable concision dans un livre intitulé : *Le Siège de Paris, journal d'un officier de marine.* Ce livre est de Francis Garnier. Ce sont des notes au jour le jour où est faite avec indépendance la part de nos fautes comme de nos mérites. Il y a dans ces pages rapides des jugements de la première heure auxquels, à treize ans de distance, rien ne serait à retoucher. Il était, du reste, en situation de bien juger. Lui-même, comme chef d'état-major au 8e secteur, avait activement participé aux mesures prises pour la défense sur ce point le plus exposé au bombardement. Ici se rattache un épisode qui vaut d'être mentionné. Avec une quarantaine d'hommes de bonne volonté, demandés à une porte de Paris, il conduisait au fort de Vanves, que dominaient les batteries allemandes de Châtillon, des munitions qui manquaient. Le terrain détrempé exigeait qu'on poussât aux roues. Des obus éclatant sur l'escorte, elle recula. Seul, un garde national, qui chargea un blessé sur ses épaules, eut le courage de poursuivre sa route avec Francis Garnier jusqu'au fort, où, grâce au sang-froid de tous les deux, arriva le chariot de munitions.

toujours entraîné par la même pensée : trouver un point de pénétration dans le mystérieux pays de la soie et du thé : donc, les yeux tournés vers le Sechuen, vers le Yunnan, vers l'étrange faisceau des six grandes vallées. Shanghaï, comme point de départ d'explorations nouvelles, attirait par d'irrésistibles appels ce chercheur de routes, cet amoureux de l'Asie, cet affamé de découvertes.

Il y est revenu, mais cette fois avec une courageuse femme qui a tenu à le suivre; car il s'est marié dans l'intervalle. Il a épousé pendant son séjour en France, en 1869, Mlle Knight, d'origine écossaise, de cette race gracieuse et vaillante qui connaît le dévouement et en suit avec simplicité comme chose naturelle les austères inspirations. Le sourire d'un enfant, d'une fillette charmante, a lui sur eux deux. Elle leur est arrivée, cette joie vivante, un jour de deuil, le jour où Paris capitulait. Quelques vingt-quatre heures auparavant, on s'entretuait place de l'Hôtel-de-Ville, devant leurs fenêtres; j'entends encore, étant allé aux nouvelles dans leur famille, la fusillade crépiter, les balles siffler jusque vers les volets de la jeune femme.

Au milieu de ces émotions lugubres d'une ville condamnée par la disette à se rendre et désespérée jusqu'à la révolte, l'enfant était apparu à Garnier « comme pour lui adoucir l'amertume de la reddition. » Cependant, ce mot touchant d'un biographe [1]

---

1. Trève, *Notice sur Francis Garnier*. (Challamel aîné, éditeur.)

n'est point tout à fait juste, et celui qui l'a écrit est le premier à savoir par sa propre expérience qu'il n'était point de consolation pour des braves obligés comme lui à livrer des forts énergiquement défendus, des forts qui pouvaient encore soutenir le feu et défier l'assaut. Garnier ne put s'y résigner. Il signa, avec plusieurs collègues, une lettre de protestation. Qui lui reprocherait cet acte, peu réglementaire, d'une généreuse douleur! Des électeurs de Paris, au nombre de 27,362, lui marquèrent leurs sympathies par un vote. Mais ces deux faits, avoir protesté, avoir été sur les rangs pour la députation, n'étaient point pour lui concilier tous ses chefs : il fut laissé avec son grade de lieutenant de vaisseau. Aussi, dans les années qui suivirent, y eut-il pour lui de ces heures de découragement comme j'en ai vu traverser la carrière de tant de marins, la briser même parfois. Il tournait alors son regard vers l'Extrême-Orient, comme s'il avait la nostalgie de ces pays où l'homme de pensée et d'action peut se mouvoir au moins avec une indépendance achetée par le péril. Il avait beau consacrer de longues journées à ses cartes géographiques, à ses notes sur le Mé-kong, à des efforts de plume et de parole pour préconiser le Tonkin comme entrée du Yunnan et pour dire à ses compatriotes : « Ne vous laissez point distancer par les Anglais de la Birmanie! » Cette activité d'esprit ne l'empêchait pas de songer tristement, non point seulement à son avancement qu'il croyait enrayé, mais aux intrigues de toutes sortes qui retardaient le relèvement de la France. C'est dans un de ces moments qu'il résolut de reprendre, libre, et à ses frais, le chemin des problèmes asiatiques. Il demanda un congé à la marine.

J'étais près de Châteauroux, chez d'hospitaliers amis, quand je reçus de lui l'avis qu'il partait. Avec sa femme, il revenait de Bordeaux. Ils voulurent bien s'arrêter à Argenton pour quelques heures d'adieux. Comme j'étais loin de me douter des adieux que c'étaient ! Je le voyais rayonnant d'espoir. Il me souvient qu'en rêveur enjoué, il me disait : « Cela vous paraît dur que je m'expatrie encore? Vous ne pouvez deviner quels enchantements réservent à qui les traverse ces pays magiques, de végétation splendide, de nature grandiose. Je voudrais habiter au Laos ; ne vous récriez pas ! Le Laos, avec ses forêts silencieuses pleines d'une majesté calme, avec son fleuve qui forme de larges nappes d'eau où se regardent des arbres géants, au-dessus desquelles jouent les singes pendus par grappes aux lianes... ce n'est point triste, le Laos est merveilleux ! Mais le Yunnan avec ses grandes exploitations minières, avec les hauts fourneaux, les machines soufflantes, les marteaux, les laminoirs que l'Europe y pourrait installer à foison, que ne serait-il pas? Mais le Tibet ! Mais l'occident de la Chine, ces provinces d'où nous arrive la soie jusqu'à présent par des transports défectueux, par des intermédiaires onéreux, qui d'étape en étape,

4.

de main en main, en décuplent le prix avant qu'elle soit seulement parvenue aux factoreries du littoral ! Que diriez-vous du Français qui viendrait annoncer au commerce : « Cette soie, nous la tenons maintenant du producteur même, par nos moyens rapides ! » Et puis, ce qu'on découvrirait aux pentes abruptes d'où descend le Fleuve-Bleu ! quelle fête pour la science ! Et cette ville de Tali aux mains des Musulmans ! Et ces Chinois qui ne parviennent pas à délivrer d'un pareil fléau cette riche contrée infestée, dévastée ! Et ce fleuve du Tonkin où nous devrions être déjà, que nous laisserons ouvrir par d'autres ! Ah ! que de choses à faire !... Comprenez-vous que je parte ? »

« Pour le moment, m'expliquait-il, mon objectif est entre Shanghaï et le Tibet. Il y a là un secret à pénétrer : ces intermédiaires chinois dont je vous parlais, qui prélèvent de si gros bénéfices sur le transport du thé, de la soie, font naturellement mystère de la provenance, pour garder le monopole des relations avec le producteur inconnu. C'est un mystère que protège jusqu'à présent la difficulté des routes ; mais, que l'Européen surmonte cette difficulté, qu'il parvienne plus avant dans les terres, voyez-vous la révolution économique dont se ressent tout notre vieux monde ? Le thé, la soie à moitié prix ! Aussi les principaux commerçants de Shanghaï sont-ils vivement préoccupés de la navigation du fleuve Bleu. C'est déjà un grand progrès que d'avoir établi un service de bateaux à vapeur jusqu'à Hankeou. Mais ce n'est pas assez loin. Pourrait-on pousser au delà? C'est à voir. Les Anglais, les Américains ont fait des voyages d'étude pour reconnaître les obstacles et vérifier s'il n'y aurait pas moyen d'amener la vapeur jusqu'à Chong-Kin, qui est le grand marché du Se-chuen. Ce marché est avide de cotonnades. Il y aurait donc, si l'on pouvait ouvrir de ce côté un accès moins lent, moins dispendieux qu'avec les jonques chinoises, une source féconde d'échanges. » Garnier savait par son précédent voyage que les sinuosités du fleuve, sans parler des rapides, sont telles qu'elles rebutent même le batelage indigène. Son idée était de tourner l'obstacle. Il se proposait d'étudier un détour par le lac Tungtin et par l'un des cours d'eau qui s'y déversent. Il avait intéressé à son entreprise plusieurs négociants de France. Pour nouer entre eux et les producteurs chinois des relations directes, il comptait sur un lettré, Thomas, qu'il avait en 1868 ramené avec lui du Se-chuen et avec lequel à Paris il avait travaillé à la traduction à de nombreux documents. En un mot, il avait jalonné sa route.

C'est en septembre 1872 qu'il fit ses adieux à la France, qu'il ne devait plus revoir.

Il emmenait à bord de l'*Hougly* madame Garnier, son enfant et l'espoir déjà prochain d'en avoir un second. Hélas! le second, né pendant la traversée, n'y put survivre. Mais l'intrépide mère n'abandonna point la résolution de suivre son mari. Ils s'installèrent à Shanghaï dans le courant de novembre.

De Shanghaï, Francis Garnier faisait rayonner sur la Chine d'incessants itinéraires [1]. Il remonta, comme il se l'était promis, le fleuve qu'il avait parcouru en sens inverse à son retour du Cambodge ; la première fois, en décembre, il le remonta seulement jusqu'à Hankeou ; à peine revenu, il se rendit à Pékin, pour assurer à ses voyages ultérieurs l'appui de l'ambassadeur de France, M. de Geoffroy. Déjà, il avait dans sa pensée deux hardis et vastes projets dont ses lettres me faisaient part [2], et qui le tenaient indécis ; d'un côté sur le Yunnan : Tali, à reprendre aux musulmans, lui aurait servi de prétexte ; il avait fait dans ce sens des ouvertures au gouvernement chinois ; de l'autre côté, sur le Tibet. Là, pur travail scientifique. Il lui aurait fallu des instruments d'observation et il était en instance, pour en obtenir l'envoi, auprès des corps savants et des ministères.

« Je suis un peu, m'écrivait-il, dans la situation
« d'un commis voyageur en géographie en dispo-
« nibilité....J'ai écrit à Maunoir pour lui demander
« l'appui de la Société de géographie et je compte

---

[1]. Ces voyages, comme la traversée elle-même, et les observations recueillies chemin faisant, ont fait l'objet d'une série de correspondances du plus haut intérêt que Francis Garnier envoyait au journal le *Temps* et qui ont été rassemblées depuis par les soins de son frère dans une publication posthume : *De Paris au Tibet*.

[2]. Lettres datées des 28 et 30 janvier 1873

« sur vous pour le seconder. Le ministère des af-
« faires étrangères pourrait beaucoup pour moi
« et je pourrais à mon tour lui rendre des services,
« mais il n'a que faire de gens connaissant un peu
« les pays lointains. M. de Geoffroy, notre minis-
« tre de France à Pékin, n'a pas depuis deux mois
« trouvé le temps de m'expédier les passeports que
« je lui demande pour me rendre à l'intérieur de
« la Chine! Je finirai par m'en passer et par aller
« trouver, à pied au besoin, le vice-roi du Yunnan.
« Mais il est décourageant d'être Français en ces
« temps et en ces climats. On dirait que nos agents
« diplomatiques sont payés partout pour tuer l'ini-
« tiative de leurs nationaux. Si j'avais moins d'é-
« nergie et de persévérance, je désespérerais pres-
« que…. Voyez Léon, voyez Maunoir et Trève,
« et à vous quatre, indiquez-moi une voie à suivre,
« dans laquelle je puisse avoir chance d'être sou-
« tenu. Au moment où vous recevrez cette lettre,
« j'aurai sans doute une réponse aux ouvertures
« que j'ai faites au gouvernement chinois pour
« dompter la rébellion dans le Yunnan… Si elles
« sont affirmatives, je pourrai plus utilement encore
« poursuivre un but scientifique ou politique, que
« l'on m'indiquerait dans ces parages. »

En attendant, comme il n'était pas homme à perdre une journée dans l'inaction, il réalisait, comme
excursion préparatoire, son plan primitif : il remontait de nouveau le fleuve Bleu, cette fois beaucoup au delà de Hankeou, se détournait sur le lac

Tungtin, en étudiait les conditions hydrographiques et commerciales, visitait les importants marchés de Yo-chu, de Chang-té, pénétrait dans la rivière de Yuen qui lui permettait de parcourir transversalement toute la province du Hu-nan, regagnait par là un affluent du fleuve Bleu et continuant sa route sur ce fleuve, atteignait le 30 juin 1873 le grand marché intérieur de Chong-kin.

Il venait de traverser une région absolument neuve, et d'en dresser la carte.

C'est à son retour, et dans ces circonstances, que le surprit un billet de l'amiral Dupré, gouverneur de la Cochinchine, qui l'appelait pour causer avec lui du Tonkin. Il importe de dire à quel propos.

CHAPITRE III

M. DUPUIS ET LE FLEUVE ROUGE

LE COMMANDANT SENEZ ET LE *Bourayne*

A Hankeou, sur le fleuve Bleu, se trouvait en 1868, lors du passage de Francis Garnier et parmi les Européens qui saluaient le retour des explorateurs du Mé-kong, un négociant français établi en Chine, M. Dupuis.

A Hanoï, sur le fleuve Rouge, se trouvait en 1873, quand Francis Garnier y fut envoyé par l'amiral gouverneur de la Cochinchine, ce même négociant, M. Dupuis : C'était lui, ses bateaux, ses démêlés avec les autorités annamites, qui motivaient notre intervention.

Qu'était M. Dupuis?

Un de ces hommes, trop rares en France, qui savent, comme les Anglais, secouer l'esprit casanier, porter au dehors leur intelligence et leur énergie, et qui font, en somme, que notre pays n'est pas absent du monde.

M. Jean Dupuis est né au village de Saint-Just-la-Pendue (Loire) le 8 décembre 1829. Il y succéda à son père dans la fabrication du plumetis ou broderie sur mousseline dite de Tarare. Le goût des voyages fut éveillé en lui par ce qu'il apprit de la grande entreprise de M. de Lesseps sur l'isthme de Suez. Il partit pour l'Égypte en 1859. On parlait beaucoup d'une ville à créer, Ismaïlia. Cette ville en projet, qui devait former station sur le canal à mi-chemin entre les deux mers, semblait destinée à devenir l'entrepôt commercial de l'Europe et de l'Asie qui se rencontreraient là pour l'échange de leurs produits. La pensée de M. Dupuis fut de prendre position sur un emplacement aussi favorable, avant le renchérissement des terrains. Il se trompait; Ismaïlia ne tint pas les brillantes espérances fondées sur son avenir. Mais pendant qu'il attendait à Alexandrie, M. Dupuis fit connaissance d'un ancien capitaine au long cours, M. Leroux, qui le poussa à visiter l'Extrême-Orient pour y nouer des relations dont il pourrait ensuite profiter, une fois les travaux du canal terminés. Un biographe raconte que M. Leroux, représentant de plusieurs maisons bordelaises, se chargea de lui composer une pacotille, vins, liqueurs, conserves, pour 28,000 fr. M. Dupuis la revendit à Hong-kong, avec 50,000 francs de bénéfice, à des négociants qui avaient hâte de s'approvisionner pour 'expédition de Chine. Les demandes étaient si pressantes, a-t-on raconté, qu'une caisse d'absinthe achetée à Bordeaux 26 ou 28 fr., était revendue 90 et 100 et aurait facilement atteint, quelques jours plus tard, 150. Notre compatriote suivit l'expédition du général Cousin-Montauban et en profita pour visiter plusieurs villes de la Chine. Le hasard le fit loger à Shanghaï dans le même hôtel que M. Eugène Simon, chargé par le ministre de l'agriculture d'une mission sur le fleuve Bleu. Accompagner M. Simon tenta M. Dupuis. Ils s'embarquèrent l'un et l'autre sur un des navires anglais qui allaient choisir au bord de ce fleuve trois ports que la Chine vaincue devait ouvrir au commerce. Hankeou fut l'un des trois et le plus avancé à l'intérieur. M. Dupuis s'y fixa. Il avait trouvé là cet entrepôt d'avenir qu'il rêvait, ce sol prédestiné où la fortune l'attendait. Bientôt lié avec des mandarins, qui sans doute comprenaient les affaires, il obtint grâce à eux le privilège de tenir, pour l'approvisionnement des troupes chinoises dans les provinces d'alentour, un dépôt d'armes et de munitions, qu'il tirait d'Europe ou d'Amérique. C'est ainsi que pendant les troubles des provinces méridionales, troubles causés par les Taïpings et autres rebelles, il s'est trouvé en rapports avec les gouverneurs qui avaient pour la défense du pays des armements considérables à faire. En sa qualité de fournisseur intéressé à servir rapidement les commandes, M. Dupuis devait déplorer les lenteurs de la route. Ses canons, ses fusils mettaient 70 jours pour remonter le fleuve Bleu jusqu'au Se-chuen.

Quand passèrent à Hankeou, en 1868, les explorateurs du Mé-kong, M. Dupuis apprit d'eux[1] qu'une route fluviale, de beaucoup plus courte, leur était

---

1. Voir à l'Appendice une lettre du Dr Joubert.

apparue du côté du Tonkin. « Ces indications, a écrit Francis Garnier [1], ne pouvaient être données à quelqu'un de mieux disposé pour en profiter. Esprit hardi et aventureux, M. Dupuis avait en même temps que l'audace la prudence indispensable pour réussir. »

Que le fleuve Rouge fût signalé comme navigable, c'était un grand point. Seulement c'était à vérifier, et la vérification n'était point sans dangers. M. Dupuis eut le mérite de l'entreprendre.

Nous le voyons en effet, deux ans plus tard, en février 1871, se diriger à travers le Yunnan vers Manghao et là, embarqué sur une jonque, seul avec un domestique, suivre le courant du fleuve, même au delà de la frontière chinoise jusqu'aux premières douanes annamites. Il traversa la zone intermédiaire, occupée par des aventuriers ou rebelles qui étaient depuis peu campés, les uns à Laokai, *Pavillon-Noirs* ou *Héki*; les autres un peu plus bas, *Pavillons-Jaunes*. A Laokai, il eut une entrevue avec le chef de la bande; les autres rebelles le laissèrent également passer. Il leur promit, s'ils ne lui opposaient aucun obstacle, d'employer à son retour son crédit auprès des autorités du Yunnan pour les faire comprendre dans une amnistie.

Ces rebelles chinois étaient sur le territoire annamite depuis 1864. C'étaient les débris d'une insurrection qui fut longue et terrible dans la province

---

1. Dans un travail inachevé sur la *Question du Tong-King*.

chinoise du Kuang-Si; le Kuang-Si, limitrophe du Tonkin, peut y déverser, par des gorges montagneuses et sauvages, son trop plein de bandits. C'est ce qui arriva. Refoulés par les troupes impériales, 3,000 environ de ces révoltés se répandirent, à la suite d'un chef nommé Ou-tsong, sur les rives du fleuve Rouge, qu'ils pillèrent et dévastèrent, jusque devant Hanoï [1].

Poursuivis là encore par le général chinois Fung, ils furent obligés de se replier plus à l'ouest, vers les montagnes qui séparent le Tonkin du Laos et du Yunnan.

A vrai dire, on peut croire que la politique chinoise trouvait son compte à garnir ainsi la frontière de gens armés, redoutables, qui ne seraient point à sa solde et qui vivraient sur la terre du voisin.

On sait que les Chinois aiment assez à se murer : ces rebelles leur servirent de mur. Il n'est rien qui touche moins les mandarins que la facilité des communications; le peuple y tient peut-être, mais eux n'y tiennent guère; leur esprit méfiant, craintif de l'étranger, les porte plutôt à multiplier autour d'eux les obstacles, surtout ce genre d'obstacles indirects dont on ne peut les rendre responsables et qui semblent indépendants de leur volonté. Voilà ce qu'on appelle utiliser une rébellion.

Les pillards ainsi postés par la prévoyance chinoise sur une zone de séparation ont pour vivre aux

---

1. Cordier, *Narrative of the events in Tong-King.*

dépens de l'Annam, la ressource des douanes; ils en ont établi sur le fleuve, comme aurait fait un État régulier.

Leur chef Ou-tsong, en mourant, avait partagé ses troupes entre le commandement de Luu-vinh-Phuc et celui de Hoang-anh. Tous deux ensemble attaquèrent Laokai, où résidait depuis 1855 une colonie cantonnaise, indépendante, et ils s'en emparèrent en 1868 après un siège de deux ans.

C'était le sort proverbial de Laokai, de changer ainsi de maître toutes les dix ou quinze années. Les gens du pays se sont tristement habitués à ces conquêtes éphémères, greffées les unes sur les autres. Cependant, plusieurs de leurs tribus sauvages, réfugiées dans les montagnes, refusent de reconnaître ces dominateurs de passage, essaient même de les chasser parfois et, dans tous les cas, se maintiennent à leur tour insoumises dans leurs retraites. C'est l'anarchie.

L'Annam impuissant feint de s'en accommoder, tolère ces bizarres voisinages, envoie pour la forme un mandarin auprès des chefs ou les investit euxmêmes d'un titre qui sauve les apparences.

La ville de Laokai resta entre les mains de Luuvinh-Phuc; l'autre bande s'établit à Ho-yang, sur un affluent voisin, la Rivière Claire. Il fut convenu entre les associés qu'ils se transmettraient réciproquement une part sur les droits de douane auxquels les marchandises seraient assujetties. Ces droits, a-t-on calculé, s'élevaient pour Laokai à

128,000 fr. par mois : pour Ho-yang, à beaucoup moins. Une contestation sur le partage amena une rupture complète entre les deux bandes, qui devinrent sœurs ennemies; et c'est alors que, pour faire pièce à ces *Pavillons-Noirs*, accapareurs et mauvais payeurs, les *Pavillons-Jaunes* conduits par Hoang-anh, allèrent s'établir un peu plus bas sur le même fleuve qu'eux [1], interceptant le passage, empêchant les barques de remonter, arrêtant ainsi tout commerce et privant par là de leurs plus clairs bénéfices les possesseurs de Laokai.

Parvenu à dissiper les défiances de ces rebelles, M. Dupuis n'espérait pas avoir le même succès auprès des Annamites, dont il ne se hasarda pas pour cette fois à franchir les avant-postes.

Au reste, il était suffisamment renseigné, et il vint rendre compte aux autorités du Yunnan des facilités qu'il trouvait dans le Fleuve Rouge pour le rapide transport des armes, et pour celui des métaux; car ceci intéressait aussi les mandarins. Ils s'étaient fait allouer des concessions de mines; ils s'entendirent avec M. Dupuis, lui promettant une large part dans le produit de l'exploitation. Un ingénieur, un personnel français lui furent demandés pour diriger les travaux et pour installer des fonderies militaires. Il leur procura M. Rocher. Enfin des contrats furent passés. Il fut convenu que

---

1. Les choses ont depuis lors changé de face. La fortune a donné une revanche aux Pavillons-Noirs

M. Dupuis, quand il aurait amené un matériel de guerre européen, recevrait 10,000 piculs d'étain (600,000 kilogrammes) à vendre à Hongkong à son profit et qu'il prendrait commission de vendre 12,000 piculs de cuivre pour le compte des mandarins. Ainsi les intéressa-t-il à l'entreprise.

En particulier, le maréchal Mâ se montrait impatient d'avoir des mitrailleuses, des revolvers, des fusils à aiguille, pour donner le coup de grâce à la rébellion musulmane, toujours maîtresse de Tali.

Ce Mâ (*Mâ-tajen* [1] ou Mâ-titaï) est curieusement pourtraicturé de la main de Francis Garnier [2] : « Soldat de fortune, dont le vrai nom était Mâ-hien, il vendait du sucre d'orge, lorsqu'éclata en 1856 la révolte Mahométane.... Le vice-roi chinois nommé Pang fut assassiné. Ce fut alors que Mâ-hien qui s'était distingué à plusieurs reprises dans les combats, prit le commandement des troupes chinoises... Nous nous rendîmes chez lui. Il habite en dehors de la ville (de Yunnan) une villa plaisamment située sur les bords du lac. C'est un homme de 36 ans, d'assez puissantes mais d'assez grossières allures. On comprend en le voyant qu'il soit parvenu à dominer le faible cénacle chinois que Pékin envoie pour gouverner cette province lointaine. Il est criblé de blessures, et il montre avec fierté ces preu-

---

1. *Tajen* ajouté au nom des personnages indique un rang élevé, *Titaï*, la suprématie militaire. — *Tajen* veut dire proprement : « Grand homme. »

2. *Voyage d'exploration en Indo-Chine*, p. 455 et 459.

ves de sa bravoure, qui, mieux que ses diplômes, l'ont conduit au pouvoir. Son appartement est un véritable arsenal où l'on trouve avec surprise une collection formidable d'armes européennes de toutes sortes : carabines, tromblons, armes à répétition, fusils Lefaucheux, révolvers. Il s'exerce toute la journée à l'usage de ces différents engins et il est peu de meubles chez lui qui ne soient littéralement criblés de balles. Autour de lui vit un état-major mahométan [1] dont le costume et la physionomie tranchent vivement sur les allures habituelles des Chinois. On voit que ces gens-là sont habitués à être craints et se sentent revêtus aux yeux de la foule du prestige qui entoure leur terrible maître [2]. »

C'est avec ce Mâ, fort intelligent, du reste, que M. Dupuis s'entendit le plus facilement. Ils conclurent un accord, vers la fin de 1871 ; mandat fut donné à M. Dupuis d'amener au Yunnan, par la voie nouvelle c'est-à-dire par le golfe et le fleuve du Tonkin, des armes, des munitions de guerre, qu'il se proposait d'acheter à Hongkong; « à cet effet,

---

1. Il était mahométan lui-même.
2. M. de Kergaradec, en 1877, demanda des nouvelles du maréchal Mà. Il n'était plus dans le Yunnan ; il avait paru trop puissant, et l'on avait pris prétexte de l'achat d'armes fait par l'intermédiaire de M. Dupuis, pour l'accuser de tramer une insurrection. Il en a été quitte pour être destitué, mais comme il était fort riche (ayant pendant la guerre mis la main sur le trésor de la province), il a fini par être envoyé dans une autre partie de l'empire, dans le Hunan, avec le grade conservé de général en chef, *Titaï*.

dit-il dans son *Mémoire,* il fut muni de pouvoirs en règle, l'autorisant à organiser une expédition, dont le commandement lui était confié, et l'accréditant auprès de l'empire d'Annam, vassal de la Chine. »

Vassal? ce n'est pas clairement établi ; la vassalité dont il est question ici a rencontré beaucoup d'incrédules. Il pouvait convenir aux Chinois d'y prétendre. Dans la pensée de M. Dupuis, elle existait, en ce que tous les trois ans, les souverains de l'Annam envoient un tribut au Fils du Ciel et reçoivent de lui l'investiture, un sacre en quelque sorte. Mais outre que tributaire et vassal ne sont pas synonymes, les empereurs de Hué agissent librement, sans être astreints à aucune des sujétions de fait ou de forme que comporte le mot féodal; ils n'ont pas de contingents en cas de guerre à fournir à leur prétendu suzerain. Quoi qu'il en soit, M. Dupuis, aux projets duquel venait en aide cette prétention chinoise, n'avait pas à la repousser; il devait y voir un moyen d'arriver plus vite à ses fins.

Le patronage sous lequel M. Dupuis s'était placé le constituait donc agent ou, comme longtemps il l'a mis sur ses cartes, « envoyé extraordinaire du maréchal Mâ. »

Quant aux frais, voilà encore où était le trait de hardiesse, M. Dupuis se chargeait d'en faire en grande partie l'avance. Rappelons le dédommagement qui lui était alloué : 10,000 piculs d'étain, livrables à son retour, pour être embarqués sur les mêmes bateaux qui auraient amené le matériel de guerre et pour être conduits par la même voie au marché de Hongkong, où ce métal valait alors 150 fr. le picul. — Mais quels risques! Tout reposait sur cette chance : aurait-on libre passage au Tonkin?

Pour forcer la main aux Annamites, M. Dupuis comptait sur sa qualité d'envoyé chinois, non point toutefois avec une confiance absolùe, car il crut devoir s'assurer un autre appui : celui de la France. Il vint à Paris, en 1872, faire part de ses desseins au ministère de la marine, mais n'en reçut que cette réponse : « Nous ne pouvons intervenir dans cette affaire, qui demeure entièrement à vos risques et périls [1]. » L'importance de sa découverte, cependant, ne passait pas inaperçue ; elle avait été signalée, avant même qu'il arrivât, dans une commucation faite à la Société de géographie, le 19 janvier, par Francis Garnier en ces termes :

« J'ai eu, disait-il, l'immense satisfaction d'apprendre qu'un voyage commercial venait de confirmer entièrement mes prévisions. Un négociant français, M. Dupuis, qui s'était rendu dans le Yunnan par le fleuve Bleu, a pu descendre en barque le fleuve du Tonkin... Ainsi, Messieurs, à la démonstration théorique vient de se joindre une éclatante sanction pratique : un homme, sans fatigue et sans alarmes, a pu reconnaître seul et sans se-

---

1. *Mémoire* de M. Dupuis.

cours la plus grande partie du fleuve sur l'importance commerciale duquel j'ai appelé votre attention... Ces renseignements, que nous devons à l'intelligente initiative d'un Français courageux et entreprenant, sont d'autant plus précieux qu'ils s'appliquent à la zone de l'Indo-Chine restée jusqu'à présent la plus inconnue. Ils sont de nature à faire concevoir les plus grandes espérances sur l'avenir qui attend des relations commerciales nouvelles ouvertes avec cette contrée. »

« A l'époque de fiévreuse activité et de rapides transformations où nous vivons, disait-il encore, l'ouverture de toute relation commerciale nouvelle, la création d'une seule voie d'échange amène souvent les résultats les plus gigantesques et les plus imprévus. Hier encore, le commerce de la Chine n'existait pas pour l'Europe; aujourd'hui il met en Angleterre des milliers de bras en mouvement et il se chiffre par des milliards. » Et il montrait la rivalité des nations portée de ce côté; cette suprématie de la Grande-Bretagne sur les marchés de l'Extrême-Orient, acquise depuis la fameuse guerre de l'opium, menacée à son tour par une redoutable concurrence : le chemin de fer transcontinental de l'Amérique; les Anglais cherchant à gagner de vitesse par la découverte de quelque route fluviale ou terrestre, qui les ferait pénétrer de l'Inde ou de la Birmanie jusqu'au cœur de la Chine au moyen de bateaux à vapeur ou de chemin de fer, et lançant pour cela de nombreuses expéditions sur les bords de la Saluen et de l'Irawady. La plus récente de ces explorations anglaises était alors celle du major Sladen, la première qui fût parvenue, après celle des Français, jusqu'au Yunnan. Tandis que le capitaine Sprye préconisait une ligne ferrée de Rangoun à Xieng-hong, près de la frontière chinoise, le major Sladen insistait pour que l'on prolongeât la navigation de l'Irawady jusqu'à Bamo et qu'on jetât à travers les montagnes un chemin de fer de Bamo à Tali. Francis Garnier en concluait qu'il était temps pour la France de se hâter.

Le ministre — c'était l'amiral Pothuau — appréciait certainement aussi l'intérêt d'une communication rapide avec la Chine, communication qu'il croyait même plus belle qu'elle ne pouvait être; car, dans une lettre, il la définit ainsi : « établissement d'une ligne de bateaux à vapeur qui, en cinq ou six jours, pourrait relier Saïgon à la capitale du Yunnan [1]. » Mais, quoique M. Dupuis ne paraisse pas lui avoir parlé de fournitures d'armes, néanmoins le caractère commercial de l'entreprise gênait évidemment le ministre, qui resta extrêmement réservé ; ses motifs de grande circonspection se révèlent dans cette autre phrase de la même lettre : « Il peut y avoir des inconvénients à ce que notre pavillon couvre une entreprise de ce genre. »

On craignait aussi, au ministère, que M. Dupuis

---

[1] Lettre de l'amiral Pothuau au gouverneur de la Cochinchine, 9 avril 1872.

ne risquât imprudemment sa vie et celle de ses hommes dans un pays qu'on disait dévasté par les rebelles et qu'il ne créât par là de graves embarras à la France qui n'était prête ni à le secourir ni à réclamer réparation. L'amiral Pothuau le lui avait dit : « Si vous ou vos gens êtes tués, nous ne pouvons intervenir pour vous venger. »

Tout ce qu'on accorda, fut une lettre de recommandation pour le gouverneur de la Cochinchine et, avec des réserves, un concours *officieux*.

M. Dupuis n'en fut point découragé. Retourné en Asie, il fit à Hongkong et à Shanghaï ses préparatifs. Il acheta deux canonnières anglaises, qu'il baptisa, l'une *le Hong-Kiang* (nom chinois du fleuve Rouge), l'autre *Laokai*; il acheta aussi une chaloupe, à vapeur également, dont le nom fut *Sontay*; il affréta enfin une jonque chinoise, qu'il chargea du matériel de guerre destiné au maréchal Mâ : 6 à 7,000 fusils chassepot, remington et autres, 30 pièces de campagne, 12 à 15 tonneaux de munitions diverses. Aidé de M. Millot [1] qu'il avait intéressé à ses combinaisons, il composa son corps expéditionnaire, prit pour capitaines de ses navires MM. Vlavianos et d'Argence [2], choisit d'anciens militaires, qui devaient être « commandants ou ins-

---

1. M. Ernest Millot, de la maison de commerce Millot et Cie, à Shanghaï.
2. M. Georges Vlavianos avait servi dans le corps franco-chinois de Tche-Kiang sous MM. Giquel et d'Aiguebelle. M. d'Argence avait été au service des Messageries maritimes.

tructeurs de l'artillerie du maréchal Mâ, » des ingénieurs engagés les uns pour l'exploitation des mines, les autres pour diriger des fonderies de canons au Yunnan; en tout 23 Européens et une centaine d'Asiatiques, Malais ou Chinois.

Ses navires furent armés d'artillerie; ses équipages, de chassepots et de révolvers. Car on prévoyait des luttes à soutenir, notamment contre les pirates.

A cette époque, les pirates étaient fort redoutés sur ces côtes; leurs jonques, garnies de canons meilleurs que ceux de l'armée annamite, « remontaient les cours d'eau du Tonkin, raconte M. Millot[1], et venaient jeter l'ancre avec une audace sans pareille devant les plus fortes citadelles, comme celle de Haï-Dzuong, qui porte encore la trace de leurs boulets. Les nombreux barrages établis à l'embouchure d'un grand nombre d'arroyos ne suffisaient pas à arrêter ces pirates; ils débarquaient à l'improviste, livraient les villes ouvertes au pillage, puis s'embarquaient aux lueurs de l'incendie qu'ils avaient allumé, emmenant les filles et les garçons pour les vendre à Macao ou à Canton. »

En passant à Saïgon, M. Dupuis avait obtenu du général d'Arbaud, gouverneur par intérim, la promesse qu'il ne serait pas abandonné. « Chaque mois, avait dit le général, j'enverrai un navire pour entretenir mes communications avec vous. »

---

[1]. *Souvenirs de mon commandement.*

Le premier navire de l'État, envoyé pour cette croisière, fut le *Bourayne*, qui, déjà en janvier et février, avait exploré la côte ; il y retourna en octobre ; son commandant, M. Senez, a rendu les plus grands services, d'abord en faisant la chasse aux pirates : il leur coula ou brûla des jonques qui portaient ensemble une centaine de canons et près d'un millier d'hommes ; puis, en poussant des reconnaissances fort avant dans les bouches des fleuves qui forment le Delta du Tonkin. L'intelligent officier y fit les premiers travaux sérieux d'hydrographie que nous ayons eus pour nous guider. Il fut le devancier, et en quelque sorte le pilote, des explorateurs qui allaient venir. Il étudia, pour éclairer leur route, mais surtout pour la science navale et géographique, les points de pénétration et les mouillages ; constata l'existence de plusieurs ports et abris sûrs dans ce golfe qui passait pour n'en point avoir ; explora surtout le mouillage de Haiphong, la baie de Cua-Cam [1], baie profonde où peuvent entrer des navires de fort tonnage, et communiquant avec les bouches d'un fleuve (le Thaï-Binh) qui passe devant la forteresse de Haï-Dzuong ; il remonta ce fleuve en baleinière, escorté de deux autres embarcations et d'une vingtaine de marins armés de chassepots. Un mandarin le conduisait, mais le conduisait à sa façon, en lui faisant

---

1. Le mot *cua* indique l'anse formée par un cours d'eau qui se jette dans la mer — un estuaire.

faire par les canaux et les rivières tant de circuits que c'eût été miracle de reconnaître une route en un pareil labyrinthe [1]. Comme il tenait, une fois Haï-Dzuong visité, à visiter aussi la capitale, on lui traça un itinéraire longuement débattu : pousser jusqu'à une autre forteresse, Bac-Ninh, laisser là ses embarcations et faire le reste du trajet à pied. — Combien de temps? — Cinq à six jours. Heureusement sur son chemin se trouvait une maison surmontée d'une croix. Il y aborda. C'était la mission des Dominicains espagnols. Ils l'avertirent qu'on allongeait sa route, et qu'en deux jours, par eau, il pouvait gagner Hanoï. Entre le fleuve sur lequel il était et le fleuve Rouge, est un canal de communication (le canal des Rapides, de son vrai nom Song-Ki), dont l'existence lui fut révélée. Il s'en servit, et le 6 novembre, il entrait par là dans Hanoï. Le vice-roi [2] lui demanda : « Que venez-vous faire ici? Je n'ai pas été prévenu de votre voyage; il est en dehors des conditions du traité ; vos canots n'ont pas le droit de pénétrer sur notre territoire. — Les Chinois y pénètrent bien, répondit le commandant Senez, et la France a droit aux mêmes avantages que la nation la plus favorisée. D'ailleurs ce fleuve n'est autre que celui de Balat, et de par le traité l'entrée de Balat nous est ouverte. Quoi qu'il en

---

[1]. Rapport du commandant Senez au gouverneur de la Cochinchine.

[2]. Les Français, dans les premiers temps, appelaient à tort *vice-rois* les gouverneurs de province, dont le titre annamite est *Tong-doc*.

soit, puisque j'y suis, je ne souffrirai point d'inconvenance à mon égard. » Le vice-roi, froissé, se retira dans la citadelle, vaste enceinte bastionnée où était situé son logement. Il se prétendit malade le lendemain, quand M. Senez voulut le voir, et pendant qu'on parlementait, la porte de la citadelle fut brusquement fermée. L'enfoncer à coups de hache était facile, car elle était vermoulue, et ce fut le premier mouvement de l'énergique commandant pour riposter à l'affront. Mais un vieux prêtre annamite, des missions catholiques, s'interposa « pour éviter de grands malheurs » et offrant ses bons offices, revint avec une lettre d'excuses du vice-roi. En reprenant sa route par le canal, M. Senez remarqua dans la foule qui, de Bac-Ninh, se portait sur son passage, des soldats chinois. L'explication en était dans ce fait que, pour aider les Annamites à se débarrasser de bandes pillardes venues du Kuang-Si, le vice-roi de Canton avait envoyé des troupes. Car à eux seuls, les généraux de l'Annam ne parvenaient point à repousser la terrible invasion. L'un avait péri dans la lutte, les autres s'étaient fait battre. Les secours fournis par la Chine tenaient garnison dans quelques places, à Bac-Ninh entre autres... Ces soldats étrangers se montrèrent hostiles aux Français ; ils insultèrent et frappèrent un de nos officiers ; M. Senez eut à lutter contre eux ; ils poussaient des cris de mort et faisaient pleuvoir une grêle de pierres ; l'arrestation de deux coupables, une punition requise sur-

Carte des Côtes et Delta du Tonkin

le-champ auprès des mandarins annamites ne calmèrent pas les émeutiers; il fallut de longs efforts pour les éloigner; et logement dut être offert dans la citadelle à M. Senez pour lui épargner les manifestations chinoises. Il faisait le premier l'expérience des périlleux désagréments auxquels l'état d'anarchie exposait les voyageurs dans ce malheureux pays. Sa tournée dans l'intérieur s'acheva sans autre incident. Elle déchirait le rideau qui avait jusqu'alors caché ces provinces aux regards de l'Europe.

Si bien qu'en arrivant, le 9 novembre 1872, à Haï-phong l'expédition Dupuis trouva les voies toutes préparées par le *Bourayne*. Cependant le commandant Senez n'étant pas encore revenu de Hanoï, quelques recherches, en attendant son retour, furent entreprises par l'un des navires arrivants, le *Laokaï*, qui essaya de trouver une entrée directe au Fleuve Rouge. On connaissait quatre embouchures, mais ensablées ou d'un accès réputé dangereux : le Trali, le Balat, le Lak et le Daï. En voulant pénétrer par le Balat, M. Dupuis faillit perdre son navire; rendu prudent par cet échouage, il ne tenta pas l'aventure sur les autres points. Il était d'ailleurs rappelé au Cua-Cam par M. Senez, qui lui ménageait à son bord une entrevue avec le commissaire gouverneur des provinces maritimes du Tonkin, Lê-Thuan, invité à déjeuner. Préalablement M. Senez avait eu soin de visiter ce grand personnage résidant à Quangyên. On espérait quelque chose de lui. Il avait été ministre des affaires étrangères et dans ses relations avec nous, il s'était fait une réputation d'homme affable et bien disposé. La cour de Hué nous l'avait annoncé comme un négociateur qui nous serait agréable pour conclure le fameux traité de paix, dont il était toujours question depuis des années[1]. Lê-Thuan avait aussi le titre d'inspecteur des troupes annamites.

La conférence fut courtoise. Après que M. le gouverneur-inspecteur militaire se fut remis des émotions causées par un branle-bas en son honneur, l'objet de l'expédition lui fut expliqué. Il se déclara obligé d'en référer à Hué. M. Senez s'entremit *officieusement* par l'organe de l'évêque Gauthier, missionnaire dans le Tonkin méridional, et insista sur les avantages que le trésor du roi Tu-Duc, ses mandarins et son peuple retireraient du va-et-vient des navires européens portant marchandises sur le fleuve Rouge et enrichissant ses douanes. Lê-Thuan semblait séduit. « Mais, répétait-il sans cesse, tous ces avantages seront-ils appréciés à Hué ? » Il demanda lecture des documents qui accréditaient M. Dupuis comme envoyé des autorités chinoises. Cela souffrit objections. Ils émanaient d'un chef purement militaire (le

---

[1]. Plus tard, en effet, le 31 août 1873, Lê-Thuan arriva à Saïgon avec un autre ambassadeur, mais sans pouvoirs pour la signature du traité.

maréchal Mâ) qui n'avait pas qualité pour les délivrer et cette manière de procéder n'était nullement conforme aux usages observés entre les deux cours; le vice-roi du Yunnan aurait été mieux en titre pour s'adresser au gouvernement de l'Annam et l'aurait fait par l'entremise habituelle du vice-roi de Canton. « Mieux eût valu, continua d'ailleurs le haut mandarin, que M. Dupuis se fût présenté sous le patronage de la France et que le gouvernement de Saïgon eût fait une démarche en sa faveur; ma tâche eût été plus facile et les chances de réussite plus grandes[1]. »

M. Senez répondit que, quoique M. Dupuis ne se fût pas couvert de notre pavillon, la France désirait le succès de son entreprise et, pour entrer dans les vues du mandarin, lui écrivit aussitôt cette déclaration : « Je suis autorisé par le gouverneur de Saïgon à dire à V. Exc. : que le gouvernement français verrait avec la plus grande satisfaction celui de l'Annam accorder à M. Dupuis l'autorisation de se rendre au Yunnan, afin d'y nouer et d'y établir des relations commerciales nouvelles. »

« — Mais si le roi refusait à M. Dupuis l'autorisation qu'il demande, que ferait-il? »

Cette question posée d'un air soucieux par le mandarin annamite embarrassa le commandant français. Il répondit néanmoins :

---

1. Rapport de M Senez.

« — J'ignore quelles peuvent être les intentions de M. Dupuis, mais cette éventualité est de celles qu'il vaut mieux ne pas prévoir : votre gouvernement sait trop bien ce que coûtent de tels bateaux pour ne pas se dire qu'un homme qui a tant dépensé pour la réalisation d'une idée ne l'abandonnerait pas sans une vive résistance. En refusant l'autorisation, le roi commettrait une faute dont il serait impossible de prévoir les conséquences. Les Annamites devraient bien comprendre que leur persistance à s'isoler du monde civilisé ne pourra pas durer longtemps ; aujourd'hui c'est M. Dupuis, demain ce sera un autre, qui tous et toujours viendront demander la liberté de circuler et de commercer. Toute opposition est vaine : forts, canons, barrages sont désormais impuissants à résister au courant envahisseur qui se dirige vers l'Annam [1]. »

Il fut convenu que la réponse de Hué serait attendue, non pas indéfiniment, mais pendant un délai de quinzaine.

Le lendemain, 20 novembre, le *Bourayne*, dont la mission était finie, repartit.

Presque aussitôt missive de Lê-Thuan, qui se ravisait ; il revenait sur le délai ; quinze ou dix-huit jours n'étaient pas assez ; c'était inconsidérément qu'il avait demandé si peu pour une affaire aussi grave qui pouvait motiver à Hué des délibé-

---

[1]. Rapport du commandant Senez.

rations et des correspondances ; il fallait au moins trois mois.

— M. Dupuis de protester, mais vainement. Résolu à passer outre dès l'expiration du délai primitivement fixé, il utilise le temps qui reste en reconnaissances sur le Thaï-Binh. — Après plusieurs recherches, M. Dupuis trouve enfin un passage pour ses gros navires, le canal du Cua-loc, encore une de ces voies transversales qui conduisent au fleuve Rouge, et il s'y engage le 17 décembre avec toute son escadrille.

Le fleuve est salué d'une salve d'artillerie.

Le 22, l'ancre est jetée devant Hanoï.

Dans cette ville est établie depuis longtemps une colonie chinoise formée de commerçants cantonnais. Le chef et les notables de leur communauté viennent souhaiter la bienvenue à ces navires qui portaient pavillon chinois et ils invitent les arrivants à une réception pour le lendemain dans leur Koeï-Kuang (maison commune) ; dîner, chanteuses et musiciens.

Mais déjà, par contre, apparaît la malveillance des mandarins annamites. Ils ont prévu que M. Dupuis, pour continuer sa navigation vers le Yunnan, aurait besoin de transborder ses marchandises sur des barques plus légères que les siennes et ils ont fait disparaître toutes celles de Hanoï : ils ont interdit d'en louer ou d'en vendre ; et quand M. Dupuis leur demande de lever cette consigne, ils répondent qu'ils ne peuvent, étant sans ordre du roi. La consigne est même bien plus sévère encore, il y a des menaces de mort contre ceux qui fourniraient des vivres ou des renseignements.

Il réside à quelque distance de Hanoï, à Késo, un évêque français, Mgr Puginier. M. Dupuis avait l'intention de recourir à lui; justement les mandarins l'ont déjà envoyé quérir en toute hâte, car eux aussi fondent espoir sur son entremise. Par lui, ils essaient de faire entendre des avis décourageants : Atteindre au Yunnan ! Impossible ! Les eaux sont trop basses et il y a des rebelles à Laokai. Mais son conseil est de se méfier de la fourberie des mandarins. Le personnel européen assiste à la messe dite par Mgr Puginier. Puis il faut qu'il reparte pour sa mission. C'est tout le résultat.

Les mandarins visitent les navires, en curieux; font honneur au champagne qu'on leur verse, aux vins doux d'Espagne; on a toujours remarqué leur goût pour nos liqueurs. Mais le plaisir de la dégustation ne leur débouche pas les oreilles qu'ils continuent de tenir sourdes à toute demande de barques. « Ce sont les lois de notre pays, disent-ils, qui n'est pas ouvert aux étrangers. — Ouvert cependant aux Chinois, observe M. Dupuis, ce qui me permet l'entrée du pays. »

La persuasion des Annamites est que, sous les couleurs chinoises, c'est l'avant-garde des « brigands de Saïgon » qui vient pour conquérir aussi le Tonkin.

Arrive un nouvel intermédiaire, le colonel Tsaï envoyé par le commandant des troupes chinoises en garnison à Bac-Ninh et à Thaï-Nguyen. Ce commandant est prévenu par les Annamites que M. Dupuis dit avoir une mission des autorités du Yunnan. Il faut vérifier. Tsaï est chargé de l'enquête.

« Je l'invite à dîner avec nous à bord du *Laokai*, raconte M. Dupuis, et nous voilà au bout d'un instant les meilleurs amis du monde... Le colonel Tsaï me dit qu'il n'y a rien à espérer des Annamites qui tiennent les malheureuses populations du Tonkin sous le joug comme des esclaves. Il me dit aussi que la province du Kouang-Si (province chinoise limitrophe) a l'intention de s'emparer du delta du fleuve et de toute la partie du Tonkin qui s'étend du Yunnan à la mer, afin de se débarrasser de cet importun voisin. »

Mais les démarches de Tsaï et celles du chef qui l'a envoyé restent sans effet sur les autorités annamites.

Enfin, une cachette de barques fut révélée par les propriétaires eux-mêmes. Les Tonkinois ne demanderaient pas mieux que de trafiquer; la crainte du châtiment seule les retient ; c'est la nuit, à la dérobée, qu'ils apportent des vivres ; c'est par une feinte, en cédant à une apparente violence, qu'ils fournissent ce qu'on leur demande ; c'est avec grand mystère qu'ils viennent dénoncer les cachettes qu'ils ont faites. Les jonques ainsi découvertes reçoivent sans retard leur chargement et le 18 janvier 1873 elles sont en route pour le Yunnan. M. Dupuis part avec elles, emmenant une quarantaine de Chinois et neuf Européens, laissant à Hanoï ses navires et le commandement à son associé, M. Millot.

Par une bizarrerie, les autorités pendant l'absence de M. Dupuis ne se montrèrent pas agressives. Elles attendaient sans doute curieusement le résultat de son voyage; tant d'accidents pouvaient survenir! Un ensablement, un naufrage aux rapides, un bris contre les roches, et puis, sur les deux rebelles riverains et rivaux, n'y en aurait-il pas un qui s'opposerait de vive force au passage? On restait donc dans l'expectative.

Cependant M. Millot raconte [1] quelques démêlés :

« Le 26 janvier, le nommé Kinn, neveu d'Iki, grand négociant cantonnais d'Hanoï qui, en vertu d'arrangements passés avec M. Dupuis, nous fournissait des provisions et des sapèques pour les besoins du personnel, arriva tout à coup en proie à une grande frayeur, m'annoncer que les mandarins défendaient à cette maison de nous fournir désormais quoi que ce fût, sous les peines les plus terribles... Le lendemain, j'appelai l'interprète Cham : « Vous avez bien faim, ce matin? lui dis-je.

« — Mais oui, capitaine, me répondit-il. — Eh bien!
« vous ne pourrez pas déjeuner, il n'y a rien à man-
« ger, les mandarins nous coupent les vivres pour

---

1. *Souvenirs de mon commandement.*

« nous obliger à aller réquisitionner chez les Ton-
« kinois, cela dans le but de les indisposer contre
« nous. Il faut absolument trouver un moyen de
« nous tirer de cette fausse situation. »

Ce Cham apparaît ici en vrai valet de comédie ;
c'est un Scapin qui conseille son maître, le mène,
conduit les intrigues et déploie une imaginative
féconde en bons tours.

« Cham dit qu'il voyait un moyen bien simple
de sortir de là ; c'était d'aller à bord des bateaux
du gouvernement annamite, mouillés près de nous,
qui portaient du riz et des sapèques aux troupes
de la province de Son-tay. C'est cela, pensai-je, et
nous détiendrons le riz et les sapèques... jusqu'à
ce que les mandarins aient donné à la maison Iki
l'autorisation d'exécuter son contrat. Si en agissant ainsi, les mandarins n'arrivent pas à composition, je saisirai les bateaux et délivrerai un reçu,
à valoir sur l'indemnité due à l'expédition par le
gouvernement annamite.

« Ce plan arrêté, nous nous empressâmes de le
mettre à exécution. Nous partîmes, Cham et moi,
suivis d'une compagnie de débarquement. Notre
arrivée à bord des bateaux annamites y causa une
panique indescriptible. Sur la recommandation de
Cham, je commençai à crier très fort : « Ah ! ces
« gredins de mandarins ont pensé nous obliger à
« quitter le Tonkin, en nous coupant les vivres. Ils
« se trompent ; nous ne voulons pas aller réquisi-
« tionner chez les habitants, nous allons tout sim-

« plement nous emparer de ces bateaux et de leur
« contenu. » Cham traduisait à haute voix : — « Cham,
« combien de sapèques ici ? combien là ? » Et j'in-
scrivais furieusement sur mon carnet les chiffres
donnés par l'interprète. A chaque instant, des
sous-officiers couraient à la citadelle informer les
mandarins de ce qui se passait. Enfin, le préfet de
police de la ville d'Hanoï arriva tout essoufflé... »

On s'expliqua, et l'affaire fut arrangée à la satisfaction de M. Millot et de la maison Iki.

Une autre fois, c'est le préfet de police lui-même
qui fut saisi comme otage ; mais alors M. Dupuis
était de retour.

Son voyage au Yunnan s'est accompli suivant
ses espérances et contrairement à toutes les pré-
dictions des mandarins.

La citadelle de Son-tay l'a laissé passer.

Là cependant réside le chef militaire le plus
important, Hoang-ke-vien [1] ; mais ce haut dignitaire affecte de s'intéresser au sort de M. Dupuis ;
il aurait voulu le détourner des dangers qui l'at-
tendent ; il aurait voulu, au moins, lui fournir une
escorte. Évidemment, le prince Hoang compte sur
les obstacles de la route. Son seul acte hostile est
l'interdiction aux paysans de fournir aide et de
tirer à la cordelle.

Malgré ce défaut d'assistance, M. Dupuis a cir-
culé à travers les bancs de sable, a défilé devant le

---

1. Son nom annamite est Huinh-ké-viem.

confluent de la Rivière Claire, et, quoique le vent favorable lui ait aussi manqué, est sorti heureusement des sables mouvants qui obstruent le fleuve au débouché d'un second affluent, la Rivière Noire ; seulement il a dû renvoyer sa chaloupe à vapeur qui tirait trop d'eau et s'échouait fréquemment. La profondeur n'est même plus de 1^m,50.

Le voici arrivé à la région des rebelles et à celle des rapides.

Les premiers monticules font leur apparition.

On passe devant des camps retranchés. Dans l'un, aux approches de Kouen-ce, sont les troupes du général Ong, dont M. Dupuis avait été menacé et qui a reçu, croit-il, l'ordre de s'opposer au passage.

« Nous apercevons, a raconté M. Dupuis[1], une quantité considérable de pavillons qui s'agitent pour nous inviter à nous arrêter. Loin de tenir compte de cet avertissement, nous marchons droit sur le camp avec une pièce de canon braquée à l'avant de chaque jonque. Ce que voyant, le fameux général qui devait nous couper en tout petits morceaux perd la tête et dépêche bien vite au-devant de nous son chef d'état-major. Nous apercevons ce dernier qui vient à notre rencontre, en suivant le bord de l'eau avec une nombreuse escorte et qui nous souhaite la bienvenue en faisant toutes sortes de salamaleks. Mais nous n'y prenons garde et nous venons mouiller juste au milieu du camp vis-à-vis

---

1. *Journal de Voyage.*

la tente du pauvre général... Il fait mettre ses troupes sous les armes pour nous recevoir, puisqu'il n'ose nous combattre. Ses hommes, au nombre de 3,000, sont bien mal armés, il n'y a que peu de fusils à mèche. Le plus grand nombre possède des lances, des piques et autres engins de ce genre, mais par contre beaucoup de pavillons. Tout ce monde n'est pas dangereux. Le général fait passer devant nous deux éléphants armés en guerre, très bien dressés et auxquels il fait exécuter toutes sortes d'exercices. »

Ce qu'il y a de remarquable, c'est la bonne intelligence qui règne entre cette armée annamite et les rebelles d'à côté. Déjà dans la ville de Hunghoa, qui possède une citadelle, M. Dupuis avait aperçu une centaine de *Pavillons-Noirs*. Ici quelques-uns de leurs chefs viennent lui faire, devant le général Ong, de menus présents.

Le premier rapide est franchi, le 3 février. D'autres, échelonnés de distance en distance, le sont avec le même bonheur ; il ne faut pas, du reste, se méprendre sur ces *rapides,* nous avertit M. Dupuis. Ils sont généralement formés par une accumulation de galets contre quelques roches, qui refoulent l'eau et rendent le courant plus fort dans quelque chenal latéral, mais ne ferment pas complètement le fleuve.

Les *Pavillons-Jaunes*, rencontrés à Touen-hia, font bon accueil ; ils viennent au-devant, avec une jonque de guerre qui fait le salut d'usage : trois coups de canon; ils offrent à dîner; ils approvisionnent; ils racontent qu'ils ont dans le voisinage treize mines d'or très riches dont dix sont exploitées et beaucoup de charbon dans l'intérieur. Ces rebelles, à l'eau de rose, sont des Chinois qui savent vivre. M. Dupuis les remercie par des cadeaux : montre, jumelle, révolver, carabine Lefaucheux, etc.

Il y a une différence avec les *Pavillons-Noirs* de Laokai, qui sont strictement « polis, mais voilà tout. » D'ailleurs, ceux-ci ont sujet de tristesse : depuis que leurs rivaux ont coupé les communications du fleuve, Laokai est déserté de ses marchands et le maître de la ville, Luu-winh-Phuc, privé de ses revenus, est réduit à la ressource des emprunts forcés.

On passe devant des tribus sauvages ou montagnardes qui se plaignent du voisinage de ce bandit. Enfin la terre chinoise est accostée. M. Dupuis entre dans le pays des mines abondantes. Il remarque sur les rochers qui bordent la route du minerai d'or, du minerai de fer qui ressemble à de la fonte pure. Des envoyés du Mâ-titaï lui souhaitent la bienvenue. Le 4 mars, il est arrivé à Manghao.

Le matériel de guerre est débarqué. Il est un peu tard. La rébellion musulmane vient de perdre sa dernière forteresse, Tali. Le général Mâ n'a pas attendu, pour être vainqueur, l'arrivée des armes de fabrique européenne.

Il n'en fait pas moins brillante réception à son agent et n'en compte pas moins fidèlement les 10,000 piculs d'étain convenus. Il s'agit maintenant de transporter en sens inverse cette nouvelle cargaison. Ce que le Titaï apprend des obstacles opposés par les Annamites l'indigne. Il parle d'envoyer 10,000 hommes. On se rabat sur une escorte de 150 seulement, mais choisis parmi les plus solides de sa garde et armés de chassepots. Ces gaillards vont éblouir Hanoï avec leur uniforme orange bordé d'un large velours noir et marqué de cette inscription : *Soldat de la garde du maréchal du Yunnan.* Ils marchent avec leurs bannières et leurs gongs.

L'intermédiaire du vice-roi de Canton, qu'on a eu tort de négliger la première fois, est réclamé pour ce nouveau voyage. Le vice-roi du Yunnan, de son côté, remet des lettres attestant la mission de M. Dupuis et invitant les autorités de l'Annam à n'y plus porter obstacle.

On aurait pu croire que désormais les difficultés allaient être aplanies.

On a songé aux rebelles aussi. Jusqu'alors la politique de M. Dupuis à leur égard était quelque peu flottante. Quand il passait devant eux : « — J'intercéderai, leur disait-il, pour obtenir votre grâce et votre rentrée dans la Chine. » Quand il négociait à Haï-phong auprès du gouverneur annamite Lê-Thuan : « — Envoyez des troupes avec moi, proposait-il, nous chasserons ces brigands de leurs positions », et une lettre écrite d'un commun accord au général Fang, qui commandait à Son-tay, lui faisait part de cette offre. Mais comme ces rebelles, somme toute, ne se sont pas montrés hostiles, c'est à la première idée qu'en revient M. Dupuis, à l'idée d'amnistie. Le Titaï abonde dans ce sens, il approuve ce moyen d'entente au moins avec les *Pavillons-Jaunes* et remet une lettre pour leur chef Hoang-anh.

Ainsi muni, escorté, appuyé, M. Dupuis se rembarque sur le fleuve Rouge. Il a pris à son bord aussi quelques Mahométans qui veulent se rendre à la Mecque. Il emmène de Manghao son chargement d'étain et de cuivre réparti sur plusieurs jonques. En passant il visite plusieurs mines. Des mandarins, des négociants se promettent des affaires d'or ; l'enthousiasme a gagné même des chefs de tribus qui comptent déjà que la fortune va leur venir.

La descente du fleuve se fait rapidement ; la crue a commencé.

Quand la petite flottille passe chez les rebelles, elle les trouve en guerre. Les coups de fusil s'échangent d'une rive à l'autre, et les balles se croisent par-dessus les jonques.

A propos de ces frères ennemis, des chefs montagnards sont venus en secret exposer à M. Dupuis les griefs qu'ils ont contre le chef des *Pavillons-Noirs*. « Celui-ci va jusqu'à faire enlever leurs filles pour les envoyer vendre à Laokai à des traitants chinois qui viennent du côté de Kai-hoa-fou. Il leur enlève également leurs fils pour les enrôler dans sa bande ou pour lui servir d'otages, après quoi il faut les racheter ou il les traite comme des esclaves. — Je promets à ces braves gens, dit M. Dupuis, de les délivrer bientôt et leur assure que le farouche Lieou-yuen-fou (Luu-winh-Phuc) ne troublera pas longtemps leur sommeil. »

Tels sont à peu près les seuls incidents de ce retour, qui s'est effectué sans encombre en peu de jours : départ de Manghao le 21 avril, arrivée à Hanoï le 30.

Une fâcheuse nouvelle est parvenue à M. Dupuis : pendant son absence, les autorités de Hanoï ont sévi contre des gens qui avaient entretenu des relations avec lui et les ont incarcérés. « Je n'en crois rien, a-t-il noté sur son journal de voyage, car il me semble que mes hommes auraient empêché cela. »

Le fait n'est que trop vrai. L'un des prisonniers est mort des mauvais traitements subis ; d'autres, mis à la torture, ne doivent la vie qu'à de fortes sommes payées aux mandarins.

Le premier acte de M. Dupuis est de réclamer vigoureusement la mise en liberté de ces malheureux, sans quoi « il ira lui-même les chercher dans la citadelle. »

Le gouverneur fait répondre verbalement qu'il lui faudrait un ordre du roi.

C'est alors que le préfet de police sert d'otage à M. Dupuis qui le fait arrêter et conduire à bord du *Laokai*. Comme le capitaine d'Argence le menait à la soute au charbon, le pauvre homme se cramponnait aux barreaux, appelant M. Millot de toutes ses forces : « Je vous en supplie, ne me laissez pas mettre dans le charbon, ma belle robe de soie rouge sera toute noire et je sortirai de là déshonoré. » M. Millot céda, d'autant mieux qu'on ne voulait pas le traiter avec cette rigueur ; peu après arriva le chef de la communauté cantonnaise avec plusieurs petits mandarins pour négocier un arrangement. Il fut convenu qu'une seconde lettre serait écrite au gouverneur. Un délai extrême lui fut accordé jusqu'au lendemain matin et les préparatifs d'une attaque furent faits : deux canons descendus à terre, et les équipages sous les armes pour se joindre aux 150 gardes du Titaï. Aussitôt, à la hâte, sont envoyés de la citadelle courriers sur courriers, pour annoncer que les prisonniers arrivent. Les voilà ! les voilà ! Ils sont, en effet, amenés par des mandarins, et jusqu'à bord, contre la délivrance du préfet de police.

Mais à bord ne rentrent pas les canons ; M. Dupuis s'est fait à terre, malgré la protestation des mandarins, une installation où il a caserné ses soldats du Yunnan. Il leur a taillé dans une rue, avec deux ou trois maisons à droite et à gauche, une sorte de quartier, que pour leur sûreté ferment une porte et une barricade. Là, ils sont chez eux, montent la garde, déposent leurs munitions. Ce campement, cet arsenal ne laissent pas sans inquiétude les autorités annamites.

De plus, M. Dupuis a fait afficher une proclamation que son journal résume ainsi : « J'annonce que l'affaire des prisonniers n'est pas assez grave pour me décider à agir par la force contre les mandarins et que j'espère encore que ceux-ci finiront par comprendre leur propre intérêt, en me laissant librement circuler sur leur territoire pour le compte des autorités du Yunnan et dans l'intérêt des populations du Tonkin. Je recommande au peuple de s'occuper paisiblement de ses travaux et de ne point s'inquiéter de ce que les mandarins peuvent dire de nous. Nous ne lui voulons aucun mal, nous sommes ses amis. »

A partir de ce moment, les choses ne font que s'envenimer.

Elles se compliquent encore d'un incident commercial : M. Dupuis veut, pour le retour de ses jonques au Yunnan, un chargement de sel. C'est toucher les Annamites par un point sensible. Le sel entre pour une forte portion dans leur revenu ; ils prélèvent sur le sel des taxes énormes qui le rendent d'un prix exorbitant[1] au delà des frontières ; à chaque douane de province il paie 10 0/0 ; or, M. Dupuis entend le faire passer en franchise. Aussi les mandarins font-ils une âpre opposition à ses achats de sel ; ils annoncent que les jonques qu'il enverrait avec un pareil chargement seraient arrêtées au passage par la force.

---

1. M. de Kergaradec indique à ce sujet des chiffres qui, s'ils n'avaient été scrupuleusement contrôlés par lui, paraîtraient fabuleux.

M. Dupuis passe outre. Il fait prendre douze jonques chargées de cette marchandise, que les propriétaires, bien aises de vendre, lui ont indiquées eux-mêmes, malgré les plus sévères défenses ; et de ces jonques, il en expédie huit.

Mais les autorités ont tenu parole : les jonques, canonnées aux environs de Kouen-ce, ont été obligées de redescendre.

Dans l'intervalle, des forces considérables ont été massées aux environs de Hanoï. M. Dupuis avait fait la menace d'arrêter, si son chargement ne pouvait remonter le fleuve, toutes les barques chargées pour le compte du gouvernement annamite. C'est comme une déclaration de guerre. Le gouverneur de Hanoï avait répondu par une proclamation affichée sur les murs de la ville : « Il est vrai, disait cette proclamation, que les mandarins du Yunnan ont donné à un Français mission de transporter un matériel de guerre, mais cela ne l'autorise pas à faire un commerce de sel ; ceux qui en vendront ou qui fourniront barques ou bateliers seront punis comme conspirateurs contre l'État et leur famille exterminée jusqu'à la racine. »

En ce moment arrive de Hué un grand commissaire royal, le fameux maréchal Nguyen-tri-phuong, qui fut en Cochinchine un énergique ennemi des Français ; il vient pour présider aux sérieux préparatifs de défense ou d'attaque, que le gouverneur de Hanoï juge maintenant nécessaires. Il fait bâtonner beaucoup de gens, de ceux qu'il a trouvés trop mous. Les troupes convergent sur Hanoï de tous les côtés. Une proclamation, de lui, annonce que si M. Dupuis et ses hommes ne partent pas tout de suite « il les fera couper en tout petits morceaux. »

M. Dupuis sent qu'il est perdu, s'il ne paie d'audace. Il se décide donc à un acte qui passe dans le pays pour la plus grande bravade qu'on puisse faire : arracher une proclamation émanant d'un haut personnage, quand, pour inspirer plus de respect, elle est surmontée de son parasol. C'est le chapeau de Gessler, auquel on ne peut toucher que par sacrilège. Or, parasol et proclamation, enlevés sous le nez des soldats du Nguyen, sont promenés en triomphe dérisoire, au bruit des clairons et des tambours, par l'escorte de M. Dupuis et solennellement brûlés devant le peuple.

Grande panique dans la ville; comme on s'attend à une lutte imminente, on déménage de partout. L'ami Kin, ne sachant plus où se cacher, accourt à bord tout tremblant. M. Millot, inquiet lui-même des préparatifs annamites, « et qui se voit déjà, dit M. Dupuis, coupé en petits morceaux, » croit que le salut serait d'arborer le pavillon français à la corne des navires, et malgré l'opposition de son chef, « qui se rit de ses terreurs », il profite d'un moment où celui-ci est occupé à terre à saisir des mandarins, pour ordonner en son absence qu'on hisse les trois couleurs [1] — complication nouvelle!

---

1. *Journal de Voyage* de M. Dupuis.

Jusque-là, en effet, le nom de la France n'avait pas été mêlé à cette lutte. Tout se passait sous le couvert des Chinois. L'Annam s'était plaint au vice-roi de Canton et à celui du Yunnan, accusant M. Dupuis d'abuser de leur nom pour porter des armes aux rebelles et pour faire un commerce illégal. L'Annam va se croire autorisé maintenant à se plaindre au gouverneur de la Cochinchine et à réclamer de lui l'expulsion de M. Dupuis — Démarche imprudente, malavisée ! Ceci m'oblige à interrompre le récit des événements de Hanoï, pour dire quelles furent les négociations, l'attitude de l'amiral et la politique du gouvernement français.

CHAPITRE IV

L'AMIRAL DUPRÉ. — SES PROJETS, SES DÉPÊCHES ET LA QUESTION DU TONKIN D'APRÈS F. GARNIER.

Ces Annamites furent des maladroits. S'ils avaient été mieux inspirés, ils auraient ouvert leur fleuve d'eux-mêmes ; surtout, ils n'auraient appelé personne à leur aide pour le tenir fermé ; ils auraient compris qu'une nation qui veut interdire son territoire aux autres, doit être de force à l'interdire toute seule ; et puisqu'ils ne pouvaient expulser M. Dupuis, mieux eût valu pour eux ne recourir ni aux violences ni aux plaintes, ce qui décelait leur faiblesse, mais entrer avec lui en arrangement direct.

C'est le conseil que leur avait donné l'amiral Dupré, dès la première note qu'ils lui avaient envoyée sur cette affaire, le 6 janvier 1873. Ils n'en étaient pas encore venus aux agressions. Ce qui les tourmentait alors était simplement la recommandation du *Bourayne :* ils étaient bien aises de savoir dans quelle mesure ils devaient tenir compte de cette recommandation, jusqu'à quel point elle était appuyée par le gouverneur de la Cochinchine et quelle responsabilité pourraient leur faire encourir les obstacles, les dangers de toute sorte qu'affrontait le commerçant français ; cachant leur mauvais vouloir sous une apparente sollicitude, ils redoutaient pour lui, disaient-ils, un double péril : les roches du fleuve et les rebelles. Pour eux-mêmes, ils en prévoyaient un troisième : M. Dupuis arrivait avec des armes ; devaient-ils s'exposer à ce qu'il en abusât ?

Réponse de l'amiral (21 janvier) : Le commandant du *Bourayne* n'a parlé qu'officieusement. Quant aux dangers dont l'Annam s'effraie pour M. Dupuis, c'est une sollicitude exagérée. Si l'expédition échoue par accident, l'Annam n'en saurait être responsable. Le parti le plus sage serait de laisser M. Dupuis continuer sa navigation « s'il consent à payer les droits établis, à respecter les lois, à ne pas susciter de troubles, à ne débarquer ni armes ni munitions. » — Ce programme malheureusement, comme on l'a vu au précédent chapitre, ne fut suivi ni de part ni d'autre.

Or, l'amiral était résolu à obtenir l'ouverture du fleuve Rouge de gré ou de force [1].

---

1. Il écrivait au ministère : « Notre établissement dans ce riche pays, limitrophe de la Chine et débouché naturel de ses riches provinces Sud-Occidentales, est selon moi une question de vie ou de mort pour l'avenir de notre domination dans l'Extrême-Orient. » (Lettre du 19 mai 1873.) A cet égard il partageait absolument l'opinion de Francis Garnier, sur laquelle il étayait la sienne, en disant : « Cet officier plein d'intelligence, instruit par un long séjour en Cochinchine et par le grand voyage qu'il a fait, a une vue fort nette et fort juste de nos intérêts dans l'Extrême-Orient et du but auquel nous devons tendre. (Lettre du 29 avril 1873.)

Seulement il aurait voulu que la question fût posée d'une façon correcte, soit qu'elle fût l'objet d'une négociation diplomatique, soit qu'elle devînt le motif d'une intervention armée. Justement il était en pourparlers avec l'Annam pour la conclusion d'un traité qui devait remplacer celui de 1862, fort endommagé depuis l'annexion des trois nouvelles provinces cochinchinoises. En nous faisant reconnaître souverains de ces trois provinces, nous pouvions par des clauses additionnelles régler aussi le libre accès du Tonkin. En cas de refus, il importait que tous les torts fussent du côté de l'Annam. M. Dupuis aurait créé moins d'embarras en n'usant pas de représailles qui rendaient sa situation peu régulière, comme de camper militairement dans une ville, d'y prendre des otages parmi les fonctionnaires, ou de chercher à faire passer des cargaisons de sel sans payer les taxes. Il est certain que le débat se fût mieux présenté si, dégagé de ces complications, il eût porté uniquement sur la liberté commerciale du fleuve et sur les obstacles opposés par les mandarins. Mais poussé à bout par eux et revenu du Yunnan avec une escorte chinoise qui le rendait de plus en plus entreprenant, M. Dupuis avait fini par agir « comme en pays conquis [1]. »

C'est alors qu'arrivèrent à Saïgon les plaintes amères de la cour de Hué, et il était difficile à

---

[1]. Expression de l'amiral Dupré dans une lettre du 25 juin 1873

l'amiral Dupré de les déclarer mal fondées. Pendant qu'il cherchait des griefs contre les Annamites, c'étaient les Annamites qui en avaient contre des Français. Aussi eut-il hâte de dégager la situation d'un incident qui contrariait ses vues et devenait compromettant pour notre pavillon. — « J'inviterai, répondit-il, M. Dupuis à quitter Hanoï. » — Et il tint parole. L'invitation, datée du 23 juin, fut envoyée par l'intermédiaire des Annamites, qui recevaient en même temps de l'amiral cet avis : « Si M. Dupuis n'obéit pas à mon ordre, vous êtes libres de le chasser. »

Mais de son côté M. Dupuis avait des réclamations à faire. Lésé dans ses intérêts, il dressait, à mesure que des retards lui étaient occasionnés, une note des indemnités qu'il se croyait en droit d'exiger de l'Annam. Cette note allait grossissant dans d'énormes proportions. A peine arrivé pour la première fois à Hanoï, il avait, dès le 3 janvier, prévenu les mandarins qu'ils auraient à lui payer 10,000 taëls d'indemnité par mois [1], s'ils l'empêchaient de se procurer les barques dont il avait besoin. Le 18 juillet, c'est à 200,000 taëls (1,430,000 fr.) qu'il estimera le préjudice dont il lui faut réparation. En se basant là-dessus, M. Dupuis pensait que les Annamites étant ses débiteurs, il eût été bien dupe de leur payer des droits de douane pour ses

---

1. *Journal de Voyage* de M. Dupuis. — Un *taël* vaut 7 fr. 15 environ.

cargaisons de sel[1]. Ses procédés violents tenaient à ce qu'il était obligé de se faire justice lui-même. S'il campait dans leur capitale, c'était pour sa sécurité, menacée par eux.

Aussi prit-il la résolution d'envoyer M. Millot à Saïgon « pour faire connaître au gouverneur de la Cochinchine les difficultés que lui suscitaient les Annamites, les préjudices considérables qu'ils lui causaient. »

« — Malheureusement, répondit l'amiral, j'ai écrit à M. Dupuis de quitter le Tonkin et je crains bien qu'à l'heure présente, il n'ait abandonné le pays.

« — C'est peu probable; M. Dupuis, faute de charbon pour ses navires, ne peut quitter Hanoï.

« — Tant mieux! aurait dit l'amiral, cela me fera une bonne occasion pour intervenir. »

A partir de cet entretien, en effet, la mauvaise impression produite tout d'abord par les plaintes de Hué paraît dissipée et le désappointement ressenti sur le premier moment fait place à des espérances qui reviennent. M. Dupuis, au lieu d'être une gêne, peut devenir un prétexte, le prétexte qu'on cherchait! Il n'y a qu'à reprendre, à propos de cette querelle, les projets primitifs.

L'essentiel serait maintenant qu'il n'allât pas chercher auprès des étrangers l'appui que la France lui refuserait. M. Millot a fait entrevoir que pour

---

1 V *Journal de Voyage*, page 127.

faire face aux dépenses considérables que lui coûte son séjour à Hanoï et pour subvenir aux embarras financiers causés par les déceptions subies, M. Dupuis réduit à un emprunt pourrait bien s'adresser à des banquiers de Hong-Kong, anglais ou allemands.

« — Il ne faut absolument pas intéresser les étrangers dans cette affaire! se serait écrié l'amiral. Quelle somme vous faut-il pour attendre trois mois? »

Il fut convenu qu'un prêt de 30,000 piastres demandé à la *Hongkong and Shanghai Banking corporation* serait facilité par la garantie de la colonie française et que le remboursement au gouvernement français aurait pour gage : tous les biens et navires de M. Dupuis, les 10,000 piculs d'étain que lui devaient les autorités du Yunnan, les indemnités auxquelles il pouvait prétendre contre le gouvernement d'Annam (indemnités évaluées à 250,000 piastres mexicaines). — Ainsi fut rédigé, avec l'autorisation spéciale de l'amiral gouverneur de la Cochinchine, un contrat passé par-devant notaire le 25 juillet 1873.

Au départ de M. Millot : « — Surtout, lui dit l'amiral [1], recommandez bien à M. Dupuis de ne pas brusquer les événements, d'user de toute son influence pour arrêter tout mouvement insurrec-

---

1. Voir *Mémoire* de M. Dupuis et *Souvenirs de mon commandement*, par M. Millot.

tionnel de la population tonkinoise ; de se bien garder d'appeler les troupes chinoises au Tonkin ; d'y tenir le *statu quo* patiemment pour me permettre d'intervenir à mon heure. »

C'est alors que l'amiral Dupré écrit à Francis Garnier, qu'il supposait à Shanghaï, cette lettre datée du 22 juillet :

« Mon cher Garnier,

« J'ai à vous parler d'affaires importantes et je vous prie de venir le plus tôt que vous pourrez... »

Et au ministère de la marine une longue dépêche, datée du 28 juillet, dont voici les passages intéressants pour l'histoire :

« La question vient de faire un pas nouveau et décisi par suite de l'expédition tentée par MM. Dupuis et Millot... Vous n'ignorez pas que le gouvernement annamite s'est adressé à moi à deux reprises différentes pour me demander de décider par mon intervention M. Dupuis à se retirer du Tonkin. Sa présence dans le pays est, en effet, contraire aux stipulations du traité. Ignorant d'ailleurs à cette époque la duplicité dont les mandarins avaient fait preuve dans tous leurs rapports avec M. Dupuis, j'ai adressé à celui-ci une invitation d'abandonner un point où il n'a pas le droit de résider... Que va-t-il en résulter ? Fort de mon assentiment, le gouvernement annamite aura-t-il le courage et la puissance de forcer M. Dupuis à déguerpir ? ou, suivant des habitudes commandées par sa faiblesse, temporisera-t-il encore et aura-t-il de nouveau recours à mon intervention ?

« Dans la première hypothèse, je ferai savoir à la cour de Hué que j'ai reçu de nos deux nationaux des rapports en complète contradiction avec la relation des faits qu'elle m'a présentés; qu'en l'absence de tous rapports diplomatiques écrits ou réguliers auxquels elle se refuse obstinément, je n'ai d'autre moyen de m'éclairer que celui d'une enquête faite sur les lieux.

« Dans la seconde hypothèse, au contraire, je représenterai que, M. Dupuis ayant résisté à mon invitation, je ne puis l'y contraindre que par l'envoi au Tonkin d'une force capable de faire respecter ma décision. »

Et il ajoute ces mots qui donnent la clé de tout ce qui va suivre :

« Mais je suis prêt, s'il reste un doute dans votre esprit et dans celui du gouvernement, à assumer toute la responsabilité des conséquences de l'expédition que je projette, à m'exposer à un désaveu, à un rappel, à la perte d'un grade auquel je crois avoir quelques droits. Je ne demande ni approbation, ni renforts; je vous demande de me laisser faire, sauf à me désavouer si les résultats que j'obtiens ne sont pas ceux que je vous ai fait entrevoir. »

Le même jour, un télégramme chiffré de l'amiral devançait sa lettre et y préparait le ministre en ces termes :

« Le Tonkin est ouvert de fait par le succès de l'entreprise Dupuis..... Effet immense dans commerce anglais, allemand, américain; nécessité absolue d'occuper Tonkin avant la double invasion dont ce pays est menacé par les Européens et par les Chinois et assurer à la France cette route unique. — Demande aucun secours, ferai avec mes propres moyens, — succès assuré. »

Comme il était à souhaiter pour ces nouvelles combinaisons, M. Dupuis tenait ferme.

Ceux qui ont jugé sévèrement à un point de vue peut-être trop européen, ses façons de répondre à la malveillance et à la duplicité annamites, devront reconnaître que tout ce qu'il fait par la suite est acte de légitime défense. S'il faiblit, s'il n'use pas d'audace, au point où en sont les choses, il se considère comme perdu, lui, ses équipages, son escorte, tous ceux qui ont eu relations amicales avec lui. Leur sort dépend de son énergie.

Les autorités de Hanoï ont encore arrêté en juin des Tonkinois coupables de lui avoir fourni aide ; deux notamment engagés à son service comme matelots.

« J'ai donné ordre ce matin à mes hommes, écrit-il dans son journal, d'aller par les rues, bien armés, et d'administrer des coups de rotin à tous les soldats de Hué qui tenteraient de prendre mes matelots. » Ce fut exécuté à la lettre. Des soldats de Hué surpris à cette chasse furent dispersés à coup de rotin, abandonnant dans leur fuite l'officier qui les commandait ; celui-ci fut saisi et amené à bord ; sa délivrance, aussitôt réclamée par les autorités, ne fut accordée par M. Dupuis que contre celle des prisonniers mis aux fers dans la citadelle. Mais deux jours après, c'est à recommencer ; des embuscades sont dressées contre les hommes des navires qui s'aventurent à terre ; il y a dans les maisons des groupes de soldats annamites cachés, apostés, qui enveloppent tout à coup ces malheureux quand ils sont isolés ; les surprennent à coups de lance et de sabre; en ont ainsi massacré un et ont assailli pareillement l'interprète Cham qui n'a dû son salut qu'à son révolver.

M. Dupuis ordonne des patrouilles dans toutes les rues afin d'en chasser les soldats annamites qui pourraient s'y trouver. Il s'empare ainsi peu à peu de la police de la ville.

Des auxiliaires inattendus l'aideront à s'y maintenir. La petite armée chinoise qui tenait garnison à Bac-Ninh se trouvant licenciée, des soldats de cette armée, en quête d'aventure, ont offert leurs services à M. Dupuis. Il prend à sa solde une centaine d'entre eux, qu'il loge dans une pagode.

En revanche, le maréchal Nguyen multiplie aux environs de grands rassemblements de troupes. Est-ce pour attaquer? Est-ce pour intimider seulement? Il lui est arrivé, comme renforts, une centaine de *Pavillons-Noirs*, qu'il loge dans des pagodes en dehors de Hanoï.

La surveillance de M. Dupuis n'a pu empêcher un nouveau guet-apens. Quoiqu'il eût recommandé à ses hommes de n'aller que par escouades, deux d'entre eux ont été encore massacrés au commencement de juillet et traînés agonisants jusque dans la citadelle.

M. Dupuis avertit le vice-roi que désormais ordre est donné par lui d'arrêter quiconque sera trouvé dans la ville marchande porteur d'armes ou d'insignes de mandarin, et de tuer comme des chiens quiconque aura montré velléité d'agression.

Copie de cette lettre est affichée dans les principaux quartiers.

Justement ce jour-là un exemple a été fait. Voici comment le journal de M. Dupuis raconte l'incident. Une patrouille de ses hommes suivant un chemin parallèle à la citadelle, s'était divisée en petits groupes. Les Annamites des remparts n'apercevant que quatre hommes crurent la capture facile ; en ce moment arrivait de la campagne à la tête d'une centaine de miliciens, un *ly-kiang* (maire). Les Annamites lui crièrent : « Prenez-les, ils ne sont que quatre ! avez-vous donc peur ?... attrapez-les, ils ne sont que quatre !... empoignez-les donc ! » Ce ly-kiang, ainsi encouragé par un millier de soldats, s'avança résolûment. A trente pas, la petite patrouille l'avertit : « Arrête, ou tu es mort. » Il n'en tient compte, il s'élance en criant à son escorte de faire comme lui ; à l'instant quatre fusils s'abattent, quatre coups partent ; le *ly-kiang* tomba atteint d'une balle et deux de ses gens blessés à ses côtés ; les autres se sauvèrent à toutes jambes.

Le maréchal Nguyen, quoiqu'il ait fait de *formidables* préparatifs et qu'il ait réuni, dit la rumeur publique, une quarantaine de mille hommes, hésite encore. M. Dupuis croit que beaucoup de ces miliciens désertent, que beaucoup sont hostiles aux mandarins, et que ceux-ci n'osent rien dans la crainte d'une insurrection.

Il est plus probable encore que l'hésitation de Nguyen-tri-phuong tenait à quelque ordre de Tu-

Duc peu soucieux de pousser les choses à l'extrême et qui, ne sachant ce que ferait la France pour venger ses nationaux, avait dû recommander d'effrayer, mais de ne point frapper.

Quoi qu'il en soit, le maréchal se contente d'afficher le 4 juillet une proclamation à la fois conciliante et menaçante, où il est dit en substance : « Maintenant, c'est une chose bien entendue, les étrangers rentreront à bord de leurs navires et attendront là les dépêches du vice-roi de Canton et la décision du roi. Ils ne descendront à terre que sans armes et par groupes de deux ou trois au plus. S'ils ne se conforment pas à ces prescriptions, j'enverrai des hommes armés pour les prendre. J'engage tous les chefs de quartier à les arrêter et à les conduire dans la citadelle.[1] »

La situation devient vraiment étrange. Les autorités ne se hasardent plus dans la ville. Quand elles ont à parlementer, elles ne viennent plus elles-mêmes. Le seul intermédiaire qu'admette M. Dupuis est un Chinois, le chef de la colonie cantonnaise, avec lequel il est en bons termes. Le 13 juillet, ce chef des Cantonnais vient lui demander l'autorisation pour le sous-préfet de sortir de la citadelle afin de lui remettre une dépêche de Saïgon :

« — Qu'il remette la dépêche, répond M. Dupuis. Je n'ai pas besoin de lui pour cela. »

Cette dépêche, antérieure à l'entrevue de l'amiral

---

1. *Journal de Voyage* de M. Dupuis.

avec M. Millot, est l'invitation de quitter le Tonkin.

Les Annamites sont curieux de voir l'effet produit. Ils envoient un missionnaire, le père Houan, demander à M. Dupuis — car ces malheureux ne savent comment se débarrasser de lui — « ce qu'il ferait, si on le laissait libre de remonter au Yunnan avec ses jonques de sel. » M. Dupuis refuse; il flaire dans cette proposition un piège.

Le lendemain, encore le P. Houan. Nguyen l'a autorisé à dire que si, comme le gouverneur de Saïgon en a donné l'ordre, les Européens et les Chinois de l'escorte s'en vont du Tonkin, il laissera prendre du riz et du sel pour les besoins du voyage. M. Dupuis fait répondre : « Que Nguyen me paie d'abord les indemnités qui me sont dues, nous verrons ensuite. »

C'est aussi la raison qu'il donne dans sa réponse à l'amiral Dupré, pour expliquer ce qui le retient au Tonkin. D'ailleurs, ajoute-t-il en décrivant sa situation, les mandarins sont impuissants à me chasser.

« ... Le 3 juillet le maréchal Nguyen, voyant qu'il ne pouvait rien faire contre nous et que le peuple se moquait de lui, me fit dire qu'il ne ferait plus prendre mes hommes et me priait de son côté de ne plus faire descendre mes hommes armés. Depuis lors nous sommes tranquilles. »

Cette tranquillité relative dura jusqu'à la fin d'août. Mais alors elle fut troublée de nouveau par des rixes sanglantes.

Il y eut une bagarre où les Chinois du Kuang-Si, enrôlés par M. Dupuis, se trouvèrent aux prises avec des coolies, qui n'étaient autres suivant lui que des soldats déguisés ; lesquels, occupés à débarquer des jonques de riz, se jetèrent tout à coup sur deux ou trois hommes qu'ils voyaient sans défiance et qu'ils croyaient sans protection ; mais de prompts secours déconcertèrent les assaillants ; ce fut, parmi eux, une belle débandade. On leur fit une dizaine de prisonniers et les jonques de riz furent capturées. « Je ne les rendrai, déclara M. Dupuis, que si les mandarins délivrent ceux de mes gens qu'ils ont récemment incarcérés. » Mais les mandarins roulaient bien d'autres projets dans leur tête : par des barrages, ils travaillaient à rendre impossible le retour du *Laokai* ; par des brûlots, ils préparaient l'incendie des navires européens ; et le bruit courait enfin qu'ils recrutaient comme mercenaires tout ce qu'ils pouvaient des pirates de la côte.

Quelques jours après, une rencontre eut lieu avec des troupes commandées par Nguyen-tri-phuong en personne ; 14 hommes de M. Dupuis se trouvaient cernés par elles ; ils firent feu et aux premières décharges, toute la nuée des guerriers annamites s'envola.

Naturellement la panique régna pour les jours suivants dans la ville. Nguyen, excité à la vengeance, annonçait constamment une attaque. On en était à ces alertes continuelles, quand revint de Hong-

Kong le *Laokai* accompagné de la jonque chinoise et d'un nouveau navire que M. Millot avait affrété pour cette seconde expédition, le *Manghao*, vapeur de rivière à roues et à fond plat. Avec lui arrivait un ingénieur pour l'exploitation des mines du Yunnan, M. Ducos de la Haille. Le 21 septembre, les trois bateaux étaient réunis devant Hanoï à la flottille qui avait passé là neuf mois.

Ils apportaient la fameuse lettre du vice-roi de Canton, si obstinément exigée par les autorités annamites, si impatiemment attendue par M. Dupuis. Mais elle ne produisit pas sur les mandarins de Hanoï tout l'effet qu'il en attendait.

Cependant ils prévinrent M. Dupuis qu'ils le laisseraient remonter au Yunnan et prendre des matelots, mais à la condition de déclarer toutes les marchandises qu'il voudrait transporter et de ne point emmener les jonques de sel—toujours ce sel de discorde, qui entretenait l'amertume des relations.

Un autre sujet de mésintelligence s'interposait d'ailleurs. M. Dupuis tenait à construire des maisons; on ne lui permettait point de recruter des ouvriers; il exigeait des autorités une proclamation immédiate qui eût autorisé les populations à se mettre à son service. Les sommations accompagnées de menaces restant infructueuses, il s'empara du sous-préfet et détruisit une partie de la sous-préfecture.

Le 8 octobre, M. Dupuis se met en route pour le Yunnan, avec le *Manghao* et quinze jonques (douze chargées de sel, et trois pour la protection du convoi). Il passe devant les camps et les fortins qui avaient fait une première fois rebrousser chemin à ses transports, et les intimide par quelques obus. Il passe aussi devant des myriades de radeaux incendiaires préparés. Ce sont eux qui sont incendiés : il y fait mettre le feu, chemin faisant, à la grande hilarité des paysans qu'on avait requisitionnés par milliers pour ce formidable travail.

Au delà de Kouen-ce, dernier poste annamite, le *Manghao* s'arrête, débarque les Chinois du Kuang-Si, et on les établit là dans une sorte de camp que M. Dupuis a jugé bien placé pour la protection des barques qui feront le commerce avec le Yunnan. On est au pied du premier rapide qui arrête les vapeurs et au commencement de la région occupée par les rebelles. Cent cinquante hommes suffiront pour garder ce poste, situé au milieu d'une forêt de bambous.

Les jonques avec une partie de la garde du maréchal Mâ, continuent leur route. Et M. Dupuis regagne Hanoï avec le *Manghao*.

A son arrivée, il apprend que des navires de guerre sont entrés dans le Delta. C'est la marine française qui intervient !

L'amiral Dupré avait poursuivi ses desseins.

Le 8 août, en revenant du fond de la Chine, Francis Garnier avait trouvé à Shanghaï le laconique appel : « Venez, j'ai à vous parler d'affaires importantes. » Ce doit être celles du Yunnan, pensa-t-il aussitôt. En effet, depuis que la rébellion musulmane était vaincue, il avait proposé au gouverneur de Cochinchine et aux ministères de Paris un plan nouveau. « Tali n'étant plus à prendre, m'écrivait-il, j'ai essayé d'organiser au Yunnan une mission politico-scientifique. » (Il s'agissait, dans son idée, de contre-balancer la mission donnée par les Anglais à un voyageur, M. T. Cooper, investi du titre *d'agent commercial et politique à Bamo*, et chargé de disposer les autorités du Yunnan en faveur de la voie birmane). Francis Garnier supposait donc que son plan était agréé.

Il se rendit à l'appel ainsi interprété, avec d'autant plus d'empressement que, pour son autre projet sur le Tibet, il n'avait encore reçu, me faisait-il savoir, « ni une réponse de Paris, le changement de ministère ayant dû mettre tous les bureaux en désarroi, ni une réponse au sujet des passeports demandés depuis sept mois à notre légation de Pékin. »

Seul, le gouvernement de l'Inde anglaise lui avait fait savoir qu'il mettait à sa disposition, pour peu que le désir en fût exprimé, toutes les ressources et l'influence dont il disposait ; aussi écrivait-il à sa famille : « Quel malheur que je ne sois pas Anglais ! Je serais un homme honoré et puissant. Le guignon veut que je ne puisse me résoudre à n'être plus Français... » Mais il ajoutait aussitôt, reprenant confiance et fondant un nouvel espoir sur les intentions qu'il supposait à l'amiral Dupré :

« Je serai résident français au Yunnan, avec ou
« sans coadjuteur. J'y veux un arsenal français et
« le commencement d'une voie ferrée reliant le
« fleuve du Tongkin à Yunnan. Les Anglais ne se
« relèveront pas de celle-là. Il y a des choses qui
« se sentent, qui ne se démontrent pas. Je sens
« que si l'on m'aide, l'Indo-Chine est française,
« mais je ne suis, hélas ! en France qu'un pauvre
« aventurier. »

Y eut-il désenchantement quand il vit pour quelle œuvre toute différente il était appelé à à Saïgon ? Peut-être. Cependant cette œuvre rentrait aussi dans l'ensemble de ses vues : l'ouverture du Tonkin.

Tous les deux, l'amiral et lui, se concertèrent à ce sujet.

Il leur sembla grave de voir la Chine mêlée à cette affaire. Ils avaient à cœur de ne pas se laisser devancer par une intervention étrangère. Les Chinois qui venaient d'en finir avec la rébellion musulmane et disposaient d'un effectif militaire désormais inutile, pouvaient être tentés de l'employer à une occupation du fleuve Rouge, d'autant plus que l'impuissance des Annamites à chasser M. Dupuis démontrait la facilité de cette occupation. Dans ces prévisions, deux lettres dont Francis Garnier rédigea les projets, furent adressées aux vice-rois de Canton et du Yunnan, à la date du 1er septembre, pour leur dire qu'on leur était reconnaissant de leurs bonnes dispositions en faveur d'un sujet français, M. Dupuis, mais qu'il était inutile que la Chine intervînt dans le différend, la France s'en chargeait. Voici les termes d'une de ces lettres :

« Il n'est pas juste que je laisse à V. Exc. tout le fardeau de protection des intérêts du commerce dans une région, le Tonkin, aussi voisine de Saïgon... J'ai donc résolu de m'entendre avec la cour de Hué pour rétablir la paix dans ses provinces et pour rétablir sur un pied satisfaisant les relations commerciales entre le Tonkin et le Yunnan. Dans ces conditions, comment la présence des soldats chinois dans l'Annam continuerait-elle à être nécessaire ?... Je me fais fort, d'accord avec le gouvernement annamite, de protéger d'une façon efficace le commerce, les intérêts chinois qui sont aussi les intérêts français. De la sorte, il n'y aura pas de confusion possible, et une amitié sincère continuera de régner entre les deux royaumes. »

En même temps, comme les Annamites avaient de nouveau insisté pour que l'amiral fît partir M. Dupuis et avaient même envoyé à Saïgon deux ambassadeurs [1], entre autres Lê-Thuan, en apparence pour parler du traité de paix, au fond pour obtenir l'expulsion du négociant français, cette

---

1. Ces deux ambassadeurs étaient partis de Hué avec la pensée de se rendre en France. Ils se faisaient assez d'illusions pour croire qu'ils y obtiendraient la restitution des trois provinces de Cochinchine conquises en 1867. L'amiral les dissuada de cette démarche. Il n'était pas fâché d'ailleurs de les avoir près de lui, pendant que l'expédition du Tonkin forcerait la main à leur gouvernement pour le traité de paix.

dépêche fut adressée à Hué le 5 septembre 1873 :

…« Je ne vois d'autre moyen de répondre convenablement au désir de V. Exc. que d'envoyer un officier accompagné de plusieurs hommes à Hanoï pour signifier à M. Dupuis l'ordre de se retirer et pour le faire exécuter de force, s'il refuse d'obéir de bonne grâce. »

Le reste de la dépêche indiquait le désir de consolider par la même occasion l'autorité du roi Tu-Duc, fort ébranlée au Tonkin et méconnue par tant de gens !

La mission fut acceptée par Francis Garnier, mais beaucoup plus large qu'elle n'était annoncée aux Annamites. Il est intéressant de savoir comment il la comprenait, pour sa part; c'est ce que révèle cette lettre extrêmement remarquable adressée à son frère :

« Hong-Kong, 8 septembre 1873.

« Mon cher ami,

« L'amiral m'a appelé pour me consulter sur
« les affaires du Tong-king. Il était en train de s'en-
« gager dans une voie bien dangereuse, celle d'une
« expédition armée, et j'ai été assez heureux pour
« l'en détourner. Je ne l'ai pu qu'en acceptant
« la mission d'aller, en marchant autant que pos-
« sible d'accord avec le gouvernement annamite,
« dénouer moi-même sur les lieux les complications
« créées par M. Dupuis. Celui-ci s'est entouré à
« Hanoï, la capitale du Tong-king, de soldats du
« Yunnan et de Frères de la Côte, et s'est créé

« une situation indépendante qui lui permet de
« passer sur la tête des douanes annamites et de
« faire un commerce aussi illicite qu'avantageux.

« J'ai montré à l'amiral que la disparition du
« pouvoir annamite au Tong-king serait en même
« temps la fin de notre influence sur cette contrée ;
« qu'en faisant respecter les droits de Hué, nous
« nous plaçons sur un terrain diplomatique inat-
« taquable ; qu'une expédition que rien ne motive
« nous vaudrait peut-être des interventions inat-
« tendues et se heurterait à de plus grosses diffi-
« cultés qu'il ne croit, les troupes du Yun-nan
« étant armées d'armes à tir rapide et de mitrail-
« leuses; elles comptent des instructeurs euro-
« péens. D'ailleurs, s'il est facile de conquérir, il
« est difficile d'administrer, et nous manquons
« pour cela du personnel nécessaire. J'ai donc
« conseillé à l'amiral de négocier avec Pékin pour
« demander le retrait des troupes chinoises, et
« avec le Yun-nan pour garantir l'ouverture de la
« nouvelle route et discuter des tarifs douaniers
« équitables, et avec Hué pour lui montrer les
« dangers qu'il court en s'obstinant à fermer le
« fleuve, les avantages qu'il recueillerait en lais-
« sant faire le commerce sous le bénéfice d'une
« administration douanière française analogue à
« celle qui fonctionne en Chine; enfin la nécessité
« pour lui de recourir à notre médiation afin
« d'éviter l'absorption du Tong-king soit par la
« Chine, soit par les Frères de la Côte. J'ai rédigé

« moi-même toute la correspondance de l'amiral
« dans ce sens, à Paris, Pékin, Canton, Yun-nan
« et Hué.

« J'irai donc sur les lieux faire une enquête sur
« les plaintes réciproques de M. Dupuis et du
« gouvernement annamite et rappeler le premier
« à l'exécution de ses devoirs.

... « L'entreprise est des plus délicates, d'autant
« plus que M. de Broglie et le ministère en France
« dont j'ai eu toute la correspondance et toutes
« les dépêches sous les yeux sont des plus mal
« disposés... D'un autre côté, pouvais-je refuser?...
« Je flaire une affaire Pritchard où l'amiral Dupré
« et moi serons désavoués. J'envoie un télégramme
« à Saïgon pour prévenir du danger, et mes der-
« nières hésitations cessent; il y aurait mainte-
« nant lâcheté à moi à laisser l'amiral dans le
« pétrin. »

Beaucoup de choses frappent, quand on lit cette lettre, en dehors même des prévisions si malheureusement justes qu'elle contient et du patriotisme généreux qui l'a dictée :

D'abord, la tendance à ne pas sortir des moyens pacifiques.

La pensée de fortifier l'autorité de l'Annam, pour s'appuyer sur elle.

La crainte d'être devancé au Tonkin par les Chinois.

Enfin quelque méfiance au sujet de M. Dupuis. C'est qu'en ce moment, l'officier de marine, habitué à la rectitude de la discipline navale, partageant des préventions très répandues autour de lui dans un corps où déjà le « mercantilisme » n'est pas en faveur, et jugeant de loin, ne sachant pas quelles épreuves endurées par M. Dupuis rehaussaient ou excusaient certaines audaces de sa conduite, était porté à regarder le hardi pionnier comme compromettant maintenant pour le pavillon français et comme altérant par des licences regrettables son grand mérite d'avoir ouvert le fleuve.

Plus nettement encore, ces divers sentiments qui agitaient l'esprit de Francis Garnier se font jour dans une lettre qu'il adressait, à peu près vers la même époque, à M. Levasseur, membre de l'Institut. Elle n'a pas encore été publiée. Je suis reconnaissant à M. Levasseur de me l'avoir transmise ; elle a une grande importance historique. Qu'on ne soit pas arrêté par la longueur de cette lettre : tous les mots portent, elle est brève dans son étendue, elle éclaire la situation vite et nettement ; elle révèle beaucoup de choses en chaque ligne ; on y retrouvera la prévision d'un désaveu, et même un consentement donné à cette immolation ; la hâte d'arracher le Tonkin à l'influence redoutée des Anglais, à l'intervention possible des Chinois ; enfin — et c'est là pour l'histoire un point important, car les événements ultérieurs ont pu donner le change — une profonde aversion pour les moyens belliqueux ; l'amiral Dupré n'aurait pas craint la lutte armée ; Francis Garnier y répugne ; c'est lui qui fait prévaloir l'idée contraire et qui, replaçant la question sur le terrain purement diplomatique, obtient que l'on s'en tienne aux moyens de persuasion. Ainsi tombe la légende de l'homme aventureux, ambitieux, qui a poussé aux extrêmes. Je signale surtout, comme encore utiles à méditer aujourd'hui, les deux alinéas de cette lettre qui indiquent en quoi devait consister notre politique au Tonkin :

« *A. M. Levasseur, membre de l'Institut*

« Shanghaï, 20 septembre 1873.

« Monsieur,

« Je trouve à mon retour à Saïgon votre lettre
« de Vienne et je m'empresse de vous remercier
« de l'accueil sympathique que vous faites à mes
« projets [1]...

« De nouvelles circonstances ont surgi d'ailleurs
« qui, sans changer mes projets ou en diminuer
« l'opportunité, en retardent la mise à exécution.
« Je vous dois, Monsieur, de vous mettre som-
« mairement au courant de la situation actuelle.
« Les affaires du Tong-king traversent en ce mo-
« ment une sorte de crise et réclament une action
« immédiate. M. Dupré avait bien voulu penser à
« moi pour cette action.

« Vous connaissez sans doute la tentative faite

---

1. Il s'agit des projets sur le Tibet et le Yunnan

« par M. Dupuy, en partie sur mes indications,
« pour ouvrir au Yun-nan une route commerciale
« vers le sud. Agent du vice-roi de cette province,
« il a pénétré par le fleuve du Tong-king, soutenu
« à la fois par le gouvernement français et par les
« autorités chinoises, et il a expédié vers le Yun-
« nan les munitions et les armes qu'on lui avait
« donné mission d'acheter en Europe.

« Malheureusement les résistances du gouver-
« nement annamite, son refus de reconnaître la
« validité des pouvoirs donnés à M. Dupuy par le
« vice-roi du Yun-nan, ont amené notre compa-
« triote à une sorte de prise de possession, au
« nom du gouvernement chinois, du cours du
« fleuve du Tong-king. Il se maintient à Hanoï
« dans une position indépendante depuis plusieurs
« mois, malgré les plaintes de la cour de Hué qui
« réclame l'exécution des traités d'après lesquels
« un Français peut commercer, transiter, mais
« non *résider* au Tong-king.

« Cet état de choses est plein de dangers : d'un
« côté, l'impuissance où se trouvent les autorités
« annamites de forcer à la retraite une poignée
« d'Européens et de soldats chinois peut encoura-
« ger d'autres aventuriers à aller s'établir dans
« un pays aux dépens duquel il est si facile de
« vivre.

« — De l'autre, les autorités du Yun-nan, dis-
« posant d'un effectif militaire considérable et bien
« armé que la répression de la rébellion mahomé-

« tane laisse sans emploi, peuvent être tentées de
« prolonger et de rendre définitive l'occupation du
« cours du Song-Coï qui leur assure des avantages
« commerciaux d'autant plus considérables que
« dans la situation prise par M. Dupuy, il ne peut
« être question d'acquitter au gouvernement anna-
« mite les droits de douane qui lui sont dûs.

« Dans le premier cas, une intervention an-
« glaise deviendra imminente; l'expédition Dupuy
« est partie de Hong-kong ; les aventuriers qui
« l'imiteraient en partiraient aussi et seraient An-
« glais pour la plupart ; au besoin le gouvernement
« de cette colonie en susciterait, s'il était néces-
« saire. La cour de Hué ayant déjà adressé des
« plaintes à Sir Kennedy, gouverneur du Hong-
« kong, celui-ci, qui a des instructions dans ce
« sens, interviendra dès qu'il aura le plus léger
« prétexte pour le faire.

« Dans le second cas, le Tong-king devient chi-
« nois; l'influence anglaise fait ouvrir le port de
« Hanoï, y place un commissaire de douanes an-
« glais et c'est Hong-kong qui bénéficie des avan-
« tages commerciaux que nous devons nous effor-
« cer d'assurer à Saïgon. Vous savez que le chef
« des douanes chinoises est un anglais, M. Hart.

« Le Tong-king est dans une situation déplo-
« rable qui explique la faiblesse du gouvernement
« annamite. Des bandes chinoises ont envahi le
« pays, dont les populations, accablées d'impôts et
« d'exactions, n'obéissent qu'à regret à une dynas-

« tie qu'elles considèrent comme illégitime. La
« première pensée de l'amiral avait été de profiter
« de cet état de choses pour s'emparer du pays
« par un hardi coup de main.

« Je n'ai pas eu de peine à lui démontrer les
« inconvénients, les dangers même de cette tenta-
« tive. Les troupes du Yun-nan sont armées de
« fusils à tir rapide et comptent des instructeurs
« européens ; un conflit avec elles serait à crain-
« dre. Diplomatiquement, nous serions dans notre
« tort et un échec serait d'autant plus grave.
« Enfin, nous achèverions par une lutte la ruine
« de ce malheureux pays qui de longtemps ne
« pourrait nous offrir une compensation aux sa-
« crifices que nous aurions faits.

« Notre politique doit donc consister à dénouer
« peu à peu tous les fils de cette situation trop
« tendue : agir auprès du gouvernement de Pékin
« pour obtenir le retrait des troupes chinoises
« déjà envoyées ou sur le point de l'être dans le
« Tong-king, garantir la libre circulation du fleu-
« ve, que le gouvernement annamite ne peut plus
« aujourd'hui s'obstiner à fermer, faire compren-
« dre à la cour de Hué qu'elle perd le Tong-king
« si elle n'accepte pas cette clause, qu'elle s'enri-
« chit au contraire, si au lieu de laisser ce courant
« commercial lui échapper, elle en bénéficie par
« l'organisation d'un système douanier analogue à
« celui de la Chine et placé entre nos mains.
« Enfin, pour donner satisfaction à ses plaintes

« contre M. Dupuy et enlever tout prétexte à une
« intervention officieuse ou officielle d'une autre
« puissance, envoyer à Hanoï un officier chargé de
« faire une enquête et de régulariser la situation
« de M. Dupuy.

« Cet appui moral donné au gouvernement an-
« namite nous donnerait le droit d'exiger et la
« sauvegarde complète des intérêts commerciaux
« engagés et la réglementation sous notre surveil-
« lance exclusive de la circulation sur le Song-Coï.
« Aux yeux des populations, nous deviendrons
« les bienfaiteurs d'un pays où nous aurons ra-
« mené le calme et la prospérité et quand le temps
« aura parfait cette démonstration, quand, grâce
« à la nouvelle organisation de l'administration en
« Cochinchine, nous disposerons d'un nombre
« suffisant de gens rompus à la langue et aux lois
« de l'Annam, nous pourrons choisir notre heure
« pour recueillir, sans une goutte de sang versé,
« l'héritage du gouvernement annamite qui s'é-
« teindra doucement entre nos bras.

« L'amiral a adopté cette manière de voir et
« j'ai accepté la mission délicate d'aller au Tong-
« king chercher à apaiser les conflits élevés entre
« M. Dupuy et le vice-roi du Yun-nan, d'un côté,
« et les mandarins annamites, de l'autre ; étudier
« les dispositions des populations et m'en servir
« au besoin comme d'une arme pour vaincre les
« dernières résistances des lettrés annamites, né-
« gocier avec eux et les autorités du Yun-nan un

« tarif douanier donnant satisfaction à toutes les
« parties; essayer enfin d'obtenir pour notre in-
« dustrie et nos nationaux l'exploitation des mines
« du Yun-nan qu'un décret impérial vient de rou-
« vrir et auxquelles les Anglais voudraient de leur
« côté obtenir un accès exclusif.

« Ceux-ci ne restent pas inactifs : ils ont créé
« une agence politique et commerciale à Bamo à
« quelques journées des frontières du Yun-nan;
« les journaux de l'Inde réclament à grands cris
« la création d'un consulat anglais à Ta-ly fou;
« enfin M. Wade, ministre d'Angleterre à Pékin,
« pousse évidemment à la conquête du Tong-king
« par le Yun-nan.

« Notre ministre, M. de Geofroy, saura-t-il dé-
« jouer cette influence? A Paris soutiendra-t-on
« suffisamment l'amiral sur le nouveau terrain
« — inattaquable au point de vue diplomatique —
« qu'il vient de choisir? Je crains fort que non et
« ce n'a pas été sans hésitation que j'ai pris la
« lourde tâche dont je n'ai indiqué que les moin-
« dres difficultés. Du Tong-king, si je réussis
« dans la question très pressante et très actuelle
« que je viens d'exposer, je pousserai sans doute
« jusqu'au Yun-nan pour assurer ce premier suc-
« cès et combattre sur les lieux mêmes l'influence
« anglaise. Je rentrerai alors dans le cadre de la
« mission politico-scientifique que je vous ai sou-
« mise dans ma lettre précédente.

« Si j'échoue ou si je ne suis pas suivi, c'est-à-

« dire si en cas d'intervention étrangère où j'au-
« rais soutenu nos droits de façon à provoquer un
« conflit, on me désavoue — et j'ai prié instam-
« ment l'amiral Dupré de ne pas hésiter à le faire,
« si l'intérêt du pays et le sien le demandent — il
« n'y aura évidemment plus rien à faire au Yun-
« nan au point de vue politique. Nous aurons été
« battus par nos adversaires, et la revanche ne se
« présentera pas de longtemps. Je me rabattrai
« alors complètement sur le terrain scientifique et
« mes projets tibétains. Mais, hélas! sans l'appui
« du vice-roi chinois, je crains bien que tout effort
« pour pénétrer sur le territoire des lamas soit
« absolument infructueux.

« Vous voilà, Monsieur, très sommairement au
« courant de la situation de nos affaires tong-ki-
« noises...

« Inutile de vous dire, Monsieur, combien je
« suis heureux et touché de l'intérêt que vous me
« témoignez. Je désire vivement que mes trop
« longues lettres ne vous en fassent pas repentir.
« Mais il faut beaucoup pardonner à un monomane :
« voilà dix ans que je suis attelé à cette idée
« de l'Indo-Chine française. Je n'y renoncerai pour
« enfourcher un autre dada que quand il me sera
« bien démontré qu'en cela comme en autre chose
« la fortune de notre pays est en pleine déca-
« dence...

« Francis GARNIER. »

Enfin les vues de Francis Garnier sur la portée de sa mission sont encore expliquées dans une lettre préparée par lui pour M. de Geofroy, ministre de France en Chine. Il y faisait dire à l'amiral :

« Les traités conclus avec la cour de Hué défendent à nos nationaux de résider à l'intérieur de l'empire d'Annam. J'ai dû, devant les réclamations du gouvernement annamite, rappeler M. Dupuis à l'exécution de cet article. Il s'y est refusé, en se réclamant des autorités du Yunnan dont il a arboré le pavillon. Les quelques soldats chinois qui lui ont été envoyés doivent être renforcés au mois d'octobre ou de novembre... cet état de choses n'est pas sans danger... L'impuissance où se sont trouvées les autorités annamites à forcer à la retraite une poignée d'Européens peut encourager d'autres aventuriers à les imiter et à aller s'établir dans un pays où il est si facile de vivre... Or, nous ne devons pas perdre de vue qu'avec l'action du gouvernement annamite sur le Tonkin disparaîtrait la raison d'être de notre influence sur cette contrée. L'empereur Tu-Duc est aujourd'hui en présence de difficultés tellement graves que nous pouvons raisonnablement espérer lui faire accepter un protectorat... Mais la conquête de ce pays par les Chinois n'aurait d'autre résultat que de faire bénéficier la colonie anglaise de Hong-kong des avantages commerciaux que nous devons nous efforcer d'assurer à Saïgon. »

Mais le plus difficile à convaincre était le ministère de Broglie.

En juillet, ce ministère avait envoyé une dépêche qui disait : « Sous aucun prétexte, pour quelque raison que ce soit, n'engagez la France au Tonkin. » Francis Garnier venait à peine de repartir pour Shanghaï, que l'amiral recevait de Paris une nouvelle recommandation de s'abstenir.

Encore l'Annam entendait-il à moitié raison. Dans sa réponse [1], l'Annam ne faisait guère que cette objection : Si la France se sert d'un bâtiment de guerre pour expulser Dupuis et ses gens, ceux-ci ne manqueront pas d'alléguer qu'ils sont venus pour un service public du Yunnan ; or, comme les relations avec la Chine sont amicales, l'emploi de la force n'aurait-il pas un inconvénient ? Sous cette réserve et en livrant ce point aux réflexions de l'amiral, la cour de Hué admettait « qu'il envoyât un officier français avec quelques hommes » ; seulement elle demandait qu'on attendît.

L'amiral écrivit de nouveau aux ministres annamites, mais cette fois pour leur faire reproche d'un acte de duplicité : tandis qu'ils s'adressaient à lui, en même temps ils *sollicitaient à Hong-Kong l'intervention anglaise.* Cette démarche, déclarait-il, change profondément la situation. Je ne puis attendre pour agir au Tonkin les résultats de vos pourparlers avec d'autres ; je ne saurais souffrir que des étran-

---

1. 22 septembre.

gers se mêlent d'une affaire qui ne regarde que vous et nous. J'envoie donc un officier... « Si cet officier est directement ou indirectement entravé dans l'exécution de sa mission par le fait des autorités annamites, je serai forcé de rendre votre noble gouvernement responsable, et il faudra renoncer, à mon grand regret, à l'espoir d'une amitié prochaine. »

Quant au ministère de Paris, l'amiral Dupré lui fit observer que c'était l'Annam même qui avait appelé son intervention et que *s'abstenir* alors serait un aveu d'impuissance dont les suites ne sauraient être ni calculées ni réparées. — Le ministère parut cette fois céder. Sa réponse télégraphique consentait à l'idée d'un protectorat éventuel.

« — Enfin ! s'écria l'amiral, je puis donc marcher ! »

Le 27 septembre, Francis Garnier, ordre mis à ses affaires, adieux faits à sa femme et à sa fille, quitta Shanghaï, livré désormais, et avec de tristes pressentiments, à une mission fatale qu'il n'avait acceptée « *qu'après beaucoup d'hésitations.* »

Il m'expédia cette lettre pendant la traversée; encore une de ces lettres vigoureuses où il semble que les mots vivent, où en quelques traits toute une situation est mise devant vos yeux, tout un monde ressort en pleine lumière. Quand Francis Garnier tient la plume, il est à remarquer une fois de plus, comme les idées et le langage s'élèvent. On voit clair. On comprend vite et bien :

« En mer de Shanghaï à Saïgon, 2 octobre.

« Mon cher Gautier,

... « Les affaires s'étant étrangement compli-
« quéés au Tong-king et l'amiral Dupré se trouvant
« engagé dans une situation aussi difficile que
« compromettante, il a bien voulu penser à moi
« pour essayer d'en dénouer les fils.

« Après avoir étudié toute la correspondance
« relative à cette affaire, j'ai accepté d'aller au
« Tong-king faire une enquête sur les plaintes
« réciproques de M. Dupuis et du gouvernement
« annamite; essayer d'obtenir le retrait des trou-
« pes chinoises dont la présence est venue ajouter
« encore aux embarras de la situation, et décider
« le pays à accepter le protectorat français, qui
« seul peut le sauver d'une invasion des Frères de
« la Côte ou des Chinois. Après avoir rédigé à ma
« guise toute la correspondance officielle relative
« au plan de campagne que je proposais et que
« l'amiral acceptait, je suis revenu passer à Shang-
« haï l'intervalle de 2 malles pour mettre toutes
« mes affaires en ordre et me voici de nouveau en
« route pour Saïgon. Je redoute infiniment l'in-
« tervention anglaise au Tong-king sous un pré-
« texte ou sous un autre. D'après les lettres du
« ministère des affaires étrangères que j'ai eues
« sous les yeux, on ne serait nullement disposé à
« Paris dans ce cas à soutenir l'amiral. Peut-être

« arriverai-je à temps à Ha-noï pour l'éviter. Dans
« le cas contraire, j'agirai aussi énergiquement
« que possible et je protesterai sur les toits, mais
« je serai désavoué sans aucun doute.

« Si contre mon attente, je parvenais à pacifier
« la situation, la continuation logique de mon
« voyage serait une pointe dans le Yun-nan pour
« aller m'entendre avec le vice-roi sur le tarif
« douanier qu'il conviendrait d'établir aux em-
« bouchures du fleuve du Tong-king. De là à la
« reprise de mes premiers projets il n'y a qu'un
« pas, et voilà pourquoi ma mission actuelle ne
« me fait nullement renoncer au programme poli-
« tico-scientifique que j'ai exposé dans de longues
« lettres à Maunoir, à Levasseur, à M. de Quatre-
« fages, etc. Mais il serait indispensable que l'inex-
« plicable torpeur de notre légation de Pékin, qui
« en 7 mois n'a pas su me donner une réponse sur
« ma demande de passeports tibétains, fût vive-
« ment secouée de Paris même. C'est plus que de
« la négligence, cela devient de la grossièreté.
« M. de Geofroy n'a encore trouvé moyen de m'é-
« crire que pour me charger de commissions !...

« J'ai cru devoir laisser ma petite famille à
« Shanghaï. L'hiver était un mauvais moment
« pour l'arrivée de ma petite fille en France et
« il me suffit d'un télégramme pour que ma femme
« vienne me rejoindre à Saïgon. Elle attendra à
« Shanghaï la fin de l'hiver et l'issue de mes pre-
« mières tentatives. S'il y a moyen de créer au

« Yun-nan quelque établissement français sérieux et durable, je reviendrai en France avec elle en préparer les voies.

« De votre côté, plaidez, non pas ma cause, mais celle des intérêts français que je défends. Suivez le mouvement de l'opinion en Angleterre : les chambres de commerce (300 environ) ont pétitionné à l'envi pour la construction d'un chemin de fer du Yun-nan à Rangoun. On veut établir un consulat anglais à Ta-ly. On dénonce l'ambition (!) de la France. On agit à Pékin pour pousser la Chine à la conquête du Tong-king et pour faire bénéficier aïnsi Hong-kong du commerce du Song-Coi au détriment de Saïgon. A côté de tout ce mouvement nous restons inactifs. M. de Geofroy s'endort aux bains de mer de Tche-fou sur les lauriers (?) de l'audience. A Paris, une seule demande d'explications de l'Angleterre fait perdre la tête à M. de Broglie.

« Le promoteur de l'expédition commerciale du Tong-king, M. Dupuis, est en train de devenir l'instrument inconscient de la politique anglaise en poussant le vice-roi du Yun-nan à la conquête du Tong-king, sans se douter qu'il sera éliminé le lendemain par quelque ingénieur anglais du monopole minier qu'il cherche à obtenir. La cour de Hué s'entête dans ses illusions au sujet de l'évacuation des provinces que nous lui avons prises, sans s'apercevoir que nous seuls pouvons lui assurer encore quelque temps l'existence.

« Elle porte ses plaintes au gouverneur de Hong-
« kong !!!

« Seul, l'amiral Dupré tient tête à l'orage, sans
« encouragement de Paris, sans aide de la léga-
« tion de Pékin ; il a à lutter contre tout et contre
« tous. Il serait bien étonnant qu'il réussît, si
« l'opinion publique ne vient pas un peu à son se-
« cours. C'est là peut-être qu'il faudra frapper...

... « Si vous saviez tout ce que j'ai à faire ! De-
« mandez, je vous prie, à Maunoir son impression
« sur mes *Notes de voyage* publiées en feuilleton
« par le *Temps*. Je sais qu'il lit ce journal. Don-
« nez-moi aussi vos conseils, si ce feuilleton est
« tombé sous vos yeux.

« Écrivez-moi à Saïgon. J'espère que Mme G...
« continuera ses bonnes lettres à ma femme à
« Shanghaï. Celle-ci en aura besoin pour supporter
« son isolement et ses inquiétudes. »

A Saïgon, le plan de campagne fut arrêté, les
derniers préparatifs terminés, des instructions
positives données à Garnier, d'autant plus larges
que le soin de les rédiger lui-même lui avait été
abandonné [1].

---

[1]. Comme l'étendue de ces instructions a donné lieu à contro-
verses, il est bon de s'éclairer. Le texte n'en a pas été divulgué ; la connaissance en a été refusée même aux Chambres.
Tout ce que la commission de 1879 put obtenir, fut que l'amiral Dupré lui donnât lecture, mais non communication du
document. Mais on possède deux dépêches qui en contiennent
une analyse partielle et qu'a recueillies le rapporteur de cette
commission, M. Bouchet : l'une, adressée le 7 octobre au
ministère de la marine ; l'autre, le 1er décembre, au gouver-

En réalité, les instructions secrètes de Francis Garnier étaient d'une latitude beaucoup plus grande, et verbalement, il était laissé juge de ce qu'il y aurait à faire; mais à coup sûr plutôt encouragé à l'action qu'à la réserve et presque obligé de résister à l'impulsion belliqueuse. Une lettre de lui m'en a fourni la preuve : il avait trouvé trop nombreuse l'escorte que l'amiral voulait d'abord lui donner : « — 400 hommes, avait-il répondu, c'est

nement de Hué. Dans la première l'amiral ne dit pas tout, car il savait le ministère fort mal disposé pour une intervention au Tonkin ; il lui dit cependant que l'œuvre de Francis Garnier consistera « à *s'établir solidement sur le point qu'il choisira* comme le plus convenable pour remplir sa mission ; à faire choix d'un port pouvant au besoin servir plus tard de base d'opérations ; à ouvrir une enquête sur les faits reprochés à M. Dupuis par le gouvernement annamite et sur les réclamations formulées par le premier ; à user de toute son influence pour obtenir de lui qu'il se retire du Tonkin avec les aventuriers qu'il y a attirés ; en cas de refus, à s'entendre avec les autorités annamites pour l'y contraindre ; enfin M. Garnier devra faire traîner son expédition en longueur jusqu'à ce qu'il soit rappelé avec son petit corps expéditionnaire, c'est-à-dire jusqu'au moment où l'on aura contraint les ambassadeurs annamites à signer un traité avantageux sous l'empire de la crainte. » (Résumé extrait du rapport de M. Bouchet.)

L'autre dépêche, de deux mois postérieure à celle-ci, rappelant le passé à la cour de Hué, lui dit à propos de Francis Garnier : « Vous savez quels étaient les ordres qu'il avait reçus : il devait se renseigner exactement sur les torts reprochés à M. Dupuis ; il devait ensuite faire partir celui-ci ; il devait tâcher de *faire régler provisoirement, en attendant le traité définitif, la question commerciale ;* enfin, il devait *rester à Hanoï* jusqu'à ce que cette question fût réglée d'une manière satisfaisante, pour empêcher par sa présence que de nouveaux aventuriers, tentés par la facilité avec laquelle Dupuis s'était maintenu dans le pays, ne vinssent y porter encore le trouble et le désordre. »

trop. N'oublions pas que je vais là en négociateur, c'est un rôle à conserver le plus possible et ce serait le compromettre que de déployer aux yeux des mandarins des forces qui pourraient passer pour une menace ; une centaine d'hommes me suffiront ; s'il le fallait ensuite, vous m'enverriez des renforts. » L'amiral se rangea à cet avis.

Aussitôt partit de Saïgon, le 8 octobre, cette lettre pour M. Léon Garnier :

« Ma petite expédition est prête. Je pars samedi... Comme instructions, carte blanche. L'amiral s'en rapporte à moi. En avant donc pour cette vieille France ! »

CHAPITRE V

L'EXPÉDITION DE FRANCIS GARNIER, EN 1873. — I. AVANT LA PRISE DE HANOI

Tous préparatifs faits, et ils furent faits dans le plus grand secret, cette lettre me fut expédiée :

« Saïgon, 10 octobre.

« Mon cher Gautier,

« ... Je pars demain pour le Tong-King à la tête
« d'une petite force, 2 canonnières et de l'infanterie,
« et pleins pouvoirs. Je suis, comme bien vous
« pensez, dans un épouvantable coup de feu. Il a
« fallu tout préparer en 4 jours...

« F. GARNIER.

« Rien, je vous prie, dans les journaux de ce dé-
« part. »

Les deux canonnières étaient l'*Arc* et l'*Espingole*. Elles ne devaient même point partir ensemble. Francis Garnier n'emmenait avec lui que la première, remorquée par la corvette le *D'Estrées*, commandant Didot. La seconde ne devait prendre la mer que le 23 octobre, à la remorque du *Decrès*, commandant Testard.

Il y eut donc deux départs séparés.

La petite force avec laquelle Francis Garnier

devait aborder le Tonkin se composait — il l'avait voulu ainsi — de 83 hommes seulement, savoir :

Un détachement d'infanterie de marine, 30 hommes placés sous les ordres d'un sous-lieutenant, M. de Trentinian [1].

L'équipage de l'*Arc*, avec l'enseigne de vaisseau Esmez; un médecin, le docteur Chédan; un commis aux écritures, Lasserre (caporal d'infanterie de marine) et deux interprètes. Aux marins de l'équipage, on en avait joint d'autres tirés du *Fleurus*; ils formaient un total de 51, parmi lesquels une dizaine d'Annamites.

Pour la traversée, les hommes et l'armement furent embarqués sur le *D'Estrées*.

La seconde partie de l'escorte qui devait venir plus tard, se composait de 92 hommes, savoir :

Une compagnie de débarquement mise à bord du *Decrès* : c'étaient 60 fusiliers, matelots, canonniers, sous le commandement de M. Bain de la Coquerie, enseigne de vaisseau, avec deux aspirants, MM. Hautefeuille et Perrin, pour lieutenants et le Dr Dubut.

L'équipage de l'*Espingole* : 25 hommes, dont 7 Annamites, commandés par M. Balny d'Avricourt [2],

---

1. M. Edgard de Trentinian, aujourd'hui chef de bataillon, né en 1851, à Brest; fils du général de Trentinian, alors colonel en Cochinchine.
2. Adrien-Paul Balny d'Avricourt, né à Noyon en 1849, sorti de l'École navale en 1868, enseigne de vaisseau depuis le 8 août 1871, après une campagne dans les mers du Sud et de l'Océanie.

enseigne de vaisseau, avec un ingénieur hydrographe, M. Bouillet, et le Dr Harmand [1].

C'est en mer seulement que les hommes transportés sur le *d'Estrées* connurent leur destination.

Les premiers incidents du départ sont racontés par Francis Garnier dans une lettre intime écrite on devinera bien à qui, car il était naturel que sa pensée se reportât à Shanghaï, où il avait laissé de si chères affections :

« A bord du *D'Estrées*, 11 octobre 1873.

« ... Me voici en route. Je suis encore un peu
« ému des adieux et fatigué des 3 jours pendant
« lesquels je n'ai pas eu une heure, une minute de
« repos.

« Pour la 1re fois ce matin, j'ai endossé le har-
« nais, je me suis mis en flanelle des pieds à la
« tête, pantalon, gilet, redingote d'uniforme, le
« tout confectionné en 48 heures par les tailleurs
« chinois de Saïgon.

« A six heures du matin, l'amiral est venu me
« trouver dans ma chambre pour me faire ses
« adieux. Il m'a mis dans sa voiture qui at-
« tendait, attelée au bas du perron, m'a serré plu-
« sieurs fois les mains avec émotion, et fouette
« cocher ! A la cale de la marine, la baleinière du

---

[1]. M. Jules Harmand, né à Saumur en 1845. Depuis cette campagne du Tonkin, il a fait des explorations remarquées au Cambodge et au Laos. Il a le premier passé du Laos dans l'Annam. En juin 1883, tandis qu'il occupait le poste de consul à Bangkok, il a été nommé commissaire civil au Tonkin.

« commandant du *D'Estrées* et le canot major du
« *Fleurus* m'attendaient, l'une pour moi, l'autre
« pour mes bagages. J'embarque et j'arrive à bord
« où *toutes mes troupes* étaient déjà embarquées et
« me voyaient pour la première fois. Montesquiou,
« Luro, Philastre, des négociants chinois, etc.
« étaient réunis derrière pour me faire leurs adieux.
« L'expédition n'était plus un secret : on savait
« que l'amiral devait l'annoncer officiellement le
« matin au conseil privé et à la chambre de com-
« merce. Les Chinois venaient m'apporter l'expres-
« sion des souhaits ardents qu'ils formaient pour
« ma réussite et au nom de tous, l'un d'eux me
« remit une lettre de crédit de 3,000 piastres par
« mois sur les maisons chinoises de Hanoï, dans
« le cas, ajouta-t-il, où votre expédition aurait
« besoin d'argent et ne pourrait pas communiquer
« avec Saïgon. J'ai accepté, fort heureux de l'inté-
« rêt pris par les Chinois à cette affaire : c'est un
« excellent symptôme de l'importance commerciale
« qu'ils lui donnent.

« Mon pauvre vieux Luro m'a dit, les larmes aux
« yeux et en m'embrassant : « Voilà deux fois que
« je te vois partir de Saïgon pour des expéditions
« glorieuses[1] et deux fois que tu me laisses der-
« rière toi ! » Ce n'était pas un reproche ; il sait

---

1. Allusion à l'expédition du Mé-kong, combinée, comme je l'ai dit, par Francis Garnier, avec MM. de Bizemont et Luro, mais dont les deux derniers ont eu la douleur d'être écartés par le ministère

« bien que ni la première ni la seconde fois l'envie
« de l'emmener ne m'a manqué. La première fois,
« c'est l'amiral de la Grandière qui n'a pas voulu,
« la seconde fois, c'est Luro lui-même qui a consi-
« déré comme de son devoir de rester à Saïgon
« jusqu'à la complète organisation de son collège [1].
« Mais je compte bien le faire venir.

« A 7 h. 1/2 nous avons appareillé, l'*Arc* à la
« remorque du *D'Estrées*. Tous les navires du com-
« merce français sur rade — ils étaient 7 ou 8, —
« ont mis leur pavillon, comme pour nous assurer
« de leurs vœux de réussite. Aucun navire étran-
« ger — ils étaient tous anglais ou allemands — n'a
« mis ses couleurs. Ce salut du pavillon, si simple
« et si expressif, m'a profondément ému. J'ai pensé
« alors à la lourde responsabilité qui pesait sur
« moi, à toutes ces espérances que mon entreprise
« faisait naître et que je ne réaliserai peut-être pas !
« et j'ai eu un instant le cœur bien gros, prêt à dé-
« border. Maintenant je suis plus calme ; l'air de
« la mer me remet ; j'avais grand besoin de reposer
« ma pauvre tête et de fermer mes tiroirs, comme
« dit maman. Il fait beau. L'*Arc* se comporte à mer-
« veille. Nous pouvons pousser jusqu'à 9 nœuds. Je
« me sens heureux d'être encore une fois à bord
« d'un navire de guerre. Je combine ma petite af-
« faire, je fais des plans. C'est bien le diable, après

---

[1]. Collège de stagiaires pour l'administration cochinchinoise fondé en 1873 à la demande de M. Luro et sous sa direction.

« tout, si je ne réussis pas ; je ne suis pas plus bête
« qu'un autre ; et puis je me mets à sourire *in petto*,
« à quoi me servira de réussir ?... »

J'emprunte maintenant ce qui va suivre à une narration écrite au Tonkin même par un des marins de la première escorte, qui s'est fait volontairement l'historiographe de l'expédition. C'était un sergent-fourrier des fusiliers de l'*Arc*, du nom de Imbert. Il avait pour son chef un véritable culte, un culte touchant, et il a rapporté à la famille, comme un hommage, le registre où était pieusement inscrit ce qu'il savait ; or il savait beaucoup. J'ai pu contrôler son récit sur nombre de points et chaque fois je l'ai trouvé d'une grande exactitude ; il n'a laissé à rectifier que çà et là quelques erreurs de forme. Il était admirablement renseigné même au sujet de négociations dont il ne semblait pas destiné à recevoir la confidence ; il est évident qu'il a eu sous les yeux des documents importants ; peut-être avait-on utilisé son écriture, très lisible, pour des transcriptions dont il gardait le souvenir, dont il reproduisait ensuite la substance.

Dans ces conditions, ses notes sont précieuses. Elles le sont d'autant plus que les papiers de Francis Garnier, recueillis par une administration pressée de le désavouer et intéressée au mystère, ont été, aussitôt après sa mort, soustraits à toutes les investigations.

Voici d'abord comment le sergent Imbert décrit la traversée et l'arrivée au Tonkin :

« L'armement de la canonnière l'*Arc* fut ordonné le 1ᵉʳ octobre 1873. Elle fut prête à partir dans les dix jours, et le 11, par une matinée brumeuse, quelques curieux échelonnés le long du quai de la rivière de Saïgon purent voir l'aviso le *D'Estrées* descendre lentement le cours des eaux après avoir donné les remorques à la canonnière.

« M. l'enseigne de vaisseau Esmez, nommé aux premiers jours d'octobre capitaine de l'*Arc*, ne conserva son commandement que peu de temps; j'appris par un ordre émané du gouverneur qu'un nouvel officier l'avait remplacé, le 8 octobre, dans ces fonctions et que, chef de l'expédition du Tonkin, celui-ci serait en même temps capitaine de la canonnière : c'était M. Francis Garnier. M. Esmez devenait le commandant en second de l'expédition.

« Nous eûmes bientôt franchi les bords enchanteurs de la rivière, aux mille sinuosités; bientôt aussi, à notre grande satisfaction, nous pûmes respirer avec une indicible avidité l'air fortifiant de la mer qui tempérait si efficacement l'effet pénible de la lourde atmosphère de Saïgon.

« Nous étions au large dans l'après-midi et le *D'Estrées* suivant le contour de la côte remontait vers le Nord, prenant la direction du golfe du Tong-King. Les premières journées de mer furent très favorables à cette difficile navigation, pour laquelle cependant la saison n'était pas propice. Tout nous faisait espérer qu'après quelques jours de gêne (car le personnel de l'*Arc* se trouvait sur le

D'Estrées) nous reprendrions nos aises sur la canonnière.

« Malheureusement, dans la soirée du 13, les vents de la mousson soufflèrent avec une force qui donna des inquiétudes à nos chefs pour le navire remorqué; déjà les solides amarres dont on l'avait entouré menaçaient, par l'effet du tangage, de devenir inutiles; en vain, par une grosse mer, des gens de l'équipage se portèrent-ils à bord pour les consolider; les lames avaient par leur violence enfoncé les plaques de tôle, au point où elles étaient le plus faible, et la partie où se trouvait la machine était déjà immergée. Le 14, la mer devenant de plus en plus dure, l'eau embarquée en trop grande quantité fit céder par son poids énorme une des remorques qui cassa [1].

« L'état désespéré de la canonnière par ce gros temps, fit prendre aux deux capitaines le seul parti

---

[1]. L'accident est ainsi relaté dans la correspondance de Francis Garnier : « Notre traversée a été des plus incidentées. Un gros temps a occasionné la perte de ma canonnière l'*Arc* qui a sombré. Ce petit navire en tôle, fait pour les rivières et déjà vieux, n'a pu supporter l'action combinée des remorques et des coups de mer. » Et dans une autre lettre qu'on veut bien me communiquer : « 14 octobre. — Jour néfaste. Après deux jours d'assez beau temps pendant lesquels l'*Arc* s'est assez bien comporté à la remorque du *D'Estrées*, ce matin nous avons été pris par un coup de vent de S.-E. J'ai obtenu du commandant qu'il mît immédiatement le cap sur la terre pour chercher un abri, mais nous étions trop loin ; la mer devenue furieuse n'a pas tardé à défoncer mon pauvre bateau. Il a coulé à 7 ou 8 milles de terre. Voilà mon plus précieux moyen d'action disparu. Je ne sais trop comment je vais me débrouiller ; je n'en continue pas moins ma route. »

qui restait : couper la dernière remorque. C'était un sacrifice pénible. Le malheureux navire, abandonné à lui-même, ne tarda pas à disparaître sous nos yeux attristés, englouti par la violence des vagues. L'expédition perdait avec l'*Arc* sa grande ressource.

« Nous crûmes un instant que ce premier échec nous forcerait à retourner à Saïgon pour armer de nouveau et remplacer la canonnière perdue. C'est que nous ne connaissions pas encore l'intrépidité de notre chef et son inébranlable volonté.

« D'ailleurs les pertes éprouvées par suite de ce naufrage n'étaient pas, si l'on en excepte le navire lui-même, absolument irréparables; le matériel englouti avec lui n'était autre que le matériel destiné à son entretien. Quant au matériel de guerre, le *D'Estrées* s'en était chargé.

« Que n'en a-t-il été de même pour les effets à notre usage! Presque tous les marins composant l'équipage de l'*Arc* se sont trouvés dépourvus de l'absolu nécessaire. La consolation est qu'il n'y a pas eu une seule mort d'homme à déplorer.

« Le 15 octobre, nous mouillions dans la baie de Tourane par une fort belle journée et nous recevions les visites empressées de mandarins qui nous comblèrent de présents. »

J'interromps ce récit pour dire quel motif amenait là Francis Garnier. Il l'indique dans sa correspondance : « Nous avons relâché à Tourane pour faire parvenir à Hué la lettre de l'amiral annonçant ma venue et demandant l'envoi d'un plénipotentiaire à Hanoï pour régler avec moi toutes les questions en litige. » Ces *questions en litige* étaient énumérées dans la lettre de l'amiral et les griefs contre l'Annam y étaient récapitulés : Démarche de Hué auprès du gouvernement étranger de Hong-Kong ; mauvais traitements infligés aux chrétiens, etc. — Impossibilité de laisser fermée à la navigation la seule voie mettant facilement les provinces de la Chine en communication avec la mer. *En conséquence,* la cour de Hué était bien prévenue de ceci : « Je donne l'ordre à M. Garnier de rester à Hanoï jusqu'à ce que l'affaire de la navigation du Song-Coï soit réglée. »

Cette dépêche d'un caractère ferme, d'un sens précis, ne laissant aucune place aux malentendus qui vont se produire au Tonkin, fut reçue à Hué, et ne souleva de protestations qu'une fois le *D'Estrées* parti. Le séjour à Tourane se prolongea près d'une semaine pour attendre la réponse ; elle parut favorable. Ce sont des incidents qu'il faut retenir. Francis Garnier les a relatés, dans un courrier intime, — journal dressé pour donner de ses nouvelles à Shanghaï, — dont j'ai déjà transcrit ici quelques pages et dont une main fidèle à la religion du souvenir a bien voulu tirer encore les extraits que voici :

« 15 octobre.

« Nous arrivons ce soir en rade de Tourane où

« nous déposons le mandarin annamite [1] qui va
« porter à Hué l'ultimatum de l'amiral. Dans cinq
« jours nous aurons une réponse, mais qu'elle
« vienne ou qu'elle ne vienne pas, nous ferons route
« après ce délai pour les embouchures du fleuve
« du Tong-king. Nous allons utiliser ces cinq jours
« à exercer mes hommes qui deviennent tous fan-
« tassins, à l'exception de l'équipage de mon canot
« à vapeur qui, armé d'une pièce de 4, va devenir
« mon *bâtiment amiral* jusqu'à l'arrivée de l'*Espin-
« gole*. J'écris à l'amiral pour lui dire de m'envoyer
« l'*Aspic* ou le *Scorpion*. Au besoin, je lui *hint* [2] de
« télégraphier à ce dernier de faire route directe-
« ment de Shanghaï pour le Tong-king. Pougin
« me remettrait le commandement et partirait pour
« Saïgon par le *Decrès*... »

« 18 octobre.

« Je suis harassé de visites, de réceptions, de
« repas annamites et français... Nous avons été
« visiter hier les fameuses grottes de marbre de
« Tourane ; elles sont à 4 ou 5 lieues de notre mouil-
« lage et nous y avons été en embarcation. La grotte
« principale est une grande salle circulaire de
« 20 mètres environ de diamètre et d'une élévation
« de 25 ou 30. Quelques trous dans le sommet du
« rocher y font pénétrer la lumière. Naturellement,

---

1. L'un des deux négociateurs que l'Annam avait envoyés à Saïgon se plaindre de M. Dupuis.
2. Mot anglais, que remplacerait mal notre mot *suggérer*.

« la salle contient une pagode et nombre de statues
« et de petits autels. Il y fait très frais; l'eau suinte
« le long des parois et on la recueille dans un petit
« bassin de pierre. C'est un charmant endroit pour
« faire la sieste et passer les chaudes heures de la
« journée. Comme beauté naturelle, ce n'est pas
« mal, mais j'ai vu mieux que cela... »

« 19 octobre.

« Nous avons reçu hier soir la réponse de Hué
« à la communication de l'amiral. Elle contient en
« substance *que le roi est très content de ma venue et
« qu'il envoie trois mandarins* [1] *pour m'accompagner au
« Tong-king.* Nous les attendons ce soir ou demain.
« Nous partirons immédiatement après. Il faut que
« les affaires soient dans un bien mauvais état au
Tong-king pour que le gouvernement annamite
« se prête d'aussi bonne grâce à l'introduction du
« loup dans la bergerie!... »

« 20 octobre.

« ... Nos mandarins sont arrivés. Nous partons
« dans quelques heures... »

C'est le 23 octobre que Francis Garnier arriva à
l'une des entrées fluviales du Tonkin, au Cua-Cam,
emmenant avec lui ces deux délégués de Hué,
chargés de l'introduire auprès des autorités tonkinoises, et dont la présence à son bord ne pouvait

---

1. Deux à bord du *D'Estrées*. L'autre, comme plénipotentiaire pour traiter à Hanoï; celui-ci partant séparément par voie de terre.

signifier qu'une chose : acquiescement à sa mission de négociateur.

Laissant au mouillage le navire et pressé d'aller se procurer des jonques du pays pour y transborder hommes, vivres et matériel, Francis Garnier fit mettre à flot sans retard son canot à vapeur, s'engagea dans le fleuve par où avait passé le commandant Senez, et se rendit par une nuit sombre jusqu'à Haï-Dzuong, où il demanda les jonques nécessaires, et à Ké-mot, résidence des Dominicains espagnols. Il tenait à leur faire visite tout d'abord ; il ne fallait pas avoir contre soi ces missionnaires, qui déjà ne voyaient pas de bon œil les Français s'implanter dans le pays. Leur supérieur, Mgr Colomer, ne se montra point. De leur maison, Francis Garnier fit partir cette lettre pour Hanoï :

« Mon cher Monsieur Dupuis,

« Je suis arrivé, vous le savez peut-être, par le *D'Estrées*, avec la mission officielle de faire une enquête sur vos réclamations contre le gouvernement annamite et sur les plaintes de celui-ci à votre endroit. Ma mission ne se borne pas là. L'amiral désire mettre un terme à la situation équivoque du commerce étranger au Tongkin, et contribuer autant qu'il est en lui à la pacification de cette contrée. Je compte beaucoup sur votre expérience du pays pour m'éclairer sur la meilleure solution de ce difficile problème.

« Il est bon cependant — et vous comprendrez aisément pourquoi — que nos relations n'aient, au début, qu'un caractère officiel. A un certain point de vue, je suis un juge qui ne doit paraître se laisser prévenir par aucune des deux parties... »

Maintenant, rendons la parole au narrateur :

« Le chef de l'expédition était porteur d'une volumineuse correspondance à l'adresse des autorités ecclésiastiques de tout le pays ; aussitôt des chrétiens furent envoyés dans tous les sens pour faire parvenir à leur adresse les lettres dont les destinaires se trouvaient dans d'autres missions.

« Par les soins empressés des missionnaires, deux jonques mises à la disposition de M. Garnier arrivèrent au mouillage du *D'Estrées*. Elles devaient se charger du matériel de guerre appartenant à l'*Arc* et remonter le fleuve jusqu'à la capitale. Nos vivres naufragés avec la canonnière furent remplacés par de nouvelles provisions et celles-ci confiées à la garde des patrons des jonques.

« Un accident fâcheux faillit encore compromettre le début de l'expédition : on chargea outre mesure la plus grande des jonques et quand on y embarqua le canon de 14 centim., elle coulait bas ; ces sortes de bateaux étaient très incomplètement entretenus sur toute la surface de leurs œuvres mortes. On parvint pourtant, grâce à l'activité de tous, à éviter un revers nouveau, la jonque fut allégée ; on dut en requérir deux autres d'un plus faible tonnage qui nous reçurent séparément et dans la matinée du 30 octobre cette petite flottille remontait le cours du fleuve, aux chants poétiques des Annamites courbés sur leurs avirons.

« Notre point de ralliement devait être le village

de Haïphong, le premier port du fleuve en allant à Hanoï, et pour ainsi dire la porte du Tonkin. Ce ne fut pourtant qu'à la ville de Haï-Dzuong que nous pûmes être réunis [1]. Les jonques furent d'avance expédiées à Hanoï et tous ensemble nous fûmes logés, quoique avec peine, dans une plus grande jonque affrétée par M. Garnier en cette ville.

« Le 2 novembre, nous continuions notre route, mais ayant à lutter contre un fort courant. Il est impossible de se figurer avec quelle peine et quelle lenteur nous remontions le cours du fleuve. En vain le patron de la jonque stimulait-il avec le plus grand zèle ses faibles matelots ; en vain nos vigoureux marins prenaient-ils tour à tour le grossier aviron ; en vain aussi l'un des mandarins du service de notre chef, embouchant le porte-voix, invitait-il les populations répandues dans d'immenses rizières à nous prêter une aide qu'elles s'empressaient de nous donner, on avait beau faire

---

[1]. A Haï-Dzuong, le Kuan-an (mandarin de la justice), homme grand et de noble figure, vint saluer l'expédition au débarcadère. L'entrevue fut courtoise. « M. Garnier, a écrit l'un de ses compagnons d'armes (M. de Trentinian), avait une grande habitude des mœurs asiatiques, il montrait un véritable talent dans ces réceptions ; il recevait avec grâce, témoignait à chacun la considération méritée suivant son rang et faisait comprendre à tous le respect qui était dû à un envoyé du gouverneur de la Cochinchine française. Dans la conversation il luttait non sans succès avec ses fins adversaires ; malgré l'extrême circonspection des Annamites, l'entretien se terminait rarement sans qu'il eût appris ou obtenu ce qu'il désirait » Ce Kuan-an aurait voulu éviter une visite à la citadelle. M. Garnier insista, et cette visite au gouverneur eut lieu le soir même.

et beau réunir ces efforts, nous apercevions toujours dans le lointain, à peine masquée de temps à autre par de gracieux bouquets d'aréquiers, la ville que nous avions quittée depuis deux jours [1].

« Dans la soirée du 3 novembre, alors que la brume nous empêchait déjà de rien distinguer autour de nous, le sifflet d'un navire à vapeur nous surprit.

« C'était plus qu'il n'en fallait pour exciter notre ardente curiosité ; nul ne pensait à l'existence de navires autres que des barques annamites dans les parages que nous parcourions. Dans tous les cas, c'était évidemment une bonne rencontre pour les faibles nautoniers de notre grande jonque.

« Quelques instants après, le navire, après nous avoir hêlés, jeta l'ancre à côté de nous et nous pûmes voir une de ses embarcations, accoster le bord, y déposer une personne qui fut très bien accueillie par M. Garnier. Elle eut avec lui un entretien de longue durée.

« M. Dupuis, dont les navires étaient à Hanoï, avait vu arriver la première de nos jonques expédiées du Cua-Cam. Devinant qu'une difficulté de navigation retardait la suite du convoi, il descendit en toute hâte et vint à notre rencontre. On ne pouvait avoir une meilleure idée. La nuit se passa, et le lendemain, remorqués par le vapeur du négociant français, nous pouvions admirer sans fati-

---

[1] On était engagé dans le canal du Song-ki.

gue des horizons nouveaux d'une beauté merveilleuse dans le plus fertile des pays.

« Enfin le 5 novembre, vers les 3 heures, nous défilions devant le modeste rivage qui borde la ville d'Hanoï... »

En approchant, Garnier fit chauffer son canot à vapeur, quitta la jonque pour le monter, et prit les devants.

Quand il arriva ainsi dans la capitale du Tonkin il trouva, pavoisés et tirant le canon pour le saluer, trois vapeurs européens : c'étaient les navires de M. Dupuis. Sur le rivage, qui regorgeait d'une foule curieuse, étaient en grande tenue, bannières déployées, formant la haie et présentant les armes, deux centaines de soldats chinois armés de chassepots, c'étaient les gardes de M. Dupuis.

Mais de grands mandarins, point. Ni le maréchal Nguyen-tri-phuong, ni le gouverneur (tong-dôc) de Hanoï, ni le général de la province (dé-doc), quoique prévenus de l'arrivée, ne s'étaient dérangés.

Ces Annamites furent décidément des maladroits.

Tandis que la réception due à l'envoyé politique de la Cochinchine était faite par « l'aventurier » dont ils avaient demandé l'expulsion et qu'on venait juger, eux, qui avaient provoqué l'intervention française, boudaient dans la citadelle et par leur absence manquaient aux usages.

Cependant Francis Garnier n'arrivait pas avec une pensée hostile à leur gouvernement; il estimait, au contraire, de bonne politique, comme on l'a vu par sa correspondance, de relever l'autorité de l'empereur Tu-Duc, pour appuyer sur elle notre influence au Tonkin; il n'espérait guère, mais il aurait souhaité obtenir tout par la persuasion. Évidemment son attitude, sa mission même, très élastique, allait dépendre des rapports qu'auraient avec lui les hauts fonctionnaires du pays.

C'était déjà une maladresse aux Annamites que d'avoir placé en face de lui ce vieil ennemi de la France, Nguyen-tri-phuong, qui ne pouvait apporter en cette affaire aucune pensée conciliante et qui, par surcroît, avait dans son état-major les deux fils de Phan-tan-gian, autres implacables ennemis, naguère condamnés à mort à Saïgon pour avoir fomenté des insurrections contre nous [1].

Une nouvelle marque d'insolence fut donnée dans la question du logement. Les hauts fonctionnaires de la citadelle envoyèrent à Francis Garnier un subalterne lui indiquer l'habitation préparée pour lui : des bâtiments petits et malpropres, une auberge.

Francis Garnier se rendit droit à la citadelle.

« J'avais demandé au gouvernement annamite
« de loger mes hommes et mon artillerie dans un
« endroit où ils fussent à l'abri d'une surprise.

---

1. C'étaient les fils d'un homme qui avait été sympathique à la France, mais qui, en 1867, désespéré d'avoir à nous rendre la citadelle de Vinh-Long sans résistance possible, s'était suicidé par point d'honneur.

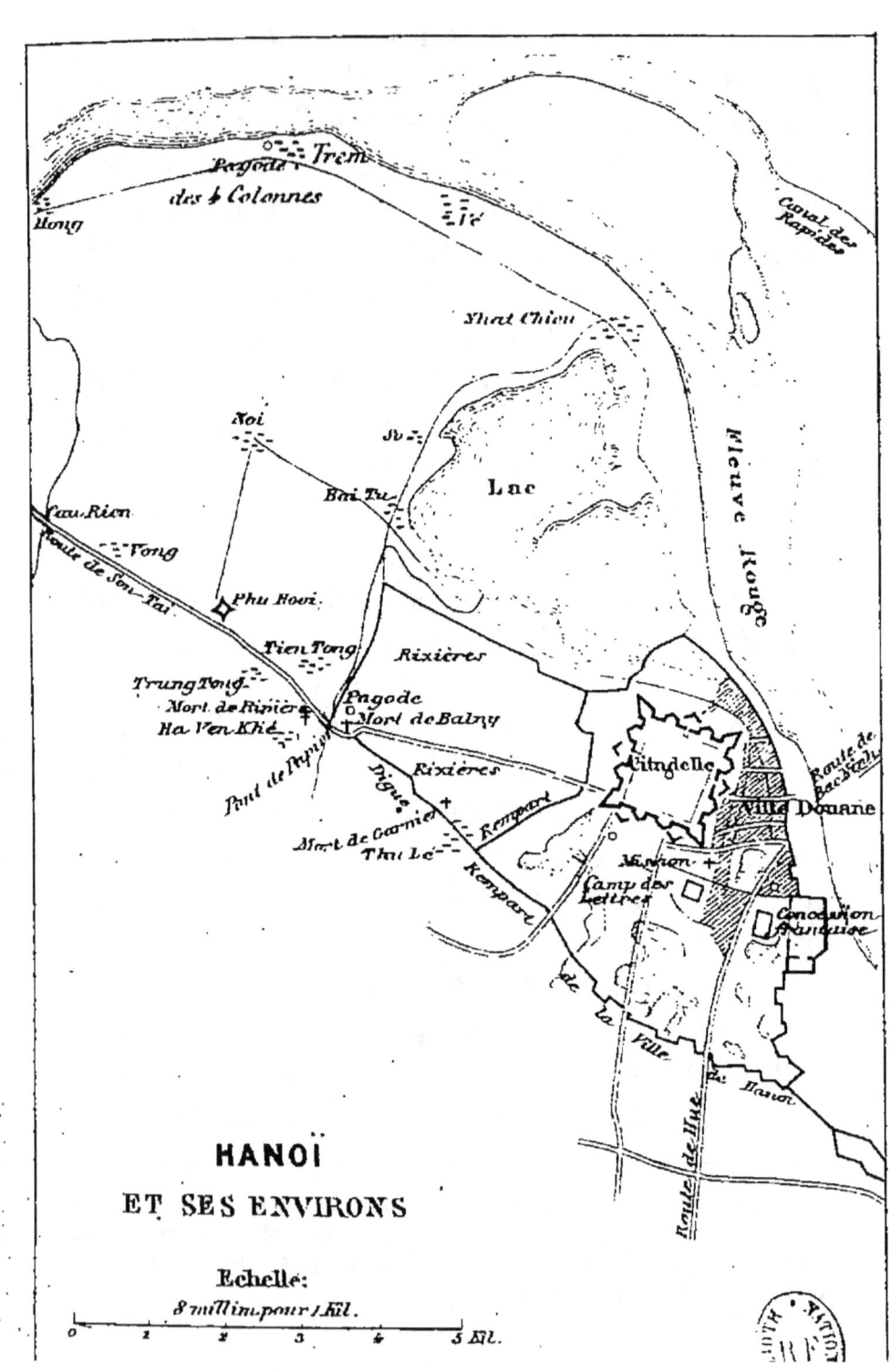

« C'est bien le moins, puisque nous venons l'aider
« à ramener la paix dans le pays, qu'il nous loge
« convenablement. J'avais proposé la citadelle
« d'Hanoï, fortification à la Vauban, qui a six ki-
« lomètres de développement et où il y a place
« pour bien du monde. Ils se sont crus très ma-
« lins en me choisissant une auberge au milieu
« de la ville. Dès qu'elle m'a été désignée à mon
« débarquement, j'ai poussé avec une escorte de
« 15 hommes jusqu'à la citadelle et je suis entré
« tout de go [1] avant qu'on eût pu me fermer les
« portes chez le grand maréchal, vice-roi du
« Tong-king, l'ancien commandant des lignes de
« Ki-hoa.

« Ce vieillard plein d'énergie et de patriotisme,
« plein de haine aussi contre nous — et cette haine
« aveugle va le perdre, je le crains pour lui — a
« fait contre mauvaise fortune bon cœur, m'a par-
« faitement reçu mais s'est trouvé fort embarrassé
« quand je lui ai déclaré qu'il m'était impossible
« de loger dans son auberge, mais que je me trou-
« vais bien dans la citadelle et que j'y resterais si
« on ne me trouvait pas un local présentant les
« conditions d'isolement et de sécurité que j'étais
« en droit d'exiger.

« On s'est rappelé alors qu'il existait un camp
« retranché avec de grands logements à l'intérieur;
« dans le voisinage de la citadelle. Mon second a

---

[1] Francis Garnier laissa son escorte au dehors et entra seul.

« été le visiter et m'en a rendu bon compte. Nous
« nous y sommes installés le soir même[1]. »

Si l'on veut joindre à ce rapide récit de l'entrevue, ce qui en a été ébruité sur le moment même parmi les hommes de l'expédition, on aura quelques détails de plus auprès du narrateur qui m'a déjà servi de guide :

« Dès que M. Garnier se fut mis en présence du maréchal, gouverneur général du Tong-king, il lui annonça qu'il venait sur l'ordre du gouverneur de Saïgon s'entendre avec lui pour poser les bases d'un traité qui devait se conclure entre la France et la cour de Hué, afin d'ouvrir à la navigation commerciale le fleuve du Tong-king ; qu'il souhaitait régler d'un commun accord les questions soulevées par cette ouverture du fleuve ; qu'il comptait sur son concours actif pour l'aider à atteindre le but de sa mission. — A une déclaration aussi inattendue, le maréchal ne put que balbutier une réponse, en se retranchant derrière son incompétence : il n'avait pas de pouvoirs pour traiter une question de ce genre[2] ; notre arrivée soudaine l'avait d'ailleurs jeté dans un trouble, dans un embarras inexprimable ; il avait besoin de consulter la noble cour de Hué pour savoir la conduite à tenir. — Il lui fut répondu de bonne grâce que l'on attendrait cette réponse. — Enfin l'heure

---

1. Lettre de Francis Garnier à son frère.
2. Cette allégation était plausible, l'Annam venant d'envoyer un représentant spécial pour régler l'affaire Dupuis.

avancée ne permettant pas au chef de l'expédition de prolonger l'entrevue, il pria le maréchal de lui rendre sa visite le lendemain et, avant de se séparer, demanda qu'il fût assigné un logement convenable pour lui et son escorte, par exemple, dans la citadelle même. — Le maréchal ayant répondu qu'on avait dû lui désigner le logement préparé dans la ville, M. Garnier entra là-dessus dans une grande colère; il reprocha amèrement au maréchal ce manque de convenance et lui dit qu'envoyé pour traiter avec lui une question commune aux intérêts de tous, il ne devait pas être considéré comme un misérable étranger; qu'il voulait un endroit sûr pour ses troupes et une installation digne de son rang. — Le maréchal, dans un état d'émotion facile à comprendre devant cette fière attitude, ordonna immédiatement à un officier de sa suite de se mettre à la disposition de l'envoyé français et de le conduire à un immense enclos renfermant un grand nombre de pavillons d'architecture chinoise (c'était là qu'à l'époque des examens, les candidats se réunissaient pour subir les épreuves et pour prendre leurs degrés; ce genre de Sorbonne est connu en Cochinchine sous le nom de *Camp des lettrés*).

« M. Esmez fut chargé de prendre connaissance de l'emplacement offert, qui était proche de la citadelle, et sur son avis favorable, ordre fut donné d'y faire reposer dans la soirée même notre personnel tout entier.

« Le maréchal fit alors l'empressé auprès de M. Garnier; il se confondit en politesses ; lui offrit des rafraîchissements que celui-ci fit distribuer aux hommes de sa garde ; et finit par lui demander :
« Est-ce que je ne commets aucune erreur quand
« je me figure avoir eu plusieurs fois en Cochin-
« chine l'avantage de vous voir? — Effectivement,
« répondit M. Garnier, nous avons pu nous ren-
« contrer à l'attaque de Ki-hoa, et depuis cette cir-
« constance, je vous tiens en la plus haute estime[1]. »

« Ainsi se termina l'entrevue. Le maréchal pria M. Garnier de vouloir bien lui retracer par écrit le sens de ce premier entretien.

« Nous dûmes prendre le soir même possession de nos nouveaux logements ; le service du camp fut le lendemain réglé par les soins du commandant en second de l'expédition ; fusiliers et matelots furent dès lors occupés aux divers exercices militaires dans la vaste cour qui entourait les bâtiments. » — Le but visible de cette mesure était d'empêcher les hommes de l'escorte de se répandre dans la ville.

Dès leur installation dans le *Camp*, Francis Garnier les réunit et leur adressa une de ces allocutions vibrantes, dont les hommes de son génie ont le secret, et qui était en même temps un chef-d'œuvre de sagesse :

---

1. Le maréchal s'était battu avec le plus grand courage, et portait sur son corps de nobles cicatrices (note du narrateur).

« Marins et soldats,

« En vous envoyant au Tong-king sauvegarder les intérêts de la civilisation et de la France, l'amiral gouverneur vous a fait une faveur et donné une preuve de confiance. Vous méritez l'une, vous justifierez l'autre.

« Vous vous rappellerez que vous êtes au milieu de populations inoffensives et malheureuses ; que votre séjour au milieu d'elles ne doit pas être une charge ajoutée à toutes celles qui pèsent déjà sur elles ; qu'il doit inaugurer au contraire une ère de soulagement et de paix. Vous vous abstiendrez donc de tout acte de brutalité ; vous vous efforcerez de faire aimer et respecter le drapeau qui vous abrite, en ne négligeant aucune occasion de vous rendre utiles, en vous montrant en toute circonstance justes et bienfaisants.

« Vous êtes peu nombreux ; mais vos armes, votre discipline, la cause que vous servez vous rendent redoutables. Vous conserverez soigneusement ce prestige par une fidélité absolue aux règlements militaires, par une subordination complète à vos supérieurs de tout grade et de toute arme, par cet esprit d'union et de camaraderie qui allège les devoirs les plus pénibles, qui est la source d'une féconde émulation.

« J'aurai beaucoup à vous demander et je compte sur vous. Je me montrerai inflexible à réprimer tout acte de violence, d'intempérance ou d'indiscipline, mais vous ne trouverez pas de chef plus ardent que moi à vous faire obtenir les récompenses que vous aurez méritées. De ces deux devoirs, j'espère, vous ne me laisserez que celui-ci à remplir. »

« Tels étaient les termes de cette première proclamation qui fut affichée au quartier du corps expéditionnaire.

« Une autre fut adressée aux habitants, le même jour, et affichée dans la ville. Elle était en langue annamite, et portait, comme équivalent du nom de Garnier, le signe *An* qui signifie « *Paix* » et qui éveillait cette idée : « Tout par la douceur [1]. » Elle disait :

« Le représentant du noble royaume de France, An-yé, fait savoir à tous les habitants que, les mandarins du noble royaume d'Annam étant venus à Saïgon demander assistance, l'amiral nous a envoyés au Tong-king pour voir comment les choses s'y passaient. De plus, ici, au Tong-king, les côtes sont désolées par de nombreux pirates qui font beaucoup de ravages ; nous avons l'intention de pourchasser ces bandits, afin que les habitants de ces lieux puissent en paix vaquer à leurs affaires.

« Quant à nos soldats, si quelqu'un d'entre eux commet quelque acte répréhensible, que l'on vienne porter plainte, et nous ne manquerons pas de faire justice.

« Tout peuple se laisse facilement entraîner par les exemples de vertu ; pour nous, en parlant au peuple, nous n'avons en vue que la vertu. Populations du Tong-king, il faut bien vous convaincre d'une chose, c'est que les mandarins et soldats français sont unis comme frères [2] avec les mandarins et soldats annamites. En conséquence, nous désirons procurer au Tong-king la facilité de faire le commerce, et par là lui apporter la richesse et la paix. Telles sont nos intentions ; nous vous les fai-

---

1. L'équivalent en chinois du nom de Garnier est Ngan, mot qui signifie littéralement « paisible héritage. » (Voir *Paris au Tibet.*)
2. Ce *unis comme frères* (anh-em) est une formule d'usage pour indiquer des rapports pacifiques.

sons connaître à tous, mandarins, soldats et populations du Tong-king. »

Des proclamations aussi modérées n'étaient pas du goût de M. Dupuis. « Elles ne valent rien » a-t-il écrit sur son carnet de voyage. Il ne les trouvait pas assez énergiques. Oubliant à quelle réserve était tenu le langage officiel d'un négociateur, n'apercevant pas l'intérêt politique qu'il y avait à ménager l'autorité de Tu-Duc, il s'écriait étonné : « M. Garnier semble croire que les mandarins du Tonkin n'obéissent pas aux ordres de Hué et que le roi ignore ce qui se passe au Tonkin. »

M. Dupuis avait des vues sur la dynastie des Lê. Il aurait voulu que l'envoyé français prît en mains la cause de ces prétendants et soulevât en leur faveur des populations qui, d'après lui, n'attendaient qu'un signal. Les missionnaires aussi entretenaient des illusions pareilles. Leur éducation religieuse les prédisposait à un penchant pour les restaurations, à un culte pour les « rois *légitimes*, » à l'habitude de placer à côté de la croix quelques fleurs de lys; leur fleur de lys au Tonkin, c'était le nom des Lê. Il fallait entendre sur ce point M. Luro, qui fut pendant douze ans administrateur en Cochinchine et qui a publié un livre plein d'érudition sur le *Pays d'Annam* ; il regardait la résurrection de cette dynastie légendaire comme une invention des missionnaires. Ils avaient toujours, en réserve, disait-il, caché dans les montagnes ou dans leurs séminaires, comme Éliacin derrière l'autel du grand prêtre Joad, quelque descendant des Le, plus ou moins vraisemblable, bon à produire à l'occasion pour inquiéter la tyrannie des persécuteurs annamites. En réalité, le dernier Lê authentique était tristement mort à Pékin en 1798, fonctionnaire chinois de 4e classe [1]. « Ce qui reste maintenant de cette famille est, on peut le dire, partout et nulle part : chaque année des partis s'agitent en leur nom, justement parce qu'ils sont introuvables. C'est toujours au moment où le riz renchérit, que les mouvements ont lieu pour se traduire en vols et en rapines... Si un véritable Lê sortait des forêts sur le vieil éléphant à anneaux d'or qui attend encore son retour à l'entrée de Bac-Ninh, tous les chefs actuels, désolés, s'évertueraient à prouver que ce n'est pas lui [2]. »

Cependant, comme onze ans auparavant, en 1862, un certain Phung, se disant héritier des Lê, était parvenu à rassembler assez d'insurgés pour alarmer sérieusement l'Annam, pour attirer contre sa rébellion toutes les forces de cet empire et même le maréchal Nguyen-tri-phuong en personne, on pouvait croire qu'il y avait là un feu mal éteint possible à rallumer.

---

1. Deveria, *Histoire des relations de la Chine avec l'Annam Vietnam*.
1. *Notes historiques sur la nation annamite*, par le P. Legrand de la Liraye.

M. Dupuis adressa au commandant français deux ou trois chefs de village qui offraient de recommencer la lutte.

Mais Francis Garnier n'avait pas mission de régler une querelle de dynasties.

Il poursuivait régulièrement ses négociations. M. Imbert les a ainsi relatées dans sa narration :

« M. Garnier écrivit sans retard au maréchal que, sur le désir qu'il lui en avait manifesté la veille, il s'empressait de retracer par écrit le sens de l'entretien qu'ils avaient eu ensemble. Il répétait dans sa lettre que c'était avec l'assentiment du roi Tu-Duc que l'amiral l'avait envoyé ; qu'il avait mission de régler la question du commerce ; et il finissait en invitant ce haut personnage à conférer avec lui sur les meilleures mesures à prendre pour servir les intérêts des deux pays.

« A cette lettre le maréchal répondit comme la veille qu'il n'avait reçu, pour régler la question commerciale, ni ordres ni instructions ; qu'il en demanderait ; mais que d'après les informations qu'il possédait relativement à notre arrivée, dont la promptitude l'avait surpris, toute la mission de l'ambassadeur français (M. Garnier) se bornait à l'affaire Dupuis. Il offrait donc de communiquer toutes les pièces relatives au procès, telles que les dépositions multiples des témoins.

« M. Garnier répondit qu'effectivement il était venu pour juger l'affaire Dupuis sur les instances de la cour de Hué ; mais qu'en outre, des pouvoirs lui étaient donnés par le gouvernement de Saïgon pour négocier le règlement d'une autre question sur laquelle les deux gouvernements auraient à s'entendre : l'ouverture du fleuve et les conditions du commerce. Or, l'enquête au sujet de M. Dupuis demandant un temps considérable à cause du grand nombre des témoins à faire comparaître, dont plusieurs étaient absents, et aussi parce que des personnages étrangers, tels que le vice-roi du Yunnan, étaient mêlés à l'affaire, on ne pouvait s'attendre à un jugement immédiat ; aussi, tout en acceptant les fonctions de juge, il voulait auparavant traiter la question commerciale.

« Telles étaient les lettres échangées les 6, 7 et 8 novembre.

« A partir du 8 novembre, celles de M. Garnier ne furent adressées qu'à S. Exc. l'envoyé de la Cour de Hué [1], qui depuis les premiers jours du mois se trouvait à Hanoï auprès du maréchal. (Mais comme le maréchal dominait complètement l'envoyé, les choses restèrent au même état : les deux, au fond, ne faisaient qu'un.)

« M. Garnier s'adressant donc à cet envoyé du roi, le pria de se rendre au camp où ils pourraient s'entendre sur les affaires qui les amenaient l'un et l'autre ; car lui, du moins, venant de Hué, muni d'ordres directs, devait être initié à la connaissance des points à résoudre et sans doute il serait

---

1. Le *tam-tri* Phan Dinh Binh.

à même de terminer à la satisfaction réciproque des arrangements dont le plus grand bénéfice serait pour le pays.

« L'envoyé du roi ne fit, dans sa réponse, que répéter les mêmes arguments dont se servait le maréchal : Son maître ne l'avait autorisé à prêter son concours qu'au jugement de l'affaire Dupuis, jugement auquel devait présider M. Garnier au nom de l'amiral. Satisfaction obtenue de ce côté, « j'aviserai, disait-il, la cour de Hué pour le sur-
« plus. Mais il est important que vous inauguriez
« votre arrivée en ce pays par un acte de justice,
« car vous êtes avant tout le juge désigné par le
« vice-roi de Saïgon. »

« M. Garnier protesta énergiquement contre cette prétendue ignorance de ses pouvoirs. Il demandait, avec une insistance logique, que, puisque l'ambassadeur ignorait tout, on voulût bien consulter là-dessus les deux mandarins venus avec lui de Tourane et retenus au fond de la citadelle. »

Plus succinctement, toute cette négociation a été résumée en ces termes par Francis Garnier.

« J'ai ouvert les conférences avec le sous-secré-
« taire d'État envoyé de Hué pour traiter avec moi.
« Je n'ai pas tardé à m'apercevoir qu'on voulait
« que je chasse M. Dupuis et que je m'en aille
« ensuite. Le délégué de Hué ne s'est pas trouvé
« les pouvoirs nécessaires pour traiter la question
« commerciale. »

Cela pouvait étonner Francis Garnier qui savait

la cour de Hué prévenue par l'amiral, mais qui ne savait pas le refus opposé par elle depuis lors dans une longue et acerbe réponse [1], où il était dit :

« Pour discuter les articles d'une convention commerciale, il faut absolument que le traité de paix soit fait ; c'est alors seulement qu'on en pourra parler. Il faut de plus que notre gouvernement détruise jusque dans ses racines la piraterie sur terre et sur mer... Ce n'est certainement pas un fonctionnaire subalterne n'ayant qu'une courte mission temporaire qui peut régler tout cela. Si le noble envoyé, parce qu'il a été chargé de venir au Tonkin donner un ordre aux bateaux Dupuis, argue de cela pour s'occuper d'autre chose, telle que la discussion relative à l'ouverture de routes commerciales, alors les étrangers qui verront ces faits penseront et diront qu'il agit comme Dupuis... »

Cette note insolente laisse à deviner les airs que devait se croire permis notre implacable adversaire Nguyen-tri-phuong.

Il refusa de rendre visite. Ce n'était rien encore que ce dédain affecté.

Francis Garnier n'en avait pas moins commencé immédiatement son enquête. Il s'était fait remettre par M. Dupuis l'articulation de ses griefs et le relevé des indemnités réclamées (5,000,000 de francs). Il avait aussi cherché à se renseigner auprès des négociants de Hanoï, dont les plus importants étaient Chinois ; ceux-ci n'auraient pas mieux demandé ; ils voulaient même souhaiter la

---

1. Du 23 octobre.

bienvenue à l'envoyé de France. Ils en furent empêchés par défense formelle du sous-préfet, et presque aussitôt[1] parut affichée dans Hanoï une proclamation du gouverneur, généralisant l'interdiction :

« Elle défendait à tout habitant, fût-il commerçant et même Chinois, de se rendre auprès de l'ambassadeur français ; elle disait que celui-ci n'avait aucune qualité pour être le confident de leurs plaintes, ni le dépositaire de leurs secrets ; qu'envoyé pour juger et chasser M. Dupuis, il n'avait pas à s'immiscer dans les affaires du pays ; et qu'enfin si quelqu'un croyait avoir le droit de formuler des réclamations, c'était à lui, gouverneur qu'elles devaient uniquement s'adresser[2]. »

Jeté au moyen âge sur un excommunié, un interdit n'aurait pas produit plus d'effet. La peur fit cesser toutes relations des habitants avec Francis Garnier ainsi dénoncé à leurs méfiances.

L'humiliation était publique. Il ne voulut ni rester sous le coup de cet affront, ni laisser altérer ainsi le caractère de sa mission, ni être privé des moyens de s'enquérir. Le soir même, il se rendit auprès du gouverneur, dans la citadelle, et l'invita à retirer, à détruire immédiatement cette indigne proclamation.

Elle ne fut point retirée.

---

1. Le 9 novembre.
2. Résumé donné par M. Imbert.

Il fit alors apposer cette contre-proclamation en langue annamite :

« Au peuple tonkinois.

« Le gouverneur de cette ville vient de faire une proclamation au peuple qui dénature ma mission. Je l'ai invité à la retirer, mais j'apprends qu'il ne l'a pas encore fait.

« J'ai été envoyé ici par l'amiral gouverneur de la Cochinchine française pour examiner les différends survenus entre M. Dupuis et les autorités annamites, et tâcher, si faire se peut, de les aplanir, mais nullement pour expulser M. Dupuis ; ni venu, comme le dit la proclamation du gouverneur, sur l'ordre et la demande de la cour de Hué pour chasser le même Dupuis et partir avec lui.

« Ma mission a un autre but, dont le principal est de protéger le commerce en ouvrant le pays et son fleuve à toutes les nations sous la protection de la France. »

Un incident, qui se rattachait à la visite du premier jour faite inopinément au maréchal par Francis Garnier, vint encore aggraver la mésintelligence avec les deux chefs. Je laisse M. Imbert en donner le récit :

« Le Doï (capitaine) qui commandait la garde à la porte de la citadelle, lorsque y pénétra si hardiment l'envoyé français, s'était empressé, trop peut-être au rapport des mandarins, de rendre les honneurs militaires et d'accompagner à la demeure du maréchal le visiteur inattendu. Sa courtoisie lui valut cent coups de bâton, la destitution de son grade et un séjour au cachot.

« Notre chef ne connut que trois jours après cet acte de rigueur dont son entrée avait été l'occasion. Dès qu'il l'eut appris, il en informa le maréchal et demanda explications. Il se refusait à croire que le maréchal eût connaissance du traitement infligé au malheureux Doï, puni pour s'être acquitté d'un devoir de politesse élémentaire; ce ne pouvait être de lui certainement qu'émanait un ordre pareil, blessant pour l'envoyé français; mais dans tous les cas il exigeait que le Doï, réintégré dans son grade et mis en liberté, vînt lui-même le trouver pour lui offrir ses remerciements; car il ne souffrirait point qu'on molestât à cause de lui un homme dont la conduite avait été irréprochable; il espérait que le maréchal lui donnerait cette légitime satisfaction. S'il en était autrement, disait-il, je considérerais un pareil fait comme s'il avait été commis à l'encontre de l'amiral gouverneur que je représente.

« Le Doï fut mis en liberté, conserva son grade, mais ce ne fut qu'après un intervalle de trois jours, motivé, a-t-il dit, par son piteux état, qu'il put porter des remerciements à son libérateur. »

Francis Garnier a groupé dans une lettre écrite à son frère tous ces incidents, tous ces griefs accumulés coup sur coup, qui ont, pour expliquer la suite des événements, la plus grande importance :

« Hanoï, le 10 novembre 18"3.

« Mon cher ami,

« Me voici installé depuis quelques jours dans la
« capitale du Tonkin, et en train de lutter contre
« des difficultés de tous genres... M'y voici depuis
« cinq jours, assez inquiet de ne pas apprendre
« l'arrivée du *Decrès* et de l'*Espingole* et ayant à faire
« tête à des complications qui exigeraient des forces
« plus considérables, que celles que je possède...

« J'ai appris que le maréchal avait fait jeter en pri-
« son l'officier qui commandait à la porte de la cita-
« delle que j'avais franchie ; ce malheureux n'avait
« dû la vie qu'à l'intervention du délégué de Hué
« qui avait conseillé d'attendre au moins mon dé-
« part. Bien entendu, j'ai fait mettre le malheureux
« en liberté, mais depuis ce moment le maréchal
« semble prendre plaisir à accumuler les griefs
« contre lui.

« Les commerçants chinois et annamites ont reçu
« l'ordre de ne pas venir me voir ; les chrétiens
« n'osent pas m'approcher. On fait autour de moi
« l'isolement et le vide. On n'a pas craint de dire
« dans une proclamation que je n'étais venu que
« pour chasser M. Dupuis et que l'on me ferait
« partir ensuite, comme si j'étais un exécuteur à
« gages de la justice annamite.

« M. Dupuis se montre plein de bon sens et de
« patriotisme, et défère à toutes mes indications.

« Mais il n'y a qu'un coup d'éclat qui puisse con-
« tre-balancer l'effet des menées annamites, redon-
« ner confiance en moi, rétablir l'autorité et le
« prestige dont je suis arrivé entouré. Ce coup
« d'éclat, j'y suis décidé. Le 15 novembre, j'atta-
« querai avec mes 180 hommes la citadelle, j'arrê-
« terai le maréchal et je l'enverrai à Saïgon sur un
« des bateaux Dupuis que je requerrai à cette occa-
« sion, car je suis de ce côté entièrement démuni.
« La perte de l'*Arc* me laisse sans moyen de com-
« munication avec la côte... »

Sur les entrefaites, et ce jour-là, 10 novembre, arriva Mgr Puginier.

« Mgr Puginier, préfet apostolique du Tonkin occidental (rive droite du fleuve Rouge), était à la tête de la mission catholique française résidant à Ké-so, comme Mgr Colomer (rive gauche) à la tête de la mission espagnole de Ké-mot. Lors de sa visite à cette mission espagnole, M. Garnier avait écrit à Mgr Puginier. Il lui disait qu'il venait dans le pays d'accord avec l'autorité annamite; qu'il lui serait précieux de tenir de lui des renseignements qui l'aideraient à mener à bonne fin la mission dont il était chargé. Il ne doutait point d'ailleurs que l'intervention du pavillon français ne fût d'une grande et solide garantie pour les intérêts sacrés de la religion; il le priait, en fixant l'époque probable de notre arrivée à Hanoï, de vouloir bien s'y rendre de son côté et le remerciait d'avance de ses bons offices. — Mgr Puginier accepta avec empressement l'offre du chef de l'expédition et promit son concours dévoué pour aider de tous ses moyens un officier français dans un pays nouveau pour lui. Mais je vous demanderais, ajoutait-il, de faire en sorte que mon arrivée prochaine à Hanoï soit plutôt due à l'exécution d'un ordre du maréchal qu'à une démarche directe de vous et à un consentement donné par moi seul. L'évêque voulait par là se donner le moyen de décliner toute responsabilité dans les événements qui pourraient survenir dans la suite.

« Cet ordre de se rendre à Hanoï émané de l'autorité annamite, M. Garnier le fit donner à Monseigneur, et dans la journée du 10 novembre, ce dernier vint se fixer avec nous au *Camp des lettrés*, prendre part aux conférences du chef de l'expédition, partager avec nous la vie agitée du camp.

« Depuis l'arrivée de l'évêque, les visites des autorités annamites à M. Garnier devinrent de plus en plus nombreuses; souvent aussi elles furent extrêmement animées. Seul, le maréchal gouverneur du Tonkin s'obstinait à ne point rendre celle qu'il devait à notre chef, malgré des invitations souvent réitérées.

« La première nouvelle qu'eut M. Garnier de l'approche des deux navires dont l'absence commençait à le tourmenter, lui fut donnée par le plénipotentiaire annamite: ce plénipotentiaire « sans pouvoirs », qui cherchait toujours prétexte pour éluder l'examen de la question commerciale, rompit les négociations en déclarant qu'il ne pouvait les continuer, en présence de nouveaux bâtiments de guerre qui venaient d'arriver au bas du fleuve.

« — Vous savez bien, répondit M. Garnier à l'am-
« bassadeur, qu'un des navires venus de Saïgon a
« fait naufrage, vous ne pouvez être surpris qu'on
« le remplace. D'ailleurs étant venu pour rétablir la
« tranquillité contre les pirates, pour relever l'au-
« torité trop méconnue de votre souverain, pour
« rendre la justice, l'envoyé français doit avoir na-
« turellement les moyens de se faire respecter. » Il finissait en déplorant l'obstination et l'aveuglement qu'il avait trouvés dans les autorités du pays; en montrant que le gouvernement français s'exposait à de grandes dépenses et à la perte de ses navires pour venir mettre l'ordre chez eux et qu'en récompense son envoyé ne pouvait constater que le mauvais vouloir de tous. Il l'engageait vivement à revenir sur une pareille ligne de conduite, faisant entrevoir avec quelle peine le peuple supportait la domination des mandarins, quel enthousiasme et quelles espérances notre arrivée avait éveillés chez ces infortunés courbés sous le joug; faisant enfin pressentir quels regrets une obstination stérile pouvait coûter. Il sommait ces mandarins de renoncer à leurs inutiles échappatoires, de rentrer dans la large voie des négociations avec une entière franchise et de s'entendre enfin à l'amiable pour régler des questions qui importaient à l'intérêt de tous.

« Le 12 novembre, nous apprîmes au camp l'arrivée de la canonnière l'*Espingole*.

« Le lendemain matin, une seconde canonnière, le *Scorpion*, mouillait aussi au rivage d'Hanoï. Celle-ci venait de Hong-Kong, d'où elle devait partir pour être désarmée à Saïgon, lorsque l'amiral Dupré, sur la demande de M. Garnier, l'envoya au Tonkin en remplacement de l'*Arc*.

« Cette double arrivée combla les vœux du chef de l'expédition française. Depuis plusieurs jours, son parti était pris sur la façon de répondre à l'attitude haineuse et hautaine des autorités annamites, qu'il avait été impossible de ramener à de meilleurs sentiments par les procédés pacifiques et qu'aucune patience n'aurait désarmées. La patience que nous avions montrée devant leurs affronts était telle, qu'elle nous dispensait d'en avoir une plus longue.

« Notre chef envoya sans tarder un des navires de M. Dupuis (le *Manghao*) vers le *Decrès* (qui était à l'ancre dans la baie de Cua-Cam) pour aviser le commandant de cette corvette que la compagnie de débarquement qu'il avait à son bord était nécessaire à Hanoï et pour y transporter cette compagnie. Il fit remettre en même temps au *D'Estrées* une lettre pour l'amiral (son premier rapport[1]) lui faisant connaître les faits que je viens de raconter succinctement, le tout accompagné de pièces justificatives. Il se plaisait à énumérer les richesses de ce pays, presque fabuleux, et les avantages immen-

---

1. Ce rapport fait partie des pièces qu'a refusé de communiquer le ministère de la marine.

ses que l'ouverture du commerce procurerait à la France appauvrie par nos désastres récents. « Un « séjour de quatorze années en Cochinchine, écri-« vait-il, vous sera, Amiral, une preuve incontes-« table que le tableau dont je vous fais la peinture « n'a rien d'exagéré. » Après l'exposé complet des méfaits des grands mandarins, il se déclarait forcé d'agir contre eux; il se félicitait de l'arrivée du *Decrès*, du *Scorpion*, de l'*Espingole*, qui allait lui permettre une action devenue indispensable, et il annonçait qu'il attaquerait probablement la citadelle d'Hanoï.

« Tout ceci était écrit à la date du 14 novembre et expédié le même jour à Saïgon. Entre autres pièces, M. Garnier soumettait à l'amiral la notification d'un arrêté relatif au commerce, qu'il lui semblait utile de porter à la connaissance des négociants de la Chine et de la Cochinchine, partout enfin où besoin serait.

« Cette notification contenait cinq articles dont voici la teneur :

« 1° Le fleuve Rouge (*Hong-kiang* en chinois, *Song-coï* en annamite) est ouvert à la navigation du commerce à compter du 15 novembre de l'année 1873;

« 2° Il sera exclusivement réservé à la navigation du commerce des navires français, espagnols et chinois;

« 3° Les droits de douane à percevoir sont fixés aux 3 0/0 de la valeur totale du chargement;

« 4° Pour les navires venant de Saïgon, ces droits

sont réduits de moitié sur la valeur totale du chargement ;

« 5° Pour les navires venant de la province chinoise du Yunnan, les droits seront aussi réduits de moitié sur la valeur totale du chargement[1]. »

Depuis quelques jours, les grands mandarins avaient été prévenus par Francis Garnier qu'il agirait ainsi, en se passant d'eux, s'ils ne voulaient pas régler d'un commun accord la question commerciale.

Comme on ne tirait plus rien du plénipotentiaire de Hué, ce fut vers le maréchal que se tourna de nouveau Francis Garnier ; il tenta par une dernière lettre un suprême effort pour l'inviter à réfléchir, invitation que la présence des deux canonnières appuyait maintenant d'une manière significative. Cependant c'étaient encore bien peu de forces, et le maréchal qui avait vu, douze ans auparavant, 3,000 Européens attaquer péniblement avec une nombreuse artillerie ses retranchements de Kihoa, ne se figurait sans doute pas qu'on osât jamais

---

1. Ce texte est sans doute celui d'un projet qui aura été modifié. Car il a été publié un autre texte plus développé, où l'on voit les droits fixés à 2 au lieu de 3 %, et qui contient en outre des articles disant : Les commerçants chinois et les autres commerçants intéressés seront sous la protection du pavillon français et ne dépendront en rien des autorités annamites. — Les négociants de toutes nations pourront acheter des terrains et des maisons à Hanoï pour leurs établissements. — Toutes les douanes annamites qui existent, sont et demeurent supprimées.

attaquer sa vaste citadelle avec 180 hommes, Mgr Puginier lui-même était un peu inquiet.

« Aux ouvertures que lui fit le chef de l'expédition relativement à son dessein, Mgr Puginier montra quelque étonnement d'une décision aussi hardie : Il ne doutait pas, disait-il, du succès qu'obtiendrait la supériorité de nos armes sur le nombre vingt fois, trente fois plus grand des soldats annamites enfermés dans cette citadelle immense et des mieux fortifiées ; mais il était, à son avis, d'une très grande importance de penser, en déclarant une guerre dans ce pays, aux moyens qu'on aurait dans la suite pour calmer l'effervescence des esprits et y rétablir l'ordre nécessaire.

« Il faut dire ici pourtant de quels sentiments les populations étaient animées à notre égard : ils ne pouvaient certainement être meilleurs. Les proclamations répandues dès les premiers jours avaient plu par la douceur qui s'y mêlait à l'énergie. Le but entrevu par elles, c'était la délivrance de l'affreuse tyrannie des mandarins, une libre participation aux affaires commerciales, l'impôt réparti d'une manière équitable, et la justice enfin remplaçant le cruel arbitraire de maîtres qui vivaient sans contrôle. Il est facile de se faire une idée de l'affection que nous réservait ce peuple par la haine que nous montraient ses chefs.

« C'est le 19 novembre que l'ultimatum fut lancé. M. Garnier, reprochant vivement au maréchal ses agissements, les bruits semés par lui, les embûches tendues, terminait en l'engageant pour la dernière fois à montrer d'autres dispositions : « J'honore votre grand âge, je respecte vos vertus militaires, mais je déplore la haine aveugle qui vous anime contre les Français ; puissiez-vous le reconnaître et revenir à vous ; sinon, que la responsabilité de tous les faits qui surviendront plus tard retombe sur votre tête ! » — Il ne fut rien répondu à cet ultimatum [1]. »

L'attaque était devenue inévitable. Du reste, les Annamites s'y attendaient, comprenaient qu'ils l'avaient assez provoquée et depuis plusieurs jours se préparaient à la défense par de grands rassemblements de troupes et de hâtives fortifications aux alentours.

Avant la fin du siècle peut-être on verra ceci : un chemin de fer anglais de Tali à Bamo, rejoignant les bateaux à vapeur de l'Irawady et attirant sur la Birmanie le mouvement commercial du Yunnan ; mais le Tonkin sauvé de cette concurrence par un chemin de fer aussi, un télégraphe, un fleuve canalisé jusqu'aux portes de ce même Yunnan. Alors on s'étonnera qu'il ait fallu guerroyer avec les Annamites pour procurer ce bienfait à leurs plus riches provinces ; on ne comprendra pas comment, plutôt que d'ouvrir cette route, ils ont préféré y répandre leur sang et le nôtre. Passe encore qu'ils n'aient point cédé à M. Dupuis, s'ils ne voyaient

---

[1] Narration Imbert.

en lui qu'un particulier voulant forcer les portes ; mais l'offre portée officiellement par Francis Garnier, au nom du gouvernement colonial, de tout régler d'un commun accord, pourquoi l'avoir rejetée sans examen, sans pourparlers, sans égards? C'est que le mandarinat vivant de concussions tremblait pour ses bénéfices clandestins et ce corps d'exploiteurs, résidant à Hué sous la raison sociale *Tu-Duc*, tenait avant tout à ce que jamais son administration ne fût ni surveillée ni régularisée. Tout le secret de la lutte qui va commencer est dans cette situation : la France cherchant à concilier deux intérêts, le sien et celui de ce peuple ; les mandarins ne voyant en jeu qu'un intérêt, inconciliable avec tout autre, le leur [1]. L'avenir du pays !... L'avenir du commerce !... Ils ont préféré le combat. Francis Garnier écrit à son frère :

---

1. Francis Garnier connaissait de longue date, pour l'avoir observé en Cochinchine, cet antagonisme entre l'esprit de la population et celui du mandarinat. Voici ce qu'il en disait en 1864 : « Il y a en Cochinchine comme dans tous les pays de civilisation chinoise, deux classes bien distinctes : les lettrés et le vulgaire. A la première appartient toute l'autorité, toute l'administration. Comme les lettrés chinois, dont ils ne sont qu'une copie ignorante, les lettrés annamites professent la plus haute estime pour leur propre science, le plus profond mépris pour tout ce qui n'est pas leur civilisation. En réalité, ce sont eux seuls que nous sommes venus déposséder en Cochinchine, et ils ne nous pardonneront jamais d'avoir fait cesser leur exploitation cupide des populations... Entre eux et nous, la lutte est éternelle, et cet orgueil froissé, cette haine intéressée s'élevant parfois chez eux à la hauteur d'un sentiment de patriotisme, leur fera accepter courageusement une guerre sans trêve comme sans espérance.. »

« Hanoï, 19 novembre 1873.

« Après avoir essayé tous les moyens pour déci-
« der les autorités annamites à ouvrir le pays au
« commerce et répugnant à employer la force, j'ai
« pris un terme moyen, celui de gouverner à côté
« d'eux et de proclamer le pays ouvert. Le *D'Estrées*
« est parti, apportant la notification du nouveau
« régime commercial du Tonkin aux différents
« consuls de la côte. Je n'entre pas dans plus de
« détails à cet égard : tu verras dans les journaux
« très probablement les mesures très simples que
« j'ai adoptées, la prise sous la protection de la
« France des résidents étrangers, etc.; les autori-
« tés annamites ont laissé faire, mais elles sont
« préparées à la lutte. Le maréchal a envoyé de-
« mander à Hué la permission de me combattre ou
« de se retirer. Hué m'a écrit deux lettres insolen-
« tes pour me dire que je me mêlais de ce qui ne
« me regardait pas et qu'il allait en appeler aux
« pays voisins (Hong-Kong). Je n'ai pas bronché;
« mais devant des menaces directes d'attaque, j'ai
« posé un ultimatum : le désarmement de la cita-
« delle, l'ordre à envoyer par le maréchal à tous
« les gouverneurs de province de se conformer à
« mes arrêtés, enfin la permission pour M. Dupuis
« de rentrer librement au Yunnan. J'attends la
« réponse avant 6 heures du soir. Si elle ne vient
« pas, j'attaquerai[1] la citadelle au point du jour.

---

1. L'entreprise peut sembler d'une témérité inouïe. Mais

« J'ai fait assez d'efforts pour éviter l'effusion
« du sang. Mes ordres sont donnés; mes deux
« navires embossés en rade.

« Le délai que j'ai pris avant d'en arriver à l'ac-
« tion n'a pas été perdu. J'ai commencé à organi-
« ser secrètement le pays et à nommer des préfets
« et des sous-préfets pour remplacer ceux qui fe-
« ront cause commune avec Hué; j'ai également
« formé les cadres d'une milice, établi des courriers
« pour correspondre avec les diverses provinces.
« Somme toute, en regardant en arrière, j'ai abattu
« beaucoup de besogne. Il est vrai que j'y ai passé
« mes nuits !

. . . .

« Je t'envoie par ce courrier la fin du 3ᵉ chapitre
« du *Temps*. Je songe à écrire pour la *Revue des*
« *deux mondes* un article intitulé *La question du*
« *Tonkin*; mais hélas! j'ai toujours dix fois plus
« de besogne que je n'en puis faire. »

Francis Garnier avait acquis par l'habitude des Annamites en Cochinchine, la mesure exacte de ce qu'on pouvait contre eux. En 1865, avant même que cela se fût réalisé point pour point par la prise des trois provinces de l'ouest, il avait écrit dans sa brochure *De la colonisation en Cochinchine* : « Le sentiment qu'ont les Annamites de leur impuissance militaire vis-à-vis de nous dans une lutte régulière, est arrivé aujourd'hui à un point tel, qu'une petite canonnière, c'est-à-dire 20 hommes et un canon, peut se présenter impunément devant tous les chefs-lieux de province et y dicter des lois... La soumission des villages s'accomplira ensuite rapidement par les soins seuls de l'administration indigène et en dehors de toute pression militaire. » — C'est ce qui va se réaliser encore au Tonkin.

« 19 novembre, 10 heures du soir.

« *Alea jacta est*, ce qui veut dire que les ordres
« sont donnés. J'attaque demain au point du jour
« 7,000 hommes derrière des murs avec 180 hommes.
« Si cette lettre te parvenait sans signature, c'est-
« à-dire sans nouvelle addition de ma part, c'est
« que j'aurais été tué ou grièvement blessé. Dans
« ce cas je te recommande Claire et ma fille... »

CHAPITRE VI

L'EXPÉDITION DE FRANCIS GARNIER. — II. LA PRISE DE HANOÏ ET LA CONQUÊTE DU DELTA

« 20 novembre, 10 heures du matin.

« *All's right*. La citadelle a été enlevée avec en-
« semble. Pas un blessé. La surprise a été complète
« et réussie au delà de mes prévisions. Le feu de
« la rade surtout (*Scorpion* et *Espingole*) a abruti
« ces pauvres gens qui n'avaient pas encore vu de
« projectiles explosibles. Le maréchal a été blessé
« par une boîte de mitraille. L'envoyé de Hué et
« tous les grands dignitaires sont pris. C'est une
« opération modèle (sans me vanter). »

Ce que Francis Garnier annonçait ainsi pour continuer sa lettre de la veille, en termes à peine moins brefs que le *Veni, vidi, vici*, mérite, comme bien l'on pense, des développements plus circonstanciés ; car ce n'est pas tous les jours qu'on prendra ainsi des citadelles et que l'histoire inscrira des faits surprenants comme celui-ci : Un lieutenant de vaisseau entouré de 180 hommes seulement, à trois mille lieues de leur patrie, à quatre cents lieues de tous secours, isolés dans une ville de 80,000 habitants, se risquant avec une partie de son escorte à l'assaut d'un fort de 5 à 6 kilomètres de pourtour, garni de murs, de fossés, de glacis, de canons, et gardé par une armée qui, si mal équipée qu'elle fût avec ses piques et ses sabres, aurait pu se jeter sur les assaillants à raison de 50 contre un !

Le plan de Hanoï avait été levé avec soin dès le premier jour par M. de Trentinian, à travers toutes les difficultés qu'on peut deviner. La citadelle, dont plusieurs fois il avait fait le tour, et les principales rues y étaient tracées assez exactement pour pouvoir obtenir un tir juste. Sur cette carte, Francis Garnier, qui en avait vérifié l'exactitude en montant dans la mâture d'une canonnière, traça les positions que devaient prendre les troupes, les navires, les canons.

Puis, réunissant ses officiers, il leur remit, la veille de l'attaque, un ordre très détaillé où tout était prévu :

« Le corps expéditionnaire attaquera à 6 heures du matin la citadelle. Les hommes seront réveillés sans clairon à 4 heures ; ils mangeront la soupe qui aura été préparée dès la veille et recevront chacun un biscuit, 10 paquets de cartouches par chassepot, 24 cartouches par révolver.

La première colonne commandée par M. Bain, enseigne de vaisseau, quittera le camp à 5 heures et demie précises et sera composée de 30 hommes et de la pièce de montagne du *Decrès*. Elle se portera sans bruit de clairon et le plus rapidement possible devant la porte S.-O. de la citadelle. M. Bain lui fera prendre position de façon à se ménager l'abri de la résidence murée qui est dans le voisinage... Il mettra sa pièce en batterie de façon à balayer la face ouest de la citadelle. Ses hommes seront déployés en tirailleurs, etc. » (Cette colonne était pour une fausse attaque, « afin de détourner une partie de l'attention et des forces de l'ennemi. »)

« La deuxième colonne sera formée : 1° par le détachement d'infanterie de marine [1] sous les ordres de M. de Trentinian,... 2° par un détachement de marins, commandé par M. Esmez... [2]; enfin d'un détachement de réserve de 19 hommes du *Decrès*... (Cette colonne devait attaquer la porte S.-E. La réserve devait s'abriter près d'une pagode qui servirait de dépôt de munitions et d'ambulance provisoire. — Le camp devait être gardé par 10 hommes sous les ordres de l'ingénieur Bouillet.)

« Une fois une lutte corps à corps engagée et l'ennemi défait, les chefs devront modérer les hommes et éviter toute effusion de sang inutile. Tout ennemi qui rendra les armes devra être épargné. »

Des ordres de la même netteté, pour le feu des canonnières, avec des indications techniques pour le pointage et le tir, furent donnés à M. Balny qui devait commander la rade. Le feu serait ouvert à 6 heures et cesserait dès qu'un pavillon français s'apercevrait sur la porte Est ou sur la tour de la

---

1. 25 soldats et 2 gabiers armés de grenades et de haches.
2. 29 hommes, 3 pièces de 4 et leurs servants

citadelle. Il était recommandé de ne point exposer la ville à des dégâts.

On pouvait reconnaître à la précision et à la prévoyance de ce plan d'attaque le marin qui avait fait son apprentissage militaire pendant le siège de Paris.

Le sergent Imbert, puisqu'il a rédigé en quelque sorte le Mémorial de l'expédition, nous dira maintenant comment ces ordres ont été exécutés :

« Premièrement, dans la rade :

« Le 20 novembre, à 6 heures du matin, commença l'attaque de la citadelle de Hanoï. Les canonnières l'*Espingole* et le *Scorpion* avaient quelques jours auparavant pris le mouillage le plus propice au tir de leurs pièces.

« Je me trouvais à bord du *Scorpion* à desservir le canon de 14 cent. Dès que nous entendîmes de la rade le pétillement d'une fusillade vive et bien nourrie, nos pièces de fort calibre et celles de 4 de montagne commencèrent à gronder.

« Nous étions 14 hommes tout compris à notre bord; 23 marins étaient à bord de l'*Espingole*.

« Le feu des deux canonnières était commandé par M. l'enseigne de vaisseau Balny posté sur la vergue du petit perroquet. Le tir exécuté à 1,200 mètres de distance et dirigé par d'excellents canonniers donna les meilleurs résultats et, intimidant outre mesure une garnison peu habituée à pareille épreuve, ne contribua pas peu au succès commun qui dépassa toute espérance. »

Intercalons dans ce récit quelques détails qui le compléteront utilement. Je les tire du rapport fait à Francis Garnier par M. Balny d'Avricourt :

« Conformément à vos instructions de la veille les pièces ont été chargées et pointées avec le plus grand soin sur des points de repère pris à terre dans la soirée du 19. — La réduction énorme du personnel [1] ne laissant personne aux passages les projectiles furent montés sur le pont à l'arrière des pièces et les poudres des canons de 4 disposées sous la main.

« A 6 heures précises, on hissa les couleurs ; la pièce de 16 du *Scorpion* envoya son premier coup, au moment même où les premières détonations furent entendues à terre. Chaque pièce tira ensuite en laissant un intervalle de une minute pour permettre de juger successivement les coups... Autant que le jour pouvait permettre de l'apprécier, cette première décharge me parut assez bonne pour ne pas changer les indications du pointage. Après la seconde décharge faite ainsi à bord des deux bateaux à mon commandement, je jugeai le tir suffisamment exact pour mettre le feu à volonté...

« A 7 heures moins cinq, j'aperçus le pavillon hissé sur la tour. Je fis cesser le feu en laissant les pièces chargées... On alluma les feux pour être prêts à partir au premier ordre. C'est à 10 heures qu'on

---

[1]. Le personnel manquait tellement qu'il fallut mettre aux pièces le maître mécanicien et le chauffeur de la chaloupe à vapeur laissée sous pression à la garde d'un Annamite.

me remit un mot m'annonçant la pleine réussite. Je descendis de suite à terre et sur la route je fis délivrer un prêtre annamite arrêté par les soldats du Yunnan [1]. Ils l'avaient pris pour un mandarin et comme tel, l'avaient arrêté et dévalisé; on ne put que lui rendre ses principaux vêtements. — En passant sous la porte où avait été installée la pièce de 4 [2], on me rendit compte qu'au second coup le châssis s'était cassé, mais que le feu avait continué avec une pièce de 4 envoyée par M. Dupuis. La chose était acquise, il n'y avait plus rien à faire et je me félicitai de n'avoir pu être consulté [3].

« Voici, Commandant, les principaux faits de la rade dans la matinée du 20. Je dois ajouter que tout le monde a fait son devoir avec beaucoup de zèle; vous connaissez le personnel dont je disposais, mais, second maître, quartiers-maîtres mécaniciens et autres ont prêté tout le concours qu'ils pouvaient apporter, acceptant facilement les premiers postes venus pour se ranger sous les ordres du chef des pièces. Tous étaient prévenus de ce qu'on attendait d'eux et chacun a eu d'autant plus à cœur de se surpasser qu'ils savaient que leurs camarades de terre comptaient sur eux et que vu leur petit nombre ces derniers pourraient être très compro-

---

1. De l'escorte de M. Dupuis.
2. Il s'agit d'une pièce débarquée sur le rivage et pointée, dit ce même rapport, à 650 mètres de la citadelle.
3. Le sens de cette phrase est expliqué par le scrupule qu'auraient éprouvé des officiers de la marine de l'État à se servir des forces irrégulières de M. Dupuis.

mis si la rade ne donnait pas tout ce qu'on attendait d'elle. »

Sachons maintenant ce qui se passait à terre. Ici reprend le récit du sergent Imbert :

« Le réveil fait à la voix dans les cases du camp à 5 heures du matin, on fit aussitôt prendre quelque nourriture aux hommes et à 6 heures, on dirigea une marche précipitée vers la citadelle.

« M. Garnier, secondé par M. Esmez et par le commandant du détachement du 4ᵉ régiment de marine [1], attaqua vigoureusement la porte Sud (il faut lire : *Sud-Est*, car il y avait deux portes au sud, chacune précédée d'un redan).

« La porte Sud-Ouest était occupée par le commandant de la compagnie de débarquement du *Decrès*.

« La porte Est, la plus voisine de la ville, était attaquée par les soldats de la garde de M. Dupuis [2], au nombre de 90 environ.

« Quant aux portes Nord et Ouest, elles étaient bombardées par l'artillerie de la rade.

« L'action fut vive ; l'élan, général ; et le plus grand ordre régna dans cette attaque que les assiégés auraient voulu croire à jamais impossible [3].

---

1. M. de Trentinian.
2. Cette coopération de M. Dupuis était toute volontaire. M. Cordier, en général bien informé, rapporte dans son *Narrative of the events in Tong-King* que Garnier avait refusé les offres de service de M. Dupuis. Mais le patriotique négociant voulut que son escorte prît, quand même, part à l'action.
3. Le redan fut pris en un clin d'œil. Sa porte, dont le premier

« Si le succès ou la défaite d'une armée sont attribués avec la plus juste raison au général qui commande et dirige les mouvements, combien plus encore mérite un chef qui, joignant à l'expérience et au sang-froid une valeur étonnante, se met lui-même à la tête de ses hommes, les encourage de la manière la plus bienveillante, combat comme le plus brave de tous, paie de sa personne et s'expose enfin à tous les dangers de l'action !

« Tel était M. Garnier ce jour-là et en toute occasion, constamment le premier à nous répéter : « En avant, mes enfants, en avant ! » Je fus témoin plus tard de cette bravoure qui s'oublie elle-même, hélas !

« Cette conduite au feu, ce caractère si hardi dans les périls, lui captiva parmi nous l'affection la plus grande comme elle était la plus juste ; nous disions que notre chef était un vrai marin à la guerre.

« L'ennemi ne s'attendant pas à cette attaque matinale fut étrangement surpris quand les premiers coups de feu d'abord, le grondement du canon ensuite vinrent le convaincre de la réalité. Les soldats annamites pris au dépourvu, ralliés par

---

coup de canon avait eu raison, tomba comme par enchantement. Ses défenseurs disparurent de même comme par enchantement, on ne sut par où, sans doute par le fossé, en se dissimulant dans l'eau stagnante. Le canon fut alors transporté dans l'intérieur de ce redan, braqué, à l'entrée du second pont, contre la porte de la citadelle, à 4 ou 5 mètres à peine, presque à bout portant.

leurs chefs et stimulés par eux sortirent bientôt de leur indolence, prirent leurs postes respectifs sur les remparts et allumèrent la mèche de leurs grossiers canons. Les balles sifflèrent de part et d'autre ; mais les nôtres atteignaient presque toujours l'imprudent qui se démasquait du haut des bastions [1] tandis que pas un de nos soldats ne fut atteint par les leurs.

« Une grande partie des assiégés faisaient rouler du haut des remparts des poutres énormes ; d'autres lançaient une grêle de pierres, d'autres enfin jetaient sur le sol de grandes poignées de clous triangulaires qui en tombant laissaient toujours dressée en l'air une pointe aiguë; les malheureux nous croyaient-ils dépourvus de chaussures? Plus d'une fusée incendiaire tomba au milieu des groupes, mais sans effet.

« Le maréchal montra en cette périlleuse occasion que le poids des années n'avait pas étouffé dans son cœur l'ardeur guerrière qui l'animait : après avoir fait rallier à la hâte ses soldats, il commandait la défense ; tous lui obéissaient avec cette crainte et ce respect profond qu'il sut toujours inspirer; mais blessé lui-même à la cuisse droite, il dut être transporté à sa demeure, et dès lors la victoire ne put être douteuse; une foule compacte désertait les

---

1. Les Annamites pratiquaient ce qu'on appelle *le tir à barbette*, c'est-à-dire que leurs canons, au lieu d'être placés dans des embrasures, tiraient par-dessus le parapet, d'où il arrivait que les servants n'étaient nullement protégés.

remparts pour se réfugier sous les immenses portiques des cinq portes, attendant qu'une brèche leur ouvrît une voie facile qui leur permît de fuir plus loin. Mais ce fut à nous que la brèche, faite dans les portes par les canons tirant à faible distance, ouvrit accès; les fuyards repoussés de là par la mitraille y recevaient la triste récompense de leur lâcheté.

« Le barrage des ponts pleins[1] qui conduisaient aux portes était fait à l'aide de chevaux de frise et de ronces de toute espèce; ce moyen de défense fut plus nuisible qu'utile à l'ennemi. Ces engins prestement enlevés par nos gabiers furent placés contre les remparts et pouvaient servir d'échelles[2].

« Dès qu'il fut possible d'entrer dans cette vaste enceinte, un marin courut arborer les couleurs françaises au haut de la tour. C'était pour les navires le signal de cesser le feu. Il était 7 heures moins cinq. Le feu avait donc duré une heure.

« A peine les troupes furent-elles entrées que le premier des soins fut de poster de bonnes gardes aux issues et de surveiller étroitement les mandarins annamites qui sous de misérables loques

---

1. C'est-à-dire en maçonnerie sans ponts-levis.
2. Mais ce fut, néanmoins, par la porte qu'entrèrent les premiers MM. F. Garnier et de Trentinian. L'un et l'autre, depuis quelques instants, s'étaient placés sous le porche, commandant de là le feu et se rangeant à droite et à gauche pour que la mitraille pût faire sa trouée dans les vantaux massifs qui ne cédaient point à la hache. Le canon était si proche que chaque décharge de cette mitraille, portant en bloc, ne faisait qu'un trou.

fuyaient à toutes jambes. Le maréchal fut dénoncé par un interprète au moment où il cherchait à se sauver à cheval. Il avait bravé la douleur que lui causait sa blessure pour se soustraire à tout prix à la domination française; il ne le put cependant et depuis lors fut étroitement gardé à vue ainsi que le vice-roi (gouverneur de Hanoï) et quatre des généraux.

« Son désespoir fut grand quand il eut perdu toute chance de salut et qu'il se vit forcé de courber sa noble tête blanche à la merci du vainqueur. Aussi faisait-il constamment entendre des plaintes lamentables et refusait-il toute consolation, repoussant les soins que méritaient son grand âge et ses blessures, défendant enfin à ses nombreux serviteurs de lui donner aucune nourriture [1].

« C'est dans cette journée que furent reconnus et saisis les deux frères Phan-tan-Gian, les fils de l'illustre gouverneur de Vinh-long, les sombres promoteurs des massacres de la Kachgia en 1868. Ils recevaient en tombant en nos mains la récompense due à leurs crimes et à la violation des promesses faites à leur père à son lit de mort, de ne jamais porter les armes contre la France.

« Vers les dix heures du matin, 42 hommes du

---

[1]. « Cet état digne de compassion ne pouvait durer longtemps ; à un mois de distance, on déposait dans un modeste enclos attenant à son habitation les restes mortels d'un homme qui fut grand chez le peuple annamite ; Nguyen-tri-phuong était mort de chagrin et d'inanition, plus encore que de sa blessure, à l'âge de soixante-sept ans. » (*Note du narrateur.*)

Decrès ayant à leur tête le commandant de la compagnie de débarquement (M. Bain), furent dirigés sur la petite redoute de Fou-haï[1] où se trouvaient en masse des fuyards; elle fut prise dans la soirée même. Gardée durant trois jours par ces marins, elle fut dans la suite confiée à la vigilance des 800 Annamites à notre solde qui furent chargés de la défendre contre toute attaque éventuelle. Fou-haï, triste nom auquel se rattacheront les plus douloureux souvenirs, n'était éloigné de la ville de Hanoï que de sept à huit kilomètres à peine.

« Le reste de cette mémorable journée se passa à débusquer l'ennemi caché dans les vastes champs qui entourent la citadelle. »

Ce que ne dit pas ce récit c'est ce qu'il advint de la partie des troupes annamites qui n'avaient pu s'échapper; ils étaient là environ 2,000 consternés, paralysés par la peur, qui s'attendaient, suivant les usages de leurs guerres, à être massacrés. L'enceinte était parsemée d'enclos, de bâtiments, de

---

1. Ce nom est ordinairement orthographié Phu-Hoaï (*Phu* se prononce *Fou* et veut dire préfecture). Cette redoute avait été récemment élevée par Nguyen. Elle commandait la route vers Son-tay. A ce propos, Francis Garnier dit dans une lettre du 21 : « J'ai pris une ville de plus pour empêcher les fuyards de se rallier. J'ai envoyé une pièce de canon et 65 hommes. La panique était telle, par suite de l'affaire du matin, qu'il a suffi d'un coup de canon et de dix coups de chassepot pour faire fuir les défenseurs. »

Dans l'ordre donné à M. Bain, Francis Garnier recommandait « d'agir avec douceur à l'égard des habitants, de protéger et de faire respecter l'administration municipale et cantonale du pays. »

ruelles, où se réfugiaient éparpillés, affolés, ces malheureux. Francis Garnier, qui avait pénétré, le révolver au poing, avec M. de Trentinian [1], par la porte que la mitraille avait enfoncée, fit signe aux groupes annamites de poser les armes; ce qu'ils firent en se prosternant [2]. Plus loin, il entendit un grand tumulte : c'étaient les Chinois de M. Dupuis qui, entrés par la porte de l'Est aussitôt que le feu de la rade avait cessé, se répandaient de leur côté dans la citadelle et commençaient le pillage. Francis Garnier arrêta immédiatement tout désordre et exigea le départ de ces irréguliers. Ceci ne doit pas empêcher de rendre hommage à l'élan avec lequel, dit-on, dirigés par un chef intrépide, M. Georges Vlavianos, ils s'étaient emparés d'une demi-lune. M. Dupuis a compté parmi eux un tué [3] et un blessé.

« Nous avons délivré 400 prisonniers qui depuis quatre ans avaient la chaîne et le carcan au cou, écrivit à sa famille un marin de l'*Arc* [4]. Des députa-

---

1. Tous deux s'élancèrent d'abord, à peine suivis d'une quinzaine d'hommes, vers le logement du Tong-doc (gouverneur); les obus continuaient à pleuvoir, car il y avait une distance à franchir avant d'arriver à la tour où devait être hissé le drapeau français, signal de la suspension du feu.
2. Le lendemain, les prisonniers embarrassants, vu leur nombre, durent être relâchés.
3. Tué par un boulet français, la rade ignorant la coopération de ces Asiatiques, qui, en effet, ne figurait point dans le plan d'attaque. Leur rôle devait se borner à surveiller la porte et à empêcher que des fuyards, s'échappant par là, n'allassent porter le désordre dans la ville.
4. H. Perron, quartier-maître mécanicien.

tions de la ville, qui contient environ 40,000 âmes, sont venues trouver le commandant avec le drapeau tricolore en tête... Les habitants, quand ils nous rencontrent, nous font des saluts *atroces* et se couchent par terre. La population est pour nous.

« Une quantité d'armes prodigieuse est tombée en notre pouvoir, des milliers de kilos de poudres, des éléphants, un grand nombre de chevaux, des canons, des vivres pour cent ans.

« On va être obligé de murer la plupart des portes car nous sommes bien peu de monde pour garder tout cela. Il faudrait au moins 2,000 hommes pour faire le service convenablement. »

La première nuit surtout fut pénible. Francis Garnier l'a décrite dans une lettre où, dès le lendemain, il apprenait les événements à son frère :

... « Mais le soir j'ai éprouvé qu'il est plus facile
« de prendre la citadelle que de la garder. Il m'a
« fallu, avec 50 hommes qui me restaient, passer
« la nuit dans un ouvrage qui a 6 kilomètres de
« développement et où se trouvaient encore 2,000
« hommes armés ayant des chefs et se croyant
« condamnés à mort par les vainqueurs. L'incen-
« die, les surprises, tout était à craindre! Nous
« n'avons guère dormi. Aucun de mes postes ne
« comptait plus de six hommes. Heureusement ils
« faisaient du bruit comme vingt. Aujourd'hui le
« désarmement est fait sans résistance. Je prends
« en mains l'administration de la province. Elle a
« deux millions d'âmes. Les populations viennent à

« moi. Je demande à l'amiral, Luro pour m'aider...
« Je suis exténué de fatigue. Voilà trois nuits que je
« passe. J'expédie un long rapport[1] à l'amiral. C'est
« le *Decrès* que j'envoie avec tous mes hauts pri-
« sonniers... »

Maintenant installé dans le palais central de la citadelle appelé *Temple de l'Esprit du Roi*, Francis Garnier y recevait la soumission des autorités locales, les faisait adhérer à ses règlements de commerce, expédiait des lettres aux mandarins de toute la contrée et organisait des milices indigènes. Son plan était, non pas la conquête, mais l'administration du pays, auquel il eût rendu une sorte d'autonomie; cette administration, sans répudier l'autorité de Tu-Duc et en agissant en son nom, devait recevoir l'investiture française. Ainsi comptait-il s'appuyer sur les populations, qui nous étaient favorables, et sur leurs chefs élus, les chefs des cantons et des communes. Cette combinaison n'exigeait une grande dépense ni d'hommes ni d'argent. Aussi ne demandait-il que peu de secours à l'amiral; il lui en fallait pourtant, car son escorte, suffisante pour avoir raison d'une insulte, ne l'était pas pour se maintenir en permanence, surtout quand elle serait éparpillée en plusieurs villes. « Pourvu que l'on me soutienne !... m'écrivait-il. Pourvu que des renforts arrivent à temps. Si je ne meurs, c'est

---

1. Ce rapport est encore une des pièces qui n'ont pu être retrouvées.

un riche et florissant pays dont j'aurais ouvert l'accès à ma patrie ! »

Il adressait en même temps à son ami Luro cette lettre familière et pleine d'humour qui montre combien, dans les circonstances critiques, les ressorts de son esprit fortement trempé étaient loin d'être brisés, combien dans le péril même cet esprit restait français :

« Mon bon vieux,

« Je suis exténué de fatigue et de pose. Je me
« trouve une province de deux millions d'âmes sur
« les bras. Ce vieil obstiné de maréchal m'a forcé à
« lui faire la queue ; il a été jusqu'à appeler les re-
« belles chinois contre moi. Le pauvre diable en a
« porté la peine. La citadelle est prise et il a une
« balle de mitraille dans la hanche. J'expédie en
« bloc tous les hauts fonctionnaires du pays à
« Saïgon, pour qu'ils ne se croient pas obligés de
« soulever les populations contre moi, et je reste
« toujours avec ma province sur les bras. Ne me
« réponds pas comme Sganarelle : « Mets-la par
« terre ; » mais viens me trouver. Je te demande
« avec instance à l'amiral. Avec toi tout marchera
« comme sur des roulettes, mais vrai ! je ne peux
« pas tout faire.

« Je n'ai pas le temps de t'expliquer le pourquoi
« du comment. Dis à Philastre que je n'ai pas tort
« et que j'ai tendu aux Annamites la perche le plus
« longtemps possible ; je la leur tends encore, s'ils

« veulent de ma convention commerciale, puisque
« je dis que je rendrai Hanoï au roi dans ce cas;
« ce qui fait hésiter encore beaucoup de gens qui
« sans cela se rallieraient à moi.

« Ou il ne fallait pas m'envoyer, ou je ne pouvais
« agir autrement.

« Viens, viens, viens ; il y a beaucoup, beaucoup
« à faire ici. C'est certainement préférable comme
« richesse, climat, densité de population, à la Co-
« chinchine. »

La petite troupe conquérante jusqu'alors casernée au *camp des lettrés* transporta dans la citadelle ses effets de campement, vivres et munitions de guerre; elle-même y prit ses quartiers d'une façon beaucoup plus confortable; tellement confortable, qu'un de ces marins, ébloui comme d'une féerie, fit ainsi part de son ravissement : « Les *Mille et une Nuits* ne sont rien à côté ! Chaque pas est marqué par une surprise; nous sommes logés en plein palais de mandarins; nous roulons sur les meubles précieux, les étoffes de soie; on se balance dans des palanquins tout dorés; on s'évente avec des éventails en soie et en plumes de 60 à 80 centimètres de longueur; nous nous promenons avec des sabres incrustés de nacre et d'ivoire. »

Ces braves ont gardé comme un titre d'honneur la proclamation de leur commandant :

« Marins et soldats,

« Je suis heureux d'avoir à vous adresser les éloges que mérite le courage... Grâce à l'activité et au dévouement de tous, en peu de jours et avec peu de moyens, de grands résultats ont été obtenus. Vous avez le droit d'en être fiers... Je vous félicite de la modération que vous avez montrée, des égards témoignés aux blessés. Continuez à honorer le pavillon en respectant scrupuleusement les propriétés privées ; en vous abstenant de toute destruction inutile ; en protégeant les habitants inoffensifs. »

On vient d'assister à un fait d'armes surprenant ; ce n'est point la fin ; mais le plus surprenant est encore ce qu'entreprit et réalisa en un mois le hardi commandant pour réorganiser l'administration du pays ; le tout n'était pas, en effet, de prendre pied au centre, il fallait maintenant pourvoir à la sécurité de nos troupes, assurer leurs communications avec la mer, étendre sur les provinces intermédiaires avec si peu d'hommes la suprématie française, garantir l'ordre aux Tonkinois, se servir de leur bon vouloir puisqu'ils se montraient favorables à notre occupation, recruter parmi eux des auxiliaires, remplacer celles des autorités annamites qui avaient prudemment disparu, changer en réalité la déclaration que le fleuve était librement ouvert au commerce.

C'est ici que Francis Garnier fut utilement servi par la grande connaissance du caractère indigène que lui avaient donnée en Cochinchine ses fonctions d'administrateur de la ville de Cholen. Là, plus encore, s'il est possible, que dans les faits militaires, se déployèrent d'admirables qualités, le coup d'œil sûr, la prudence, si étonnamment conciliée chez cet officier de 34 ans avec la promptitude de décision qui ne lui manquait pas.

Tout d'abord, il s'agissait d'expliquer aux Tonkinois ses intentions et ce qui avait motivé l'emploi de la force. Il le fit dans un manifeste que son premier soin fut de publier, disant en substance :

« L'envoyé du noble royaume de France, le grand mandarin Garnier, fait savoir à tous les habitants que venu au Tonkin par ordre de l'amiral pour ouvrir une voie au commerce, il n'avait nullement l'intention de s'emparer du pays ; mais que les mandarins d'Hanoï ayant tendu des embûches, il n'a pu tolérer leur conduite et a dû s'emparer de ces mandarins perfides. Mais que le peuple reste en paix à s'occuper de ses travaux, il n'a rien à craindre pour ses coutumes ni pour ses biens ; il sera traité comme frère ; que ses chefs, grands et petits, observent envers lui la justice, et la tranquillité régnera dans le pays. Dans le cas où il y aurait des gens pervers pour troubler l'ordre, ils seraient châtiés sévèrement. Maintenant que les gens capables de gouverner le peuple viennent nous offrir leurs services. Nous laisserons en place tous les mandarins qui feront leur soumission. Pour ceux qui se retirent, nous les remplacerons par des hommes prudents et sachant prendre les intérêts du peuple ; puis nous recommanderons au roi et aux mandarins de traiter le peuple comme un père traite ses enfants. Nous récompenserons dignement ceux qui nous auront rendu quelque service. Tous les mandarins que nous aurons nommés seront maintenus en place et ne seront inquiétés en aucune façon. »

Enfin des volontaires étaient demandés pour former une milice qui aidât à protéger l'ordre public, et c'était urgent, car des bandes armées répandues dans les campagnes, surtout depuis la prise de la citadelle, se livraient à des brigandages. Les volontaires se présentèrent de toutes parts, tant païens que chrétiens, plusieurs avec des chefs de parti, qui mettaient toujours en avant le nom des Lê; quelques autres avec un réel dévouement pour notre cause. La France, qui débarrassait la contrée des maîtres annamites, odieux et exécrés, — là était le vrai secret de notre force — n'abandonnerait certainement pas, pensait-on, ceux qui allaient se compromettre sous son drapeau : on avait foi en elle.

Il s'agissait de se prémunir contre un retour possible des fuyards qui se ralliaient aux environs; ils pouvaient à la longue s'apercevoir du petit nombre et de l'isolement des Français qu'ils avaient dû prendre pour une avant-garde et qu'ils s'attendaient sans doute à voir soutenus. Hué, de son côté, pouvait envoyer des troupes qui couperaient la retraite et les communications pour cerner Hanoï. Déjà des barrages, par les ordres de Nguyen, avaient été commencés au bas du fleuve pour fermer le passage à nos navires. Il parut essentiel à Francis Garnier de ne pas laisser entre lui et la mer des forteresses aux mains de l'ennemi. C'est ce qui le détermina à une série d'expéditions nouvelles.

Il envoya d'abord en reconnaissance vers les bouches du fleuve, l'une des canonnières, l'*Espingole*, qui appareilla le 23 novembre (trois jours

LES FORTERESSES DU TONKIN

après la prise de Hanoï). Commandée par M. Balny d'Avricourt, elle emmenait, outre son équipage, 15 hommes d'infanterie de marine sous les ordres de M. de Trentinian, et le docteur Harmand. Elle devait se rendre à Phu-ly; de là, à divers chefs-lieux de province. M. Balny avait pour instructions de presser les mandarins de faire leur soumission; il les rassurerait; obtiendrait d'eux l'engagement de se conformer aux nouveaux règlements de commerce; et exigerait la destruction des barrages. Si les mandarins se refusaient à ces conditions, ils seraient prévenus qu'on les traiterait comme ceux de Hanoï.

L'*Espingole* s'arrêta, chemin faisant, devant Hung-yen, chef-lieu de province. Le Dr Harmand s'offrit à parlementer avec la citadelle; il s'y rendit avec un interprète et quatre hommes. La porte était fermée et un grand nombre de soldats faisaient la haie devant le pont. La lettre fut remise et quelques instants après le Kuan-an (mandarin de la justice) se présenta : — « On attendra à bord, lui dit-on, la visite du gouverneur; quelles que soient ses intentions, il peut y venir sans crainte. — Du reste, ajouta le Kuan-an, nous n'avons pas la prétention de défendre la citadelle contre les Français qui ont pris si facilement celle de Hanoï. » Le gouverneur vint, en effet, avec sa suite sur l'*Espingole*. Ce personnage absolument abruti[1] promit

---

1. Rapport de M. Balny.

tout. « — Avez-vous reçu les proclamations? — Je les ai reçues. — Sont-elles affichées? — Pas encore, elles le seront. — Et les ordres relatifs à la destruction du barrage sont-ils exécutés? — On y travaille. — Et les douanes sont-elles évacuées, démolies? — Elles vont l'être. » Il promettait tellement qu'on se méfia et il fut stipulé qu'il remettrait ses engagements par écrit. Il y consentit. M. Balny alla dans la journée les chercher, en lui rendant visite dans la citadelle, avec le Dr Harmand, M. de Trentinian et dix hommes armés. La porte s'ouvrit devant eux et des soldats se présentèrent pour les aider à franchir la cour inondée par l'eau des fossés. Les portes furent aussitôt refermées sur leurs talons; l'engagement promis n'était pas rédigé. M. Balny menaça de tout rompre, s'il n'était rédigé à l'instant; il l'exigeait avec d'autant plus d'assurance, quoiqu'il se vît entouré de 3 à 400 Annamites, que leur armement misérable le mettait à l'abri d'un coup de main. On lui apporta enfin la lettre de soumission ainsi conçue :

« Reconnaissant que les Français veulent rester bons amis des provinces qui se conformeront aux traités de commerce, je déclare que je suis prêt à m'y conformer. Les douanes sont détruites et le barrage, à la démolition duquel je mettrai un plus grand nombre d'ouvriers, va disparaître promptement. Les impôts ne seront plus payés désormais entre les mains des autorités annamites, mais au commandant français à Hanoï.

« *Signé* : Le Fou (nom qui veut dire : gouverneur). »

---

1. *Fou* (orthographe anglaise : *Phu*) correspond à préfet. Le

M. Balny d'Avricourt ne quitta Hung-yen qu'après s'être assuré de la destruction du barrage.

Devant Phu-ly, les choses ne se passèrent pas si paisiblement. L'*Espingole* y arriva le 26 novembre dans la matinée. Les trois officiers se présentèrent avec 27 hommes à la porte de la citadelle, en sommant d'ouvrir. Les soldats étaient en armes sur les remparts; ils dirent : « Nous allons avertir le gouverneur et l'on apportera les clefs. — Je vous donne dix minutes, » répondit M. Balny. Les dix minutes écoulées, une nouvelle sommation faite, la porte ne s'ouvrant pas, il donna le signal de l'assaut. En quelques secondes cette poignée de Français était sur les parapets de la fortification. A leur vue, et au bruit des coups de feu, tout le monde s'enfuit. Cette citadelle est entourée de marais et la fuite avait lieu dans l'eau; les fuyards en avaient jusqu'à la ceinture; ce n'était pas assez pour leur salut : ils s'y couchaient; et plusieurs en ont été tirés, quelques heures après, couverts de sangsues; mais la terreur les avait rendus insensibles à tout [1]. Les autorités cantonales furent convoquées aussitôt. Un nouveau préfet amené de Hanoï et tiré de l'*Espingole*, tout tremblant, leur fut présenté; d'une timidité désespérante, ce fonctionnaire! On installa aussi un nouvel adminis-

---

gouverneur des provinces secondaires, comme celle de Hung-yen, porte le titre de *Thuan-Phu*. Il n'y a que le gouverneur des provinces de première classe qui soit qualifié *Tong-doc* (ce qu'on a traduit quelquefois par : vice-roi).

1. Rapport de M. Balny.

trateur (Kuan-bo) et il fut fait, contradictoirement avec lui, inventaire de ce que contenait la citadelle : d'énormes magasins de riz et un trésor bien pourvu. Bonne garde y fut placée. Sur ce point et à l'une des deux portes furent concentrés les factionnaires, car vu le petit nombre il ne fallait pas songer à les répartir sur les quatre faces de la citadelle qui ont chacune 500 mètres. Restait à attendre maintenant une milice annamite qui devait venir de Hanoï pour servir de garnison. Mais deux craintes tourmentaient M. Balny : que le timide préfet ne fût pas solide après notre départ; que le trésor et les approvisionnements ne fussent ensuite livrés au pillage, et par cette nouvelle garnison même. Il se préoccupait aussi de l'approche des troupes de Hué et des moyens de leur couper la route. Les missionnaires consultés à cet égard n'avaient encore aucun renseignement sur l'arrivée de ces troupes, mais ne doutaient pas qu'elle ne fût prochaine, et ils promirent d'avertir. Phu-ly est tout voisin de leur résidence de Késo, et M. Balny en avait profité pour s'entourer de leurs conseils. Le nouveau préfet, païen, ne leur plaisant point, un courrier fut expédié à Hanoï pour demander son remplacement[1]. En attendant, un des leurs, le P. Mathevon, s'offrit à rester auprès de M. Balny pour lui faciliter les rapports avec les autorités et les habitants.

---

[1]. On le dépeignait ainsi : « Il continue de fumer énormément de pipes, seule chose à laquelle il paraisse être bon. »

Les missionnaires insistaient aussi pour que Phu-ly au lieu d'être confié à des indigènes, fût gardé par des Français, comme point stratégique de premier ordre.

Cependant l'étude du pays fit reconnaître que si les troupes annamites débouchaient dans le Delta par les défilés des montagnes du sud, ce serait plutôt deux villes importantes qui serviraient à leur concentration : Ninh-Binh et Nam-Dinh. M. Balny offrait à Francis Garnier de se rendre à Ninh-Binh où les autorités très effrayées céderaient sans doute soit la citadelle soit un petit fort qui la domine. Ce petit fort placé sur un rocher escarpé serait une position redoutable entre nos mains.

Au dernier moment, une yole envoyée en reconnaissance rapporta ces nouvelles : 1° il est arrivé du sud à Ninh-Binh 400 Annamites qui se sont rangés sous les ordres du Kuan-an échappé de Hanoï ; 2° on commence la construction d'un barrage à quelques milles au-dessus de Ninh-Binh.

D'autres nouvelles ajoutaient même : Le barrage pourrait devenir très dangereux ; on y apporte une grande quantité de pierres. On fait des levées de troupes dans tout le pays, tous les sauvages sont réquisitionnés. Ces troupes sont destinées à reprendre la ville de Hanoï. C'est Ninh-Binh qui paraît être le centre d'organisation de la défense. Les lettrés sont autorisés partout à préparer des armes et après la reprise de Hanoï, tous les chrétiens doivent être massacrés.

Cependant Francis Garnier venait d'expédier des instructions à M. Balny pour se rendre sans retard à Haï-Dzuong.

En même temps arrivait à Phu-ly la milice annoncée, à la tête de laquelle était un général Ba [1], homme plein d'énergie. M. Balny remit tout entre ses mains, lui présenta l'administrateur, le préfet (qui avait déjà assez de ses fonctions et voulait repartir à toute force), enfin recommanda à sa vigilance les approvisionnements et le trésor, et se mit en route le lendemain à la pointe du jour.

On était au 2 décembre.

Dans l'intervalle, Francis Garnier avait consolidé sa situation dans la province de Hanoï. Une lettre de M. Balny lui avait signalé deux endroits de la route entre Hanoï et Phu-ly, où l'on interceptait les communications, on arrêtait les voyageurs, les courriers, on les fouillait : c'étaient Phu-Thuong et Phu-Xuyen. Mission avait été donnée au général Ba et à ses miliciens, tandis qu'ils se rendaient à Phu-ly, de soumettre en passant les deux localités suspectes ; faute de canon, faute surtout de prestige et de confiance dans ses armes, cette milice ne parvenait pas facilement à vaincre les résistances ; on songea à la soutenir par des renforts européens et il se fit une belle sortie de Hanoï avec éléphant, cavalcade et artillerie. Mais le seul bruit de cette chevauchée suffit à ter-

---

1. Véritable nom : Lê Van Ba

rifier les autorités récalcitrantes ; elles disparurent, laissant le champ libre à notre auxiliaire indigène, qui put se croire un vainqueur. C'est ce qui avait retardé son arrivée à Phu-ly.

Deux villes voisines, Phu-Ung-hoa et Hoai-Yen, se hâtèrent d'envoyer leur soumission.

C'était donc, déjà en ce moment, au bout d'une semaine, tout le fleuve qui nous était assuré entre ses deux canaux essentiels (canal Song-ki, canal Cua-loc); sur sa rive droite sept à huit villes en notre pouvoir, en y comprenant Phu-hoaï, prise dès le premier jour; sur la rive gauche, la petite province de Hung-yen; Francis Garnier y joignit, encore sur cette rive gauche, en face de Hanoï, Gia-lam, qu'il fit occuper par M. Hautefeuille, puis par des milices locales. De même que Phu-hoaï nous protégeait contre une surprise venant de Son-tay, Gia-lam surveillait les mouvements dans la province de Bac-ninh.

M. Dupuis aurait voulu plus : il était en train de revendre ses canonnières à Francis Garnier qui les achetait pour le compte du gouvernement tonkinois; car maintenant que le commerce était mis en ce pays sous la protection des armes françaises, le négociant tranquillisé n'avait plus besoin de ces navires armés, et au contraire ils étaient devenus indispensables à l'incessante surveillance, au continuel va-et-vient, qu'il s'agissait d'établir sur les bras multiples des deux fleuves. Une commission fut nommée pour visiter ces canonnières ; elle était composée de M. Bain, Bouillet, Hautefeuille, etc., qui les reconnurent en bon état, et le prix convenu fut 50,000 fr. environ. Des arrangements étaient pris aussi pour l'indemnité des cinq millions réclamés par M. Dupuis. Il demandait, pour rentrer dans cette somme, la concession des mines de Thaï-Nguyen et le monopole de la ferme du sel pendant un temps déterminé. Tandis qu'on en était à ces pourparlers d'affaires, il donnait au commandant français des conseils stratégiques; il le dit du moins dans son Journal de voyage : « 22 novembre. — J'engage M. Garnier à prendre Son-tay où commande le prince Hoang; une fois Son-tay en sa possession, il sera maître de tout le pays, car maintenant il n'y a plus que le prince qui puisse organiser la résistance »... (seulement il fallait pouvoir prendre le prince). « 25 novembre. — Je suis allé voir aujourd'hui Mgr Puginier, accompagné de M. de la Haille. Parlant de la situation actuelle et des fautes que commet M. Garnier *sans nous demander conseil*, j'ai été très raide avec l'évêque, en lui donnant à entendre que c'était lui qui s'était emparé de M. Garnier et le dirigeait. On fait une grande faute en gardant le *statu quo* à Hanoï, au lieu d'aller prendre Son-tay. »

Mais Francis Garnier, qui n'avait pas assez de forces pour les porter sur tous les points à la fois, était d'abord soucieux d'assurer ses communications avec la mer, et pour lui, les forteresses de Haï-Dzuong et de Ninh-Binh étaient d'une acquisition autrement urgente : l'une dominant le cours du Thaï-Binh, l'autre gardant les défilés du sud.

M. Balny était dirigé sur Haï-Dzuong par ses premières instructions [1], mais comme il avait témoigné le regret de ne pas commencer par Ninh-Binh : « Commencez par Ninh-Binh », lui disaient de nouvelles instructions portées à la hâte par M. Hautefeuille en canot à vapeur. Il était trop tard. L'*Espingole* avait déjà quitté Phu-ly.

L'*Espingole* était engagée dans le canal de Cua-loc, le seul qui restât pour communiquer avec le Thaï-Binh, l'autre canal, celui des Rapides, n'étant plus navigable à cette époque de l'année. Le 3 décembre, la canonnière aperçut la tour de Haï-Dzuong, mais sans pouvoir avancer : les eaux étaient trop basses, il fallut s'arrêter à deux kilomètres.

M. de Trentinian fut détaché avec quatre soldats pour porter une lettre au gouverneur ou Tong-doc et stipuler sa visite à bord. M. de Trentinian, dans son rapport, a raconté ainsi l'entrevue :

« On me reçut au débarcadère où jadis on avait reçu M. Garnier ; on me pria d'y attendre le gouverneur. Au bout d'un quart d'heure, mon impatience étant fort grande, je pris la route de la citadelle, chemin dont je me souvenais parfaitement. Sur le glacis, des travailleurs creusaient des trous de loup ; ils s'enfuirent à notre approche. Je frap-

---

1. Ces instructions lui assignaient un double but : 1° reconnaître si le passage était libre et praticable ; 2° s'assurer des intentions amicales du gouverneur.

pai violemment à la porte; des soldats tout tremblants l'ouvrirent immédiatement et me conduisirent à la demeure du grand mandarin. J'aperçus alors un magnifique cortège : le gouverneur venait au-devant de moi ; les apprêts de la cérémonie avaient seuls retardé sa visite. A mon approche, il descendit de son palanquin. C'était un homme petit, d'assez forte corpulence. Il me fit les plus gracieux sourires et se montra d'une affabilité étonnante. Il m'introduisit dans sa demeure ; ses gardes plantèrent les parasols et leurs lances devant la porte. La salle de réception était grande et bien construite. Au milieu, se trouvait une large table entourée de sièges et de bancs en bois de fer sculpté. Le gouverneur me fit asseoir à côté de lui ; les principaux mandarins debout derrière nous ainsi qu'une foule d'Annamites. Les serviteurs des mandarins sont généralement témoins de toutes les conversations de leurs maîtres, quelle qu'en soit l'importance ; les mandarins se cachent rarement d'eux ; du reste, ni la force ni l'argent ne peut déterminer un Annamite ou un Chinois à une indiscrétion. On apporta des fruits, du thé, du sucre, et nous commençâmes la conversation dont allait dépendre le sort de la province. On se demanda tout d'abord des nouvelles du roi Tu-Duc et du gouverneur de la Cochinchine, puis je rappelai le bon accueil qui nous avait été fait à notre premier passage. Le gouverneur m'exprima ses regrets de voir que la canonnière n'avait pu approcher. Il dit, d'un ton négligent : « Il n'y a pas beaucoup d'eau là-bas... Cela doit vous gêner pour passer. » Cette phrase me prouva que notre situation éloignait de son esprit toute crainte et que ma mission serait difficile à remplir. En effet, lui ayant exprimé le vif désir de M. Balny de recevoir sa visite à notre bord, j'eus un refus tout net. A toutes mes insinuations il répondait qu'il lui fallait une autorisation du roi. J'augmentai vainement mon exigence, j'en vins même à dire que nous avions pris Hanoï, et que nous prendrions Haï-Dzuong, s'il ne nous rendait pas cette visite. Enfin je le quittai en lui annonçant dans deux heures le bombardement de la citadelle. Ce mandarin resta aussi aimable malgré la violence de ma démarche ; rien dans sa figure ne trahit la moindre émotion. Il est vrai que notre bâtiment, arrêté à 2 kilomètres, paraissait comme un point noir à l'horizon ; les Annamites ne pouvaient guère supposer qu'à cette distance nous pourrions mettre le feu à leur citadelle ! »

Un mandarin fut chargé d'accompagner M. de Trentinian jusque sur l'*Espingole* et d'y offrir des fruits. M. Balny jugea qu'il fallait insister pour la visite du gouverneur, avec qui seul il pouvait traiter.

« — Je refuse ses présents, déclara-t-il ; la seule façon qu'il ait de se montrer ami, est de venir me voir ; c'est la paix ou la guerre. Si à 3 heures, il n'est pas à bord, je le traiterai en ennemi. »

Puis il réunit M. de Trentinian et le Dr Harmand

en conseil : « Pensez-vous, leur demanda-t-il, que si la visite n'est pas faite à 3 heures, notre autorité et notre prestige seront compromis dans le pays ? » Réponse : « Oui. — C'est aussi mon avis, malgré les embarras immenses dans lesquels je vais me trouver. Je décide qu'à 3 heures 5, on ouvrira le feu. »

A 3 heures 5, rien n'ayant paru, il fit tirer, en effet, un obus ; puis le tir rectifié, 10 autres coups ; la tour fut touchée. C'était près d'elle qu'étaient situés les principaux logements ; ils durent souffrir quelques ravages.

M. Balny alla ensuite, avec la yole à vapeur et 10 hommes, juger si l'on était mieux disposé. Il demanda un parlementaire ; on lui envoya un caporal. Il le renvoya en disant : « Prévenez bien que je retourne à bord, que j'y attendrai jusqu'à 8 heures la visite du gouverneur, sinon la citadelle sera détruite de fond en comble. » A 6 heures, arrivée du chef de la communauté chinoise ; il vient demander de la part du gouverneur ce qu'on a l'intention de faire. M. Balny répond : « Je suis désolé d'avoir à verser le sang, le gouverneur seul par son entêtement en est responsable ; j'ai tiré pour lui montrer que, quoique loin, le bateau peut encore agir. Je suis tout disposé à traiter, mais je ne peux le faire qu'avec lui. »

« Je compte sur sa visite, écrit M. Balny à Francis Garnier, je voudrais bien voir les choses s'arranger ; sinon, je serais dans un grand embarras en m'avançant; si je franchis et que les eaux baissent, la canonnière a la route coupée pendant cinq mois, mais il n'y a pas à reculer, j'essaierai! On prépare tout à bord pour cela. »

D'autres parlementaires vinrent dans la matinée du 4 décembre ; « mais ils avaient constamment sur leurs lèvres le sourire fin de l'homme qui comprend que sa force peut se mesurer avec celle de l'adversaire qui le menace; car si l'on comparait la petitesse du navire embossé devant la citadelle à l'immense circuit de celle-ci et au nombre de ses canons, on devait juger que toutes les chances du combat étaient pour elle, non pour nous. Mais les quelques hommes qui montaient la canonnière, pleins de l'ardeur que donnent des succès étonnants, ne partageaient nullement l'opinion des Annamites, et braves jusqu'à la témérité, étaient parfaitement prêts à l'assaut [1]. »

Les mandarins étaient d'autant plus confiants dans leur force, qu'elle s'était accrue par des travaux de défense tout fraîchement entrepris et que la citadelle, en outre, était précédée de plusieurs forts avancés dont le canon plongeait sur la rade.

M. Balny n'en répondit pas moins aux derniers envoyés du gouverneur : « Je ne comprends pas sa mauvaise volonté pour une chose si simple; je suis venu avec des intentions pacifiques; mais maintenant je considère l'honneur du pavillon

---

[1]. Récit du sergent Imbert

comme engagé, et je n'ai plus que ceci à vous dire :
Si à 8 heures, le gouverneur ne m'a pas donné satisfaction, je commence les hostilités. »

Il fallut bien en venir là. Par bonheur, dans la nuit, un passage praticable fut trouvé pour l'*Espingole*. Elle vint mouiller à 250 mètres des premiers forts. Ceux-ci étaient garnis de soldats... Mais ici, le mieux est de laisser narrer l'événement par M. Balny :

« A 8 heures 1/2, j'étais prêt ; j'envoyai un coup de mitraille sur le fort, qui répondit à la seconde par sa bordée, qui passa heureusement par-dessus l'*Espingole*. J'avais bien fait de ne pas attendre ; tout avait été fait seulement en vue de gagner du temps. La position était critique pour l'*Espingole*. J'embarquai donc de suite avec les officiers (dans des youyous à la remorque de la yole) et je poussai en donnant l'ordre de tirer par-dessus nos têtes pour protéger le débarquement. Les forts continuèrent à tirer jusqu'à ce que nous fussions à 50 mètres environ ; mais nos chassepots les firent évacuer et en arrivant à terre nous les trouvâmes abandonnés. Je renvoyai les embarcations que je ne pouvais garder et réunissant tout mon monde nous traversâmes le fort et sans hésitation nous nous portâmes vers la citadelle en chassant les fuyards devant nous. A 600 mètres du fort, au bout d'une rue, nous nous trouvions devant la citadelle à l'entrée d'un chemin découvert qui en serpentant conduisait à la porte du redan. En ce moment nous fûmes salués d'un coup de canon de cette porte. Toute la charge passa à quelques mètres de nous en nous couvrant de poussière. Après une seconde d'hésitation, voyant que malgré les chassepots on rechargeait les pièces, nous nous portâmes de suite en avant, jusqu'à la porte du redan, devant laquelle nous devions nous butter; mais nous étions à l'abri des pièces. La hache ne put nous procurer qu'une petite trouée ; il ne fallait pas essayer d'escalader cette porte ; le dessus était hérissé de pointes en fer sur lesquelles je me déchirai les mains ; heureusement les murs n'étaient pas très hauts et, faisant la courte échelle, nous frayant à coups de sabre un passage entre les bambous en saillie le long de la muraille, nous pûmes pénétrer dans le redan, dont tous les défenseurs disparurent à notre vue, et nous nous lançâmes rapidement à l'un des angles, pour reconnaître la porte de la citadelle et nous réunir. Nous nous trouvions en cet endroit battus par trois pièces du bastion et celle de la porte[1]. Les quatre pièces tirèrent presque en même temps sur notre petit groupe, sans atteindre un seul de nous.

---

1. Le canon qui était au-dessus de la porte, a raconté M. de Trentinian, était servi par un Annamite tenace et d'un grand courage ; il servait de cible à nos soldats, leur tir ne le déconcertait point et, quoiqu'il fût à découvert, il rechargea sa pièce jusqu'à quatre fois. Seulement, pour abriter de la pluie leur artillerie de rempart, les Annamites la recouvrent d'un toit sur quatre piliers. À force de mouvoir sa pièce, le malheureux servant finit par renverser l'un de ces piliers et tout le hangar s'écroula sur lui.

« Nous ne pouvions rester ainsi exposés à ce feu ; la seule tactique était d'aller en avant, profiter de la seconde décharge pour franchir le pont battu par le tir naturel des pièces, et nous abriter contre la porte de la citadelle. Nous étions tous réunis derrière une maison pour supporter la deuxième décharge qui ne se fit pas attendre ; elle n'eut heureusement aucun effet sur nous ; une partie des projectiles fit voler en éclat les parapets du pont. Aussitôt la décharge faite, il n'y avait plus à hésiter ; le pont fut rejoint au pas de course... franchi de même, et nous nous trouvions à la porte de la citadelle au moment où le bastion de droite recommençait à charger ; quelques hommes hésitant à passer ainsi à découvert étaient restés de l'autre côté du pont. Je leur criai de rester, ils pouvaient tirer sur les servants des pièces qui rechargeaient malgré notre feu de mousqueterie. Quelques fusils sortaient des barreaux du haut de la porte. Nous n'avions qu'une hache ; pas de canon ; pas d'échelle, et du reste les murs étaient trop élevés et une haie de bambous très inclinés les débordait de près de 2 mètres, dissimulant les assiégés et rendant notre tir très incertain, un tir par à peu près ! La porte était dure et résistait aux coups de hache. Enfin, un petit panneau fut arraché ; mais la hache vint butter contre des gabions pleins de terre qui bouchaient complètement la porte. La position était critique : arrêtés devant un obstacle inattendu, battus à cent mètres par les trois pièces des bastions qui, nous voyant sans défense, rectifiaient leur tir sur notre petit groupe aggloméré sur un point, nous aurions pu être écrasés. Heureusement, le sens du tir manque complètement aux Annamites. Tous leurs coups passaient à quelques mètres de nous ou tombaient dans l'eau. Ils essayèrent aussi quelques coups de fusil entre les bambous et une pluie de pierres et de briques du haut de la porte sur notre tête. »

(Ces malheureux devaient croire les Français invulnérables.)

« Reconnaissant l'impossibilité d'enfoncer la porte, quelque dur que fût pour moi d'avoir à battre en retraite après avoir tout risqué et avoir touché le but, je demandai à un officier son avis. Un homme, le nommé Gautherot, offrit d'essayer l'escalade; c'était l'impossible, et je n'aurais jamais donné un pareil ordre. J'accordai; mais ses efforts furent impuissants. Pendant ce temps, le docteur Harmand eut l'idée de tirer un coup de fusil sur un des barreaux (supérieurs) de la porte, qui vola en éclats; un second coup brisa le barreau voisin. Laissant de côté toute idée de retraite, en m'accrochant à la brèche faite, je me hissai jusqu'aux barreaux que j'arrachai et je me présentai par cette ouverture, le révolver en avant. Cinq hommes étaient sous la porte avec des fusils; à ma vue ils hésitèrent, mais je fis feu... tout le monde fuyait. Les pièces qui avaient tiré avec tant d'entrain étaient abandonnées précipitamment. Je n'en pouvais croire mes yeux : après une résistance aussi réelle, qui avait duré jusqu'en ce moment, le seul fait d'un homme se présentant en haut d'une porte et qu'un coup de lance eût rejeté facilement, devenir le signal de la déroute !... Je ne m'y attendais guère. Je m'attendais à une lutte dans la citadelle.

« Malheureusement le passage ouvert était difficile et il fut impossible de nous lancer de suite en avant. Le docteur m'avait suivi. Quand j'eus avec moi quatre hommes (que M. de Trentinian fit passer), je priai le docteur d'en prendre deux et de suivre les remparts d'un côté pendant qu'avec deux autres, je me dirigeai de l'autre. Je trouvai tout abandonné, la porte Sud évacuée, et tout le monde fuyait vers la porte qui fait face à celle par laquelle nous étions entrés. Je me portai rapidement à travers la cour du logement du gouverneur, constatant que la porte Sud était bouchée jusqu'en haut, et j'arrivai à la porte Est toute grande ouverte. Je la franchis, tirant sur les fuyards qui emportaient les armes ; puis, ramenant des prisonniers que j'employais à réparer cette porte, je continuai le tir. Tout à coup je me trouvai en face d'une centaine d'hommes avec des armes, arrivés trop tard. J'étais isolé en ce moment. Sans hésiter, je courus à eux et l'effet de cette tactique fut parfait ; ces soldats jetant les armes, demandant grâce, s'enfuirent dans les cases voisines, sans songer un instant que leur moindre mouvement en avant m'eût mis dans la plus fâcheuse position. Je fus rejoint en ce moment par M. de Trentinian et le docteur qui, pas plus que moi, n'avaient trouvé de résistance. Le pavillon français flottait sur la tour. »

(Avec quelle joie ce pavillon dut être salué des matelots de l'*Espingole !* Il était en ce moment 10 heures 15. Le combat avait duré une heure et quart.)

« Aussitôt, laissant la citadelle sous les ordres de M. de Trentinian, je partis avec six marins reconnaître le chemin qui nous avait menés... J'appris en arrivant à bord que les forts avaient été réoccupés et le feu repris sur l'*Espingole*. Une embarcation avec quatre hommes les avait fait évacuer de nouveau et les pièces avaient été enclouées.

« Après avoir réduit autant que possible le personnel de l'*Espingole*, je descendis à terre avec le reste pour organiser l'occupation de la citadelle.

« Les défenses étaient telles que le gouverneur pouvait se croire sûr de nous tenir tête. La citadelle est un hexagone : six bastions de 100 mètres de côté. Devant chacune des portes, un grand redan. Chaque porte défendue par une pièce sur affût de campagne ; chaque redan armé de 6 pièces au moins, battant un glacis très étendu, et entouré d'eau ; double fossé pour chaque bastion ; chaque angle de ceux-ci armé de deux à trois pièces. Je ne comptai pas moins de 80 pièces sur les remparts ; plusieurs en bronze et d'un modèle récent, 1867[1] ;

---

1. De fabrication anglaise.

plusieurs canons de 30 et de 24 en fonte; chaque pièce approvisionnée de nombreux coups. Trois portes étaient bouchées par des gabions de terre; une seule donnant sur la campagne était restée libre. La nuit (occupée par les Annamites en préparatifs) avait été rude pour eux; on avait peu dormi dans la citadelle.

« Certainement la prise par 28 hommes d'une pareille citadelle admirablement préparée à la défense peut passer pour un coup de main des plus heureux, et il est certain que si j'avais su ce que je tentais, je ne l'aurais probablement pas osé, considérant que l'attaque d'une citadelle dans ces conditions eût été une folie. Tout le monde a fait son devoir avec un grand dévouement, mais un rare bonheur nous a accompagnés. Ce qui aurait dû nous perdre, notre petit nombre, nous a sauvés; un seul des nombreux coups de canon qu'on nous tirait pouvait nous anéantir; mais tout ce qui ne portait pas juste était perdu. »

Le premier soin de M. Balny fut d'envoyer prévenir la Mission dominicaine espagnole.

Il manda aussi le chef de la Communauté chinoise et les autorités municipales, qui s'empressèrent de venir. Il remit au chinois copie des arrêtés commerciaux qui furent affichés dans la ville « à la satisfaction de tous. »

Il fit rédiger une proclamation informant les hatants de nos intentions pacifiques : la prise de la citadelle n'a été qu'un châtiment de la mauvaise volonté et de l'insolence d'un mandarin, mais tout doit continuer à fonctionner comme avant. Le travail doit être repris ensuite sous la sauvegarde des autorités cantonales et municipales, qui seront responsables de tout pillage et de tout désordre[1]. » — Une autre proclamation fut expédiée aux chefs de canton, « les informant de notre intention de ne toucher en rien à leur autorité, mais au contraire de notre désir de nous en servir pour la paix générale dans la province, malgré la désorganisation résultant de la fuite probable des *fou* (préfets) et des *huyen* (sous-préfets). »

M. Balny fondait espoir sur le concours des missionnaires de Ké-mot, que dirigeait l'évêque Colomer. De ce côté, il y eut déception. Il vint d'abord dans la soirée un de ces dominicains, le P. Maïsa, ce ne fut que pour effrayer : « Si vous ne recevez pas de prompts et sérieux renforts, dit-il, vous allez être accablé par des troupes qui viennent de toutes parts, du Nord et du Sud. »

La nuit fut calme cependant, mais le service était accablant pour les hommes et leur vaillant chef calculait avec tristesse qu'il allait être obligé, aute de monde pour garder l'importante citadelle, d'en préparer l'évacuation et d'abandonner une aussi belle prise. A tout hasard, il employa 80 prisonniers à enclouer les pièces, à détruire, à brûler des milliers de lances et de fusils.

---

1. Résumé contenu dans le rapport de M. Balny.

Le 5 au soir, une lettre de Mgr Colomer lui parvint, qui le priait « de ne pas agir avant d'avoir reçu des ordres. » — « Votre demande arrive trop tard, car depuis hier la citadelle est prise, répondit M. Balny. Maintenant, ce qui importerait, c'est que vous vinssiez pour servir d'intermédiaire dans mes négociations avec les mandarins, pour me renseigner sur le pays, pour m'aider à le réorganiser, mon inexpérience et l'insuffisance de mon interprète me mettant dans le plus grand embarras. »

A quoi l'évêque espagnol resta trois jours sans répondre. Nouvelle insistance de M. Balny le 8 décembre :

« Monseigneur,

« Je suis bien inquiet de ne pas recevoir de nouvelles de vous. Je comptais que les intérêts à sauvegarder étaient assez grands pour que vous employiez tout votre concours à rétablir la paix dans le pays. Je n'ai que ce désir, mais les difficultés énormes que je rencontre ne peuvent être levées qu'avec votre aide. Sinon, les événements peuvent devenir bien graves et, comme évêque chargé de veiller sur votre troupeau, une responsabilité bien grande pèsera sur vous. J'attends des nouvelles des négociations que je vous ai prié d'entamer avec les mandarins. Êtes-vous arrivé à quelque chose?... Je vous envoie la copie du traité (moyennant lequel) je suis prêt à me déclarer satisfait. Mais tout cela ne peut guère se faire sans que je cause avec vous. Si vous ne pouvez venir à la citadelle, venez à bord de mon bateau la nuit... »

Le lendemain 9, Mgr Colomer vient à bord de

l'*Espingole.* Il se plaignit amèrement des événements, demandant des explications sur notre présence au Tonkin et mettant toutes les questions politiques en avant pour protester. — « Monseigneur, lui fut-il répondu, M. Garnier seul pourrait vous renseigner à ce sujet. La question pendante ici est uniquement celle de Haï-Dzuong, et je vous supplie d'employer toute votre influence à la régler. » Mais il était évident qu'il ne fallait pas trop compter sur cet appui.

D'un autre côté, M. Balny qui envoyait à Francis Garnier lettres sur lettres, et des plus pressantes, ne recevait pas signe de vie. Que se passait-il ?

Le 6, sa troisième lettre disait : « J'attends de vos nouvelles avec anxiété,... je tremble que vous ne soyez engagé ailleurs et que les événements de Haï-Dzuong ne contrarient tous vos projets... Mais mon départ sans agir nous eût fait le plus grand mal ; c'eût été une défaite. » — Le 8 : « Ne recevant aucune nouvelle de vous, j'engage les négociations... Si avant trois ou quatre jours vous m'envoyez un gouverneur, une garnison et des instructions, on pourra tout rompre. Mais je dois ajouter que dans trois ou quatre jours notre position ici peut n'être plus tenable. » — Le 9 : « Commandant, je suis si étonné de n'avoir pas de nouvelles de vous, que je dois croire qu'aucune de mes lettres ne vous est arrivée... La mission espagnole nous est hostile... Il faut une solution rapide.

Tout est calme à Haï-Dzuong, mais les environs sont dévastés par les pillards et les pirates chinois... Il faut ici une bonne garnison, ou 40 Français et un canon, pour pouvoir s'y maintenir... J'ai encore neuf jours de vivres à demi-ration... Je n'ai plus que 7 paquets de cartouches par homme. »

Dans ce dénûment absolu de nouvelles, M. Balny prenait ses dispositions à toute éventualité pour pouvoir, en cas d'attaque, tenir bon le plus longtemps possible, et en cas d'évacuation forcée, se retirer la tête haute.

Depuis la prise de la citadelle, il ne cessait de recevoir toute la journée des visites de maires, de chefs de canton, de Chinois, de propriétaires de toute la province, l'assurant de leur dévouement à la France et le remerciant d'être venu les affranchir. Les uns lui demandaient mille détails sur les impôts et la façon dont ils devaient être payés aux Annamites. D'autres lui demandaient son cachet pour faire occuper en son nom et commander plusieurs forteresses des environs évacuées par les mandarins. Grande hésitation de M. Balny; mais sur garantie de répondants et sur otages, il donna le cachet à quatre chefs, tout en leur refusant un drapeau français qu'ils voulaient aussi. On vint aussi lui proposer des levées d'hommes qui auraient marché sous ses ordres et qu'il eût armés. Mais il n'avait pas assez de confiance.

Le 10, il sut par Mgr Colomer et Mgr Puginier que Ninh-Binh était pris.

Il eut par là l'explication du mysterieux silence qui l'avait tant inquiété. Il pressentait que cette prise de Ninh-Binh ne s'était pas faite sans que Francis Garnier y fût accouru. La conquête s'étendait.

« En apprenant ces nouvelles, a écrit M. Balny, le premier mouvement a été une grande satisfaction, ce sont les premières que nous recevons ; mais en y réfléchissant, elles sont graves. Si nous avions 500 hommes de suite pour occuper ces places, ce serait parfait, mais notre petit nombre rend impossible ou bien dangereux de nous diviser autant. Haï-Dzuong va être un grand embarras ! »

Un malentendu effectivement avait occasionné cette division de forces.

Pendant que M. Balny prenait Haï-Dzuong, Francis Garnier, le croyant encore à Phu-ly, lui avait adressé là, comme je l'ai dit, l'ordre de marcher sur Ninh-Binh.

Cet ordre disait en résumé : Demandez aux mandarins de Ninh-Binh la soumission de la province. Exigez d'eux en outre qu'ils vous livrent le Kuanan de Hanoï. Sinon, vous vous emparerez de la citadelle, et M. de Trentinian y tiendra garnison, fera avec le mandarin chrétien que j'envoie l'inventaire des valeurs, approvisionnements et matériel de guerre, fera pour les douanes ce qui a été fait à Hung-yen, détruira les barrages, publiera les arrêtés commerciaux. Laissez-lui ce soin, et revenez à Hanoï.

M. Hautefeuille, porteur de cet ordre, emmenait sur son canot à vapeur deux Annamites chrétiens pour aider à l'administration de Ninh-Binh. Le canot était monté par 8 hommes d'équipage. Il partit le 2 décembre.

Ne voulant pas être venu pour rien et apprenant à Ké-so qu'à trois heures de là un barrage se construisait, il alla disperser les travailleurs, arracher les bois, brûler les barques chargées de pierres. Puis, comme on lui dit à la mission française que peut-être le gouverneur de Ninh-Binh, intimidé, serait de composition facile, le 5, il résolut de tenter la chance.

Francis Garnier le suivait de près. Le 4, il était parti de Hanoï sur le *Scorpion*, avec MM. Esmez, Bouxin, le Dr Chédan, l'ingénieur Bouillet, et environ 90 hommes; car Ninh-Binh lui donnait de l'inquiétude et il venait d'apprendre que M. Balny avait pris une autre direction.

Hanoï fut donc laissé au commandement de M. Bain avec une garnison bien réduite; et précisément le malheur voulut qu'au même instant la situation y devînt périlleuse. Des forces menaçantes se massaient aux environs. Un nouvel ennemi entrait en ligne : le Pavillon-Noir. Ces rebelles chinois, pris à la solde de l'Annam par le prince Hoang, s'étaient avancés à courte distance par la route de Son-tay. Déjà trois jours auparavant ils avaient inquiété un bateau de M. Dupuis, le *Mang-hao*, qui, allant ravitailler le camp établi par ce négociant dans le haut du fleuve, avait eu à subir leurs coups de feu, avait dû rebrousser chemin et ramenait un homme blessé par eux. Le soir même du 4 décembre, les Annamites et ces *Héki* (ou Pavillons-Noirs) menaçaient Phu-hoaï et Gia-lam, c'est-à-dire nos deux avant-postes de Hanoï, gardés par des miliciens indigènes. Ceux-ci ne purent pas tenir à Gia-lam, et il fallut le 5 décembre, au matin, envoyer M. Perrin, aspirant de marine, avec 4 marins, reprendre cette position. Cela ne suffit même pas. Le lendemain, nouveau combat, plus grave. Un village était en feu. M. Perrin et ses hommes étaient en péril, refoulés au bord du fleuve. M. Dupuis raconte que son navire le *Hong-kiang* dut intervenir à coups d'obus et que lui-même, avec quelques-uns de ses Chinois, une pièce de canon et des marins envoyés de la citadelle, eurent à batailler une partie de la journée pour débusquer l'ennemi qui était nombreux, qui avait deux éléphants armés, qui avait un renfort de 2 à 300 pirates, et qui sans cesse, à mesure qu'il était chassé en avant, se reformait sur les côtés et en arrière pour couper la retraite. On est parvenu à le mettre en fuite, mais ce sont des préludes inquiétants et la petite garnison de Hanoï ne vit plus qu'au milieu d'alertes perpétuelles.

Ces mauvaises nouvelles parvinrent à Francis Garnier, comme il arrivait à Phu-ly. Il détacha aussitôt de ses troupes dix soldats d'infanterie qui regagnèrent Hanoï par les routes de terre. Avec le reste de son expédition, ainsi affaiblie, il atteignit Ninh-Binh, le 9 décembre.

Les couleurs françaises y flottaient. Avant son arrivée, Ninh-Binh était déjà tombé au pouvoir de M. Hautefeuille par surprise, grâce au plus étonnant coup d'audace qu'on puisse imaginer. On a du mal à se figurer cet officier de vingt ans, monté en canot à la tête de huit hommes, abordant à coups de canon une citadelle flanquée de batteries de terre et de forts qui dominaient le fleuve [1]; voyant son canot échouer au moment où il faisait feu; ne perdant pas courage; sautant dans une jonque; débarquant avec six de ses matelots, tandis que deux autres restés à bord tiraient encore des coups de chassepot; tenant en respect, la baïonnette en avant, les ennemis qui accourent; avisant un mandarin à barbe blanche, qui se trouvait être le gouverneur; le saisissant au milieu de ses quatre parasols; lui plaçant le révolver sur la tempe; lui arrachant la promesse d'une soumission écrite et immédiate; lui disant : « Et je veux entrer avec vous et vos autres mandarins dans la citadelle, toutes vos troupes prosternées; » à peine entré, faisant garrotter le gouverneur, pour le forcer à signer la capitulation; l'envoyant dans un fort pour le punir de son refus; faisant hisser le pavillon français sur la tour; prenant à ses côtés le gé-

---

[1]. Il s'agit ici d'une branche occidentale du fleuve Rouge appelée Song-hât ou Dai.

néral annamite pour inspecter la place; la parcourant devant les soldats prosternés; puis mettant en fuite ceux-ci[1], qui abandonnent en ses mains le gouverneur toujours garrotté et la citadelle abondamment pourvue; en sorte que le jeune officier français, le matin même de son arrivée, est resté maître du terrain avec ses huit matelots[2].

Quand Francis Garnier arrive devant cette place quatre jours après, il trouve la province déjà presque organisée; des enrôlements de volontaires indigènes ont eu lieu; les missionnaires qui ont un collège à 4 heures de Ninh-Binh, à Phat-Diem, ont amené des chrétiens armés, même des sauvages montagnards ou Muong, qui se rangent sous notre drapeau; les deux fonctionnaires annamites amenés de Hanoï sont installés; et des choix sont faits pour remplacer les chefs de canton qui ont déserté leurs fonctions.

Francis Garnier pousse immédiatement plus loin : il dirige le *Scorpion* sur Nam-Dinh, forteresse puissamment défendue et précédée de forts extérieurs, qui commande l'embouchure appelée Balat et trois canaux. Là, on a fait de grands préparatifs d'hostilités. Le *Scorpion* est à peine engagé devant des bat-

---

[1]. Cette garnison était surtout composée de miliciens tonkinois. Évidemment ces miliciens n'étaient ni solides, ni dévoués à leurs maîtres, ni hostiles aux Français. Quant au vieux gouverneur qui s'est laissé surprendre et intimider, on rapporte qu'il a dit depuis : Aurais-je pu croire que vous fussiez si peu nombreux? Si je l'avais su, je vous aurais fait couper la tête.

[2]. Il faut voir dans le livre de M. Romanet du Caillaud les détails de ce surprenant coup de main.

teries masquées ras de terre qu'il est assailli d'une volée de boulets, qui le prennent en flanc; il compte plusieurs blessés dans son équipage; sa mâture est atteinte; son blindage touché; ses ripostes n'ont pu faire taire les artilleurs annamites qu'au bout d'une heure; les forts sont alors attaqués par une troupe de débarquement que conduit M. Bouxin et qui encloue les canons. Cette lutte indiquait la réception qui serait faite à Nam-Dinh, où l'on devait arriver le lendemain, 11 décembre.

Aussi, dès l'aube du jour, tout fut-il disposé pour le combat. Les colonnes de débarquement, au nombre de trois, étaient toutes prêtes dans des jonques à la remorque du *Scorpion*. En approchant, il fallut encore essuyer le feu d'un fort avancé et celui de la citadelle. Cette citadelle est un carré portant aux quatre angles bastion en fer de lance, orienté suivant l'un des quatre points cardinaux.

La première colonne, commandée par M. Bouxin (15 hommes et un canon) descendit à terre, pour faire face au bastion du Sud. Suivant la tactique de Francis Garnier, déjà employée devant Hanoï, il ne s'agissait que d'une feinte, d'une diversion pour occuper l'ennemi. Mais la diversion est ici des plus périlleuses, dans une position complètement à découvert, que balaie la mitraille. La seconde colonne, commandée par l'ingénieur Bouillet, fait face au bastion de l'Est, à travers la ville. Le remarquable est l'empressement que met la population à saluer la venue des Français, à favoriser leur débarquement ; elle a aidé la jonque de M. Bouillet à toucher terre. La troisième colonne, dont Francis Garnier prend le commandement, se lance rapidement dans une rue qui mène droit à une porte précédée d'un redan, la porte la plus voisine du bastion Est. Sur ce point, les deux dernières colonnes font leur jonction et enlèvent le redan. Un canon qu'elles ont avec elles est braqué de là sur la porte, mais inutilement, la porte est bouchée par des amas de terre. Puis, l'affût se rompt. On est là comme perdu dans une impasse, avec une pièce démontée, sous un feu qui ne se ralentit pas. La forteresse avec son artillerie fait un vacarme infernal. Elle tonne dans toutes les directions et jusque sur la canonnière qu'elle semble vouloir détruire pour enlever aux Français toute chance de retraite. Il est vrai que le *Scorpion* rend coup pour coup et plus terriblement. Ses obus éclatent sur les Annamites. Cependant le temps s'écoule. Le moment est critique pour les assaillants. M. Bouxin n'a plus de cartouches ou presque plus ; il a dû se replier sur la ville. Il semble qu'il ne reste plus à Francis Garnier que ce parti à prendre : se retirer aussi. Mais on avise un moyen d'escalade : des chevaux de frise placés sur le pont ; ce qui était l'obstacle devient le salut ; on dresse contre le mur ces longs madriers garnis de bras pointus qui servent d'échelons ; un marin [1] se hisse par cet étrange

---

1. Du nom de Robert. — « Tu passes le premier, lui dit

escalier; Francis Garnier le suit; ils ne sont pas plus tôt sur le parapet, que la panique se met chez l'ennemi. La vue des deux Français a déterminé une fuite générale des Annamites. Encore une forteresse qui nous appartient, et sur laquelle flottent nos trois couleurs !

En ce jour, 11 décembre, l'expédition française se trouvait donc maîtresse du Delta entier.

Tout ce triangle, dont Hanoï est le sommet et dont la base est formée par le Cua-Cam, Nam-Dinh, Ninh-Binh, nous le possédons. Le côté qui va du Cuacam, où abordent librement nos navires de guerre, à la capitale du Tonkin, est à nous par Haï-Dzuong. Le côté qui va de Ninh-Binh à Hanoï est à nous par Phu-ly et Hung-yen. Nous tenons les six forteresses :

Hanoï, gardé par M. Bain.

Hung-yen, par un gouverneur qui nous est soumis.

Phu-ly, par le général auxiliaire Ba.

Ninh-Binh, par M. Hautefeuille.

Haï-Dzuong, par M. Balny d'Avricourt.

Nam-Dinh, par Francis Garnier.

Nos marins étaient à peine entrés dans cette dernière citadelle, que déjà des volontaires s'offraient pour les aider à la garder. L'offre venait à point permettre un peu de repos aux vainqueurs brisés

---

Francis Garnier, c'est bon pour une fois; mais que cela ne t'arrive plus !

de fatigues. En ce moment, Francis Garnier sentait vivement la nécessité des renforts qu'il avait demandés à l'amiral; pour les avoir plus rapidement à Hanoï, il expédia le *Scorpion* au mouillage du Cua-Cam, avec ordre à M. Esmez d'attendre l'arrivée du *Decrès* qui ne pouvait tarder, d'en tirer les troupes disponibles et de les transporter au plus vite à la capitale. Il avait hâte lui-même d'y retourner; pour cela il avait écrit à M. Balny de ramener de Haï-Dzuong avec l'*Espingole*, le plus d'hommes possible, et de conduire à Nam-Dinh le docteur Harmand auquel il voulait confier le gouvernement de cette dernière province conquise; car on ne pouvait la laisser dans le désarroi; on ne pouvait non plus l'abandonner à la merci des mandarins qui s'étaient échappés de la citadelle, sans qu'on pût mettre la main sur eux, et qui comptaient de nombreux partisans parmi les chefs de canton; les préfets et les sous-préfets étaient aussi à changer; les habitants à encourager dans leurs sympathies pour nous.

Une proclamation fut lancée aussitôt, où l'on retrouve toujours la prudente diplomatie de l'envoyé politique français. Sa main toute chaude encore des émotions de la lutte, redevenait subitement calme pour tracer avec mesure, à l'adresse des Tonkinois de Nam-Dinh, des lignes conçues de manière à ne pas entraver les arrangements de l'amiral Dupré avec la cour de Hué : toute la faute était rejetée sur l'insubordination de Nguyen-tri-phuong qui avait transgressé les ordres de son maître en se montrant insolent et hostile : « L'envoyé français, forcé de le châtier, avait eu l'intention, après avoir rétabli la tranquillité dans la province d'Hanoï, de venir s'entendre avec les mandarins de Nam-Dinh pour la liberté du commerce et l'extermination des pirates ; alors les populations auraient pu jouir de la paix. Mais quand il a passé devant les forts, ces forts ont tenté de l'arrêter, ce qui a forcé le combat. S'il a dû s'emparer de la citadelle, la responsabilité en retombe donc sur ces mandarins... Maintenant, qu'on se tranquillise ; que chacun reste en paix chez soi. S'il y a des malfaiteurs, nous en ferons justice Que les notables annamites et les commerçants chinois se rendent à la citadelle pour y recevoir nos ordres ; nous les assurons qu'ils n'ont rien à craindre. Trois jours sont accordés aux préfets et sous-préfets pour faire leur soumission ou renvoyer leur sceau ; sinon, nous les considérerons comme ennemis. Les chefs et sous-chefs de canton et les maires continueront d'administrer, jusqu'à nouvel ordre. Nous donnons trois jours aux bandes armées pour livrer leurs armes. Ceux qui ne l'auront pas fait passeront en conseil de guerre. » Francis Garnier espérait avoir quelques jours devant lui pour remettre ainsi un peu d'ordre dans la province et préparer la voie au docteur Harmand. Mais les nouvelles de Hanoï devenaient de plus en plus inquiétantes.

D'un autre côté, par quelque embûche, les lettres

de Francis Garnier à M. Balny avaient été interceptées et celui-ci était resté dix jours sans nouvelles, placé dans la plus cruelle situation, entre la crainte d'avoir compromis l'expédition et la crainte d'abandonner mal à propos une position importante, dont pourraient s'emparer les bandits de la côte.

Une des grandes préoccupations de Francis Garnier avait été de maintenir ou de réorganiser partout le service postal annamite, qui se faisait de relais en relais dans toutes les directions par des courriers appelés *tram*. Entre Hanoï et Phu-ly, les *tram* avaient assez bien fonctionné. Entre Haï-Dzuong et Hanoï toutes les mesures étaient prises de même pour que la circulation des *tram* fût protégée par les forts intermédiaires; les commandants de ces forts avaient reçu l'investiture de M. Balny; les employés de la poste n'avaient pas déserté; les courriers passaient librement et fréquemment. Et cependant M. Balny en était réduit à écrire à son chef : « Un homme sûr, un pilote, m'apprend que vous avez choisi cette voie pour vos lettres; je le regrette, puisque aucune ne m'est parvenue... évidemment il y a trahison quelque part. »

Heureusement, la lettre du 12 décembre eut plus de chance, elle parvint le 14 à M. Balny. C'était celle qui l'appelait en toute hâte à Nam-Dinh. Il laissa donc à M. de Trentinian et à 15 soldats, la garde de la citadelle de Haï-Dzuong. « Ils me suffiront, » avait dit M. de Trentinian, en acceptant bravement la tâche ardue de se défendre ainsi isolé, avec si peu d'hommes. Et le 15, l'*Espingole* ralliait à Nam-Dinh l'expédition de Francis Garnier, lui ramenant M. Balny et le docteur Harmand. De part et d'autre, on pouvait se complimenter des faits d'armes accomplis, des résultats obtenus depuis la séparation. Mais il n'y avait pas de temps à perdre en félicitations. Hanoï était de plus en plus gravement menacé.

On appareilla pour y retourner sans retard. Le docteur Harmand fut laissé en qualité de commandant militaire à Nam-Dinh, avec 25 marins et plusieurs corps auxiliaires de Tonkinois, à la tête desquels fut placé le général Ba, rappelé de Phu-ly. Quelques centaines de ces miliciens avaient été envoyés par M. Hautefeuille, car dans sa province, M. Hautefeuille pouvait encore facilement enrôler des volontaires par milliers et presque solides, qu'il répartissait dans les divers cantons et dont il se servait pour garder les défilés du sud ; tandis que M. Harmand allait rencontrer dans la province de Nam-Dinh [1] des obstacles accumulés, provenant tout à la fois de l'intimidation exercée sur les habitants par les lettrés, de l'abstention recommandée aux chrétiens par la Mission espagnole, de la terreur semée par une alliance des troupes annamites avec les pirates chinois. Ces pirates avaient pour

---

1 Population évaluée à 2,000,000 d'habitants.

complice la nature même du pays, vrai labyrinthe de canaux ou d'arroyos, qui favorisait les surprises, leur permettait de se glisser avec leurs jonques jusqu'en pleine campagne et les aidait à se jeter à l'improviste sur les villages pour y répandre le massacre et l'incendie. De plus, la petite garnison française de Nam-Dinh n'avait que des munitions fort appauvries. Elle ne restait donc pas précisément en sûreté. Mais, les renforts demandés à Saïgon ne venant toujours pas, il fallait secourir Hanoï à tout prix. Les lettres de M. Bain étaient des plus pressantes.

Au même moment, chose étrange, Tu-Duc, effrayé de son côté par nos rapides et faciles conquêtes et craignant de perdre définitivement le Tonkin, comme il avait perdu la Cochinchine, se dépouillait subitement de cette arrogante obstination qui avait causé tout le mal. Il parlait de traiter. Il envoyait des négociateurs, les uns à l'amiral Dupré, les autres à Francis Garnier. Il s'annonçait prêt à des concessions. Le prix du riz augmentait de jour en jour à Tourane à mesure que se prolongeait l'intervention française au Tonkin, car le Tonkin est le grenier de l'Annam. La cour de Hué passait moralement par les mêmes paniques que les citadelles dont la résistance formidable s'éteignait tout à coup et se transformait en sauve-qui-peut, à la vue d'une porte franchie. Sur la route des *tram* de Hué à Nam-Dinh, Tu-Duc avait d'abord lancé furieusement tout ce qu'il pouvait de troupes;

elles traversaient déjà la province du Thanh-hoa ; elles atteignaient par leurs avant-gardes les défilés occupés et défendus par les miliciens de M. Hautefeuille. Puis, tout à coup, sur cette même route, ce ne sont plus des troupes qu'on signale, ce sont des ambassadeurs. Ils viennent pour la paix, accompagnés d'un missionnaire français, l'évêque Sohier. Leur venue était annoncée à Francis Garnier le matin même du 11 décembre où il attaquait Nam-Dinh. La prise de cette forteresse achevait d'atterrer l'orgueil de Tu-Duc. Mais Francis Garnier n'était pas homme à abuser du triomphe ni à fermer l'oreille aux négociations. Elles étaient les bienvenues. C'était tout son but. Aussi s'empressa-t-il de correspondre avec ces envoyés de Hué qu'il savait dans le Thanh-hoa. Il avait recommandé à M. Hautefeuille de ménager dans leur direction, à travers les défilés, les *tram* existants. « Laissez passer toutes les lettres, » lui écrivait-il le 12 décembre, et il ajoutait : « J'envoie un gros tube [1] à destination des envoyés de Hué dans le Thanh-hoa. Expédiez-le promptement. »

Le surlendemain, il avait encore écrit :

« Nam-Dinh, 14 décembre 1873.

« Mon cher Monsieur Hautefeuille,

« ...Voyez que mes courriers qui passent par Ninh-Binh n'éprouvent aucun retard. Le *tram* m'a montré le reçu

---

1. Des tubes en fer-blanc servaient d'enveloppe aux correspondances officielles.

de Ninh-Binh des tubes destinés aux envoyés de Hué dans le Thanh-hoa. Éclaircissez cette affaire : il est très important que je puisse correspondre avec eux et que leurs réponses ne soient pas plus arrêtées que mes lettres. Transmettez ces instructions aux postes frontières.

« P.S. — Je reçois à l'instant la lettre de Mgr Sohier et la vôtre. Préparez un logement à monseigneur et priez-le d'attendre ma venue pour ne pas le fatiguer par des allées et venues inutiles. Faites escorter en route les envoyés et lui ; recevez-les avec honneur et prévenez-les que je les attends avec impatience. »

Enfin, tandis qu'il accourait à la défense de la capitale, Francis Garnier expédiait, chemin faisant, trois lettres, à M. Harmand, à M. de Trentinian, à M. Bain, leur annonçant l'arrivée des ambassadeurs et l'espoir d'un dénouement prochain.

« Ninh-Binh (*Espingole*), 17 décembre 1873.

« Mon cher Monsieur Bain,

« Je suis parti hier de Nam-Dinh avec l'*Espingole* et je suis arrivé à temps ici pour recevoir Mgr Sohier. L'envoyé principal de Hué arrive aujourd'hui et je l'attends pour continuer ma route pour Hanoï. La prise de Hanoï a fait expédier de Hué des pleins pouvoirs aux ambassadeurs de Saïgon. Le traité commercial et le protectorat sont admis en principe. Nous parviendrons donc en peu de jours, je l'espère, à une solution pacifique et satisfaisante.

« Je désire que l'envoyé de Hué soit reçu à Hanoï avec les plus grands honneurs. Un piquet de 20 hommes en armes le recevra au quai de débarquement. Un salut de 7 coups de canon sera fait par la citadelle...

« Faites presser la construction des casernes. Mettez le plus d'ordre possible dans la citadelle, afin qu'elle ne ressemble pas trop à une ville prise quand nous arriverons.

« Faites faire une proclamation adressée non seulement à la province de Hanoï, mais à tout le Tongking et revêtue de mon cachet, annonçant l'arrivée d'ambassadeurs de Hué munis de pleins pouvoirs et invitant tout le monde à rester en paix jusqu'à ce que le traité ait réglé toutes les questions pendantes. — Vous ajouterez en même temps que toutes les mesures commerciales prises, tous les nouveaux administrateurs nommés seront maintenus et que la protection de la France s'étendra à perpétuité sur les populations du Tongking. »

Tout semblait donc sur le point d'être arrangé et pouvait l'être. On touchait au but.

Mais il fallait que Hanoï tînt bon jusqu'au bout.

Ah! si les renforts de Saïgon étaient arrivés à temps!

CHAPITRE VII

L'EXPÉDITION DE FRANCIS GARNIER. — III. DÉFENSE DE HANOI. — SORTIE FUNESTE

Quand Francis Garnier revint à Hanoï, les choses y avaient pris de plus en plus mauvaise tournure.

A la vérité, le *Scorpion* y avait fait une apparition dans l'intervalle. Cette canonnière, au lieu d'aller droit au Cua-Cam attendre des renforts qui n'étaient pas encore annoncés, avait reçu l'ordre de Francis Garnier de se rendre d'abord à Hanoï où le danger devenait imminent. Elle y était arrivée le 13 décembre, pour en repartir le surlendemain 15, en y laissant quelques hommes dont on pouvait disposer. Aussitôt M. Bain, essayant de reprendre l'offensive, avait dirigé sur Phu-hoaï, tour à tour évacué et ressaisi par l'ennemi, une expédition confiée à l'aspirant Perrin. Elle avait été repoussée. Les masses annamites étaient profondes et bien retranchées derrière un arroyo. Un feu de tirailleurs avait duré tout le jour sans résultat. C'était notre premier échec. Il avait fallu recourir aux munitions de M. Dupuis. Une lettre de M. Bain lui faisait part de la rumeur qui courait, que les Annamites de Phu-hoaï et de Son-tay avaient l'intention d'attaquer la citadelle cette nuit même. « Je tiens à vous en prévenir, disait M. Bain, pour que vous puissiez nous aider à l'occasion. Une patrouille de nuit serait peut-être une bonne chose. » Tous les environs étaient troublés de bruits alarmants et de la sinistre fumée des incendies. « Les Héki sont arrivés ! » était un cri de terreur générale. Tout brigand, et il s'en répandait des bandes dans les campagnes, passait pour être des leurs.

Les autres provinces étaient comparativement tranquilles ou du moins à l'abri d'un danger immédiat. M. Hautefeuille, qui avait su se rendre populaire à Ninh-Binh, s'appuyait utilement sur les milices locales et, d'ailleurs, s'était mis d'accord avec l'ancien gouverneur restauré en ses fonctions. M. Harmand, placé entre Ninh-Binh et Hung-yen, qui nous était soumis, n'avait à craindre que du côté de la mer, à l'est; mais il était protégé contre les pirates par une forte citadelle, non démantelée. Seul, M. de Trentinian, avec le peu d'hommes et le peu de vivres qui lui restaient, donnait encore sujet d'inquiétudes ; la forteresse qu'il gardait avait perdu ses défenses : canons encloués, armes brûlées, poudres noyées, il n'y avait plus que des murs trop vastes. Francis Garnier s'en montrait tourmenté ; et avant de rentrer à Hanoï il avait fait à M. Bain les recommandations suivantes : « La situation de M. de Trentinian me préoccupe. Je désire que l'ong-tua[1] soit envoyé en ce point pour organiser la pro-

---

1. Chef du service des *Tram*.

vince. Il a amené à Hanoï une grande barque armée en guerre ; faites-y embarquer 20 jours de vivres à 16 hommes ; donnez-lui Trotobas [1] et 5 hommes comme escorte et faites-le partir le plus promptement possible par le canal pour Haï-Dzuong. Ceci presse : la situation de M. de Trentinian est critique. Bien entendu, l'ong-tua emmènera avec lui une centaine d'hommes. Mais cette escorte, ses parasols et autres sottises ne devront retarder en rien la marche de la jonque de vivres commandée par Trotobas et où l'ong-tua prendra passage. »

Mais les événements étaient devenus tels qu'il n'y avait plus moyen de dégarnir Hanoï, où six hommes de plus ou de moins étaient une grosse affaire. Il fallut se contenter d'un envoi de miliciens tonkinois, que M. Harmand était chargé de faire partir de Nam-Dinh pour venir en aide au commandant de Haï-Dzuong. En même temps des instructions étaient expédiées à M. de Trentinian, lui disant : « Dès que vous aurez sous la main un nombre suffisant de soldats annamites pour faire la garde dans la citadelle, occupez-vous de la réarmer et de la remettre en bon état de défense. Désenclouez les pièces... Ne craignez pas de faire distribuer des armes à ceux qui vous en demanderont. Prenez leurs noms et donnez-leur un pavillon français avec votre cachet. Ce cachet, je donne l'ordre à M. Harmand de vous le faire fabriquer à

---

1. Second maître de manœuvres de l'*Arc*.

Nam-Dinh et de vous l'envoyer : ce sera celui du gouverneur de Haï-Dzuong. Voyez si parmi les gens qui vous seront envoyés, il en est un capable de remplir ce poste. Je veux un lettré et je ne tiens pas du tout à un chrétien... Tâchez de ramener à vous les missionnaires espagnols et de les faire concourir à cette réorganisation de la province. » De plus, il était recommandé d'afficher une proclamation annonçant la volonté de « maintenir dans leurs grades tous les employés et mandarins annamites qui feraient leur soumission. »

Il était donc pourvu à toutes les choses urgentes du dehors, il ne restait plus qu'à s'occuper de la capitale menacée.

Enfin, le 18, à 8 heures du soir, y apparaissait l'*Espingole*

M. Garnier amenait avec lui Mgr Sohier [1], mais non encore les ambassadeurs de Hué. Ceux-ci s'étaient mis en retard. Ils avaient sans doute voulu se renseigner librement sur la situation du pays et communiquer, sans qu'on le sût, avec le prince Hoang, commandant des troupes de Son-tay. Ils n'arrivèrent que dans la soirée du 20. Sans eux, à peine débarqué, Francis Garnier eût marché droit sur les lignes ennemies, comme il l'avait projeté tout d'abord. Son plan était, d'après les indications de M. Dupuis [2], d'envoyer une canonnière, le *Mang-*

---

1. Il se trouvait ainsi trois évêques réunis à Hanoï : Sohier, Puginier et Colomer, récemment arrivé de Haï-Dzuong.
2. *Journal de Voyage*

hao, prendre position derrière Phu-hoaï par le bras du fleuve qui forme le Daï, une autre canonnière, l'*Espingole*, barrer au confluent de ce Daï et du fleuve Rouge la route de Son-tay et, quand on tiendrait ainsi les Annamites à revers et de flanc, de les attaquer de front dans leurs retranchements de Phu-hoaï en lançant de Hanoï sur eux une colonne de marins et des pièces de canon; en sorte que, pris entre deux rivières et entre trois feux, l'ennemi aurait eu peu de chances de salut. La présence des ambassadeurs fit renoncer à l'attaque, car il semblait préférable de tout obtenir par les voies pacifiques; Francis Garnier fit immédiatement une proclamation d'armistice : « Qu'il y ait trêve d'hostilités, afin que de part et d'autre on puisse s'entendre. »

En ce moment, il ne restait plus à Hanoï qu'une canonnière, l'*Espingole*. Le *Scorpion* avec M. Esmez, Bouillet et Bouxin, en était, comme je l'ai dit, reparti depuis peu pour aller au Cua-Cam chercher des renforts, s'il y en avait [1]. En outre, le 21 au

---

1. Ces renforts étaient impatiemment attendus comme l'indique ce passage d'une lettre de M. Esmez :

« Rivière de Thaï-Binh, 19 décembre 1873.

« Mon cher Trentinian,

« Je suis en route avec le *Scorpion* pour l'entrée de la rivière, mais les eaux sont maintenant très basses et je m'échoue à chaque instant. Enfin, j'espère y arriver et trouver des troupes à Cua-Cam, car nous sommes maintenant bien peu nombreux pour garder tout ce qui est pris, d'autant plus qu'il y a fort à faire à Son-taï au nord de Hanoï. »

matin, Francis Garnier, à qui rien ne faisait prévoir les événements de la journée et qui pouvait croire à un répit, venait d'envoyer le *Mang-hao* faire une tournée de ravitaillement auprès des trois grandes forteresses du Delta et leur porter des vivres, des lettres, des instructions.

Il avait, en cette matinée d'un jour néfaste, l'esprit tellement libre et si bon espoir que sa pensée se reportait sur de minimes détails. Il ajoutait à son courrier ces mots, les derniers sortis de sa plume :

« Hanoï, 21 décembre 1873.

« Mon cher Monsieur Harmand,

« J'ai oublié dans ma lettre d'hier de vous prier de faire mettre à bord du *Mang-hao* les quatre canons en bronze sans affût qui sont dans votre cour. J'espère que cette lettre vous arrivera avant le passage du vapeur. Vous ne le retiendrez que le temps strictement nécessaire pour ce chargement.

« Vous ai-je dit que le maréchal était mort hier ? Les envoyés de Hué sont arrivés le soir. Rien de nouveau de par ailleurs. Tout va, je crois, bien marcher.

« Votre bien dévoué,

« Francis Garnier. »

Le maréchal Nguyen-tri-phuong, comme cette lettre l'annonçait en passant, venait, en effet, de mourir. Il avait rendu le dernier soupir quelques heures avant l'arrivée des ambassadeurs annamites. Il n'était plus question que de lui rendre les suprêmes honneurs. Francis Garnier voulait que ces funérailles fussent solennelles, mais ajournées pour cela après la conclusion de la paix, sur laquelle il semblait maintenant qu'on pût compter sûrement ; car il n'y avait aucune vraisemblance que les Annamites démoralisés et en train de négocier, voulussent reprendre la lutte. L'armistice leur était connu. Pas un indice ne faisait présager leur trahison.

Ce 21 était un dimanche. Temps splendide. Après la messe dite par Mgr Puginier, la garnison française s'était répandue dans les logements pour le repas du matin. Francis Garnier et ses officiers avaient pris leur déjeuner chez l'évêque. Maintenant il y avait entrevue avec les ambassadeurs pour les préliminaires du traité. Un interprète interrompit brusquement la conférence : « La citadelle est attaquée ! Les *Héki* sont là ! » Un mouvement subit d'agitation s'était répandu dans tout le quartier, des messagers courant de porte en porte, des travailleurs indigènes occupés à la construction des casernes se sauvant de la citadelle à toutes jambes, les évêques se réunissant émus, nos marins prenant les armes, les uns avec M. Perrin courant au bastion menacé sur lequel débouchait la route de Phu-hoaï, Francis Garnier envoyant les autres avec M. Bain surveiller les bastions opposés qui pouvaient être tournés, lui-même s'élançant au-dessus de la porte qui faisait face aux assaillants et d'où il pouvait suivre leurs mouvements.

Les bannières des *Héki* s'agitaient, en effet,

dans la campagne sur les chaussées qui traversent les rizières. Ils avaient des hommes groupés derrière des enclos et des maisonnettes; leurs tirailleurs, passés entre l'enceinte de la ville et les fossés du fort, dépensaient leur poudre contre les parapets; à courte distance, leurs artilleurs avaient pointé des pierriers sur la porte et ouvert un feu d'ailleurs peu redoutable. Plus au loin, derrière ces rebelles chinois, étaient massées hors d'atteinte les troupes annamites, avec éléphants et mandarins, qui attendaient la victoire pour se lancer en avant ou l'insuccès pour fuir.

« — Bon courage, mes braves, ce ne sera rien ! » dit à ses marins Francis Garnier, en les postant sur le rempart, en allant de l'un à l'autre et en calmant chez eux la première émotion.

« — Amenez une pièce de 4 ! » cria-t-il à M. Perrin. Il fallut près d'un quart d'heure pour installer ce canon au-dessus de la porte attaquée; mais quand ses obus eurent troublé, derrière leurs abris de bambous, la sécurité des *Héki*, ceux-ci ne tardèrent pas à se replier, mais lentement, en profitant des replis de terrain pour se cacher; ils adressèrent encore, comme adieux à la citadelle, quelques décharges de leur artillerie surannée, bonne pour le moyen âge. Elle blessa cependant un de nos hommes. Quant aux tirailleurs du fossé, quelques coups de chassepots bien ajustés en avaient eu vite raison. Ils se reportèrent plus loin. Un quart d'heure après, le mouvement de retraite était général. Les assiégeants désappointés, qui sentaient leur coup manqué pour cette fois et qui avaient perdu nombre des leurs sur le terrain, prirent deux chemins : les uns regagnèrent par une route en ligne droite leurs campements de Phu-hoaï, les autres longèrent l'enceinte de Hanoï qui oblique plus au sud jusqu'à un petit hameau appelé Thu-lê. Là est le point de rencontre avec une autre route ou chaussée qui mène également à Phu-hoaï. Cette chaussée est en forme de digue ou de remblai. Derrière elle, on est à l'abri. Elle pouvait donc servir de retranchement aux Pavillons-Noirs. Aussi, une fois à Thu-lê, sûrs de leurs communications avec le gros de l'armée annamite, n'avaient-ils pas à se hâter de déloger ; on les voyait s'agglomérer en ce hameau et il était même à craindre qu'ils ne s'en fissent pour la nuit un poste avancé.

« — Il faut les poursuivre », déclara alors Francis Garnier. Sa pensée était qu'il y avait le plus grand intérêt à changer leur retraite en déroute. Ce voisinage de Thu-lê le préoccupait. On ne pouvait, disait-il, laisser si près de soi, à 1200 mètres de distance, un ennemi qui exposait la citadelle et la ville à de pareilles surprises.

« — Je vais à l'*Espingole*, dit M. Balny [1], prendre

---

1. M. Balny était souffrant d'une fluxion les jours précédents. La fièvre l'avait à peine quitté. Ses nuits avaient été agitées, « et son imagination surexcitée ne lui faisait voir en rêve, avait-il dit, que batailles et coups de lance. » (Récit de M Perrin.)

de mes hommes. » Et il revint avec dix à douze d'entre eux, suivi de miliciens tonkinois, se placer, en faisant le tour extérieur de la citadelle, devant le fossé et la porte qui avaient été attaqués.

« — Allez droit devant vous sur Phu-hoaï, » lui cria Francis Garnier qui comptait l'y rejoindre par l'autre chaussée. En effet, tandis que M. Balny se lançait sur le chemin le plus direct et se trouvait bientôt hors de vue dans des plis de terrain, Francis Garnier, se faisant ouvrir la porte du Sud-Est, en sortait avec un canon, dix-huit Français et des volontaires du pays, clairon sonnant la charge. La petite colonne, au pas de course, longe le mur de la ville dans la direction de Thu-lê. Mais à mi-chemin Francis Garnier l'oriente autrement : au lieu de continuer sur le village, qui est précédé d'un bois de bambous, il le laisse à sa gauche, envoie en reconnaissance vers ce bois une escouade pour en débusquer les *Pavillons-Noirs* ou pour les tenir en respect, et lui, soit qu'il veuille tourner la position, soit qu'il juge plus pressé de rejoindre la voie remblayée où s'abritent les bandits et de leur enlever ce refuge et de leur couper cette communication, il y conduit sa troupe par le plus court à travers champs. Malheureusement ces champs sont en grande partie des terrains de rizières, et quoique desséchés en cette saison, ils ne peuvent supporter la pièce de 4 que nos marins amènent avec eux ; il faut la laisser en arrière à la garde de trois servants, inutile. Le reste de la colonne se développe en tirailleurs, s'espace, s'attarde; Francis Garnier n'a bientôt plus auprès de lui que peu d'hommes, partie à sa gauche, partie à sa droite, et encore échelonnés à distance. Il va toujours, le révolver au poing, criant à tous : « En avant, mes enfants! » A deux kilomètres de la citadelle, il a rejoint le remblai qu'il s'agit maintenant d'escalader. Trois hommes de gauche, seuls, sont prêts pour l'escalade; ceux de droite ont plus de chemin à faire. Pour lui, il s'élance vers le point culminant, pour redescendre du côté des fuyards. Les trois hommes qui imitent son mouvement sont à peine apparus sur la chaussée qu'ils reçoivent une décharge; l'un, le sergent-fourrier Dagorne, est frappé d'une balle à la poitrine; l'autre, le caporal Guérin, est effleuré à la tempe; le troisième recule. Et puis... que s'est-il passé? On l'a raconté très diversement[1]. Nul ne l'a vu. Quelques instants plus tard, les groupes d'arrière-garde apprirent de la bouche de Guérin blessé et de son compagnon survivant, qui se retiraient épouvantés, que leur chef avait été enveloppé, qu'ils n'avaient pu le secourir. Les hommes de droite ont entendu Francis Garnier épuiser précipitamment les charges de son révolver. L'un d'eux aurait même entendu le cri : « A moi, mes braves, venez! nous les battrons! » Seulement la peur avait pris ces soldats trop jeunes et trop peu nombreux. Après un pre-

---

1. *Journal de Voyage* de M. Dupuis.

mier moment de confusion et de panique, les hommes qui avaient tourné le village de Thu-lê, ne voyant plus personne, ni amis ni ennemis, sur le chemin qu'avait dû parcourir leur chef, se mirent à la recherche avec d'autres Français et des miliciens indigènes venus de plusieurs points; on trouva étendu Dagorne décapité, quelques cent pas plus loin, le malheureux commandant de l'expédition percé de coups de lance, décapité aussi. Les deux corps furent relevés et rapportés à la citadelle. Plusieurs ont supposé que Francis Garnier était tombé dans une embuscade. D'autres, que son pied avait butté au bord d'un fossé, et qu'en le voyant renversé, plusieurs *Héki* qu'il poursuivait, revenant sur leurs pas, ou sortant de leurs cachettes, s'étaient jetés sur lui; ils avaient repris leur fuite aussitôt avec sa tête comme trophée. Ainsi le sabre ignorant de ces bandits avait, par un véritable assassinat, séparé cette tête si pleine de pensées de ce cœur si plein de bravoure. Le hasard, un accident, un faux pas, une surprise de ces mercenaires en fuite, avait détruit, en plein succès, notre expédition dans celui qui en était l'âme, avait tranché une existence des plus nobles, riche d'avenir, avait anéanti une intelligence des plus vastes et des plus complètes qu'aient eues nos générations, un monde d'idées, de connaissances acquises, de projets médités, le génie d'un savant doublé d'un vaillant, l'explorateur du Mé-kong et du fleuve Bleu, le futur explorateur du Tibet, le voyageur qui observait comme Livingstone, qui racontait comme Jacquemont, le littérateur vif, clair, précis, qui, peu de mois avant, écrivait ce chef-d'œuvre : *de Paris au Tibet*, qui, peu de jours avant, traçait encore, dernières lignes de sa main, cet appel à la France : *la Question du Tonkin*, le colonisateur enfin qui apportait à ces contrées ce qui fait la vie des peuples : libre commerce et libre travail ! Tout brisé en une minute, par l'arme inconsciente, profane et lâche d'un routier chinois aux gages de l'Annam, au moment où l'Annam envoyait des ambassadeurs proposer la paix !

Tandis que la citadelle voyait revenir en désordre, avec des visages abattus, le triste convoi, un malheur semblable frappait l'autre colonne, celle que M. Balny d'Avricourt dirigeait vers Phuhoaï. Il avait eu un homme tué (Bonifay, voilier de l'*Espingole*), un autre blessé ; les cartouches dépensées contre les fuyards s'étaient épuisées ; il était revenu à la citadelle chercher des munitions et quelques hommes de renfort, qu'il demandait du bord du fossé, d'une voix surexcitée [1]. Le docteur Chedan s'était joint à lui. M. Balny, retournant au combat achever la poursuite, avait à cœur aussi de venger la victime ; il la trouva la tête tranchée. Son ardeur n'en fut que redoublée. Il arriva en un point où les deux routes de Phu-hoaï se rejoignent,

---

1. Cordier (*Narrative of the events in Tonkin*), et Récit de M. Perrin.

au pied par conséquent de la même digue fatale où déjà, sans qu'il le sût, son chef avait trouvé la mort. On était là à trois kilomètres de la citadelle. Il distribua ses hommes pour l'attaque, car il y avait en ce point, faisant mine de résister, une bande de *Héki*. Il eut encore près de lui un de ses matelots tué (Sorre), d'autres blessés; lui-même, enveloppé, se défendit en désespéré, et disparut emporté par l'ennemi. Le docteur Chédan rallia derrière une pagode le reste de la petite colonne (une dizaine d'hommes) et en tenant à distance par son tir précis les *Pavillons-Noirs*, elle battit en retraite ne pouvant ramener à Hanoï que le corps mutilé du premier tué.

Cette sortie avait donc coûté cher. De ce côté, elle nous enlevait encore un intrépide officier et deux combattants.

La nouvelle, bientôt répandue dans la ville, y jetait l'épouvante. Chacun sentait l'expédition française mortellement frappée, comme son chef; la présence des ambassadeurs ne signifiait plus la paix. Les Pavillons-Noirs enhardis pouvaient déborder autour de la citadelle. Avec nos hommes exténués, démoralisés, la garde en devenait difficile. Si M. Dupuis n'avait offert un contingent tiré de son escorte, si les miliciens tonkinois n'étaient restés fidèles, veillant sur les remparts, on ne sait comment la première nuit se serait passée ni dans quelles alarmes. Et puis le deuil de tous ces braves répandait sur leur veillée quelque chose de sinistre.

Francis Garnier qu'ils avaient appris à connaître, en qui ils avaient foi, qui exerçait sur eux le triple ascendant de la science, de la volonté et de l'héroïsme, qui leur apparaissait extraordinaire et grand, avait aussi leur affection. J'ai sous les yeux une page touchante où l'un d'entre eux [1] exprimait, peu après, sa douleur et celle de ses camarades. Je la transcris, parce qu'il n'est peut-être pas d'éloge qui vaille les larmes d'un soldat pleurant son chef :

« Nous aimions tous un chef dont l'inaltérable bonté n'avait d'égale que les plus hautes qualités morales. Nous déplorions l'injustice du sort, qui ravissait à ses mains laborieuses le fruit de tant de travaux, de fatigues, de veilles et laissait incomplet un succès dû à son ardent et pur patriotisme. Nous avions enfin le pressentiment que jamais monsieur Francis Garnier ne serait remplacé dans sa difficile mission... Et nous disions tous : « Pau-« vre France ! tu perds un de tes plus fidèles, de tes « plus dévoués, de tes plus intelligents serviteurs. »

Trois heures après, les renforts étaient annoncés. Quatre jours après, le 25 décembre, les renforts arrivaient.

---

[1]. Le sergent Imbert, le même qui a tenu registre des premiers actes de l'expédition. M. Jules Harmand, dans ses *Souvenirs du Tonkin* communiqués à la Société de géographie (fin de mars 1875) donne cet autre témoignage des regrets qui entouraient Francis Garnier : « Il lui restait à peine quelques piastres, quelques effets et son sabre. Le vieux sous-officier qui était chargé de l'inventaire, pleurait à chaudes larmes en refermant la caisse de son commandant. »

Le *Scorpion* revenait du Cua-Cam, transportant quelques officiers et 102 hommes du 4ᵉ régiment d'infanterie de marine amenés de Saïgon par le *Decrès*.

Ces soldats, qui entraient pleins d'espérance dans la rade de Hanoï, venant se joindre à une expédition qu'ils savaient brillante, furent surpris de l'aspect attristé, inquiet, de la foule rassemblée sur les bords du fleuve. « Elle faisait entendre, a dit l'un d'eux, un bourdonnement confus dont l'expression nous saisit. » Puis ils virent venir à eux une embarcation de l'*Espingole* montée par des marins armés conduisant à bord Mgr Sohier; par lui, ils apprirent qu'ils arrivaient trop tard.

CHAPITRE VIII

M. PHILASTRE ET LA RETRAITE DES FRANÇAIS

L'idée à laquelle Francis Garnier venait de sacrifier sa vie avait toujours déplu au ministère. C'était le ministère de Broglie. Trop absorbé par le « combat » à l'intérieur pour se soucier d'une expédition lointaine, il n'avait cessé de décourager le gouverneur de la Cochinchine. Le malheureux gouverneur avait d'abord résisté au découragement, il avait la foi, il était fort de son patriotisme ; on l'a vu s'offrir généreusement « à un désaveu, à un rappel, à la perte de son grade » pourvu qu'on le laissât entreprendre ce qu'il regardait comme indispensable aux intérêts de la France en Orient ; il comptait fermement sur la réussite pour dissiper les appréhensions ministérielles, et ne devinait pas que la réussite même occasionnerait au cabinet du 24 mai une nouvelle frayeur, celle de mécontenter l'envieuse Angleterre. Francis Garnier, d'ailleurs, ne manquait pas d'envieux non plus. Sa rapide et brillante campagne du Tonkin n'avait pu que lui en susciter de nouveaux. Cette surprenante conquête d'un pays de sept à huit millions d'habitants par un si jeune officier, simple lieutenant de vaisseau !... ce sont des choses que ne pardonnent guère des collègues et des supérieurs, quand ils n'ont pas l'esprit vraiment grand, et il se pouvait que l'administration de la marine fût influencée par la jalousie de quelques-uns. Toujours est-il que le choix de Francis Garnier pour la mission du Tonkin fût blâmé par le ministère, constamment défavorable, tant et si bien qu'à la fin l'amiral Dupré se sentit faiblir, chanceler. Cette fois, le découragement l'envahit. Quand il vit que la victoire même ne trouvait pas grâce, il fut pris d'hésitations.

Cependant il avait tenté un suprême effort pour présenter les choses à Versailles, de manière à *excuser* en quelque sorte l'héroïque conduite de son lieutenant, de manière à le *disculper* d'avoir fait respecter le drapeau de la France; à d'autres ministres il aurait suffi d'expliquer que les insolences de Nguyen-tri-phuong avaient déterminé l'envoyé français à des actes de vigueur; comprenant que cette explication ne réussirait pas, l'amiral en joignait une autre; il disait que « M. Garnier, s'il n'avait pas lancé ses 120 marins contre la citadelle d'Hanoï, risquait d'être jeté dans le fleuve avec la poignée d'hommes qui l'accompagnait et que le seul moyen d'éviter ce danger imminent était de le prévenir... » Il semblait donc que ce fût uniquement pour sa préservation personnelle que Francis Garnier s'était montré fier et énergique, voilà ce que l'amiral se croyait obligé de prétexter !... Du reste, ajoutait-t-il, pour cet acte de *légitime défense*, « M. Garnier était soutenu par une grande partie de la population, par les Chinois et par les chrétiens en masse. » (Par les chrétiens ! circonstance atténuante.) Enfin, M. Garnier s'est trouvé momentanément forcé de prendre des mesures pour assurer la tranquillité du pays; en les prenant, il est resté « l'allié et l'ami du gouvernement annamite. »

Mais ce qui peut donner une idée des cabales montées contre l'expédition pendant le succès même, c'est une lettre injurieuse qu'osait envoyer à Francis Garnier son collègue et *ami*, M. Philastre[1]. Cette lettre, qui n'est parvenue à Hanoï qu'après la mort du destinataire, a été publiée; elle appartient à l'histoire. Elle est caractéristique. Elle jette la lumière sur les tristes revirements auxquels on va assister. La voici :

« Saïgon, le 6 décembre 1873.

« Mon cher Garnier,

« Quand j'ai reçu votre lettre elle m'a jeté dans la plus profonde stupéfaction. Je croyais encore que c'étaient là de vaines menaces.

« Avez-vous songé à la honte qui va rejaillir sur vous et sur nous quand on saura qu'envoyé pour chasser un baratier quelconque et pour tâcher de

---

[1]. M. Philastre, au moment où il écrivait ces lignes, plutôt annamites que françaises, vivait dans la compagnie des ambassadeurs de Hué près desquels il remplissait la fonction d'interprète officiel. Il avait pris visiblement leurs faux points de vue et leur langage. C'était l'effet d'une grande sympathie pour l'Annam, faut-il supposer, afin de n'y point voir une basse jalousie à l'égard de Francis Garnier.

vous entendre avec les fonctionnaires annamites vous vous êtes allié à cet aventurier pour mitrailler sans avis des gens qui ne vous attaquaient pas et qui ne se sont pas défendus?

« Le mal sera irréparable et pour vous et pour le but que l'on se propose en France.

« Vous vous êtes donc laissé séduire, tromper et mener par ce Dupuy?

« Vos instructions ne vous prescrivaient pas cela; je vous avais prévenu que les Annamites ne voudraient jamais accepter de traiter avec vous, vous en étiez convenu avec moi.

« L'amiral ne voit pas encore toute la gravité, tout l'odieux de votre agression, il suit une voie bien étrange. Cette affaire va soulever un *tolle* général contre lui et contre vous.

« Que fera le gouvernement annamite? je n'en sais rien encore. Les ambassadeurs sont désolés et indignés; ils veulent la paix parce qu'ils sentent très bien que c'est un coup de Jarnac amené par l'amiral et que celui-ci est décidé à la guerre s'il le faut. Mais je ne sais si leur gouvernement dont l'orgueil est considérable se résignera à supporter cet affront et à en passer par les fourches caudines du gouverneur.

« Je m'attends à être mal reçu, en tout cas, j'aurai bien à souffrir, car ils ont beau jeu.

« Pour moi, j'ai voulu cesser toute participation à des affaires de négociations si étrangement conduites. Je ne l'ai pas pu : je n'ai pas pu refuser à l'amiral la mission qu'il me donne [1]. Mais je suis désolé de tout ça et je n'en attends rien de bon ni dans le présent ni dans l'avenir.

« Puissiez-vous de votre côté vous en tirer sans trop de mal.

« Votre bien dévoué

« PHILASTRE. »

Justement, par un coup de théâtre non moins fantastique que le reste, à l'heure même où M. Philastre *se désolait* ainsi, où l'amiral inquiet l'envoyait hâtivement à Hué, nouveau négociateur, pour désarmer les colères de l'Annam et pour désarmer surtout le ministère de Broglie, à l'heure même où ce ministère déclarait, comme M. Philastre, la conquête de Hanoï nuisible au but qu'on se proposait, ce but était atteint ; un bonheur arrivait à l'amiral, un dédommagement à ses déboires, une récompense à ses efforts, et c'était du côté de l'Annam que lui venait cette première joie : l'Annam cédait. La conduite de Francis Garnier, qu'on représentait comme ayant tout compromis, avait tout sauvé, elle portait ses fruits. L'Annam, qu'on représentait comme furieux, s'était subitement adouci, au contraire ; et comprenant la seule raison qui soit bien comprise des puissances orientales, la frayeur,

---

1. L'amiral envoyait M. Philastre à Hué, avec Nguyen-Van-Tuong, l'un des deux ambassadeurs annamites qui se trouvaient à Saïgon. Le départ eut lieu sur l'*Antilope* le 10 décembre. La mission était d'expliquer les événements du Tonkin et de presser la conclusion d'un traité de paix.

cette cour orgueilleuse de Hué consentait à traiter. Le traité de paix, dont elle avait leurré nos gouverneurs depuis des années, elle s'empressait maintenant de le vouloir et d'y joindre même le traité de commerce que, peu avant, elle avait ajourné par le mot : Plus tard! Le roi Tu-Duc, à qui M. Philastre allait porter des excuses, inquiet de son côté, se serait, pour un peu, excusé le premier. Il donnait tort par le fait à ses mandarins de Hanoï; et tandis qu'on s'apprêtait à désavouer devant son auguste personne Francis Garnier, il lui envoyait des messages et des ambassadeurs. C'était un roi pressé de nous calmer à tout prix.

Aussi, comme contraste à la lettre de M. Philastre, cet avis encourageant était-il envoyé à Francis Garnier par un autre de ses collègues, M. Luro, celui-ci son ami fidèle, qui de Saïgon veillait sur lui :

« Saïgon, le 21 décembre 1873.

« Mon cher Garnier,

« ... Tout va bien, et ton coup, tout audacieux qu'il était, a réussi; les Annamites ont pris la venette, n'ont pas rappelé leurs ambassadeurs, et Philastre est parti avec le 2ᵉ ambassadeur, pour Hué, pour inviter ces braves gens à traiter. On attend Philastre tous les jours et, aussitôt son arrivée, le traité va être mis en branle. Maintiens toujours le *statu quo* chez toi et tu es sûr du succès. Dans trois ou quatre mois le traité fait, tu seras probablement débarrassé du Tonkin, à moins qu'on ne t'y retienne pour faire l'application du traité de commerce qui sera conclu. L'amiral est toujours dans les mêmes dispositions qu'à ton départ à ce sujet ; il veut arriver au protectorat et il l'obtiendra très probablement.

« Tiens-toi toujours le plus tranquille possible pour laisser faire le traité. Tu as fait tout ce qu'il fallait pour l'accélérer, ne bouge plus sans ordres.

« Comme tu dois t'y attendre, tu as des envieux, mais leurs clabauderies se dissiperont comme fumée et déjà tout leur bruit est tombé. »

La date de cette lettre pleine d'espoir, 21 décembre, était, par une triste fatalité, la date même de la sortie de Hanoï où Francis Garnier trouvait la mort.

Ce dénouement tragique, coup de foudre qui renversait inopinément tous les rêves et toutes les espérances de l'amiral, rejeta celui-ci dans les anxiétés d'où il venait à peine de sortir et le livra de nouveau à des chances de disgrâce accablantes pour lui. Dès lors il ne fit plus que capituler devant le ministère. Il eut toutefois encore le demi-courage de risquer quelques mots de regrets ou d'éloges pour défendre la mémoire de son infortuné lieutenant. Mais l'homme qui n'était plus devait être un homme sacrifié. Dans son rapport officiel, après avoir répété que Francis Garnier, en prenant Hanoï, « s'était tiré de danger par un coup d'audace admirablement conçu et héroïquement exécuté, » l'amiral s'exprimait ainsi, faisant la part des préventions ministérielles :

« Malgré des erreurs, des fautes même, il est juste de faire ressortir l'éminent service qu'il a rendu par la prise de Nguyen-tri-phuong, mort le 20 décembre des suites de ses blessures. La déportation ou la mort de cet homme pouvait seule rendre confiance aux partisans de l'alliance française. En s'emparant de sa personne, M. Francis Garnier et ses vaillants compagnons d'armes ont assuré, croyons-nous, le succès de la politique française dans ce pays. On trouvera juste de les en récompenser. L'amiral demande donc instamment que M. le lieutenant de vaisseau Francis Garnier soit nommé capitaine de frégate à la date du 21 novembre, jour de la prise de la citadelle de Hanoï. Cette récompense posthume fera voir que la France sait dignement reconnaître le dévouement de ses fils et aura pour effet d'assurer à la veuve et à l'enfant de M. Francis Garnier la pension due à la veuve d'un capitaine de frégate tué à l'ennemi.

« A ses rares qualités de caractère et d'intelligence qui l'eussent inévitablement conduit à la célébrité, M. Francis Garnier joignait le désintéressement le plus complet.....

« A la suite de la prise de Ha-noï, M. Francis Garnier a adressé des demandes de récompense pour les plus méritants de ses compagnons. Elles sont transmises au ministre par le contre-amiral gouverneur de la Cochinchine qui les recommande de tout son pouvoir à la justice et à la bienveillance de Son Excellence. »

Déjà la reculade est commencée. Ce rapport n'ose parler de faits d'armes, tels que la prise de Haï-Dzuong ou de Nam-Dinh, qui sont pourtant de prodigieux témoignages de l'intrépidité et du dévouement de nos marins. A la prise de Hanoï elle-même, il n'attribue qu'un mérite : d'avoir procuré la capture de Nguyen-tri-phuong. Tout est déjà rabaissé dans cette merveilleuse campagne du Tonkin. On ne lui voit plus ni but, ni grandeur. Les généreux motifs qui l'ont inspirée en ont disparu. De l'ouverture du fleuve, plus un mot! Peu à peu, c'est le silence qu'on va étendre sur cette page brillante de notre histoire maritime; on l'aurait biffée, si on l'avait pu! Encore apparaît-il dans ce rapport de l'amiral une idée de justice : celle de récompenser les courages individuels. Il faut savoir ce qu'est devenue cette idée en traversant à Paris les bureaux du ministère et quel genre de récompense était réservé à ces braves :

D'abord, on a refusé de leur compter comme une campagne cette expédition du Tonkin.

Puis, on a refusé à Francis Garnier l'avancement posthume demandé pour lui par l'amiral. Les règlements ne le permettaient pas!... On a même contesté à sa veuve une pension, sous le prétexte qu'il « n'était pas mort devant l'*ennemi.* » Cette pension, il a fallu, par de hautes interventions, la disputer pied à pied.

Le gouvernement d'alors, tellement il était pressé d'aller au-devant des jalousies possibles de l'Angleterre, ne sut qu'infliger un désaveu trois fois répété dans une note incroyable du *Journal Officiel* du 13 février 1874.

Pour récompenser de cette façon un marin de

cette valeur, il fallait que le gouvernement français cédât à de bien hautes considérations. Avait-il peur réellement d'un reproche des Anglais ? C'eût été d'autant plus étonnant que Francis Garnier n'avait agi — c'est le *Journal Officiel* qui le disait — que contre « des rebelles et des pirates. » On eût compris tout au plus l'Angleterre prenant parti pour un gouvernement régulier et, malgré les nombreux exemples qu'elle a donnés, s'opposant à une agression contre un souverain asiatique. Mais, étant bien établi que François Garnier, arrivé avec des intentions « pacifiques » et une « faible escorte, » n'avait été entraîné à user de ses armes que par les « provocations et les hostilités d'un *étranger*, d'un *Chinois* [1], d'un *maréchal en état de désobéissance flagrante à l'égard de son souverain*, » il semble qu'il n'y avait que des éloges à décerner à sa conduite. On aurait dû se féliciter qu'avec une si faible escorte, menacé par des scélérats, il ait pu avoir raison d'eux à l'instant. Pourquoi, après l'exposé des circonstances qui suffisaient à légitimer ses actes de courage, se croire obligé de dire à tout propos : « Il a agi contre ses instructions ? » D'ailleurs, c'était inexact. Eh ! quelles eussent donc été des instructions qui auraient obligé un officier à tout tolérer de la part de pirates, insultes et attaques ? Dans quel but alors avait-on donné du

---

1. A tort, du reste, le *Journal officiel* qualifiait ainsi de « Chinois » Nguyen-tri-phuong qui était né près de Saïgon.

canon, des obus, des chassepots à Francis Garnier? Voulait-on dire par hasard qu'il avait ordre de se retirer devant des menaces avec ces chassepots, ces obus et ce canon! C'est cela que n'eût accepté aucun homme de cœur. Que signifiait donc le désaveu? Rien n'est décourageant et d'un triste exemple pour les survivants, comme cette injustice pour les morts.

Pendant qu'en France, la mémoire de Francis Garnier était ainsi immolée à des malveillances anglaises, ou non anglaises, moins anglaises peut-être qu'on ne le disait, — là-bas, le fruit de ses efforts était jeté à l'eau.

Il a fallu faire dix ans après, péniblement et coûteusement, ce qu'il avait fait en un mois et comme par magie. Mais, au lendemain de sa mort, il y eut une hâte jalouse et fébrile de tout détruire.

M. Philastre venait d'arriver au Tonkin.

Le premier acte de M. Philastre fut d'ordonner l'évacuation immédiate, précipitée, des citadelles et des provinces occupées par nous.

Et, cependant, les commandants de ces citadelles et de ces provinces ne s'y sentaient point en péril. Quoique douloureusement atteinte par la perte de son chef, notre expédition n'était pas réduite à une retraite humiliante; elle n'avait aucun sujet de capituler; sa situation était parfaitement tenable; son œuvre n'était pas compromise. Avec les renforts amenés, elle pouvait encore dicter la loi à l'Annam effrayé, à ces mandarins démoralisés, privés de leurs forteresses et sans confiance dans leurs troupes. On avait avec soi les populations du Tonkin. On leur avait promis de ne point les abandonner. Nous devions protection à nos alliés, à des auxiliaires qui s'étaient compromis pour nous, et rien ne nous forçait de les livrer honteusement aux colères, aux vengeances de leurs anciens maîtres.

M. de Trentinian tenait ferme à Haï-Dzuong; M. Harmand à Nam-Dinh; M. Hautefeuille à Ninh-Binh.

Ils avaient surmonté les difficultés de la première heure, organisé des milices, reconstitué une administration, comprimé des révoltes, pacifié le pays.

M. de Trentinian, dès qu'il s'était vu seul à la tête d'une quinzaine d'hommes pour garder une trop vaste citadelle, y avait réduit la défense sur un point, mais solidement fortifié. Il avait choisi une porte, comblé de terre les autres; en arrière de la porte conservée, il avait fait construire, adossée au rempart de la citadelle, une petite redoute pour la sûreté de la garnison. Là étaient rassemblés, en cas de péril, vivres et munitions. On y pouvait tenir longtemps. Tout auprès, était installé le logement des soldats. Ce logement formait lui-même une sorte de camp, mis à l'abri d'une surprise par des fossés profonds et pleins d'eau dont il fut entouré. Quatre factionnaires placés extérieurement surveillaient les abords, l'un placé au-dessus de la porte, l'autre dans la journée sur le haut de la tour. Plus loin dans l'intérieur de la citadelle, étaient installés des volontaires sous les ordres d'un dé-doc. Outre ceux qui étaient venus de la province de Nam-Dinh au nombre de deux cents, M. de Trentinian avait recruté dans le pays même une trentaine de chrétiens. Ces deux corps indigènes contribuaient à la garde de la place.

Au dehors, ne voulant point perdre l'avantage du fleuve, il y tenait armées, pour la surveillance et en quelque sorte pour des patrouilles fluviales, des jonques annamites qu'il envoyait épier les faits et gestes des pirates et s'assurer que la route était libre.

Malgré toutes ces précautions militaires, c'était encore une entreprise hardie que de rester ainsi posté au milieu d'une province de deux millions d'âmes et d'en assumer le gouvernement, mais cette hardiesse réussissait. Le jeune commandant eut bientôt en son obéissance toutes les préfectures du ressort, sauf une. Les autorités se groupaient autour de lui. Celles qui auraient pu résister avaient fui. Le plus difficile fut d'abord de discerner jusqu'à quel point on pouvait se fier à d'apparentes soumissions; puis, ce fut de remplacer les absents. Le mauvais vouloir des missions espagnoles gênait les choix. Mais à la longue, heureusement guidé par le chef de la communauté chinoise, homme intelligent qui mit à cette œuvre beaucoup de zèle, M. de Trentinian parvint soit à remplir les postes vacants, soit à s'assurer de la fidélité des fonctionnaires maintenus. Ceux qui furent remplacés à la tête des cantons, le furent suivant la coutume annamite, par élection. Sont électeurs les notables. Ils étaient convoqués dans la citadelle et s'y rendaient, avec leurs choix préparés d'avance, il faut bien le dire, mais enfin le principe était sauf. Comme en Cochinchine d'ailleurs, l'organisation municipale, assez forte pour subsister à travers les révolutions et les guerres, nous vint puissamment en aide.

Quand il put ainsi compter sur le concours des magistrats indigènes, M. de Trentinian généralisa par leur intermédiaire la levée des milices pour la protection des forts et des préfectures de la province. Ces milices reçurent des chefs que l'on commissionnait par la remise d'un drapeau et auxquels fut payée la solde à distribuer aux hommes. Si ces troupes n'étaient pas d'une solidité à toute épreuve, au moins contribuaient-elles à la police du pays.

Aussi, quand parvint à M. de Trentinian la triste nouvelle que son chef n'était plus, si sa douleur fut grande, sa confiance ne fut pas abattue. Il put rassurer ses troupes et écrire au commandant du *Decrès* une lettre également rassurante qui disait en substance :

« Ma province est tranquille; on peut m'y laisser abandonné; lors même que la situation s'empirerait, je me fais fort de tenir deux mois, au besoin, sans aucun secours. »

A quoi le commandant Testard répondait :

« A bord du *Decrès*, le 26 décembre 1873.

« Mon cher monsieur de Trentinian,

« Je suis heureux d'apprendre que votre situation n'offre aucun danger et que vous pouvez la conserver avec les forces dont vous disposez. »

Non moins en sûreté se trouvait, en janvier 1874, M. Jules Harmand à Nam-Dinh, — mais ce n'avait pas été sans luttes ni sans alarmes tout d'abord.

Il était resté à la tête de la province avec 25 marins, ayant auprès de lui pour commander les miliciens le brave Le-Van-Ba, et pour lui servir d'interprète, de conseiller surtout, un curé annamite, homme instruit et intelligent, Paulus Trinh.

Les lettrés, puissants et nombreux dans cette province, avaient commencé par elle leurs mouvements de révolte et n'avaient point perdu de temps. On signalait comme leurs chefs deux hommes dangereux par leur influence et leur ardeur, l'un, Tam Dang, qui s'était proclamé commandant maritime et ralliait à lui les pirates de la côte ; l'autre, riche mandarin. A eux deux, ils avaient d'emblée, à prix d'argent, réuni un millier de partisans. Ils cherchaient surtout à terroriser les cantons chrétiens par le fer et le feu.

M. Harmand reconnut que des sorties étaient

indispensables pour éloigner cet inquiétant voisinage et pour rendre la confiance à nos amis. Le 21 décembre, le jour même où les défenseurs de Hanoï tentaient un mouvement semblable qui leur fut si funeste, M. Harmand, plus heureux, entreprit une chasse vigoureuse aux bandes révoltées. Parti nuitamment avec 11 marins et 300 auxiliaires indigènes, sur une chaussée qui conduisait au village de Bao-Long, à 3 ou 4 heures de la citadelle, il alla surprendre dans ce village barricadé quelques centaines d'ennemis. Ceux-ci se réveillèrent environnés d'un bruit subit de clairon, de gongs et de cris, se défendirent mal et perdirent leur chef dans le combat des rues. Leur défaite fit tomber en notre pouvoir sans coup férir un autre de leurs villages, Chan-Ninh ; seulement, tandis qu'il y faisait halte, M. Harmand s'y vit attaqué à l'improviste. Ce fut la vraie bataille ; elle coûta la vie à quelques miliciens, mais surtout à un grand nombre des assaillants. Il leur fut infligé une sanglante leçon. Elle ne suffit point pourtant, car trois jours après arrivaient les tristes nouvelles de Hanoï. Déjà plusieurs lettrés venaient de faire leur soumission. D'autres sentant renaître leurs espérances et leur audace, crurent le moment venu de nous jeter à la mer.

Nam-Dinh s'attendait à une attaque.

Aussi, inquiet sur le premier moment, le commandant de cette province, écrivait-il au commandant de Haï-Dzuong :

« 24 Décembre, 3 heures et demie soir.

« Je connais les nouvelles que vous m'envoyez depuis hier. J'ai écrit à M. Hautefeuille pour lui dire de venir se rallier à moi de Ninh-Binh à Nam-Dinh, nous tiendrons conseil pour voir ce qu'il y a à faire, si nous devons tenir ici, aller à Haï-Dzuong ou à Hanoï.

« Moi, mon avis formel est qu'il faut évacuer toutes les provinces et nous concentrer à Hanoï pour traiter avec la citadelle entre nos mains, éviter le pillage de la capitale et ne pas abandonner complètement tous les gens qui se sont compromis avec nous.

« Une évacuation complète serait une lâcheté.

« Ma situation est affreusement difficile. Garnier m'a laissé ici avec 20 hommes au milieu d'une province de 2 millions d'habitants, tous en armes. Avant quelques jours j'aurai toute une armée sur les bras. J'ai déjà brûlé presque toutes mes cartouches à chasser ceux qui me bravaient de trop près. »

« Tout à vous. »

Les munitions, trop diminuées pour permettre une sortie, furent réservées pour une défense suprême. Une jonque fut préparée comme refuge éventuel, en cas de retraite forcée, et on laissa venir l'ennemi. Par bonheur, ce qui vint le premier, fut un ravitaillement. Le 28, l'*Espingole* envoyée de Hanoï apporta des vivres et des cartouches.

Autre chance heureuse. Les miliciens tonkinois restaient fidèles. Compromis avec nous, intéressés à la défense, ils allèrent d'eux-mêmes avec une audace qu'on n'eût point osé leur demander, affronter le si redoutable Tam-Dang et détruire son village.

M. Harmand, que les lettrés supposaient réduit à l'inaction, passa subitement à l'action, et, se jetant la nuit, comme ils ne l'attendaient plus, sur un groupe de huit villages occupés par eux, il les envahit tour à tour avec une quinzaine de marins, le général Ba et des miliciens. Tous ces postes furent enlevés et incendiés. Furieux de ce désastre, décimés, ruinés, les vaincus livrèrent leur chef, qui fut, avec plusieurs autres prisonniers, décapité.

Cette exécution paraîtra peut-être rigoureuse. Il faut toujours rendre justice au courage, même de ceux qui commettent le crime de nous résister. Assurément, ces gens-là n'étaient pas des criminels. A vrai dire, ce n'étaient pas non plus de purs patriotes. Ce qu'ils défendaient contre l'intervention française, n'était ni la cause du pays — la population était avec nous, — ni la cause du roi Tu-Duc — ce roi négociait la paix. Ce qu'ils défendaient, c'était le mandarinat; ce que nous disputaient ces lettrés, oppresseurs du Tonkin, c'était leur proie. Et ils nous la disputaient en dehors du droit des gens, en s'alliant avec des pirates étrangers, en procédant par le pillage, le massacre, l'incendie. L'exécution des vaincus était dans leurs lois de la guerre. Ils ne nous auraient pas fait quartier. Il y allait du salut de la petite poignée de Français aventurée dans ces populeuses provinces. Grâce à ces mesures d'énergie, M. Harmand put procurer à ses quelques marins un peu de répit et de sécurité, dont ils avaient grand besoin.

Plus exposé était M. Hautefeuille. Ninh-Binh est placé sur la route de Hué, par où pouvait arriver une armée de l'Annam, et sur la route de Hanoï, par où pouvaient descendre les soldats du prince Hoang-Ké-vien et ses Pavillons-Noirs. Encore, du côté de Hué, était-on protégé par un massif montagneux dont il suffisait de garder les défilés. Ces défilés furent, en effet, occupés et défendus par des auxiliaires, montagnards Muong et miliciens de la plaine, qui se montrèrent plus résolus, plus courageux qu'ailleurs. Mais du côté de Hanoï, on était à découvert. Les Pavillons-Noirs, après leur combat contre Francis Garnier, vinrent, comme il était à craindre, au secours des insurgés rassemblés autour de Ninh-Binh, et il y eut des luttes à soutenir en rase campagne. Car les espérances des lettrés s'étaient rallumées à notre deuil. Ils mirent en mouvement leurs partisans, se jetèrent sur des villages qu'ils brûlèrent et sur une préfecture, Ngo-Quang [1], où ils établirent un foyer d'insurrection. On les vit même marcher sur Ninh-Binh, et quoique, chemin faisant, ils eussent été mis en déroute à Dza-vien par sept de nos marins et

---

1. De ce point à Ninh-Binh, il y a 37 kilomètres. Sur la route s'échelonnent trois villes : An-Hoa, Dza-Vien et An-Khanh (préfecture). Cette route longe une rivière appelée Dao-Giang.

quelques centaines d'auxiliaires indigènes, ils allèrent se reformer en arrière encore menaçants.

M. Hautefeuille prit, comme M. de Trentinian, ses précautions de défense. Lui aussi avait réduit la citadelle à une seule porte, les autres obstruées.

Quant aux miliciens, il en avait tellement levés qu'il les comptait par cinq mille. Il les distribua dans les postes les plus importants de la province.

Une fois ravitaillé par le *Manghao* d'abord, puis le 27 décembre, par l'*Espingole*, il reprit hardiment l'offensive. A lui aussi, la hardiesse réussit.

Les lettrés étaient revenus à la charge. Ils s'étaient de nouveau avancés, et jusque dans le voisinage de la citadelle, même à portée de canon. Ils furent de nouveau mis en déroute. Heureusement la ville qu'ils attaquaient, An-Khanh, avait un préfet plein de dévouement à notre cause et de fermeté. Ce préfet organisa vigoureusement la résistance. Les assaillants refoulés furent poursuivis par lui, tandis que M. Hautefeuille, se mettant à la tête d'un autre corps de miliciens, alla compléter la victoire au village de Ninh-Da, en y cernant les fuyards et en se faisant livrer les chefs. Il ordonna qu'ils fussent mis à mort, « ce qui ralentit l'élan des autres [1]. »

Du côté des défilés, les lettrés faisaient aussi une tentative pour dégager le passage. Déjà le général

---

[1]. Romanet du Caillaud, *Histoire de l'intervention française au Tonkin*, page 215.

Luong, commandant des milices qui gardaient la gorge du Tam-Diep, avait repoussé une attaque. Il lui fut envoyé quatre marins et des auxiliaires indigènes qui l'aidèrent à écraser les lettrés dans un poste voisin. Les chefs, faits prisonniers, payèrent aussi de leur vie le danger qu'ils nous faisaient courir.

Mais il restait à déblayer la route de Hanoï qu'interceptaient à Do-Vien les partisans de l'ancien mandarinat. Une expédition de cinq marins et de deux ou trois cents Tonkinois, appuyée d'un côté par l'énergique préfet de An-Khanh, de l'autre par l'*Espingole*, délogea l'ennemi et lui reprit cette position.

Après quoi, M. Hautefeuille, qui aurait fini par faire de ses miliciens d'excellentes troupes, car il savait non seulement les utiliser, mais leur donner confiance en elles-mêmes, les conduisit, pour une expédition décisive, vers les deux villes de Ngo-Quang et d'An-Hoa, d'où était parti tout ce mouvement de révolte et dont les lettrés avaient fait leur quartier général. Sur ces entrefaites le *Manghao* était revenu. Il servit à remorquer sur la rivière Dao-Giang deux jonques qui portaient 250 soldats indigènes. M. Hautefeuille prit en outre avec lui cinq marins.

Telles étaient les forces avec lesquelles, le 5 janvier, il allait attaquer d'abord, entre Dza-vien et An-Hoa, une assez forte position de l'ennemi; celui-ci, retranché derrière des palissades, derrière des marais, occupait trois villages. C'était un point nommé Dai-Hun. On avait averti M. Hautefeuille que les révoltés avaient reçu comme renforts des troupes régulières du Nord et des Pavillons-Noirs dont l'arrivée était trop prévue. Mais il ne s'attendait pas à les trouver si vite en face de lui. A peine débarqué, il aperçut leurs bannières entremêlées. A cette vue qui rappelait le meurtre de Francis Garnier, nos marins poussés à la vengeance firent feu avec colère. L'ennemi ne tint pas devant les chassepots; épouvanté en même temps par des obus lancés du *Manghao*, il se débanda, laissant les trois villages à la merci des miliciens qui les livrèrent aux flammes.

Le lendemain, ce fut devant An-Hoa que se présentèrent le *Manghao* et les deux jonques. Les insurgés, les soldats annamites, les Pavillons-Noirs s'étaient ralliés dans cette ville assez importante, située au pied des montagnes, protégée par un fort, adossée à un bois, entourée de palissades et où ils avaient eu le temps d'élever, comme ouvrages de défense, des talus en terre. Dès que les embarcations furent à portée de fusil, un feu nourri commença des deux parts; mais notre tir fut, paraît-il, très meurtrier, car on rapporte que le sang coulait de la berge. M. Hautefeuille divisa ses troupes en deux corps, l'un débarquant en aval, l'autre en amont de la ville, pour prendre l'ennemi par les deux flancs. Le premier corps, composé de Tonkinois, poussa et rejeta sur nous les défenseurs de la place, mit le feu à leurs casernes et le feu se communiqua à la ville. Le second corps formé des marins et des Muong fut conduit par M. Hautefeuille droit sur le bois. Mais là, les attendait une résistance qui aurait pu être sérieuse. Pour esquiver les premières décharges de mousqueterie, ils durent se mettre ventre à terre dans la boue, riposter ainsi couchés, recharger leurs armes et se lever ensuite tout d'un trait en se lançant au pas de course. Le bois ainsi attaqué ne parut plus un abri assez sûr aux soldats annamites, déjà démoralisés sans doute par la vue des flammes qui dévoraient la ville. Tout fut évacué, le fort lui-même et les villages d'alentour. Le soir, 24 prisonniers furent exécutés. M. Hautefeuille n'avait plus dans sa province d'ennemis à craindre.

Sur Hanoï pouvaient donc se concentrer nos efforts pour réparer le désastre du 21 décembre. En attendant l'arrivée des secours, annoncée trois heures après la mort de Francis Garnier, le soin de la défense était échu à M. Bain, comme au plus ancien officier de l'expédition. Son premier acte avait été d'insister auprès des ambassadeurs de Hué pour qu'ils obtinssent du prince Hoang le respect de l'armistice. Quoique le prince eût refusé, Hanoï n'avait pas eu à subir de nouvelles attaques. M. Bain voulait profiter de ce répit et des prochains secours pour conclure au plus vite le traité. Il pensait que ce serait à lui de continuer les négociations. Mais quand le *Scorpion* eut ramené

M. Esmez, celui-ci, qui avait toujours été regardé comme le second de l'expédition, ressaisit la suite des pourparlers. M. Esmez était au courant des conventions que Francis Garnier voulait proposer aux envoyés de Hué. Il en trouva, au surplus, dans les papiers de son ancien chef, le projet tout préparé. Ce projet servit de base aux négociations qui furent aussitôt reprises, et pour lesquelles fut de grande ressource un administrateur des affaires indigènes, parlant l'annamite, M. Moty, envoyé de Saïgon à la place de M. Luro qu'avait demandé Francis Garnier. Disons que M. Moty ne trouvait pas de grands obstacles auprès des deux plénipotentiaires annamites, ceux-ci étant expédiés par Tu-Duc dans un moment où ce roi voulait la paix à tout prix, et animés, dans les apparences au moins, d'intentions fort conciliantes. Les relations avec eux restèrent courtoises, même amicales. Ils se prêtèrent à tout ce qu'on voulut, d'autant plus que les renforts amenés par le *Decrès* suffisaient maintenant à rendre notre occupation de Hanoï aussi solide que jamais.

Ces renforts consistaient en une compagnie d'infanterie de marine, 105 hommes, commandés par un aide de camp de l'amiral Dupré, le lieutenant Goudard, et quelques autres officiers. En outre, le *Decrès* avait apporté un approvisionnement de fusils à tabatière destinés à armer les milices indigènes et pour nos soldats d'amples munitions. Transportés par deux jonques, ces secours et ce matériel arrivaient à Hanoï peu après le *Scorpion*. La confiance des populations, la fidélité de nos auxiliaires s'en trouvaient ranimées. La citadelle pouvait se mettre sur un pied de défense respectable. Deux canonnières, avec leurs équipages, gardant la rade, 200 Français gardant les bastions, de nombreux miliciens gardant les abords, c'était plus qu'il n'en fallait pour enlever aux négociateurs annamites toute raison de tergiverser.

M. Esmez leur expliqua que les événements accomplis depuis leur arrivée, loin d'être favorables à leur cause, pouvaient irriter la France et rendre plus dures ses conditions :

« La juste colère du gouverneur serait grande si, en apprenant ces choses, il n'apprenait en même temps que les envoyés du Noble Royaume ont de tous leurs efforts secondé nos tentatives pour rétablir la tranquillité du pays un instant troublée, et donner autant que possible satisfaction aux justes réclamations que nous élevions depuis si longtemps.

« Plus forts que jamais, nous vous offrons encore aujourd'hui de tout traiter à l'amiable, comme il convient à deux gouvernements voisins qui s'estiment et veulent s'entr'aider; mais il faut que tout se fasse sincèrement et le plus vite possible [1]. »

La convention présentée en conséquence à la signature des ambassadeurs et qu'ils se montraient prêts à accepter, déclarait le Tonkin ouvert au

---

1. Préambule de la proposition faite aux ambassadeurs.

commerce français, espagnol, chinois et annamite ; stipulait qu'il n'y aurait dans le Delta d'autres troupes annamites que les milices ; que les garnisons françaises resteraient dans les citadelles jusqu'au traité définitif ; que les populations requises par les Français ne seraient nullement inquiétées ; que les fonctionnaires nommés récemment ne seraient pas changés sans une enquête faite de concert entre les officiers français et les mandarins de Hanoï. Les Français se chargeaient de veiller sur la paisible navigation du fleuve et s'engageaient à secourir de leurs armes les provinces ravagées par les pirates et les rebelles. Était aussi stipulée la restitution immédiate des sanglants trophées que les Annamites promenaient de ville en ville.

En d'autres temps, la France aurait exigé plus elle aurait tenu à venger ses fils tués par des brigands à la solde de l'Annam ; elle n'aurait point laissé impuni l'assassinat de son envoyé. Mais dans les dispositions où l'on savait le ministère, M. Esmez atteignait certainement la limite du possible.

Du moins, puisque le ministère, par des raisons de politique intérieure et de diplomatie européenne, n'osait pas conserver les positions prises et croyait imprudent, trois ans après nos désastres de 1870, d'affirmer l'installation de la France au Tonkin, cette convention Esmez avait un mérite : elle permettait de se retirer avec honneur.

Malheureusement, survint M. Philastre.

Tout ce que le frère de Francis Garnier a voulu

dire [1] d'un homme que d'autres ont jugé plus sévèrement est ceci : « M. Philastre, inspecteur des affaires indigènes, magistrat honnête et érudit, linguiste distingué, mais à qui l'on reprochait d'avoir perdu, pendant un long séjour au milieu des Annamites, la mesure exacte des difficultés de la politique et le sentiment des vrais intérêts de son pays... » Je respecterai la convenance de cette appréciation. Ce ne sera pas en sortir toutefois que de rappeler ici, ce qu'a déjà révélé une lettre de M. Philastre, qu'il arrivait fort prévenu contre son ancien ami Francis Garnier et persuadé que celui-ci avait outrepassé sa mission.

La mission de M. Philastre n'était que pour Hué. Il ne devait pas venir au Tonkin. S'il y vint, c'est de son propre mouvement et parce que Tu-Duc avait pu lui répondre : « J'ai envoyé des plénipotentiaires à M. Garnier. Il faudrait savoir d'abord ce dont ils sont convenus. Pendant que vous êtes ici en ami, lui est là-bas qui prend des villes. Je négocie pour qu'il les rende. Tout est subordonné à ce qu'il fera. Ce n'est donc pas ici, c'est à Hanoï que peuvent se dénouer les difficultés. Vous demandez pleins pouvoirs pour mes ambassadeurs de Saïgon, dont l'un vous accompagne. Je veux bien lui remettre ces pleins pouvoirs ; mais alors il faut retirer ceux des négociateurs de Hanoï. Avant de retourner à Saïgon, vous et Nguyen-Van-Tuong,

---

1. Dans sa Notice précédant le livre *De Paris au Tibet*.

passez par le Tonkin ; faites savoir que c'est lui Nguyen-Van-Tuong, qui est désormais mon plénipotentiaire, chargé de tout régler ; et obtenez qu'au préalable les citadelles me soient rendues. »

M. Philastre était donc reparti de Tourane pour cette destination imprévue, le Tonkin. Prenant sur lui de déférer ainsi à la demande du gouvernement annamite, il avait ordonné au *D'Estrées*, commandant Didot, de le conduire au Cua-Cam, au lieu de le conduire à Saïgon, où il était attendu. Il amenait avec lui l'ambassadeur. Au Cua-Cam stationnait déjà le *Decrès*, commandant Testard. Tous ignoraient encore le malheur de Francis Garnier, à qui M. Philastre écrivit : « Je vous apporte des instructions nouvelles ; » tandis que l'ambassadeur écrivait aux négociateurs de Hanoï : « Vous êtes dessaisis, je vous suis substitué. »

C'était le 24 décembre. Le soir même arrivait au Cua-Cam une lettre de M. Bain annonçant les tristes événements du 21, et demandant conseil à M. Testard.

M. Testard ne faisait point partie de l'expédition, pas plus que M. Didot. Ils n'avaient que le commandement de leur navire de transport. Ils ne pouvaient prendre la succession de Francis Garnier. La réponse fut :

« *Decrès*, le 24 décembre 1873.

« Mon cher Bain,

« Je suis assez embarrassé pour vous donner un conseil.....

« ...Les pouvoirs politiques vont sans doute tomber entre les mains de M. Philastre et je crois que les affaires pourront s'arranger pacifiquement.

« Quant à la direction militaire, je pense qu'à raison de votre ancienneté, elle doit vous revenir, à moins que M. Esmez n'ait des instructions particulières qui l'autorisent à prendre la succession de M. Garnier. Dans ce cas, votre position deviendrait difficile et serait laissée à votre appréciation. Il est bien entendu que vous agiriez dans l'intérêt du service en faisant au besoin abnégation de votre ancienneté.....

« Testard. »

Cette difficulté s'était arrangée un peu différemment entre M. Esmez et M. Bain. A celui-ci, M. Esmez ne contestait point la direction militaire ; il ne revendiquait que la succession politique ; et encore le fit-il avec tant de discrétion, quoique désigné par Francis Garnier, que sa modestie fut prise pour une renonciation. Il craignait que l'héritage ne fût bien lourd pour ses forces, la négociation avec les Annamites bien délicate, et il demandait s'il ne valait pas mieux que M. Testard, plus élevé en grade, prît en mains d'aussi graves intérêts.

M. Philastre assuma sur-le-champ cette direction politique et M. Testard la direction militaire, qu'il délégua à son second, M. le lieutenant Balézeaux. Aussitôt M. Balézeaux, M. Philastre et Nguyen-Van-Tuong se dirigèrent ensemble vers Hanoï.

Il y avait quatre mois déjà que l'ambassadeur annamite et M. Philastre étaient en rapports quotidiens. A Saïgon, dès le 31 août, le savant inspecteur des affaires indigènes, qui connaissait à fond non seulement la langue officielle, mais les usages et les lois de l'Annam, avait été désigné auprès de l'ambassade de Hué comme l'interprète du gouvernement colonial. Involontairement, il jugeait des choses à travers des yeux de mandarin ; et tellement qu'à son arrivée près de Haïphong, voyant des jonques charger du riz et voyant l'ambassadeur les pointer du doigt comme jonques pirates bonnes à canonner, on les canonna de confiance, et l'on pendit même 36 de leurs patrons aux vergues du *D'Estrées*. Or, il se trouvait que c'étaient des jonques de commerçants chinois [1] venues sur la foi des proclamations de Francis Garnier, pour essayer sur le fleuve ce libre commerce qui déplaisait tant aux lettrés.

Dans les mêmes dispositions d'esprit, M. Philastre eut foi en la parole de l'ambassadeur qui lui dit : « Faites évacuer les citadelles, vos amis, les chrétiens, n'ont rien à craindre, il ne sera exercé sur eux aucune vengeance. »

« Évacuez immédiatement la citadelle, » fut l'ordre aussitôt donné par M. Balézeaux, quand M. Philastre et lui furent parvenus auprès de M. de Trentinian, à Haï-Dzuong, le 29 décembre. Cet ordre ne souffrait ni tempérament ni délai ; nos milices

---

[1]. Romanet du Caillaud. La même chose est racontée par M. Dupuis dans son *Journal de Voyage*.

auxiliaires furent dissoutes ; leurs chefs, consignés ; les mandarins anciens, rétablis, et d'autant plus promptement qu'ils étaient cachés non loin de là chez les missionnaires espagnols ; ces missionnaires qui nous avaient été hostiles, furent fêtés et congratulés par M. Philastre pour la manière dont ils s'étaient conduits, et le 2 janvier, M. de Trentinian à qui le cœur saignait de rendre une forteresse conquise et gardée au prix de tant de périls, dut en faire sortir sa petite troupe, abandonner nos alliés indigènes et porter ainsi malgré lui le premier coup au prestige du pavillon français.

Cette poignée de braves fut ramenée à Hanoï par le *Son-Tay*, ancienne chaloupe à vapeur de M. Dupuis, sur laquelle avaient pris place les deux chefs inattendus et improvisés de l'expédition : MM. Philastre et Balézeaux.

Le même ordre d'évacuation pour les autres citadelles, sauf celle de Hanoï, avait été expédié à M. Esmez pour qu'il le transmît aux commandants. M. Esmez ne s'était point pressé de le faire, car il redoutait le désordre, le pillage, les massacres qui devaient être immanquablement la suite d'un abandon aussi précipité.

Il paraît qu'il y eut une scène très vive entre M. Esmez et M. Philastre, quand ce dernier, débarqué à Hanoï, le 3 janvier, se montra mécontent de tout ce qui s'était fait. On prétend qu'il traita Francis Garnier d'*aventurier*[1], de *forban*[2] ; qu'il s'emporta en apprenant que les garnisons de Ninh-Binh et de Nam-Dinh n'avaient pas encore été rappelées ; qu'il trouva la convention de M. Esmez trop peu respectueuse pour les Annamites. Le certain est qu'il se hâta d'en substituer deux autres, respectueuses celles-ci, et dont on a même dit qu'elles ressemblaient à l'acte d'un vaincu humilié devant le vainqueur. On a exagéré pourtant la critique. Si ces nouvelles conventions n'avaient pas détruit la clause qui permettait aux garnisons françaises de rester jusqu'au traité définitif dans les citadelles, ni abandonné nos auxiliaires, ni sacrifié l'homme qui avait ouvert le chemin, M. Dupuis, elles auraient été à peu près avouables. Leur grand tort était de trop se fier à la bonne foi annamite. En voici les dispositions essentielles :

CONVENTION DU 5 JANVIER 1874

« Le grand mandarin assesseur du ministre des cultes Nguyen-Van-Tuong, second ambassadeur plénipotentiaire muni de pouvoirs spéciaux pour régler provisoirement les questions pendantes au Tonkin, au nom du gouvernement de l'Annam, d'une part ;

« Et M. Philastre, lieutenant de vaisseau, inspecteur des affaires indigènes en Cochinchine, chef du service de la justice indigène, chevalier de la Légion d'honneur, muni des instructions de M. le contre-amiral commandant en chef, gouverneur de la Cochinchine française, ministre

---

1. H. Cordier, *Narrative of the events in Tonkin*
2. J. Dupuis, *Journal de Voyage*.

plénipotentiaire, accrédité près de S. Exc. le ministre des relations étrangères à Hué, et *désigné d'urgence par M. Testard* [1], capitaine de frégate commandant les forces navales françaises dans les eaux du Tonkin, *pour remplacer M. Garnier dans sa mission politique au Tonkin;* agissant pour le gouverneur de la colonie de la Basse-Cochinchine, d'autre part;

« Après s'être communiqué leurs pouvoirs et les avoir trouvés en règle, sont convenus de ce qui suit :

« Art. I. Tout malentendu cessant....., les troupes françaises qui occupent accidentellement la citadelle de la province de Ninh-Binh et la citadelle de la province de Nam-Dinh *évacueront ces places* qui seront remises aux autorités annamites; savoir : celle de Ninh-Binh, dans la journée du 8, et celle de Nam-Dinh, dans la journée du 10 janvier prochain, dans l'état où elles se trouvent actuellement et avec tout le matériel et le numéraire, etc.

« Art. II. De son côté, le gouvernement annamite s'engage : 1° à n'introduire dans chacune de ces citadelles que les troupes indispensables à la police; 2° à ne faire aucune concentration de troupes dans l'étendue de ces provinces; à laisser les communications et routes fluviales ou terrestres libres de tout obstacle pour les troupes et navires que le gouvernement français entretient provisoirement au Tonkin; 3ᵉ à proclamer dès le jour de la remise de ces places une *amnistie* pleine et entière pour tous les sujets de S. M. l'Empereur d'Annam qui auraient pu, à quelque titre que ce soit, être employés par l'autorité

---

1. On s'est toujours demandé si cette désignation existait réellement et dans ce cas comment M. Testard avait pu déléguer des pouvoirs politiques que lui-même n'avait pas.

Mais le ministère de Broglie s'est bien gardé d'infliger un désaveu. M. Philastre était trop bien entré dans sa pensée, pour qu'on discutât les pouvoirs qui servaient de base à cette heureuse convention.

militaire française, à les protéger contre toute réaction vexatoire, etc... »

Ces engagements aussitôt tenus par les Français, aussitôt violés par les Annamites, furent complétés un mois après, malgré cette expérience, par une seconde capitulation de M. Philastre, homme confiant quand même et que rien ne pouvait éclairer. Cette fois, il agissait en vertu de pouvoirs spéciaux de l'amiral-gouverneur, apportés par la *Sarthe* sur les entrefaites. Les principaux articles étaient :

CONVENTION DU 6 FÉVRIER 1874

« Les soldats français évacueront la citadelle de Hanoï... et se retireront au Cua-Cam, dans le fort de Haïphong... Les Français s'établissent à Haïphong afin de protéger le royaume annamite contre ceux qui voudraient pénétrer dans l'intérieur du pays contrairement aux lois du royaume et pour forcer les navires du *certain* Dupuis à demeurer au port jusqu'à la conclusion du traité, *au cas qu'il y ait une stipulation autorisant les Européens à venir faire le commerce au Tonkin.* » (Ceci annulait les proclamations de Francis Garnier et laissait l'ouverture du commerce abandonnée au bon vouloir de Hué. C'était tout détruire du coup).

« Le jour où les soldats français évacueront la citadelle, elle sera livrée avec tous es effets et munitions qui s'y trouveront actuellement... (L'évacuation devait se faire au plus tard dix jours après qu'un local à Haïphong aurait été disposé par les mandarins pour recevoir la garnison française).

« Le 17 janvier, le noble souverain du royaume d'Annam a publié un édit accordant grâce à tous ceux qui ont pris le parti de la France. C'est pourquoi les mandarins ne devront pas les poursuivre, mais les protéger contre ceux qui voudraient leur nuire... » (Pauvres gens ! protégés sur le papier seulement. Il ne manquait à cette promesse qu'une caution. La France n'avait plus de gage).

« Personne ne violera la sépulture des Français et des volontaires annamites... encore enterrés dans l'intérieur de la citadelle de Hanoï.

« Le gouvernement annamite concédera un terrain sur le bord du fleuve pour construire une habitation au *Résident* français et aux soldats de son escorte ; ce terrain sera près du lieu où, après la conclusion du traité, on permettra aux commerçants français de s'établir...

« Le nommé Dupuis, ainsi que les Français et les Chinois qui l'accompagnent, quitteront la ville de Hanoï avant les troupes françaises et se rendront à Haïphong conduits par un officier français ; ils attendront là que le fleuve soit ouvert au commerce... Si Dupuis veut quitter le Tonkin et se rendre en Yunnan en remontant le fleuve par Hung-Hoa, il priera le résident de demander pour lui l'autorisation aux mandarins de Hanoï..... Une fois en Yunnan, Dupuis ne reviendra plus au Tonkin avant l'ouverture du fleuve au commerce. Si, au lieu d'aller en Yunnan, il se fixait en quelque endroit appartenant au royaume annamite sans en avoir l'autorisation, les Français s'engagent à aller l'en chasser, et si c'est nécessaire, ils requerront le gouvernement annamite qui enverra des soldats de son côté. »

Ainsi étaient *arrangées* les choses au Tonkin, comme si Francis Garnier n'y était point venu. On concédait aux Annamites plus que s'ils lui avaient fait un loyal accueil : on leur concédait l'éloignement de M. Dupuis sans enquête et sans indemnité ; on ajournait l'ouverture du fleuve ; on oubliait qu'ils avaient forcé Francis Garnier à la lutte, qu'ils l'avaient tué ou plutôt fait tuer par des rebelles étrangers lancés sur nous ; et tout ce qui restait de sa mission, de sa victoire, comme avantages pour la France, se réduisait à ces deux points : un local à Haïphong, un résident à Hanoï [1]. C'eût été quelque chose de satisfaisant, si on l'avait obtenu d'emblée, dès les premières négociations de 1873, sans essuyer d'insolences et sans coup férir, uniquement par l'effet du bon vouloir annamite. Mais après les événements accomplis, ce n'était plus qu'une humiliante retraite et qu'une dérision.

Dans l'intervalle entre les deux conventions, et dès le lendemain de la première, les têtes des cinq Français tués à la défense de Hanoï furent rapportées. Cette restitution faite sans commentaires, sans solennité, sans amende honorable, n'aurait point dû passer pour une satisfaction suffisante, et d'autant moins qu'au même instant, ou à peu près, le 10 janvier, on pouvait lire sur les murs de Hanoï cette proclamation odieuse [2] :

« Il a été envoyé un nommé Garnier au Tonkin, pour les affaires de commerce, mais ne comprenant rien

---

1. Encore, ces deux clauses n'étaient certainement point une idée de M. Philastre. Elles avaient dû être suggérées par l'amiral Dupré ; vingt jours avant la seconde convention, des instructions de l'amiral apportées par la *Sarthe* avaient été reçues par M. Philastre, en même temps que les pouvoirs réguliers.
2. M. Dupuis dit qu'elle était faite au nom de l'envoyé de Hué, Nguyen-Van-Tuong, et de M. Philastre. — Tout au moins, M. Philastre la tolérait et la ratifiait par son silence.

aux affaires, il a mis le désordre dans le pays en s'emparant de quatre citadelles, capitales de province ; c'est pourquoi l'envoyé Nguyen et Philastre sont venus pour rétablir l'ordre compromis. »

Dans l'intervalle aussi, eut lieu la reddition de Ninh-Binh et de Nam-Dinh. M. Hautefeuille, M. Harmand connurent à leur tour l'accablante épreuve par où avait passé M. de Trentinian. On raconte que M. Hautefeuille se serait écrié : « A quoi a donc servi tant de sang répandu ! » L'ordre d'évacuation lui arrivait au moment où sa victoire d'An-hoa venait d'arracher aux lettrés leur dernier centre d'insurrection. Maintenant c'était à ces lettrés qu'il fallait tout remettre. Au moins ne voulait-il pas que ces gens-là fussent possesseurs des armes qui avaient servi à nous défendre ; et il fit détruire, contrairement à la convention, toutes celles que contenait la citadelle. Quant à retirer les drapeaux français confiés aux milices, quant à prendre des mesures pour la préservation des gens compromis avec nous, il n'y fallait pas songer. Aucun délai ne fut accordé à M. Hautefeuille. Le 8 janvier, époque fixée, le *Scorpion* vint exiger son départ et installer un nouveau gouverneur. Le pavillon français disparut de la citadelle et consternés, traités en intrus qu'on chasse, ses intrépides défenseurs durent regagner tristement l'une des canonnières qui les avait amenés. — Il en fut de même à Nam-Dinh, le 10 janvier.

Quand on avait commis en Cochinchine pareille

faute en rendant bénévolement la forteresse de Vinh-long aux Annamites, il n'y avait eu qu'un cri : C'était une indignité ! Le roi de Cambodge en apprenant cette nouvelle avait demandé quel échec nous avions éprouvé, qui avait pu nous décider à ce pas en arrière [1]. Et quand on parlait d'évacuer davantage encore, Francis Garnier s'écriait : « Ne voit-on pas que notre influence serait à jamais anéantie et que nous subirions l'abaissement qui résulterait d'une bataille perdue? Et quelle pénible émotion pour ceux qui se sont dévoués à l'avenir de la colonie ! On regrettait moins tant de morts douloureuses, tant de pertes sensibles, en songeant qu'elles fécondaient l'avenir. Que d'amertume aujourd'hui dans cette pensée que tout le sang répandu doit rester stérile ! » — Il prédisait les émotions causées par notre retraite du Tonkin.

Encore la reddition de Vinh-long en 1862 s'était-elle faite honorablement, posément, avec garanties prises et en échange d'un traité définitif. Mais l'abandon des citadelles tonkinoises ressemblait à une catastrophe. Elle eut pour effet immédiat ce qu'on prévoyait trop bien : une épouvantable dévastation des chrétientés.

Le massacre, les incendies se propagèrent pour ainsi dire sous les yeux mêmes de M. Philastre. Il aurait pu apprendre, s'il avait eu l'esprit moins aveuglé, ce que valait la parole des mandarins :

---

1. Francis Garnier, *la Cochinchine française en* 1864.

les proclamations d'amnistie lacérées le jour même où ils rentraient dans les forteresses ; partout de sanglantes représailles contre nos auxiliaires de la veille ; partout des villages incendiés par ordre des lettrés ; un nombre de victimes qui s'est compté par milliers et parmi lesquelles, des femmes, des enfants ; nos anciens fonctionnaires égorgés avec leurs familles.

Tout ce sang répandu ne troubla pas M. Philastre, il n'en demanda aucun compte. La mission de Ké-so eut toutes les peines du monde a obtenir de lui quelques soldats pour la protéger. Une requête des malheureux officiers indigènes qui avaient servi notre cause ne le toucha pas davantage. Il avait décidément un cœur de lettré.

Elle disait pourtant, cette requête :

« Lorsqu'on rendit aux Annamites la citadelle de Nam-Dinh, nous n'en avons point été prévenus d'avance ; aussi après le départ des officiers français, les mandarins annamites et les lettrés cherchèrent-ils à prendre et à mettre à mort tous les mandarins nommés par les Français, brûlant les villages chrétiens, tuant les catholiques, poursuivant nos parents, nos femmes, nos enfants, livrant nos demeures à l'incendie et au pillage et envoyant aux mandarins des Phu et des Huyen l'ordre secret de poursuivre tous ceux qui s'étaient mis au service de la France.

« ...Nous prions M. le commandant de vouloir bien nous faire passer à Saïgon, où nous serons en pays français ; car si nous restons ici nous serons tous poursuivis, pris et mis à mort. Nous prions M. le commandant d'avoir pitié de nous et de nous sauver. »

C'est onze jours après la date de cette requête, que fut signée la seconde convention, celle qui concédait aux Annamites la restitution de la citadelle de Hanoï sans prendre, pour sauver les partisans de la France, d'autre précaution ni d'autre garantie que ce mot : « Il a été publié un édit de *grâce;* c'est pourquoi les mandarins ne devront pas les poursuivre, mais les protéger. » Mot de cruelle insouciance ou de sollicitude railleuse. Aussi, quand finalement la citadelle de Hanoï fut à son tour évacuée (le 12 février 1874) et que nos soldats eurent défilé à travers les rires et les quolibets des Annamites, vit-on recommencer de plus belle les massacres, les dévastations. Qui pourrait raconter les scènes horribles, lugubres, le désespoir, la terreur de ces milliers de gens, nos amis, fuyant, errant dans les montagnes, y mourant de misère pour ne pas mourir ailleurs brûlés, noyés, éventrés !

La France, qui avait un instant brillé d'un si vif éclat aux yeux de ces populations, la France se retirait couverte de honte.

M. Philastre, six mois après, était fait officier de la Légion d'honneur, tandis qu'au Tonkin, le chef des Pavillons-Noirs, Luu-vinh-Phuc, était fait mandarin, et que le massacreur des chrétiens Tam-Dang, était nommé commissaire royal des provinces maritimes.

CHAPITRE IX

LES TRAITÉS DE 1874. — LA PÉRIODE DES CONSULS. — M. DE KERGARADEC — LE TONKIN EXPLORÉ.

L'affaire du Tonkin semblait enterrée. Le ministère pouvait être tranquille. L'Angleterre n'en serait point jalouse. M. Philastre avait laissé les rives du fleuve Rouge dans un tel état que de longtemps la France ne pourrait s'y relever. Les habitants devaient être guéris de l'idée de se rallier à notre cause; guéris également, nos négociants et nos marins, de la tentation d'entreprendre quelque chose en faveur de notre commerce en ces riches contrées. M. Dupuis ruiné. Francis Garnier désavoué. Il y en avait assez pour que l'Extrême-Orient apprît à dédaigner notre politique.

A la vérité, l'officier désigné pour être résident à Hanoï était un homme dont notre colonie de Saïgon appréciait hautement le sang-froid et la fermeté, M. Rheinart[1]; mais à quoi bon ce mérite désormais? Toutes ses protestations ne purent empêcher ni les tragiques vengeances des lettrés,

---

1. Pierre Paul-Rheinart, capitaine d'infanterie de marine, inspecteur des affaires indigènes, né le 1ᵉʳ novembre 1840.

ni les autres violations de la capitulation Philastre. Les mandarins savaient maintenant que tout de leur part, mauvaise foi et bravades, resterait impuni. Ils montrèrent plus d'insolence que jamais. Sans doute, si M. Rheinart avait été laissé juge du point d'honneur, il n'eût pas agi autrement que Francis Garnier; il eût infligé à ces mandarins la même sévère leçon. Mais il était condamné à la plus navrante patience. Des rassemblements armés interdits par les conventions étaient faits autour de lui. Il fallait endurer. Tu-Duc avait pris pour nouveau commissaire au Tonkin un autre Nguyen-tri-phuong appelé Nguyen-Canh. L'injurieux personnage faisait visite à M. Rheinart avec canons chargés, mèche allumée. Il fallait endurer. Le résident français et sa garde modeste n'avaient seulement pas dans la ville de Hanoï un logement convenable qui valût le Camp des lettrés, mais ils demeuraient en des maisons de location, où ils étaient substitués aux Chinois de M. Dupuis; et tandis qu'ils y vivaient mal protégés, Hanoï regorgeait de soldats, qui se répandaient en insultes et en menaces contre cette poignée de Français. Il fallait endurer. Nos compatriotes étaient là quarante, pouvant considérer leur tête comme mise dans la gueule du tigre et n'ayant même pas à se dire : Si nous sommes tués, nous serons vengés! Tout ce qu'osa faire le résident pour leur sûreté, fut d'appeler à lui le peu de forces misérablement installées à Haïphong en des baraques inachevées, insalubres. Mais le commandant Testard n'eut pas plus tôt appris cet emprunt fait à la garnison de Haïphong qu'il donna contre-ordre. Dès lors, M. Rheinart, dont la situation n'aurait plus été tolérable à Hanoï, quitta ce poste avec ses hommes, se replia vers la mer, et jugeant là sa mission politique inutile, demanda son rappel. C'en était fait. En juillet 1874, nous n'étions plus rien au Tonkin.

Cependant le 15 mars précédent, au moment de rentrer en France, malade, épuisé, l'amiral Dupré était encore parvenu à faire signer aux ambassadeurs annamites le fameux traité de paix autour duquel avaient gravité ses espérances et ses persévérants efforts. C'était miracle qu'il l'eût obtenu dans la situation où nous étions.

Ce traité de 1874, si nous n'avions pas perdu ce qui donne la vie aux actes diplomatiques, le prestige, ce traité nous était avantageux. Il stipulait un protectorat, bien déguisé, à vrai dire. Il le stipulait sous cette forme assez humble, qui semblait nous constituer gendarmes de Tu-Duc :

« Art. 2. S. Exc. le Président de la République française, reconnaissant la souveraineté du Roi de l'Annam et son entière indépendance vis-à-vis de toute puissance étrangère, quelle qu'elle soit, lui promet aide et assistance et s'engage à lui donner sur sa demande et gratuitement l'appui nécessaire pour maintenir dans ses États l'ordre et la tranquillité, pour le défendre contre toute attaque et pour détruire la piraterie qui désole une partie des côtes du Royaume.

« Art. 3. En reconnaissance de cette protection, S. M. le Roi de l'Annam s'engage à conformer sa politique extérieure à celle de la France et à ne rien changer aux relations diplomatiques actuelles. »

Ce qui déparait ce traité, c'était un « don gratuit » de la France à l'Annam : cent canons, approvisionnés à deux cents coups par pièce, mille fusils, cinq cent mille cartouches, et cinq navires de guerre, parmi lesquels le *Scorpion!* Cette vaillante canonnière éprouvée par le feu de Nam-Dinh, cette glorieuse relique de l'expédition Garnier, devenant annamite! Quelle ironie! Non que le cadeau fût dangereux : entre des mains asiatiques, les engins les plus perfectionnés sont vite hors de service. M. Dutreuil de Rhins, qui sera chargé en 1876 de commander pour le compte de Hué ce *Scorpion*, nous apprendra ce que deviennent nos navires montés par les gens du pays : ils installent leurs cuisines jusque sur les chaudières, ils perdent les pièces essentielles des machines, ils vendent dans les ports une partie des agrès[1]. Notre munificence ne pouvait donc qu'à demi tourner contre nous. Mais nous avions l'air de payer une rançon, une indemnité de guerre : d'autant plus que nous faisions remise à l'Annam de celle qu'il nous devait encore, six millions pour le passé. Ainsi nous lui donnions les apparences du triomphe.

---

1. *Le Royaume d'Annam et les Annamites*, 1879.

Devant les peuples orientaux, Tu-Duc allait se parer de nos dépouilles.

En outre, le Président de la République française s'engageait à mettre à la disposition du roi (mais ceci moyennant *rémunération équitable*) « des instructeurs militaires et marins, en nombre suffisant pour reconstituer son armée et sa flotte, des ingénieurs et chefs d'atelier capables de diriger les travaux qu'il plairait à Sa Majesté de faire entreprendre, » etc.

En compensation :

Trois ports ouverts au commerce de toutes les nations. Pourraient s'y établir, non seulement des Français, mais des étrangers quelconques. Nous nous faisions concéder un avantage pour le monde entier. On n'est pas plus généreux.

Ces trois ports ouverts étaient, dans le Tonkin : Hanoï et Haïphong (appelé Ninh-Haï dans le traité), et dans l'Annam : Qui-nhon (sous le nom de Thi-naï, au sud de Hué, province de Binh-Ninh).

Ouvert aussi, le fleuve Rouge, entre la mer et Hanoï, puis entre Hanoï et la frontière chinoise du Yunnan, à la condition de ne point trafiquer sur le parcours, mais avec permission de recruter des bateliers et des gens de service.

Dans chacun des trois ports, faculté pour la France d'entretenir un consul assisté d'une force suffisante (au maximum cent hommes); lequel consul jugerait seul des contestations entre Français ou étrangers et, avec un magistrat du pays, les contestations entre Français et Annamites.

A Hué, obligation pour Tu-Duc de supporter la présence d'un résident français ayant rang de ministre et chargé de maintenir les relations amicales.

Un traité de commerce plus détaillé vint ensuite, le 31 août, compléter celui-ci ; fixer les droits de douane (5 % de la valeur des marchandises, mais 10 % pour le sel et pour la sortie des grains) ; établir demi-droits pour les marchandises dont la destination ou la provenance serait Saïgon ; décider que les droits ne seraient payés qu'une fois, à l'entrée ou à la sortie, et non plus à tout passage d'une province à l'autre ; puis — clause importante — adjoindre au personnel annamite des douanes un personnel européen sous les ordres d'un chef de service français ; autoriser la France à faire stationner dans les trois ports ouverts un bâtiment de guerre ; enfin convenir que tout bâtiment de notre marine croisant pour la protection du commerce devrait être reçu en ami dans tous les ports de l'Annam, excepté dans le plus voisin de Hué, celui de Thuan-an, où l'autorisation d'entrer devrait être demandée au préalable.

Dans la ville de Hanoï, pour le logement du consul et de sa garde, devaient nous être concédés gratuitement des terrains de deux hectares et demi. Autour de cette *Concession française* pourraient se grouper les magasins et habitations que les Européens établiraient après en avoir acheté de gré à gré l'emplacement aux propriétaires. C'était la constitution possible d'un quartier européen.

Le premier ministre de France à Hué, accrédité auprès de l'empereur Tu-Duc en vertu du traité, fut M. Rheinart,

Au Tonkin, M. Rheinart avait été remplacé par M. le chef de bataillon Dujardin, installé à Haïphng. — Celui-ci aida les Annamites à se débarrasser des insurrections fomentées du côté de Haï-Dzuong par les partisans de cette mystérieuse dynastie des Lê dont le nom servait de prétexte à tant de troubles et même de brigandages. Le Lê inconnu, pour lequel se battaient çà et là quelques bandes, ne se montrait jamais ni à ses fidèles, ni à personne. Il se révélerait après la victoire, disait-on. En attendant qu'il sortît de sa cachette, ce n'étaient pas seulement des chrétiens désespérés, des fugitifs de la persécution, des *vendéens* tonkinois, comme les appelle un pieux narrateur, qui se ralliaient à ce prétendant énigmatique et invisible. La légende était aussi exploitée par des aventuriers, des routiers, des écumeurs de mer, bien aises de s'abriter derrière un drapeau politique auquel ils supposaient notre indulgence acquise. Ainsi alliés à des pirates chinois, ces prétendus légitimistes s'étaient composé une petite armée navale avec laquelle ils essayaient de bloquer Haï-Dzuong et, non loin de là, ils occupaient le territoire de Dong-Trieu, limitrophe de la province de Quang-Yen. Ils affectaient des sympathies, un peu intéressées, pour la France. Néanmoins nos canonnières l'*Espingole* et l'*Aspic* et l'aviso l'*Antilope* donnèrent la chasse à leurs flottilles ; on captura, on mitrailla, on détruisit par le feu plusieurs de ces jonques suspectes armées de canon (24 septembre et 13 octobre 1874); on brûla aussi des villages aux insurgés; on poursuivit les débris de ces bandes découragées jusqu'au pied des montagnes du Quang-Yen, qui étaient devenues leur grand refuge (novembre 1874); et l'on vint aisément à bout de cette Vendée singulièrement mêlée, à laquelle s'intéressaient à la fois les néophytes des missions et la haute piraterie des côtes.

Nous secourions Tu-Duc, c'était conforme au traité. Cependant ce traité n'était pas encore ratifié par lui. Tu-Duc avait profité volontiers des clauses qui nous faisaient concourir au rétablissement de son autorité. Il était moins pressé de confirmer les engagements pris par ses ambassadeurs ; tout ce qu'il put mettre de retards, il le mit. En sorte que ce fut seulement en 1875, et le 15 septembre, que le nouveau régime fut promulgué au Tonkin, que la France put établir à Hanoï un consul (qui fut M. le comte de Kergaradec[1], un autre à Haï-phong qui fut M. Turc et que le fleuve fut ouvert.

Seulement, pour que *ouvert* ne fût pas un vain mot, il aurait fallu que l'Annam à qui nous avions loyalement fourni assistance contre des perturba-

---

1. Le Jumeau de Kergaradec, lieutenant de vaisseau, né en 1841.

teurs indigènes, nous aidât pareillement à disperser d'autres perturbateurs, les rebelles étrangers, qui étaient le grand obstacle au commerce. Mais Tu-Duc, heureux d'être promptement délivré des Lê, ne tenait pas à nous affranchir des Pavillons-Noirs. Ces bandits entraient dans sa politique. Campés sur le fleuve, ils l'interceptaient. Que souhaiter de mieux ? Ils étaient pour le roi un moyen indirect d'anéantir les avantages qu'il nous avait concédés à regret, de décourager notre installation et de rendre stérile entre nos mains l'apparente liberté de naviguer jusqu'à la frontière. Et puis, ces Pavillons-Noirs n'avaient-ils pas été ses alliés contre nous ? Ils pouvaient l'être encore. Aussi, loin de faire le moindre effort pour débarrasser d'eux la contrée, avait-il récompensé leur chef d'un titre officiel. Mieux encore : il leur payait une solde, la même solde qu'aux milices ! Mieux encore : il prêtait à ces brigands le secours de son armée pour agrandir leur territoire aux dépens de leurs rivaux les Pavillons-Jaunes, qui, moins farouches, moins hostiles aux Européens, étaient en disgrâce. Le prince Hoang, devenu maréchal au Tonkin préférait favoriser les assassins de Francis Garnier. Ainsi la connivence des hauts mandarins avait procuré à la horde de Luu-vinh-phuc toute la région des rapides.

Il en résultait une violation permanente des traités. Ces Pavillons-Noirs gardaient leurs douanes ; et tandis que, d'après les conventions, les marchandises ne devaient qu'une seule fois des droits, elles en subissaient encore d'exorbitants du fait de ces étranges douaniers supplémentaires, tolérés et soldés par l'Annam.

Si bien que M. de Kergaradec, poussant une reconnaissance dans cette direction, put recueillir la plainte d'un commerçant chinois, qui déclarait avoir été rançonné dans le haut du fleuve de plus de 30 $^{0}/^{0}$ sur la valeur de ses marchandises. Il n'y a du reste que les Chinois qui se hasardent dans ces parages. Encore croient-ils prudent de s'associer pour leur commerce avec des chefs rebelles. Avant l'arrivée de ces Hé-ki, les échanges par la frontière étaient, d'après les gens du pays, relativement considérables. Les marchands de Hanoï faisaient fréquemment partir pour le Yunnan des convois de 20 et 30 barques. Maintenant le trafic n'est plus que la centième partie de ce qu'il était[1].

L'ouverture du fleuve Rouge était donc, dès le début, restée illusoire. Et la France supportait cela !

Elle supportait aussi la double iniquité commise envers la mémoire de Francis Garnier et envers la fortune de M. Dupuis.

Quand Paris avait appris, en janvier 1874, le malheur de Francis Garnier, j'exprimais alors cette crainte en racontant dans un journal le triste événement : « Fasse le ciel qu'au moins avec lui n'ait

---

1. De Kergaradec, *Reconnaissance sur le fleuve Rouge*, en 1876.

point péri son idée et qu'à la douleur de ses amis, de ses compatriotes, ne s'ajoute pas, par une de ces incuries qui ne sont point rares dans nos gouvernements, l'oubli de son œuvre. »

Hélas ! c'était plus que l'oubli, plus que l'abandon de son œuvre, qu'on essayait.

Ses restes mortels, laissés à Hanoï, parurent à la famille mieux placés sur un sol français, à Saïgon. Sur le désir qu'elle en exprima, M. Luro se chargea des soins à remplir. Il demanda à la Marine la permission de prendre dans l'arsenal, en le payant, du plomb laminé pour le cercueil. Refus. Comme il n'existait pas de ce métal laminé chez les marchands de Saïgon, il fallut en faire venir de Singapour ; du plomb anglais pour enterrer ce martyr de la cause française !... Encore à Hanoï par les soins de notre consul, M. de Kergaradec, l'exhumation eut-elle lieu avec certains égards, comme en témoigne cette lettre :

« Hanoï, 16 décembre 1875.

« Mon cher Luro,

« Le cercueil que vous avez fait faire à Saïgon ne nous est arrivé que d'hier par une jonque ; sans perdre de temps, nous avons procédé à l'exhumation, et demain nous enverrons les restes de Garnier à Haïphong, avec une escorte de Français... Nous lui avons fait, le jour où nous l'avons transféré de la citadelle au nouveau cimetière (contigu à la concession française) des obsèques solennelles, où assistaient plusieurs milliers d'Annamites ; Mgr Puginier, revêtu de ses ornements pontificaux, marchait en tête du cercueil. J'ai trouvé indispensable de donner cet éclat à l'enterrement de votre ancien camarade, que je connaissais aussi du reste, car nous avons été aspirants ensemble sur le *Suffren* à ma sortie de l'école, et à celui de ses compagnons ; et j'ai des raisons de croire que cette cérémonie a produit un très bon effet. J'ai également prononcé au cimetière quelques paroles d'éloge qui leur étaient bien dues...

« De Kergaradec. »

Mais pour les obsèques à Saïgon, l'amiral-gouverneur s'opposa à toute manifestation sympathique. Elles se firent sans pompe, suivant ses instructions. Devaient s'abstenir d'y assister les officiers, tous ceux qui n'avaient pas connu personnellement Francis Garnier. Trois ou quatre seulement, parmi lesquels on m'a cité MM. d'Arfeuille et de Champeaux, — et M. Philastre ! — suivirent le cortège disgracié.

Le gouverneur de la Cochinchine était alors l'amiral Duperré, deuxième successeur de l'amiral Dupré, et inspiré d'une idée politique absolument différente. Auprès de lui, M. Philastre était un conseiller en faveur. C'est assez dire.

Il n'y avait donc pas à penser non plus que M. Dupuis obtiendrait justice. Il était accouru à Saïgon, dès les premiers actes de M. Philastre, pour tâcher de sauver les intérêts français et les siens fort compromis. Il avait trouvé l'amiral Dupré très changé et ne voulant plus ouvrir les yeux ; M. Dupuis n'obtint que de vagues espérances jusqu'au 15 mars, jour où fut signé le traité ; dans ce traité, il n'était point question de lui, point question de son indemnité ; la réserve n'en était même pas faite. Encore un cadeau à l'Annam ! L'amiral Dupré s'excusa en disant : « Le temps ne m'a pas permis de terminer les affaires avec les ambassadeurs de Hué, mais je vous ai très chaudement recommandé à mon successeur l'amiral Krantz, qui fera pour vous ce qu'il pourra. » Malheureusement l'amiral Krantz, héritant d'une situation qu'il n'avait pas faite, ne pouvait pas grand'chose. « Adressez-vous à l'amiral Dupré, » répondit-il à M. Dupuis. Celui-ci se crut joué. Il demandait ou de l'argent ou sa liberté d'action, « la liberté de porter lui-même et de faire accepter de gré ou de force, à ses risques et périls, ses réclamations à la cour de Hué[1]. » En désespoir de cause, il télégraphia au ministre de la marine :

« Position désespérée. — Faillite inévitable par créanciers étrangers, sans deux cent mille dollars immédiatement. Puis emprunter Banques avec garantie gouvernement. La donner de Paris — ou donner ordre gouverneur Cochinchine la donner ici. Remboursement sur indemnité annamite. »

Il ne faut pas oublier qu'en vertu de la convention Philastre, l'expédition de M. Dupuis avait dû abandonner les maisons qu'elle occupait à Hanoï ; ses

---

[1] Lettre du 6 octobre 1874 au gouverneur de la Cochinchine.

effets, ses bagages, ses papiers, laissés là sous scellés, y furent mis au pillage. Ses navires et leurs équipages, relégués au port de Haïphong, et là condamnés à l'inaction, lui coûtaient en pure perte un entretien dispendieux. C'étaient cinq batiments et un personnel de deux cents hommes tenus inutilement prisonniers. C'était une période de dix-neuf mois arrachée à son activité commerciale. Encore, quand les ressources lui manquèrent pour nourrir ce personnel inoccupé, le gouvernement colonial y avait-il en partie suppléé par des avances; mais cette subvention fut retirée brusquement le jour même de la promulgation des traités, le 15 septembre 1875. M. Dupuis, non indemnisé pour le passé, était considéré comme trop heureux que l'ouverture nominale du fleuve semblât lui rendre la faculté de continuer son entreprise interrompue et ruinée. On commença par démunir ses navires de leurs canons. Après quoi, on se crut quitte en lui disant : Ainsi désarmé, vous êtes libre de remonter au Yunnan; passez, si vous pouvez, devant les Pavillons-Noirs !

Tout ce que M. Dupuis tenta de démarches auprès de l'amiral Duperré, pour obtenir une réponse plus équitable, échoua. Le nouveau gouverneur ne voulait pas entendre parler d'enquête; ni se renseigner autrement que par les pièces officielles; ni tenir aucun compte de ce qui avait pu être dit ou promis au négociant français; il le mettait au défi d'exhiber un document officiel qui rendît le gouvernement responsable du séquestre de ses bateaux et de ses gens à Haïphong. L'impression de M. Dupuis était que ce langage avait pour but, ou de lui faire peur, pour arracher à sa misère quelque concession, ou de se débarrasser de lui par le découragement. Il lui avait été rapporté qu'une dépêche du ministre de la marine à l'amiral Krantz était ainsi conçue :

« Faites tout votre possible pour endormir et faire traîner l'affaire Dupuis ; elle s'éteindra d'elle-même avec le temps [1]. »

Telle semblait être, dans tous les cas, l'inspiration de ceux qui tenaient en leurs mains, soit à Paris, soit à Saïgon, les destinées de la colonie. Mais alors ils se méprenaient grandement sur le caractère de l'homme qu'ils pensaient abattre. Ils ne savaient pas à quelle volonté ferme et tenace ils allaient se heurter. La façon dont M. Dupuis s'est débattu pendant cinq ans pour ne point se laisser étouffer, pour se faire entendre de l'opinion publique, fait le plus grand honneur à son énergie, à sa persévérance. Il y a quelque chose d'admirable dans ce courage, qu'il a déployé, aux prises avec l'injustice et l'adversité ; multipliant les lettres, les démarches, les appels à l'attention de ses compatriotes. Ces efforts ont eu leur récompense ; il est parvenu, sinon aux satisfactions matérielles qu'il

---

1. L'existence de cette dépêche a été niée par le ministère.

pouvait espérer, du moins à des satisfactions morales. Il a brisé le cercle de ténèbres et de silence dans lequel on voulait l'enfermer. On lui doit en grande partie la lumière qui s'est faite sur l'expédition de 1873 et l'intérêt que prend aujourd'hui la France aux affaires du Tonkin.

Sa pétition à la Chambre des députés est restée trois ans sans réponse. Mais à la troisième année, en 1879, elle a fait l'objet d'un rapport qui a produit grande sensation. Le rapporteur, M. Émile Bouchet, faisait ressortir d'un mot fort juste le tort de la mère patrie envers ceux de ses enfants qui vont au loin soutenir son commerce et lui frayer la voie :

« Notre administration est admirable comme génie de colonisation : Un Français ouvre une route des plus importantes, on le traque, on le ruine, on le brise, on lui offre la prison pour refuge.

« Puis, on se lamentera de voir à sa place le commerce étranger prospérer, s'étendre, envahir!

« Il est dû à M. Dupuis une réparation qui lui sera certainement donnée par l'honorable ministre de la marine, à qui nous vous proposons, messieurs, de renvoyer la pétition. »

Ce qui fut voté.

Avant de conclure ainsi, les explications de l'administration de la marine avaient été recueillies par le rapporteur. Émanées de M. Benoist d'Azy, directeur des colonies, elles indiquaient bien quelles préventions avaient dicté la politique du ministère : Il y était dit que M. Dupuis « agissait en forban; » que Francis Garnier « manquait de modération et de mesure; » que c'était « un esprit aventureux et dévoré d'ambition; » que « ce choix avait déplu au ministère; » que « la funeste expédition Garnier jugeait ces conquêtes faites par 200 hommes; » que « cela ne pouvait aboutir qu'à un triste conflit, si *la conduite aussi prudente que décisive de M. Philastre, cet officier si recommandable,* n'avait amené la pacification du pays. »

Le rapporteur fut amené par ces allégations à donner, pour rétablir la vérité, un grand développement à la partie historique de son travail; il rassembla les preuves, les témoignages, les documents, et c'est ainsi que son rapport, riche de citations et de révélations, a vivement éclairé un passé glorieux qu'on voulait obscurcir. Non seulement le mérite du négociant hardi qui avait le premier entrepris l'utilisation commerciale du fleuve Rouge, mais le mérite du jeune et brillant capitaine qui avait le premier planté le drapeau français sur les citadelles du Tonkin, qui avait conçu l'idée et qui lui avait immolé sa vie, s'en sont trouvés rehaussés.

Il est vrai que le nom de Francis Garnier, illustré par tant de travaux, d'explorations, de relations de voyage, n'était pas de nature à supporter longtemps l'obscurcissement auquel on voulait le condamner. Tôt ou tard, il devait émerger comme celui de Dupleix. Trop de marins, de savants, d'amis s'intéressaient à lui. Il avait laissé un sillon trop profond dans notre histoire coloniale. Ses écrits, sa vie protestaient trop haut. Notre colonie de Saïgon protestait aussi. Elle fut la première à réagir en sa faveur. Elle sauva d'abord par une souscription le noble, pur et modique héritage du vaillant savant mort pour son pays. Elle lui érige aujourd'hui une statue. Des hommes d'un grand mérite décernaient à sa mémoire un juste tribut d'hommages. La Société de géographie de Paris, son président, l'amiral La Roncière le Noury, son secrétaire général, M. Charles Maunoir, plusieurs de ses membres éminents, M. Vivien-Saint-Martin, M. E. Levasseur, M. le Dr Harmand; en dehors d'elle, M. le capitaine de vaisseau Trève; plus récemment, l'Académie des sciences, qui a sur le rapport de M. d'Abbadie, demandé[1] pour la veuve de Francis Garnier une récompense nationale, ont déposé sur la tombe du héros ce qu'on pourrait appeler des couronnes civiques, et ces témoignages ont contribué au revirement ou plutôt au réveil de l'opinion. Maintenant c'est chose faite, le souvenir de Francis Garnier a repris dans les sympathies et dans la fierté de la France le rang qui lui était dû.

Il faut dire aussi que son œuvre reprenait vie au Tonkin. Si notre prestige n'y était pas encore revenu, si l'Annam, se jouant de nous, éludait encore le traité de 1874, du moins la présence de nos

---

1. Sans l'obtenir d'ailleurs.

consuls de Hanoï et de Haïphong permettait l'exploration du pays. M. de Kergaradec fit, dans les années 1876 et 1877 deux voyages sur le fleuve Rouge.

Le premier de ces voyages fut arrêté à Laokaï par les Pavillons-Noirs. M. de Kergaradec n'en recueillit pas moins en route des observations d'un grand intérêt. Il remarqua que la navigation jusqu'à la frontière était possible en toute saison pour des vapeurs à fond plat et à roues, ne tirant pas plus de 80 à 90 centimètres et pouvant à l'aide d'une forte machine refouler le courant; de mai à novembre (saison des pluies) une canonnière peut naviguer jusqu'au pied des premiers rapides. Il circule entre Hanoï et Laokaï des jonques éminemment propres à cette navigation. Elles peuvent porter 20 tonneaux; elles ont 20 mètres de long, 3 de large, 1^m,20 de profondeur de cale; elles sont à fond entièrement plat; construites en planches faites du bois appelé *cay-cho*. Un toit en bambou tressé couvre le bateau, sauf un petit espace libre sur l'avant. Ce toit sert de pont aux bateliers pour pousser la barque avec de longues perches munies de pointes de fer. La mâture a 15 mètres de haut; elle est fortement inclinée sur l'avant. Quand le vent est favorable, on établit une immense voile carrée en coton léger. Mais le plus ordinairement la mâture sert à amarrer la cordelle par laquelle on remorque la jonque; c'est une cordelle en rotin remarquablement solide et légère.

Le fleuve Rouge, à son confluent avec la Rivière

Claire a près de 2,000 mètres de large. Mais dans la saison d'hiver, les eaux basses découvrent des bancs de sable qui le divisent en bras. Les eaux de la Rivière Claire, vertes et propres, viennent lentement se confondre avec les eaux rougeâtres du fleuve qui coule avec vitesse.

Entre la Rivière Claire et la Rivière Noire (distance de quelques milles seulement) le fleuve forme un coude brusque encombré de bancs de sable qui se déplacent fréquemment. Il a encore là 1,500 mètres de large. En face de Hung-hoa, il n'en a plus que 400. Les rives sont encore bien cultivées, les villages nombreux; mais peu à peu le sol devient accidenté. On entre dans la région des forêts, qui se prolonge jusqu'à la frontière. Ce pays était habité il y a vingt ans. Il a été dépeuplé par les bandes chinoises.

Après Tuan-Quan, les premiers rapides : d'abord celui que les Annamites ont nommé *Thac-Thu* (commencement des dangers), deux bancs de roche barrant la rivière, sauf un chenal à courant violent. C'est ici le pays du bambou; la forêt en est pleine. On laisse un affluent, le Ngoi-Thia. Puis deux rapides assez difficiles, mais courts. Enfin le grand rapide, *Thac-caï*, très long et parsemé d'obstacles auxquels il semble que les barques entraînées aient à la descente toutes les chances de se briser; mais non, elles se trouvent préservées par les remous qui s'y forment. Sur les bords, vivent des peuplades sauvages, les *Tho* soumis aux Annamites, les *Mang*, et plus loin les *Méo* (ou chats) qui, réfugiés sur les sommets, visent à l'indépendance. Les animaux sauvages abondent dans cette région, cerfs et sangliers, tigres et éléphants. Du Thac-Cai jusqu'à Laokaï, toute une série de rapides. Les montagnes venant jusqu'au bord forment des défilés.

A son second voyage, M. de Kergaradec, qui avait compté la première fois 25 jours pour arriver à Laokaï dans son canot à vapeur, n'en a plus mis que 18 en barques légères; « 18, a-t-il dit, c'est là, je crois, le minimum que peut mettre une barque ordinaire dans de bonnes conditions, tandis qu'un courrier allant tantôt à pied, tantôt en pirogue, ne mettrait probablement que 10 à 12 jours. » La différence tient aux difficultés du passage. A Laokaï le fleuve n'a plus que 100 mètres de largeur. Sur ce point, apparaît un nouveau système de barques, pour faire le commerce avec Manghao : ce sont des barques longues et effilées. Au delà de la frontière, le fleuve s'encaisse de plus en plus. Il semble qu'on navigue au fond d'un gigantesque fossé. La végétation disparaît. On traverse encore une trentaine de rapides jusqu'à Manghao. M. de Kergaradec y est arrivé le 21 mars 1877. C'était jour de marché. Il y a trouvé foule compacte et, en abondance, des chevaux et des mulets qui avaient apporté des marchandises de l'intérieur. Le marché est approvisionné aussi par des tribus sauvages dont le territoire s'étend jusqu'au Laos.

Tous les habitants sont commerçants et beaucoup paraissent aisés. Mais le commerce de Manghao, bien déchu, se borne à l'échange de l'étain et de l'opium du Yunnan contre trois denrées principales arrivant par le Tonkin : le sel marin, hors de prix ici; le coton brut, et le tabac chinois, de Tokien, pour pipe à eau.

En dehors de cela, il ne se fait qu'opérations de peu d'importance : pour l'exportation, le thé de Pou-Eul (thé compressé en forme de galettes ou de briques); pour l'importation, des cotonnades européennes et des objets de mercerie, tels qu'aiguilles à coudre et boutons de cuivre, de fabrique anglaise, dont on se sert pour la veste des gens du pays, analogue à celle de la Basse-Bretagne. Les étoffes de soie venant de Canton prennent la voie de l'intérieur, plus sûre, quoique plus chère. Le cuivre également. L'industrie minière, autrefois florissante dans cette partie du Yunnan, reprend aujourd'hui. Dans les environs de Mong-tse, à Ko-Kieou, où l'on compte plus de 50 mines, l'exploitation de l'étain et du cuivre fait vivre plus de 10,000 personnes, — et en occupait bien davantage naguère. Il ne faut d'ailleurs que des bras et des débouchés. Les montagnes annamites de la province de Tuyen-Quang ne sont pas, disent les Chinois, moins riches que celles du Yunnan.

« J'ai trouvé, dit M. de Kergaradec, tous les commerçants chinois, tant à Manghao qu'à Mongtse, extrêmement favorables à l'extension du commerce par la voie du fleuve Rouge. Tous déplorent le manque de sécurité dû à la présence des Pavillons-Noirs à Laokaï et les droits exorbitants qu'ils prélèvent. »

Ceci confirme ce qu'avait dit M. Dupuis.

En résumé, ce qui résulte du rapport de M. de Kergaradec c'est que le fleuve Rouge dans l'état actuel n'est pas d'une navigation facile, mais il semble que cette navigation pourrait être améliorée par des travaux; avec des vapeurs spéciaux elle serait possible jusqu'à Laokaï; ce qui tue surtout le commerce, c'est la présence des Pavillons-Noirs.

Les rapports du service des douanes sur le mouvement commercial de Haïphong signalaient l'entrée de 301 navires seulement en 1881, sur lesquels il n'y en avait que 16 de français. En vérité la France tenait une trop petite place dans ce mouvement qu'on voulait créer pour elle.

Haïphong était considéré comme bien éloigné encore de la prospérité à laquelle ce port pourrait prétendre. Pour le placer dans de meilleures conditions économiques, que faudrait-il? Trois choses essentielles avant tout, disait l'un de ces rapports :
— Introduire dans une convention nouvelle la suppression complète des douanes intérieures de province. — Stipuler l'ouverture de Nam-Dinh, qui est l'un des véritables entrepôts du commerce local.
— Stipuler l'établissement d'un marché européen à Laokaï et y mettre un bureau de douane régulier.

D'autres rapports qui ont préoccupé le public sont ceux des ingénieurs des mines, MM. Edm. Fuchs et Saladin. Chargés d'études géologiques dans l'Indo-Chine, ils ont découvert au Tonkin divers gîtes de combustible de qualité excellente, paraît-il. Deux bassins houillers, situés dans la région maritime du nord, dans le Quang-Yen, ont été décrits comme très riches; l'un est voisin du port de Hong-haï (ou Hong-Gaï) dans la baie d'Alung. Les couches affleurent très près du littoral. Des gisements ont été observés également dans l'île de Ke-bao. Suivant une ligne de Ke-bao à Dong-Trieu, il existerait un banc d'une longueur de 110 kilomètres. L'autre bassin houiller s'étend vers Mong-haï qui avoisine la nouvelle frontière chinoise. Mong-haï est dans une île qu'un étroit chenal seulement sépare d'un village chinois.

Ces découvertes ont fait sentir la nécessité pour la France de surveiller, d'occuper au besoin, ces deux points importants : Hong-Gaï et Mong-haï.

Plusieurs géographes, de leur côté, ont continué d'explorer le pays. Tandis que M. Dutreuil de Rhins observait l'Annam, en particulier la rivière de Hué, et dressait une carte fort estimée de l'Indo-Chine, tandis que M. le docteur Harmand franchissait le mur montagneux qui sépare le Laos de l'Annam, M. le docteur Maget visitait le Tonkin, sur lequel il a publié une excellente étude d'ensemble ; M. Mallart, lieutenant d'infanterie de marine, en avait dressé une carte administrative et routière, aussi complète que possible. Plus récemment, en 1881, deux voyageurs, MM. Villeroy d'Augis et Courtin, ce dernier mort à la peine, ont parcouru les bords de la Rivière Claire. Attaqués à quelques milles de la frontière chinoise par des bandes de pillards chinois qui tiennent campagne en ces parages, ils soutinrent la lutte contre ces bandits, pénétrèrent plus avant traçant leur carte et se renseignant auprès des indigènes qu'ils trouvèrent heureusement fort pacifiques. Mais à Vang-Giam, village Muong, flanqué d'un fort occupé par les Pavillons-Noirs, la hauteur des chutes d'eau arrêta leur navigation. Quand ils voulurent redescendre la rivière, leur jonque se brisa; tous furent projetés sur un banc de gravier. M. Courtin était alors malade d'une méningite, suite d'une fièvre paludéenne. Il succomba au terrible mal, le 8 décembre, dans ce village de Vang-Giam qui avait été le terme du voyage. M. Villeroy d'Augis revint sur une pirogue porter à Hanoï la triste nouvelle.

Cette même année, M. Aumoitte avait atteint la frontière par la route montagneuse de Langson et découvert que cette ville et sa rivière, contrairement à ce qu'on croyait, étaient sur le versant qui regarde la Chine.

Toutes ces recherches, toutes ces études ravivaient la pensée qui avait inspiré Francis Garnier.

On commençait à supporter moins patiemment

les infractions au traité de 1874 commises par l'Annam, la solde payée aux brigands de Laokaï, l'affectation de Tu-Duc de se placer sous un protectorat autre que le nôtre, celui de la Chine.

Tu-Duc, en effet, ne se contentait point d'envoyer le tribut triennal à Pékin — tribut qui n'avait plus de raison d'être et se conciliait mal avec la qualité de *Souverain indépendant* que cet Empereur s'était fait reconnaître en traitant avec nous. — Mais encore à tout propos, il appelait dans ses États l'intervention des troupes chinoises, pour l'aider à maintenir l'ordre que nous lui avions garanti et que nous suffisions à lui garantir.

Ainsi, vers la fin de 1878, il y avait eu de nouveaux troubles à l'occasion des Lê. Un général chinois qui se donnait pour un descendant de cette famille déshéritée, Lê-Yang-Tsaï, avait fait subitement irruption à travers la frontière. Possesseur d'une grande fortune, il avait liquidé tous ses biens pour entretenir une armée de partisans. En réalité, il avait pris à sa solde ses anciens soldats du Kuang-Si, et avec quelques milliers d'entre eux, il avait envahi les provinces septentrionales du Tonkin, celles de Lang-Son, de Thaï-Nguyen et de Bac-Ninh. Il avait rallié à lui tout ce qu'il avait pu de vagabonds et de pillards, et dans ces malheureuses provinces qui semblent vouées à la dévastation, c'était une engeance qui pullulait. Aussi ses progrès semblaient-ils rapides ; il s'agissait de les arrêter. Point de doute que si l'Annam avait fait appel à nous, notre secours ne lui fût acquis. Nous lui avions déjà donné, contre ces prises d'armes des Lê, assez de preuves de bon vouloir. Mais ce fut au vice-roi de Canton que l'Annam préféra s'adresser. Ce vice-roi demanda des renforts à Pékin; le Céleste Empire fit armer à la hâte deux de ses canonnières; des troupes rassemblées dans les deux Kuang reçurent l'ordre de marcher à la poursuite de l'ex-général. Celui-ci, intelligent, dit-on, comprit que la lutte serait sans espoir et après avoir fait mine de résister quelque temps dans les montagnes du Lang-son, préféra se soumettre de bonne grâce.

Il n'en subsistait pas moins un avertissement pour nous : c'est qu'avec les forces insuffisantes entretenues par notre gouvernement dans ce pays ravagé de bandits et plutôt ouvert aux aventuriers qu'à nous, la France était exposée à de très fausses situations.

Nous avions l'air de partager notre protectorat avec la Chine, partage plein d'inconvénients. C'est ce que faisait ressortir dans ses dépêches le nouveau gouverneur de la Cochinchine, M. le Myre de Vilers. C'est aussi ce que comprenait fort bien l'amiral Jauréguiberry, alors ministre de la marine. Dès le 1ᵉʳ octobre 1879, il proposait d'envoyer 6,000 hommes et 12 canonnières [1]. Que n'a-t-il été

---

1. Documents diplomatiques sur les affaires du Tonkin, n° 53.

écouté ? Mais le gouvernement n'osait encore aller jusque-là.

Deux ans se passèrent en tergiversations.

Après quoi, la résolution fut seulement prise d'augmenter un peu les faibles garnisons que le traité nous permettait d'avoir au Tonkin. Puisque le traité était violé, que Tu-Duc était ou impuissant ou de mauvaise foi, que ces provinces étaient livrées à l'anarchie, que celles du Nord surtout étaient devenues un rendez-vous de Chinois, les uns criminels, pirates, déserteurs, les autres envoyés comme gendarmes, pour faire à leur façon la police du pays, il était naturel que la France songeât à la sécurité de ses consuls et de ses soldats et revendiquât le droit qui lui appartenait d'assurer la paix au commerce.

Seulement, par crainte de complications diplomatiques, on voulait éviter toutes les apparences d'une expédition.

La formation d'un corps expéditionnaire fut donc préparée sans bruit. Le ministère, en juillet 1881, demanda timidement un crédit aux Chambres en disant qu'il s'agissait seulement de mesures conservatoires : « Nous sommes chargés de maintenir l'ordre dans ce pays. Or, pour cela nous n'avons pas de forces suffisantes. Ce sont ces forces que nous vous demandons. Nous ne voulons pas faire de conquêtes; nous voulons avoir une situation honorable, et en ce moment elle n'est pas honorable. » Toute l'ambition qu'indiquait l'exposé des motifs était, d'envoyer sur le fleuve Rouge les forces navales nécessaires pour châtier les Pavillons-Noirs. Les crédits étaient demandés pour construire des canonnières d'une forme spéciale. Après le vote, ce fut un peu oublié. Ces canonnières furent commandées ; mais cet armement traînait en longueur ; l'envoi des renforts également. A la fin de l'année, un nouveau cabinet, celui de M. Gambetta, dirigeait les affaires et avait d'autres vues. Le gouverneur de la Cochinchine — c'était encore M. le Myre de Vilers — ayant télégraphié, le 16 janvier 1882 : « Il me paraît indispensable de doubler notre garnison à Hanoï, le *Drac* partira jeudi, » aussitôt, télégramme pour télégramme, le capitaine de vaisseau Gougeard, qui se trouvait en ce moment ministre de la marine, envoya défense d'agir : « *Je vous prescris de suspendre toute mesure militaire.* » Ce contre-ordre devait durer jusqu'à l'arrivée de l'amiral Pierre. Mais celui-ci, qu'on se proposait d'envoyer en Cochinchine, recevait lui-même ces instructions verbales [1] : « Se garder avec soin d'en-

---

1. Instructions révélées par une lettre que M. Gougeard a plus tard écrite (en décembre 1883) à M. Léon Renault, député. Dans cette lettre, l'ancien ministre a dit, pour justifier son attitude de 1882, qu'il s'était inspiré de méthodes nouvelles et les a définies ainsi : « Elles consistaient à ne pas déchirer à la légère le traité de 1874, dont nous constations pourtant avec l'amiral Jauréguiberry la véritable insuffisance. Nous n'ignorions pas que les voyageurs n'avaient pas toutes leurs aises, que les routes étaient peu sûres, mais beaucoup de quartiers de Londres et certains quartiers de Paris ne jouissent pas sous ce rapport d'une beaucoup meilleure réputation, et cela n'était pas fait pour m'émouvoir. »

gager aucune action militaire ; *arrêter* tout mouvement de troupes et de navires ; se renseigner exactement sur les forces de la Chine ; étudier avec soin, en faisant faire *par les gens du pays* les reconnaissances de terrain nécessaires, un projet ayant pour objectif, *quand le moment serait venu*, l'occupation de la frontière du Yunnan. » Hélas !

Le *Drac*, si on l'avait laissé partir, aurait amené au Tonkin, dès ce mois de janvier, un nouveau commandant : Henri Rivière. Pour entrer dans les vues du gouvernement, M. le Myre de Vilers lui avait fait force recommandations « de n'avoir recours aux armes qu'en cas d'absolue nécessité » et avec un luxe d'adverbes, qui embarrassait fort l'imagination du brillant officier, lui avait ainsi tracé sa tâche : « C'est politiquement, pacifiquement, administrativement, que nous devons étendre et affermir notre influence... Vous aurez à surveiller le fleuve... Toute ma pensée peut se résumer en cette phrase : Évitez les coups de fusil. »

Quand le cabinet du 14 novembre tomba (le 26 janvier 1882) les choses reprirent leur cours ; M. de Freycinet et l'amiral Jauréguiberry rentrés au ministère, on revint à l'idée d'une expédition, mais toujours discrète. Il fut décidé que le commandement en resterait confié au capitaine de vaisseau Rivière.

CHAPITRE X

L'EXPÉDITION RIVIÈRE

Qnand M. Henri Rivière fut envoyé au Tonkin — c'était à la fin de mars 1882 — il commandait la division maritime de Cochinchine depuis cinq mois et n'avait plus besoin que d'une mission brillante pour gagner une étoile d'amiral. Il avait cinquante cinq ans d'âge, trente-sept ans de services dans la marine, mais jusqu'alors n'était guère connu que par des romans et pour avoir contribué en 1878 à la répression d'une révolte de Canaques à la Nouvelle-Calédonie, ce qui lui avait valu ses épaulettes de capitaine de vaisseau. Si bien que lui-même a pu écrire à un ami : « Il me semble que j'ai été destiné sur le tard de ma carrière à devenir un navigateur et un homme de guerre. Cela a commencé à la Nouvelle-Calédonie et cela continue au Tonkin. »

Né à Paris, il était resté Parisien jusqu'au bout du doigt et jusqu'au bout du monde. Il naviguait du boulevard aux pays des sauvages, mais toujours en Parisien, souriant aux femmes, souriant au péril, insouciant à travers les caprices du vent, portant avec lui une imagination plus errante encore que la foule ou le flot, et partout les élégances de la pensée comme les élégances du maintien. Le Paris qu'il aimait, était celui des fins lettrés. Lui-même s'était fait une place parmi eux, comme romancier.

Pendant ses longs séjours en France, il était l'assidu du cercle Pailleron. L'hôtel de Rambouillet eût raffolé de lui. Bel homme et spirituel, ce n'est point commun. Pas de plus galant officier, du reste, ni d'officier plus voisin du quarantième fauteuil. Il avait l'amitié de Jules Sandeau, de Camille Doucet, d'Émile Augier. Souvent il se prenait à craindre que les succès littéraires ne fissent du tort à ses grades à venir. « Jamais, disait-il, on ne voudra confier un navire à un conteur. » Mais il n'est point jusqu'à la fortune qui ne se laisse séduire par les gens d'esprit. Il était d'ailleurs de ces marins comme l'Empire les concevait, brillants au château. Sa carrière navale n'eut pas trop à souffrir de ses romans, ni ses romans de sa carrière navale. En 1870, il était capitaine de frégate.

Le début qu'il fit dans les lettres, raconté par des initiés, date de 1860 : c'était une courte nouvelle du nom de *Pierrot*, d'un funambulesque lugubre, paraît-il. Cette fantaisie fut suivie d'une autre, plus connue, non moins sombre, *Caïn*, histoire de remords, le remords s'incarnant pour le meurtrier dans le visage de son fils qui ressemble au visage de l'assassiné. Plusieurs autres de ses conceptions portent la même empreinte d'imagination tourmentée. Il se complaisait dans les paradoxes maladifs, dans les étrangetés qui donnent le frisson, dans les idées violemment bizarres d'où il reste, comme d'un rêve d'halluciné, un trouble cérébral indéfinissable. Ainsi était sa *Seconde vie du docteur Roger*, une forte étude de logique dans l'aliénation mentale : un fou qui croit à la transfusion des âmes, à la reproduction des mêmes événements par les mêmes êtres ressuscités sous d'autres formes, et qui tue les gens pour les empêcher de refaire le mal qu'ils avaient fait dans une précédente vie. Ainsi encore, sa *Main coupée*, sa *Possédée*, son *Meurtrier d'Albertine Renouf*. Des amis ont dit : Dans tout ce fantastique convulsif où le sang coule et qui offre l'image de corps mutilés, de têtes tranchées, n'y avait-il pas un pressentiment ? Faire des rapprochements pareils serait trop verser dans son genre romanesque. A coup sûr, le malaise qu'il aimait à procurer à ses lecteurs ne venait point d'un malaise de sa pensée; elle n'était pas si noire, on s'accorde à le dire ; et l'horrible qui s'en dégageait parfois, ne devait être chez lui, sceptique, qu'un jeu d'*humour*.

Il avait aussi essayé du théâtre, qui avait encore plus d'attrait pour lui que le livre. Les directeurs accueillaient ses pièces sur la scène, c'était le parterre qui ne leur était pas indulgent. Elles échouèrent. A ce propos, il répondait à l'un de ses critiques qui avait dit : « Si M. Rivière avait connu aussi bien les signaux du théâtre que ceux de la mer, il aurait pu lire couramment sa destinée. » — « Hélas! monsieur, je connaissais ces signaux-là comme ceux qui annoncent le gros temps et font que les prudents s'abritent au port, mais je voulais tenter une fois cette fortune du théâtre si séduisante et si perfide. Je savais qu'on peut traverser les océans dans une barque qui fait eau et dont la voile est déchirée, j'avais l'audace des grands désirs et je m'étais dit que les flots du théâtre me seraient peut-être cléments, comme ceux de la mer le sont aux intrépides et aux croyants. »

A la Nouvelle-Calédonie, quelque chose de plus réellement dramatique lui était réservé : un spectacle de vraies rages féroces, un déchaînement de cannibales, d'étranges raffinements de cruauté dans ces têtes primitives de grands enfants sauvages, des massacres compliqués d'épouvantables atrocités, un carnage de femmes et d'enfants, qui dépasse tout ce que pourrait inventer la folie furieuse. Il s'agissait d'achever la répression de ces impitoyables égorgeurs et de mettre fin à ces orgies de casse-tête et de couteaux frénétiques. Ce soulèvement des Canaques qui avait subitement éclaté, en juin 1878, au milieu de la quiétude générale de la colonie surprise, avait nécessité une vraie guerre qui se prolongeait. Leur chef Ataï, énergique et intelligent, avait pris ses mesures avec une étonnante sagacité, organisant des centres d'insurrection, transportant au sommet des montagnes des approvisionnements pour les tribus en révolte, leur distribuant la sanguinaire besogne; il avait fallu pour concentrer la défense ordonner l'abandon des fermes, des plantations, former les troupes en colonnes mobiles, avec des auxiliaires sauvages, établir des postes fortifiés, et même armer des détenus; car il y avait là encore, pour assombrir davantage le tableau, les naufragés de nos tempêtes sociales, le bagne politique; à côté de l'enfer des criminels vulgaires, l'enfer des criminels d'État. Le commandant Rivière se montrait humain pour ceux-ci, il est resté populaire dans leurs souvenirs; il ne craignit pas de se mettre à la tête d'un détachement de ces déportés qui avaient réclamé des armes à grands cris pour la défense commune et qui, alliés à leurs gardiens, firent preuve de dévouement et de courage pour le salut de la colonie. En septembre 1878, il succéda dans le commandement au colonel Gally-Passebosc; ce malheureux colonel avait trouvé la mort d'une façon inattendue. Deux coups de feu partis derrière une broussaille l'avaient renversé de cheval. Tandis que les hommes lui faisaient une civière avec des branches d'arbre et des feuillages : « Non, laissez-moi mourir là, je souffre trop, marchez sur Bouloupari ». Mais, dit le commandant Rivière qui a donné le récit de cette mort héroïque dans ses *Souvenirs de la Nouvelle-Calédonie*, on feignit de ne pas entendre cet ordre du mourant. « Le colonel, c'est le drapeau, on ne l'abandonne pas, pour que les sauvages le

mutilent et se fassent des trophées de son cadavre. »
Si l'on voulait voir quelque part une intuition de la fin qui lui était réservée à lui-même, il semble que c'est en ces lignes qu'on la trouverait.

Le Tonkin, du reste, allait se présenter à sa vue comme une autre page de littérature fantastique. Il lui fallait cela, quand il était hors de Paris. A Saïgon, il s'ennuyait, il n'y voyait rien d'inattendu ni d'émouvant. Il avait l'horreur de Saïgon [1]. Mais lorsqu'il se verra dans le pays rendu légendaire par l'éblouissante conquête et la mort de Francis Garnier et qu'il se sentira entraîné à recommencer la légende pour lui-même, songeant sans doute à la *Seconde Vie du docteur Roger* et à sa théorie du recommencement des existences, il prendra goût à ce drame en action; il écrira ceci à des amis : « En somme je ne m'ennuie pas de cette activité : c'est l'intelligence appliquée à un objet particulier, aussi bien qu'à une pièce de théâtre ou à un roman... »

« Dites-vous bien qu'il est plus difficile d'écrire un roman que de prendre une citadelle et de faire de l'histoire à coups de fusil. Qu'est-ce qu'on risque à se battre? De mourir. Au moins il n'y a personne pour vous siffler. »

Le commandant Rivière partit de Saïgon, le 26 mars avec deux navires de la station, le *Drac* et le *Parseval*. Les troupes qui lui étaient confiées

---

[1]. Lettre à M. Ferdinand de Launay.

se composaient de deux compagnies (soit 200 soldats) d'infanterie de marine, une section d'artillerie de montagne et un détachement de tirailleurs cochinchinois, de création récente; en tout 3 à 400 hommes, sans compter les équipages.

Il écrivait à M. Ferdinand de Launay [1]:

« Nous allons tâcher de nous établir au Tonkin plus solidement que nous n'y sommes. Rien n'est bien précis dans mes instructions. Aussi je vais là comme Fabius Cunctator et je ne passerai le Rubicon, comme César, que si j'y suis absolument forcé. »

Et comme sa pensée se reportait à ses amitiés littéraires de Paris, à ce cercle de beaux-esprits qui communiaient avec lui dans le roman et qui applaudissaient à son talent, il ajoutait :

« Je m'en vais par le Tonkin à l'Académie française. »

Le *Drac* et le *Parseval* jetèrent l'ancre devant Haïphong le 2 avril. Le soir, au milieu des illuminations et des feux de joie des Tonkinois qui fêtaient ce retour tardif de notre protection, nos soldats furent embarqués sur des bateaux de marine marchande affrétés à l'avance. Par une belle soirée, ils entrèrent le lendemain dans la rade de Hanoï et prirent leurs cantonnements sur les terrains vagues de la *Concession française*, où déjà se trouvaient, comme garde consulaire, deux

---

[1]. Lettre publiée dans le journal le *Temps*.

compagnies d'infanteries de marine sous les ordres du chef de bataillon Berthe de Villers.

M. Berthe de Villers était un officier de trente-huit ans, neveu par sa femme de l'amiral Ribourt. Il avait tenu garnison au Sénégal, plus tard à la Guadeloupe. Il venait de se marier, en 1881, quand on l'avait envoyé au Tonkin. Sur lui pesait la lourde charge d'y soutenir l'honneur français et d'y faire bonne contenance avec peu d'appui. Or les relations étaient devenues fort acrimonieuses avec les mandarins; ils avaient repris dans leur citadelle les allures de 1873, s'y confinant, s'y fortifiant.

La venue de quelques centaines d'hommes ne put intimider qu'un moment l'arrogance annamite; ce déploiement de forces, c'était trop peu pour annoncer une virile décision de la France; ce n'était qu'une demi-mesure, plus que modeste, et comme toutes les demi-mesures, au lieu de résoudre, elle ne pouvait qu'aggraver les difficultés.

Le Tong-Doc ne rendit point visite et fit ses préparatifs de défense.

Le nouveau chef d'expédition n'était donc pas plus tôt arrivé que déjà il reconnaissait indispensable, comme l'avait reconnu Francis Garnier neuf ans auparavant, de compenser l'infériorité numérique par une action d'éclat et de riposter à d'insolentes attitudes par l'assaut de la citadelle.

Dès ses premières dépêches (10 et 18 avril), Rivière la signalait comme un danger grandissant.

Il faisait venir de Haïphong des troupes qui arrivèrent le 24. Il disposait par là de 620 hommes.

De grand matin, le 25, ultimatum au Tong-Doc. Trois heures après, ordre d'attaquer.

A huit heures, bombardement par trois canonnières, la *Fanfare*, la *Massue*, la *Carabine*.

A neuf heures, mise en batterie des pièces de campagne : l'une de 12, tirant sur la porte de l'Est; six autres, de 4, sur la face du Nord.

En même temps, déploiement de tirailleurs, cheminant le long de paillottes incendiées par les fusées ennemies, visant aux embrasures et déblayant par leur feu un terre-plein qui avait été ménagé pour servir de passage aux éléphants annamites, mais qui allait servir de passage à nos troupes.

Puis formation de deux colonnes d'assaut : l'une, seulement pour diversion, dirigée contre la porte de l'Est ; l'autre, conduite par le commandant Rivière, contre la face Nord.

A onze heures, signal d'escalade donné aux abordeurs, munis de quarante échelles de bambous.

Mais déjà le désordre était dans l'intérieur de la place, d'où s'échappaient de sombres fumées. Dès les premiers coups de canon, une poudrière avait sauté. Des pétards firent brèche dans les portes. Nos soldats pénétrèrent de toutes parts.

La garnison s'était déjà enfuie, laissant 40 morts et 20 blessés. Le Tong-Doc s'était pendu, — nous avions à peine quatre contusionnés.

Maintenant, qu'allait-il advenir? Allait-on profiter de cette prise de Hanoï? Allait-on faiblir de nouveau et tout défaire, comme après l'expédition de François Garnier? Averti par ce souvenir, le commandant Rivière ne se sentait point encouragé aux mesures vigoureuses qu'il aurait fallu prendre sur-le-champ. Des lettres de lui ont été publiées qui montrent ses perplexités. Il jetait les yeux sur ses instructions qui étaient d'agir politiquement, administrativement, etc., mais de ne pas tirer un coup de feu.

« C'était facile à dire ! » a-t-il écrit.

Puis il portait ses regards autour de lui ; ce n'étaient partout que préparatifs hostiles : à Nam-Dinh, barrages ; à Son-Tay, accumulation de Pavillons-Noirs.

Et devant cette perspective de luttes pour lesquelles il aurait fallu décision et promptitude, il en était à se demander :

« Je ne sais si je serai approuvé ou désapprouvé d'avoir pris la citadelle de Hanoï. »

Dans le doute, tout ce que fit le vainqueur embarrassé fut de démanteler la citadelle, de l'évacuer aussitôt et d'y rétablir le drapeau de l'Annam, gardant néanmoins un poste situé au centre, la pagode de l'Esprit-Royal, où il installa une compagnie d'infanterie de marine. Mais il remit le surplus, sous certaines conditions, au Quan-An, parent du roi, maintenu comme gouverneur intérimaire; et n'osant point toucher à l'administration, osant à peine saisir les douanes, il se fit une règle de laisser en place tous les autres mandarins et sous-mandarins.

Bien lui en prit, car le gouverneur de la Cochinchine n'était pas trop rassuré sur les conséquences de tant d'audace et, l'engageant à éviter prudemment de nouvelles occasions de conflit, lui écrivait (23 mai) : « On ne réussit pas en Indo-Chine avec des nerfs. » Alors se passa une chose curieuse, comme il n'en arrive que dans ces étranges pays, et qui s'était déjà produite en 1873 : Saïgon se hâta de calmer Hué; Hué, de calmer Saïgon. On se fit de réciproques politesses. Notre chargé d'affaires dit : « Ce qu'a fait le commandant n'était point pour rompre la paix. » Tu-Duc dit : « Jamais non plus nous n'aurions voulu que notre Tong-Doc la rompît. » M. Rheinart : « Notre commandant a eu la main forcée. » Tu-Duc : « Le Tong-Doc a eu tort de ne point céder. » On s'accorda pour rejeter la faute sur ce pauvre défunt. Le roi disait cela pour qu'on lui rendît sa citadelle. « Rendue elle vous sera, » s'empressa-t-on de répondre. L'ordre, en effet, de la restituer, y compris la pagode, fut expédié à Hanoï, avec deux envoyés de Hué pour la recevoir. Mais le commandant Rivière se crut en droit de ne restituer que partiellement, les restitutions, toujours mal comprises en Orient, étant tout ce qu'il y a d'impolitique. Il avait d'avance atténué l'effet de celle-ci en désarmant la place : il exigea qu'elle restât désarmée. S'il fallait rendre les clés aux mandarins, du moins y eut-il partage : une porte

20.

fut réservée aux Français. Enfin il garda la pagode. Chaque fois que les Annamites la réclamaient : — « Je ne crois pas, répondait-il, que ce soit encore le moment pour nous de l'évacuer. » Il écrivait à M. Le Myre de Vilers : « Je ne puis pas, en effet, courir le risque en l'abandonnant que les Drapeaux-Noirs l'occupent du jour au lendemain. »

De son côté, Tu-Duc avait eu soin de ne rien pacifier qu'en apparence également. Les deux envoyés de Hué invitaient bien les mandarins du Tonkin à disperser leurs rassemblements de troupes, mais nul n'obéit. Dans la bouche de ces envoyés, l'avis de désarmer semblait se traduire par un : « N'en faites rien. »

Aussi, encouragés sous main, les Pavillons-Noirs, toujours à la solde du prince Hoang, se répandaient-ils plus hardis que jamais, à deux pas de nous, dans les arroyos voisins et jusque dans les faubourgs de la ville. Ils guettaient l'heure.

Nous étions joués plus gravement encore.

A l'horizon, se montrait un nouvel ennemi : les Chinois. Auprès d'eux, en secret et contrairement aux traités, l'Annam avait agi pour obtenir leur intervention armée. Elle fut empressée. On avait éveillé en eux des méfiances à notre égard, éveillé aussi des convoitises. On les avait flattés par d'humbles marques de vasselage. Ils se mirent à protester très haut contre notre nouvelle expédition, tandis qu'ils n'avaient rien trouvé à dire contre la première ni même contre nos annexions de la

Cochinchine ; et il ne fut plus question que de leurs préparatifs et de leurs envois de troupes.

La crainte d'un conflit avec cette puissance paraît avoir rendu quelque temps hésitante la politique de l'Élysée. On s'inquiétait du monstre chinois, à Paris, dans les conseils du gouvernement. L'amiral Jauréguiberry dut jeter au feu tristement un projet de secours préparé par lui.

Il avait, le 15 octobre, avisé M. Duclerc, chef du cabinet, de son intention « *d'agir* » pour établir officiellement notre protectorat », lui déclarant « qu'on ne pouvait rester au Tonkin dans la situation fausse où l'on se trouvait » et le priant de soumettre la question au conseil des ministres.

Réponse de M. Duclerc : « Devant les résistances de Hué et les velléités d'intervention armée de la Chine, la dignité du gouvernement de la République vous paraît exiger que nous prenions des mesures énergiques... Je ne puis que constater avec vous les inconvénients de demeurer plus longtemps dans la situation fausse où nous nous trouvons aujourd'hui. Faites-moi connaître votre plan. »

Ce plan était : « Appuyer nos négociations à Hué par une démonstration assez imposante. Envoyer au Tonkin, soutenus par six navires, des renforts. Échelonner des garnisons sur le parcours du Song-Koï et sur les frontières. Il faudrait 3,000 hommes de troupes françaises, 3,000 de troupes indigènes. Il faudrait un commissaire du gouvernement investi de pouvoirs civils et militaires, ayant sous ses ordres des représentants dans plusieurs résidences. Dépense annuelle : 10 millions environ. »

« Je donne ma pleine approbation, répondit M. Duclerc, le 14 novembre. Je suis tout prêt à me joindre à vous, à l'effet de demander aux Chambres les crédits nécessaires. »

Des objections, entre autres celle-ci : « La Chine est bien redoutable! » firent renoncer à cette demande de crédits qui eût sauvé Rivière.

Il parut préférable d'user de diplomatie avec la Chine, si habile dans cet art. Jusque-là, en dépit de toutes les protestations de son conseil des affaires étrangères (le Tsong-Li-Yamen) et du marquis Tseng, son ambassadeur à Paris, nous n'avions jamais voulu admettre que cette nation pût s'immiscer dans nos affaires du Tonkin. Malheureusement M. Bourée, ministre de France à Pékin, fit espérer qu'on pourrait obtenir de gré à gré la retraite des troupes chinoises ; et en ce temps-là le ministère recevait de lui un télégramme qui annonçait un traité séduisant :

Shanghaï, 29 décembre 1882.

Le prochain courrier portera un projet de convention combiné avec le vice-roi du Pe-Tché-Li et agréé par le Tsong-Li-Yamen : ouverture du Yunnan; reconnaissance de la protection française au Tonkin, *sauf une zone* à délimiter suivant la frontière chinoise ; garantie réciproque de cet état de choses contre toute entreprise extérieure.

On fut plus d'un mois avant de savoir au juste à quel prix nous aurions acheté ces concessions de

Pékin. M. Duclerc, sur le premier moment, déclara que « le projet se présentait dans des conditions acceptables ». Restait à connaître le surplus. Pour y mieux préparer le ministère, M. Bourée envoyait dépêches sur dépêches, qui faisaient ressortir le danger des armements chinois : « L'armée de Li-Hong-Tchang comptait 60,000 hommes : beaucoup d'instruits ; les troupes envoyées au Tonkin étaient pourvues d'une bonne artillerie de campagne ; quant aux canonniers qui pourraient être expédiés de Tien-Tsin, ils ne le cédaient en rien, comme adresse à manier un matériel excellent, à ceux des meilleures armées européennes » ; les projets réalisés par la marine de guerre étaient plus remarquables encore : la Chine possédait « un nombre vraiment imposant de navires de combat et de croiseurs » ; les équipages étaient bons, et « chose plus extraordinaire encore, une très forte proportion des officiers chinois embarqués sur ces navires parfaitement au courant des choses du métier. Si, disait-il encore, une escadre ainsi composée organisait le blocus du golfe du Tonkin, mettant en ligne des cuirassés, des croiseurs à grande vitesse armés de pièces puissantes, des bateaux Thornycroft pouvant s'appuyer sur de nombreuses canonnières faites pour flotter dans les bas-fonds et les arroyos, je me demande comment nous parviendrions, sans courir de grands dangers ou sans mettre en mouvement des forces navales beaucoup plus considérables que celles dont nous pourrions ou voudrions disposer dans ces lointains parages, à forcer de pareilles lignes pour arriver à mettre à terre dans le Delta du Song-Koï des troupes de débarquement capables de refouler les masses que les Chinois auront tout le temps d'accumuler bien avant notre arrivée dans la contrée que nous voudrions leur disputer. »

Malgré tout, quand le projet de traité fut connu, il y eut désenchantement. A M. Duclerc avait succédé, aux affaires étrangères, M. Challemel-Lacour. Il dut télégraphier le 5 mars : « Cet arrangement consacrerait au profit de la Chine des concessions auxquelles il ne nous appartient pas de souscrire. »

On cédait Laokai à la Chine ; on l'admettait à un partage de notre protectorat ; on découpait au nord du fleuve Rouge une zone où, seule, elle aurait droit de police ; envers elle, comme si elle avait droit d'intervention, on s'engageait à ne tenter aucune entreprise contre la souveraineté territoriale de l'empereur d'Annam.

Et cela n'était même pas accepté par la diplomatie chinoise ! Elle se dérobait, renchérissant encore sur ses prétentions.

Cette combinaison, du reste, avait été jugée d'avance par son auteur lui-même, qui, deux mois auparavant, le 21 octobre, avait écrit au ministre :

Je ne craindrais rien tant, quant à moi, que d'être saisi par le gouvernement chinois d'une proposition tendant à faire délimiter, comme je viens de le dire, les acdions respectives de la France et de la Chine au Tonkin. *Je tiendrais un pareil arrangement comme détestable* et comme devant nous faire perdre les principaux fruits de la politique nouvelle que nous avions inaugurée.

Bourée.

Il justifiait le revirement si prompt de ses idées par ce mot : « Il ne vous échappera pas que les événements ont bien rapidement marché depuis cette époque. »

M. Bourée fut rappelé. M. Tricou fut envoyé à sa place comme négociateur. Et alors tombèrent toutes les illusions, illusions sur la possibilité de traiter, illusions sur l'épouvantail chinois. « Les forces de la Chine, écrivit M. Tricou, ont été singulièrement surfaites... Actuellement 30,000 hommes sont échelonnés sur les frontières; mal armés, la plupart indisciplinés, ils ne tiendraient certainement pas devant six bataillons solides soutenus par une forte artillerie... »

Dès lors, le gouvernement reprit l'idée d'agir.

C'était en mars 1883. Il y avait déjà onze mois que Hanoï avait été pris et qu'on en restait là, sans bouger. Beaucoup d'ennui, dans l'intervalle, et de tristesse pour le commandant Rivière qui trouvait le temps long, que l'inaction faisait souffrir comme Parisien et comme patriote, qui se sentait isolé dans un pays inconnu de lui, s'y voyait délaissé de la patrie lointaine et débordé par des envahisseurs étrangers; un pays où nous avions eu la situation si belle et toutes les chances pour nous! Cet accablement, cette mélancolie qui le gagnaient, il s'en était ouvert dans de nombreuses lettres à ses amis. On y sentait la gradation.

A la fin de mai : « Je vis au jour le jour, en attendant un dénouement, quel qu'il soit. »

Il ne souffrait d'abord que d'une vie monotone de garnison inoccupée, qui lui était imposée mal à propos, quand il y avait tant à faire. Il regardait couler le fleuve Rouge et le dépeignait ainsi :

« Il est certain que ses eaux ont une teinte rose. C'est un joli fleuve avec des rives de sable ou boisées, un fleuve de France. Je demeure au Consulat, une élégante maison blanche avec véranda tout autour. Les navires légers de la division navale sont mouillés sous mes fenêtres. De toute la journée on ne sort pas à cause de la chaleur. Mais, vers cinq heures du soir, je monte à cheval [1] avec le consul ou avec le commandant de l'infanterie de marine et nous faisons une promenade en ville ou à la citadelle. Ces villes asiatiques sont de grouillantes agglomérations d'êtres humains et des amoncellements de cabanes de bois et de paille. La race est inoffensive et très craintive. Quant aux femmes, il me semble que ce ne sont que des singes, et même pas de jolis singes. Mais quand même elles seraient dix fois plus belles que nos femmes de France, qui

---

1. Avec gaîté encore et bonhomie, il écrivait à Alexandre Dumas : « Pour monter à cheval, au moyen d'un tabouret, je suis un peu comique ; mais une fois en selle, ma parole, je crois que j'ai l'air héroïque. »

sont pourtant ce que nous avons de meilleur dans la pensée et de plus vif dans le cœur, les soucis d'un général qui m'encombrent m'empêcheraient de leur accorder la moindre attention. »

Mais l'attente se prolonge, les choses empirent et les soucis s'imposent.

En juillet : « Le gouverneur (de Cochinchine) a voulu réussir par la diplomatie lente à Hué ; il m'a jeté par-dessus bord... Malgré cela, il n'arrive à rien. Le gouvernement annamite négocie en dehors de lui et sous main avec les Anglais et les Chinois. »

En septembre : « Au lendemain de la prise de Hanoï on pouvait tout obtenir avec un peu de résolution. Malheureusement, on n'a su à quoi se décider... En cinq mois, le gouvernement annamite a repris courage, voyant bien que ni de Saïgon ni de Paris on ne tenterait rien tandis qu'ici j'étais paralysé. Pour plus de sûreté, les Annamites se sont jetés dans les bras de la Chine. La Chine s'est préparée tranquillement et, depuis quinze jours, sans coup férir, a fait au Tonkin ce que nous aurions pu faire avec un peu d'effort. »

Cette Chine, qui vient occuper le pays à notre place s'est glissée sans bruit, toujours plus avant ; elle s'est sournoisement infiltrée par ses soldats à travers les montagnes des frontières ; elle a étendu, tout paisiblement, son armée comme une nappe d'eau dormante sur le Tonkin du Nord, mais ne s'est pas contentée du Nord qui semble voué à ce fréquent débordement : le commandant Rivière lui en veut surtout d'avoir passé sur la rive droite, la même que nous occupons ; la Chine y tient Hung-Hoa, même Son-tay, elle est aux portes de Hanoï, elle y entre goutte à goutte. Et maintenant il a autour de lui partout cet ennemi silencieux, qui n'attaque pas, qui enveloppe et qui s'apprête à noyer les gens pacifiquement.

Ces Chinois deviennent le cauchemar du commandant. Être supplanté par eux, enserré par leurs légions, et ne pouvoir se débattre ! Il aurait voulu s'opposer dès le début à leur passage sur sa rive. Mais il recevait, paraît-il, « de telles objurgations de Saïgon et de Paris » qu'il dut y renoncer. Sa consolation, — faut-il avoir souffert pour en venir là ! — est de penser qu'au moins ces Chinois n'ont pas abusé de leurs avantages jusqu'à passer le fleuve Rouge entre ses navires. Ils ont eu la prudente discrétion de le passer plus loin, à quelques kilomètres.

Il s'attend néanmoins à un conflit d'un jour à l'autre, car ces gens-là se hasardent dans Hanoï même, et les Français ne sont pas toujours ni tous endurants.

C'était surtout par des on-dit de missionnaires que cette invasion chinoise se révélait. Dans leurs tournées, ces Pères avaient aperçu un beau jour un camp établi comme par enchantement, c'était, disaient-ils, une avant-garde des *célestes* très reconnaissables à leurs gongs de bronze, à leurs cornets de cuivre. Leur présence causait une vive émotion dans tout le pays ; leur nombre était grossi sans doute. D'un autre côté, il en venait par la mer. On signalait de leurs canonnières, aux environs de Mong-haï, ce port tonkinois voisin de leur frontière. Un des navires de notre flottille recevait ordre, le 18 septembre, de se diriger en toute hâte vers ce point. Mais au moment de lever l'ancre, contre-ordre, qui disait de rechercher simplement les pirates dans la baie d'Alung, aux îles de Cat-ba, de Gou-Kou, de Ba-Moun, où il ne s'en trouva point. Pendant ce temps des approvisionnements considérables de vivres et de munitions s'accumulaient en face de Mong-haï pour des troupes rassemblées sur le territoire chinois. Tels étaient les bruits qui couraient au moment où Paris hésitant reculait devant ces fantômes.

« Ce qu'il y a de curieux, écrivait en octobre le commandant Rivière, c'est le calme complet que nous avons ici depuis que les Chinois sont autour de nous ; on ne les voit pas plus que s'ils n'existaient pas. »

Mais ce qui fut le plus curieux, ce fut leur subite disparition.

Comme ils étaient venus, mystérieux, mystérieusement de même ils s'évanouirent un beau matin, ces guerriers innombrables. On ne sut plus ce qu'ils étaient devenus. On pensa que cette nuée de sauterelles avait repris son vol vers le Kuang-Si, où avait éclaté, disait la rumeur publique, une formidable insurrection. Leur arrière-garde avait été, suivant les uns, surprise dans les défilés par des montagnards insurgés. Elle s'était débandée, suivant les autres, et c'était elle qui fournissait les éléments de la révolte. Il n'est point rare que les grands rassemblements [de troupes se terminent ainsi pour les Chinois, par la confusion et le désordre. Leurs armées ont de telles habitudes d'indiscipline qu'elles sont difficiles à tenir en place et qu'elles servent le plus souvent à alimenter les troubles et le brigandage. Elle s'effritent en bandes de pillards. On allait jusqu'à prétendre que des flots de sang, répandus par elles et répandus également par leurs chefs pour châtier leur insubordination, coulaient dans la province chinoise qu'avaient déjà ensanglantée naguère d'atroces rébellions et d'atroces répressions ; et l'on expliquait par la crainte d'une seconde levée de Taïpings la singulière retraite des soldats jetés sur nous. Les diplomates chinois la présentèrent comme une concession ; M. Bourée l'attribua à ses pourparlers.

Mais la situation du commandant Rivière n'en était pas sensiblement améliorée. La faiblesse et l'indécision de la France étaient restées visibles pendant cette épreuve aux yeux des Annamites. Il y avait presque un an que nous en étions réduits à ce régime d'avanies, quand fut annoncée l'arrivée de la *Corrèze ;* elle amenait de France 750 hommes de renforts. Plus tôt, c'eût été peut-être suffisant ; maintenant le malaise était tel, qu'il fut à peine atténué. Quand parurent dans les eaux de Haïphong ces troupes nouvelles, notre consul, chargé de réclamer, pour les loger, un local sain et suffisant, put s'apercevoir que les mandarins n'avaient plus peur de nous. Ils firent d'abord la sourde oreille, puis répondirent évasivement, puis firent des offres dérisoires. Le commandant du *Drac*, sur l'ordre du chef de la division navale, envoya alors une lettre catégorique exigeant l'évacuation immédiate de deux forts de la ville pour permettre à l'infanterie de marine de s'y établir et, sur refus, s'empara aussitôt de ces deux forts, ce qui ne coûta pas un coup de feu, les Annamites ayant pris la fuite à notre approche sans faire mine de se défendre. On profita de l'occasion pour s'emparer aussi, le 12 mars, de Hong-Gaï, dans la baie d'Alung [1], un poste bon à garder à cause du voisinage des mines, et le génie militaire y entreprit aussitôt la construction d'un fortin.

Le commandant Rivière jugea le moment venu de sortir de sa longue inaction, et comme les mandarins avaient élevé pour barrer passage aux Français des travaux à Nam-Dinh, il résolut de les en faire repentir et prépara une expédition contre cette place. Le 23 mars, il quitta Hanoï, où il laissa

---

[1]. « Le gouvernement de Hué voulait céder la baie de Hong-Gaï en exploitation à la grande compagnie chinoise de Canton, qui eût rétrocédé la concession à une compagnie anglaise C'eût été perdu pour nous. J'ai coupé court à cela en prenant Hong-Gaï. » (Lettre de M. Henri Rivière à M. de Launay.)

pour la garde de la concession française 300 hommes et pour la garde de la pagode, transformée en réduit fortifié, 100 hommes, tous sous les ordres du commandant Berthe de Villers. Il arriva devant Nam-Dinh sur son aviso le *Pluvier*.

L'expédition se composait en outre des canonnières suivantes : la *Fanfare* qui peu avant avait été envoyée en reconnaissance, la *Hache*, le *Yatagan*, la *Carabine*, la *Surprise*, à quoi se joignaient le *Kiang-Nam*, le *Tonquin*, le *Whampoa*, la chaloupe à vapeur le *Haïphong*, et quatre jonques.

On était loin du temps où Françis Garnier ne se présentait là qu'avec une seule canonnière !

Ces dix bâtiments à vapeur et ces jonques portaient cinq compagnies de débarquement. L'une d'elles venait de Haïphong. La flottille se trouva réunie le 25 mars près de la forteresse. Des troupes furent aussitôt débarquées pour prendre repos et s'installer dans la ville marchande. Elles y pénétrèrent sans peine au pas de course malgré le voisinage des soldats annamites. En même temps cette sommation fut adressée au *Tong-Doc* ou gouverneur de la province :

' Monsieur le Gouverneur,

Depuis un an, vous avez eu envers nous l'attitude la plus hostile, et vous avez armé votre citadelle, autant que vous l'avez pu, de soldats et de munitions.

Tout dernièrement, vous avez préparé des barrages que l'arrivée seule de nos bâtiments vous a empêché de faire. Depuis l'arrivée de nos bâtiments, vous avez encore augmenté vos armes et vos soldats, excité la population contre nous et proféré contre les Français des insultes et des menaces...

Il faut pour le respect qui nous est dû, pour la liberté de notre navigation, pour notre sécurité au Tonkin, pour que la paix ne soit plus menacée par vous, que la citadelle de Nam-Dinh soit désormais inoffensive pour nous. Et, pour cela, il faut que vous la remettiez entre mes mains...

Si vous n'êtes pas venu demain matin, à huit heures, à bord de mon grand bâtiment blanc, je serai forcé de vous traiter en ennemi.

La réponse fut naturellement un refus de livrer les forts; elle contenait aussi une dénégation quant aux essais de barrage. Le gouverneur prétendait n'en avoir pas ordonné.

La journée du 26 se passa en reconnaissances. Il faisait un temps de pluie et de brouillard. Les dispositions furent prises pour le lendemain.

Le *Pluvier* et la *Fanfare* furent embossés dans l'arroyo, au sud de Nam-Dinh, à l'entrée de la ville marchande, tandis que la *Hache*, le *Yatagan* et la *Carabine*, tournant la ville par un coude du canal, portaient sur un autre point à l'est des troupes à débarquer et que la *Surprise* était chargée de surveiller les mouvements de l'ennemi dans les environs.

Le 27, à sept heures du matin, s'ouvrit sur la citadelle le feu convergent des canonnières. Nos soldats débarqués disposaient à terre leurs pièces d'artillerie. Le lieutenant-colonel Carreau rectifiait le tir de l'une d'elles, sous les ripostes de la citadelle qui, malgré les ravages de nos obus, faisait parler à la fois toutes ses bouches à feu [1]. Elles portaient juste par moments. Leurs projectiles atteignirent la *Surprise* dans sa mâture, la *Fanfare* dans son bordage. Un biscaïen vint malheureusement frapper à la jambe le colonel Carreau ; on dut le transporter à l'ambulance, où il eut à subir et subit bravement l'amputation. A sa place, le chef de bataillon Badens conduisit l'assaut. Il fallait s'avancer résolument dans des ruelles labourées par la mitraille et par les boulets de marbre ou de fer ; c'était cinq cents mètres à franchir jusqu'au redan de l'Est, et les franchir était d'autant plus ardu que des maisons étaient en feu ; ces ruelles étaient jonchées de broussailles ; on risquait de se trouver au milieu d'un brasier et l'on n'avait guère que la fumée ou des murs en torchis craquant sous la canonnade pour s'abriter des balles heureusement maladroites de l'ennemi. Enfin à travers ces crépitements et ces décombres, on arriva devant le redan dont le pont était hérissé de chevaux de frise, et, tous les obstacles surmontés, devant la porte. Comme on pouvait s'y attendre, elle était intérieurement obstruée de terre, et les Annamites y avaient même ménagé des embrasures pour leur tir. Un pétard de dynamite placé contre les battants les fit sauter en éclats et produisit l'écroulement de

---

[1]. Parmi ces bouches à feu, plusieurs étaient françaises et provenaient du cadeau fait à Tu-Duc en 1874.

cette terre, qui servit à l'escalade. On entra au pas de course. Déjà les ennemis, parmi lesquels on crut distinguer des Chinois mercenaires, s'enfuyaient par l'autre porte. Pour la seconde fois, le drapeau tricolore remplaça sur la haute tour le drapeau annamite. Cette prise de Nam-Dinh ne nous coûta aucune existence, hors celle du colonel Carreau qu'on savait en danger [1]. Avec lui, deux blessés seulement. Tout terminé en cinq heures, bombardement, attaque, escalade. « Ç'a été classique, » disait le commandant Rivière. Quand ces nouvelles parvinrent à Hué, le commandant Rheinart, le chargé d'affaires de France, quittait cette ville. Déjà plusieurs fois en butte à des procédés malveillants, il avait pensé que sa situation, après les événements qui devaient suivre l'arrivée de la *Corrèze*, allait devenir plus périlleuse encore et plus intolérable auprès de Tu-Duc. Il s'était donc embarqué, le 5 avril, avec le personnel de la légation, sur un aviso qui repartit pour Saïgon. L'effervescence était grande, en effet, dans la capitale de l'Annam, et les mandarins étaient fort troublés.

Mais à Hanoï, nous avions sujet de l'être nous-mêmes.

Les Pavillons-Noirs qui depuis longtemps guettaient leur moment et dont le nombre paraissait singulièrement accru depuis le séjour des troupes chinoises au Tonkin, n'avaient pas manqué de

---

1. Il mourut le 13 mai.

mettre à profit l'absence du commandant Rivière. Venus par milliers de Bac-Ninh, ils avaient déjà quelques semaines auparavant établi sur la rive gauche du fleuve Rouge, au village de Gia-Cuc, un camp retranché, utilisant pour leur défense les rizières et les digues et se couvrant sur une vaste étendue par des épaulements de terre percés d'embrasures. Quand ils eurent vu Hanoï dégarni de défenseurs et de canonnières (il n'y restait plus que le *Léopard*), ils sortirent de leurs lignes, entreprirent l'attaque et traversèrent le fleuve. Dans la nuit du 26 au 27 mars, on apprit qu'ils s'avançaient par les chaussées ou digues qui mènent à la citadelle ; on a pensé que leur but était d'y surprendre et d'y cerner la pagode qui formait, au centre, le réduit de la garnison française. Rappelons-nous que cette garnison se composait simplement d'une compagnie d'infanterie de marine ; elle était sous les ordres du capitaine Retrouvey. Autour de la pagode, une petite muraille percée de meurtrières et une terrasse munie de canon étaient la seule défense de ces cent hommes ; et des agresseurs hardis qui se fussent logés dans les bâtiments environnants, dans la haute tour, par exemple, d'où leur feu eût plongé sur cet enclos, auraient pu se flatter d'accabler une aussi faible redoute. L'ennemi avait dû être instruit de ces circonstances par les mandarins de la citadelle, qui depuis deux jours avaient disparu : voilà à quoi servait de les avoir maintenus en fonctions ! Aussitôt averti, le capitaine Retrouvey fit braquer des pièces d'artillerie sur les chaussées et contint jusqu'au jour les assaillants. Le danger était surtout qu'ils se répandissent dans la ville marchande, où ils pouvaient semer l'incendie et le carnage ; et peut-être leur but n'était-il que celui-ci : attirer au secours de la citadelle toutes nos forces et pendant ce temps piller Hanoï et massacrer nos partisans. Le commandant Berthe de Villers jugea qu'à tout prix il fallait non seulement leur barrer le chemin, mais les rejeter au loin. Il n'avait guère à mettre en ligne pour une sortie que les 200 hommes de la *Concession française ;* il les déploya au dehors, prit avec lui quelques canons de campagne, fit rétrograder les bandes ennemies dont l'attaque était manquée et qui n'avaient plus qu'à repasser sur l'autre rive ; il y passa à son tour par des bacs, se mit à la poursuite des fuyards et leur infligea de meurtrières leçons. Il résolut, le lendemain, de les repousser plus loin encore. Ils étaient rentrés dans leurs retranchements de Gia-Cuc. C'était la cause de leur audace, que de s'y croire inexpugnables. Pour leur prouver qu'en ce repaire ils n'étaient pas en sûreté, une seconde fois le fleuve fut traversé par les deux compagnies d'infanterie de marine ; elles furent soutenues par des marins tirés du *Léopard* et par le feu de cette canonnière qui disposait de deux canons de fort calibre et de deux canons-révolver. Soldats et marins, rivalisant d'entrain et de hardiesse, après avoir franchi en tirailleurs, sous la mitraille ennemie, un espace de cinq à six cents mètres, s'élancèrent à l'assaut, ne furent arrêtés ni par la pluie de balles, ni par les fossés, ni par les talus, ni par les chevaux de frise, ni par les enchevêtrements de bambous, escaladèrent épaulements, palissades, se jetèrent sur les Asiatiques et les refoulèrent pêle-mêle en déroute dans la direction de Bac-Ninh. Ils leur prirent des canons, des fusils, des poires à poudre, des cartouchières, un drapeau, mirent le feu au village de Gia-Cuc et rentrèrent avec leurs trophées. Cette affaire avait duré deux heures. Dans les deux journées, nous avions eu une quinzaine de blessés, et très peu grièvement.

Mais c'étaient préludes de mauvais augure, néanmoins, que ces escarmouches, cette offensive prise par des bandes enhardies et nombreuses. On avait remarqué avec inquiétude leur effectif évalué à 4,000 hommes, en partie mieux armés, mieux équipés que de coutume. On avait ramassé de leurs révolvers portant des marques de fabriques allemandes et anglaises, de leurs cartouches indiquant des fusils à aiguille; on avait aperçu parmi eux leurs anciens ennemis les Pavillons-Jaunes; on y avait vu aussi des physionomies nouvelles : on soupçonnait la présence d'Européens et de soldats chinois; on admettait généralement qu'une partie de l'armée chinoise, recrutée par Luu-vinh-phuc soit du côté de Laokaï, soit du côté de Monghaï, avait passé sous son drapeau noir, enrégimentée en apparence dans sa bande; ce qui pouvait être, pour Pékin comme pour Hué, une manière commode de nous combattre *incognito* sans être en guerre avec nous. Quoi qu'il en soit, déguisé ou non, l'ennemi avait pris des allures et des proportions menaçantes.

De retour à Hanoï (2 avril), le commandant Rivière avait trouvé la situation fort aggravée.

Les Pavillons-Noirs chassés étaient encore là, rentrés dans leurs positions, d'où ils continuaient de faire à petit feu le siège de Hanoï. Ils passaient sur la rive droite non plus en masse pour attaquer, mais éparpillés pour harceler. De temps à autre des coups de fusil partaient sur la Concession française ou sur la maison des missions. Cette maison, entourée d'un vaste enclos, près du *Camp des Lettrés*, avait dû se mettre en état de défense. Sur cet enclos protégé par un fossé et une haie de bambous veillaient des chrétiens indigènes en armes, dont les Pères s'étaient fait une garde. Le reste de la ville était exposé à de continuels dangers. Des bandits y faisaient subitement irruption, mettaient des magasins au pillage, enlevaient des femmes et des enfants et parfois des luttes fort vives ensanglantaient les rues. La terreur des habitants déterminait chez eux un courant d'émigration qui achevait de dépeupler cette malheureuse cité. Ce n'était plus seulement du côté de Bac-Ninh que s'amoncelait l'orage. On signalait des rassemblements et des préparatifs à Son-tay.

Le commandant Rivière jugea qu'il n'y aurait point de sécurité possible tant qu'on n'aurait pas enlevé aux Annamites et à leurs alliés ces deux points de concentrations. Il résolut de commencer par Son-tay et demanda des renforts.

Aussitôt se produisit une véritable accalmie non seulement dans Hanoï mais dans les environs. Tout y redevint tranquille. On n'entendit plus parler de rien. Il semblait que la chaleur devenue accablante eût étouffé l'entrain agressif des Pavillons-Noirs et des Pavillons-Jaunes. On devait avoir bientôt l'explication de ce mystère. L'ennemi, au lieu de se livrer à d'inutiles incursions, se recueillait pour une action plus sérieuse qu'il prévoyait du côté de Son-tay et se fortifiait sur la route de cette ville.

A Nam-Dinh, le commandement avait été laissé au chef de bataillon Badens, qui administrait la ville avec assez de vigilance et de fermeté pour y maintenir l'ordre. On pouvait sans danger lui retirer plusieurs des canonnières qui étaient restées à sa disposition. La *Fanfare*, la *Hache*, le *Yatagan*, la *Carabine* furent rappelées à Hanoï. Dans la baie d'Alung, adoptée pour le mouillage des grands bâtiments, se trouvaient la *Victorieuse*, cuirassé à bord duquel était l'amiral Meyer, commandant la station navale de Chine, et le *Villars*. Les compagnies de débarquement de ces navires furent envoyées au commandant Rivière.

Dans les premiers jours de mai, les eaux du

fleuve Rouge montèrent d'une façon inattendue. On profita de cette crue passagère, pour diriger en reconnaissance vers Son-tay deux canonnières, le *Léopard*, qui malheureusement exigeait des fonds de plus de 2 mètres 70, et la *Carabine*, d'un plus faible tirant d'eau. L'une et l'autre subirent de fréquents échouages et ne purent arriver. Le *Léopard* surtout était embarrassé pour évoluer. Les équipages attaqués pendant leurs manœuvres eurent à échanger des coups de feu avec des troupes annamites accourues sur la rive. Il fallut reprendre la route de Hanoï.

Un défi adressé par le chef des Pavillons-Noirs, le *grand homme* Luu-vinh-phuc, aux Français, fut affiché jusque sur les murs de la Concession. Il disait :

« Téméraires Français, votre mort sera insuffisante pour effacer l'offense qui nous est faite par votre introduction dans le pays de nos pères. Moi, robuste guerrier, je vous défie tous; mes lances et mes armes couvrent le sol. Je ne saurais vous craindre... Cependant, si vous retourniez à votre pays natal, si vous abandonniez la citadelle, je pourrais oublier vos méfaits et les souillures dont votre barbarie rend témoins la citadelle et la pagode où, dans les siècles passés, étaient sacrés nos rois. »

Après cette provocation écrite, les Pavillons-Noirs reprirent leurs provocations armées. De la rive gauche, où ils s'étaient fortifiés davantage, ils tirèrent subitement le canon, pendant la nuit, sur nos navires. Les témoins ont raconté que c'était un tapage infernal, que la plage semblait en feu, et le ciel sillonné d'éclairs. Cela se passait le 11 mai.

Le 14, arrivèrent de Haïphong les compagnies de débarquement de la station navale de Chine, environ 300 hommes, que le commandant Rivière attendait pour prendre l'offensive. Il ordonna aussitôt une reconnaissance sur cette rive gauche qui nous bombardait. Il s'était contenté d'envoyer, dans la journée du 15, la compagnie du capitaine Retrouvey et des marins tirés du *Pluvier* et de la *Fanfare* fouiller et brûler les villages où les Annamites avaient installé leurs batteries.

Le 16 au matin, dès cinq heures, les marins, nouvellement arrivés, de la *Victorieuse* et du *Villars*, eurent leur tour ; ils furent transportés de l'autre côté du fleuve avec deux pièces de canon et un canon-révolver (hotchkiss roulant) extraits du *Léopard*; on leur adjoignit deux compagnies d'infanterie de marine. Cette expédition était placée sous les ordres du commandant Berthe de Villers. Elle traversa, en suivant la route de Bac-Ninh, l'espace de huit kilomètres environ qui sépare Gialam du canal des Rapides (ou Song-ki). Appuyée par la flottille, cette colonne fouilla, emporta, brûla les villages à droite et à gauche de la route, s'empara de quatre pièces de fonte et tua une centaine d'hommes à l'ennemi[1]. Elle n'eut pas de blessés.

---

1. Dernier rapport du commandant Rivière.

Dans l'une des nuits précédentes, celle du 13 mai, il y avait encore eu alerte dans Hanoï. Une bande de plusieurs centaines de Pavillons-Noirs avait attaqué la mission de France et brûlé l'église. La mission s'était défendue avec les chrétiens et cinq matelots de la *Fanfare*. Trois de ces chrétiens avaient été tués. Les Pavillons-Noirs avaient eu une vingtaine de morts et de blessés [1].

« La situation n'est pas sans une certaine gravité, concluait le commandant Rivière. Nous sommes pris entre ces bandes nombreuses de Bac-Ninh et de Son-tay, et la saison, plus encore que le nombre restreint de nos forces, ne nous permet pas de recommencer fréquemment les opérations comme celle de ce matin, opérations dont le résultat lui-même n'est pas assez important.

« Il est très probable que dans les villages déjà réoccupés le feu de la rive gauche recommencera la nuit prochaine.

« Il y a des Européens parmi les Annamites. Je crois qu'il y aura lieu de sortir des difficultés où nous sommes par la prise de Bac-Ninh et de Son-tay, ce qui sera possible quand les eaux auront monté, mais seulement aussi quand nous aurons des renforts. »

Ainsi, des renforts, il ne croyait pas encore en avoir assez. Il sentait qu'un coup de main sur ces forteresses, qui aurait été possible par surprise

---

1. Même rapport.

l'année précédente avec peu d'hommes, était devenu une opération militaire pour laquelle, maintenant que l'ennemi s'était préparé à loisir, il fallait et beaucoup de précautions et beaucoup de forces.

Seulement, pouvait-il attendre?

Il savait qu'à Paris le gouvernement s'était enfin décidé à porter aux Chambres une demande de crédits et qu'elle avait dû être déposée le 24 avril. Mais combien de temps s'écoulerait-il avant le vote? Et ensuite, combien avant l'arrivée des secours?

Le gouverneur de la Cochinchine n'aurait guère pu envoyer, pour le moment, que 4 ou 500 hommes en cas de péril; et l'amiral Meyer ne pouvait guère joindre aux renforts déjà envoyés que la compagnie de débarquement du *Kersaint*, 56 hommes.

Or, le commandant Rivière, en attendant qu'il pût prendre Son-tay, ne pouvait se laisser bloquer, braver, attaquer chaque jour par des assaillants de plus en plus audacieux et de plus en plus rapprochés; il professait d'ailleurs qu'en de telles circonstances « un peu de résolution est la meilleure des prudences. »

Il donna pour le 19 mai l'ordre de se tenir prêt à une sortie. Son but était seulement de dégager les abords de la place du côté de Phu-hoaï sur la route de Son-tay. Quoiqu'il fût souffrant, il devait accompagner, quitte à se faire conduire en voiture découverte, la colonne expéditionnaire mise sous le commandement de M. Berthe de Villers. Le 19 donc, à quatre heures du matin, on se mit en marche sur la même chaussée où le 21 décembre 1873 l'infortuné Balny s'était élancé à la poursuite des Pavillons-Noirs et au-devant de la mort.

Une escouade de tirailleurs à droite et à gauche de la chaussée, au milieu une compagnie d'infanterie de marine [1], formaient l'avant-garde.

Le reste de l'expédition se composait d'une autre compagnie d'infanterie de marine [2] et des matelots de la *Victorieuse*, du *Villars* (ceux-ci commandés par le lieutenant de vaisseau Sentis) et du *Léopard* (ceux-ci ayant à leur tête M. de Brisis, enseigne de vaisseau). Avec eux, s'avançaient tirées à la bricole trois pièces légères de campagne, fournies par l'amiral Meyer et placées sous les ordres du lieutenant de vaisseau Pissère et de l'aspirant Moulun.

Ce petit corps de troupes (environ 400 hommes) s'était formé en colonne de marche, sur quatre de front, et cheminant d'abord tranquillement, gaîment, les tirailleurs envoyant de-ci de-là quelques balles à des fuyards.

Tout à coup, vives fusillades, cris, désordre à l'avant-garde. Elle avait dépassé le coude que fait la route pour se rencontrer avec la digue fatale de 1873. Ce point avait conservé le nom de *pagode de Balny*. C'est là qu'il avait péri. Les Pavillons-Noirs,

---

1. La 25º du 3º régiment.
2. La 31º du 2º régiment.

comme à cette époque, étaient derrière la digue, derrière les bambous, et dans les hameaux environnants. Ils y étaient embusqués en masse tenant leurs fusils couchés en joue pour le moment où nos troupes apparaîtraient au détour de la route, et subitement par un feu violent, meurtrier, ils accueillirent celles qui s'y étaient engagées. Ce feu partait de tous les côtés à la fois : de face, il enfilait la route; de flanc, il la prenait en traître; la digne la battait d'écharpe; c'était un feu croisé. Les victimes furent nombreuses. Plus de trente tombèrent. Il fallut se replier. On ne put même pas ramasser les morts. Après cette décharge simultanée, les Pavillons-Noirs s'étaient précipités aux abords de la route et menaçaient de couper la retraite aux survivants. L'avant-garde décimée refluait donc sur le reste de la colonne. Le commandant Berthe de Villers, pour rétablir le combat, avait fait mettre au plus vite les canons en batterie. Peine perdue. Tir inutile. L'ennemi était trop nombreux; il enveloppait. Et puis, c'était à portée de fusil. Les servants n'y pouvaient tenir. Les troupes de soutien ne pouvaient plus avancer. La retraite devint générale. Mais pouvait-on abandonner ces canons? Les faire évoluer n'était pas facile. Ils avaient perdu de leurs conducteurs. On était sur une étroite chaussée. Il y avait surtout un passage difficile, plus étroit encore, un pont en bambous, à franchir. L'une des roues s'y était accrochée. Ces canons retardaient. Toute la colonne était fort éprouvée par la fusillade. En tués ou blessés, la *Victorieuse* comptait vingt-six hommes hors de combat, le *Villars* une dizaine ; les officiers se portèrent au secours de l'artillerie compromise, que l'ennemi pouvait enlever à la faveur du désordre. Un feu nourri était dirigé par les Pavillons-Noirs sur ce point, presque à bout portant. L'aspirant Moulun venait d'être tué raide ; le commandant Berthe de Villers blessé à deux reprises grièvement. Henri Rivière, descendu de voiture, s'était précipité, avec le capitaine Jacquin, vers le canon néfaste qu'il fallait dégager ; l'un et l'autre mortellement frappés. Et tant d'autres tombés à leurs côtés, le lieutenant de Brisis, tué, le lieutenant de vaisseau Sentis, blessé, les enseignes Le Bris du *Léopard*, Clerc du *Pluvier*, l'ingénieur hydrographe Garnier, le lieutenant Marchand, chacun percé d'une balle, le commissaire de division Ducors, trois fois blessé à la cheville, à la jambe, à la main... Toute cette immolation en quelques minutes. Enfin les canons, grâce à des braves qui soutenaient vigoureusement la retraite, grâce à d'autres qui, entraînés par l'héroïsme de leurs chefs, s'attelaient aux roues, les canons furent sauvés. Mais à quel prix ! Que d'officiers atteints ! Que de vaillants hors de combat ! Quelle stupeur dans les rangs ! Quelle confusion ! Encore M. Berthe de Villers put-il être ramené dans Hanoï [1] ; 54 blessés ramenés. Mais le

---

1. Il y expira le soir même.

chef de l'expédition, Rivière, abandonné en proie à l'ennemi! Mais tous les morts, laissés sur la route! 29 cadavres que ces sauvages bandits allaient écharper, mutiler, dépouiller et dont ils ne pouvaient manquer de promener la tête au bout de leurs piques comme un trophée!

A cette catastrophe, qui eut en France un douloureux retentissement et qui a déterminé un élan national vers le Tonkin, s'arrête la période historique à laquelle était consacré ce livre, la période des précurseurs et des martyrs. Il semble maintenant que les destinées soient accomplies et que le Tonkin, deux fois en dix ans imprégné du plus noble sang de la France, soit désormais français. Nous l'aurons payé assez cher, par des existences assez précieuses, pour ne plus l'abandonner. Les imaginations, lentes à s'éveiller chez nous quand il s'agit de colonies, ont été vivement frappées de cette répétition d'un malheur s'abattant dans les mêmes circonstances, au même endroit et pour les mêmes causes, sur l'expédition de Henri Rivière comme sur l'expédition de Francis Garnier, et l'on s'est demandé si ce double martyrologe de notre domination naissante n'était pas un suffisant reproche à l'apathique négligence de la mère-patrie. Les Chambres délibéraient à Paris sur les secours qu'il convenait d'envoyer au commandant Rivière, quand la nouvelle de sa mort leur fut inopinément annoncée. Elle ne fut pas plus tôt connue — c'était en pleine séance des députés, le 26 mai — que le cri général fut parmi eux, comme dans la presse, comme dans le public : Il faut soutenir l'honneur du Drapeau. Et cet ordre du jour par télégramme fut aussitôt envoyé par le ministère :

« La Chambre a voté à l'unanimité le crédit pour le Tonkin, la France vengera ses glorieux enfants. »

On n'avait pas prononcé ce mot pour les premiers qui avaient succombé. C'est que les temps étaient bien changés. Car les premiers n'étaient pas moins méritants : eux aussi étaient tombés victimes de leur devoir, de leur patriotisme, de leur courage, victimes pareillement de l'abandon. Certes, on aura raison de les glorifier tous. Mais il y avait même quelque chose de plus qui militait en faveur de Francis Garnier. Francis Garnier était l'homme d'une idée ; il avait depuis dix ans conçu l'*Indo-Chine française*, depuis six ans préconisé l'ouverture du fleuve Rouge ; il avait donné sa vie à cette idée ; tandis que c'était un hasard de carrière qui avait amené le commandant Rivière au Tonkin et sa mort n'était à ce point de vue qu'un accident de combat. Mais enfin, il y avait entre ces deux nobles cœurs la suprême communion de l'héroïsme. L'un et l'autre, dévoués serviteurs de la France, avaient passé, le romancier comme l'explorateur, par les mêmes fatalités, tous deux payant de leur existence les fautes d'une politique hésitante qui les avait laissés avec des moyens insuffisants à la merci de mandarins déloyaux et d'ennemis indignes. Au moins, la fin du commandant Rivière, en même temps que glorieuse, aura-t-elle été, comme on l'a dit, utile. Elle aura servi à faire prendre enfin de vigoureuses décisions, à faire pénétrer dans l'esprit des masses la résolution de ne plus délaisser cette terre à laquelle nous rattachent maintenant de si tristes et de si brillants souvenirs. Ainsi le sang des vaillants finit-il par être une semence féconde. Henri Rivière aura pu avoir, lui du moins, en mourant, la consolation refusée à son devancier de penser que le sacrifice de lui-même ne serait point perdu.

Le 15 mai, — quatre jours avant le désastre, — la Chambre (qu'il en soit fait honneur à sa majorité, honneur au ministère Jules Ferry, à M. Ch. Brun, alors ministre de la marine, à M. Challemel-Lacour, ministre des affaires étrangères, et au député de la Cochinchine, M. Blancsubé, qui fit un excellent et vigoureux rapport), la Chambre avait accordé pour un envoi de renforts 5,300,000 fr. et décidé la création d'un commissaire civil au Tonkin. Le 24, le Sénat, laissant en blanc ce dernier point, avait voté à son tour le crédit. Et quand, le 26 mai, le projet retourna devant les Députés, cette fois accompagné des lamentables nouvelles de Hanoï, tous les partis s'unirent dans un élan commun de patriotisme, et le vote eut lieu, séance tenante, à l'unanimité.

CHAPITRE XI

M HARMAND. — LE GÉNÉRAL BOUET. — L'AMIRAL COURBET. — LA MORT DE TU-DUC. — LE BOMBARDEMENT DE HUÉ. — LE TRAITÉ DE 1883.

Il y eut un moment de trouble exagéré dans nos établissements du Tonkin, quand on y apprit la catastrophe du 19 mai. La Concession française dans Hanoï, bien que gardée encore par 400 hommes, avait tout à craindre d'un redoublement de jactance chez les Pavillons-Noirs. On détruisit par précaution les maisons environnantes. Les résidents européens, ainsi que les blessés, furent transportés à Haïphong. Sortir en ville fut défendu. Des pillards impunément répandus dans les quartiers commerçants, y promenaient l'incendie. Les communications avaient cessé avec la Pagode de la citadelle où restait enfermée, comme sur un bâtiment en détresse, une compagnie d'infanterie de marine ne vivant que de biscuit et de conserves rationnées. Notre corps d'occupation n'en imposait plus, pensait-on, à l'ennemi vainqueur. Même au bord de la mer, à Haïphong, malgré la présence de quatre à cinq navires de guerre, les Européens ne se croyaient que médiocrement en sûreté. Il y eut des alertes; une nuit, reveillé en sursaut par le cri d'une sentinelle, on tua un marin du *Villars*, en qui l'on voyait l'ombre d'un rebelle du haut fleuve. Des rumeurs, auxquelles se laissait prendre l'inexpérience, annonçaient de formidables armées débouchant de Lang-Son et de Mong-Haï : 50,000 Chinois pour assiéger Hanoï, 40,000 pour nous chasser de Haïphong.

Les secours qu'on pouvait attendre de la mère-patrie étaient loin : il leur fallait cinq semaines au moins pour arriver. De notre division navale, à peine quelques marins; de notre colonie de Cochinchine, 300 tirailleurs annamites et 200 Français seulement pouvaient être détachés. Avant la mort du commandant Rivière, c'eût été assez pour mettre nos possessions tonkinoises à l'abri d'une attaque; mais après l'effet moral d'un échec, surtout en Extrême-Orient, ces 500 hommes que le gouverneur, M. Charles Thomson se hâta d'expédier, n'apportaient plus, chacun le sentait bien, une force suffisante. Aussi l'amiral Meyer fit-il évacuer Hong-Gaï, pour en tirer les 50 soldats de la garnison et la même pensée fit abandonner aussi le port de Quinhon; encore 100 hommes qu'on se procurait par là.

On dirigea sur Hanoï le plus vite possible les premiers secours ainsi obtenus de plusieurs points. Sans rencontrer aucune résistance, sans tirer un coup de fusil, ces nouveaux arrivants dégagèrent la ville.

Les commandements furent aussi distribués à la

hâte également. Le capitaine de frégate Morel-Beaulieu, qui se trouvait à Haïphong avec son navire le *Parseval*, fut chargé, sur la désignation de l'amiral Meyer, de commander à Hanoï. Mais la direction supérieure du corps expéditionnaire fut confiée par dépêche de Paris au général Bouët qui, depuis quelques semaines, se trouvait à Saïgon. Peu après, pour rendre l'amiral Meyer et ses navires à leur poste de surveillance sur les côtes de la Chine, il fut créé une nouvelle division navale, dite du Tonkin, où devaient entrer le *Bayard*, cuirassé neuf, portant pavillon amiral, l'*Atalante*, autre cuirassé, le *Château-Renaud*, le *Kersaint*, l'*Hamelin* le *Parseval*, le *Drac*, etc., et dont le commandement était confié au contre-amiral Courbet. Enfin un commissaire général de la République française au Tonkin fut institué par décret du 7 juin 1883, et ces fonctions furent dévolues au docteur Jules Harmand, ancien compagnon d'armes de Francis Garnier.

Une direction triple, assez logique, était donnée par là à nos affaires du Tonkin: la partie belliqueuse divisée entre le général et l'amiral; la partie politique confiée à un haut fonctionnaire civil.

Le général Bouët, chargé de diriger les opérations terrestres, allait se trouver, grâce aux renforts qu'on envoyait de France, à la tête de quatre à cinq mille hommes. Il venait d'être nommé, depuis moins d'un an, général de brigade. C'était parmi les officiers de ce grade, dans l'infanterie de marine, l'un des plus jeunes : il est né en décembre 1833. C'est un neveu de l'amiral Bouët-Willaumez. Il a commencé sa carrière militaire en 1852 et son avancement a été rapide. Il apportait au Tonkin, qu'il ne connaissait point encore, un esprit visiblement circonspect et un talent assez opportun d'organisation. Il ne s'agissait plus d'éblouir les Asiatiques par des coups d'éclat, mais de nous préserver de nouveaux revers. Le général Bouët était homme à faire une guerre savante. Il procédait avec méthode. Avant de hasarder une lutte nouvelle, il assurait d'abord par des travaux de défense les positions occupées. C'est ainsi qu'il mit Haïphong à l'abri d'un coup de main; et la suite a prouvé qu'il avait agi prudemment. La crue des eaux, qui allait être considérable en cette année 1883, devait d'ailleurs gêner outre mesure les mouvements des canonnières, sans lesquelles il ne voulait point agir. Il ne pouvait donc mieux utiliser le temps, pendant cette saison défavorable, qu'en fortifiant nos cantonnements. Le commandant Rivière avait rêvé d'être le *Cunctator*, et l'on a vu comment il a temporisé : pas plus tôt devant Hanoï qu'il a pris la citadelle !... Le général Bouët, au contraire, n'avait pas la temporisation dans son programme, car une prompte revanche était impatiemment attendue ; et c'est lui qui, par la force d'une inondation exceptionnelle, allait devenir, certainement au delà de son désir, le véritable temporisateur.

Il se donna un chef d'état-major des plus compétents, M. Coronat, sorti de l'École supérieure de guerre et ancien aide de camp de l'amiral Krantz.

L'amiral Courbet, choisi pour la direction des opérations et des forces maritimes, n'avait pas encore l'expérience du pays annamite. Mais il avait une grande habitude des escadres d'évolutions. Il avait été, en outre, directeur de l'École de Boyardville où l'on enseigne l'art des torpilles ; puis pendant deux années, de 1880 à 1882, gouverneur de la Nouvelle-Calédonie. C'est un des rares marins qui aient passé par l'École polytechnique. Il est né à Abbeville, en 1827. — Dans les rivières du Delta, il était représenté pour le commandement des canonnières, par M. Morel-Beaulieu.

M. Harmand, dont il a été souvent parlé dans les précédents chapitres, était recommandé au choix du gouvernement par son passé de savant et d'explorateur, par son énergie, par sa connaissance de l'Indo-Chine ; il était, au moment de sa nomination, consul à Bangkok. Les pouvoirs de commissaire civil, qui lui étaient donnés, analogues à ceux d'un vrai gouverneur, avaient pour but de mettre en relief le caractère administratif, plus encore que militaire, de notre installation au Tonkin ; car si malheureusement c'est par les armes qu'il faut acquérir le pays, ce sera par l'administration que nous pourrons nous le concilier. M. Harmand était chargé d'y organiser notre protectorat ; il avait en même temps une autorité prédominante sur l'emploi des forces de terre et de la flottille intérieure ;

les correspondances des chefs de l'armée et de la marine devaient passer par son intermédiaire.

M. de Kergaradec, à qui peu auparavant l'on avait donné mission de ministre plénipotentiaire à Hué pour y négocier un traité, rencontrait maintenant trop d'obstacles. Il y fallut renoncer ; et ce fut lui qu'on envoya à Bangkok remplacer M. Harmand.

C'est le 16 juin que le général Bouët arriva dans Hanoï. On a publié de lui une lettre aussitôt écrite, intéressante en ce qu'elle révèle ses premières impressions :

Hanoï, le 19 juin 1883.

Mon cher ami,

Vous voyez d'après l'entête de ma lettre que j'ai encore déménagé : A peine revenu de Bangkok où j'étais allé porter les salutations du gouverneur de la Cochinchine, en même temps que la convention télégraphique qui reliait ou reliera Siam à la Cochinchine, j'apprends en route ma nomination comme général commandant supérieur au Tonkin.... Les événements qui se sont passés sont les suivants : le 19 mai, M. le commandant Rivière... Bref, une défaite complète qui a amené la destruction de la ville en grande partie : les Drapeaux-Noirs, entre autres, qui sont des brigands à tout faire, tuent et pillent. Ce sont des gens mis hors la loi par le Céleste-Empire, appelés par l'Annam, qui y joint ses troupes, gens formant un ramassis assez infect, mais dangereux, car il y a là-dedans des Européens qui les guident. Ils sont venus attaquer et la citadelle et la Concession ; ils ont été repoussés, mais ils se reforment prêts à bien résister, mais cette fois ils ont appelé ou plutôt l'empereur d'Annam a appelé à son aide et s'est mis sous la suzeraineté de la Chine, qui a fait passer la frontière du Kouang-Si à ses troupes qui occupent les provinces de l'est du Tonkin, en assez grand nombre, dit-on. Le fait est qu'il y a des troupes chinoises. Nous savons, de plus, que nos relations diplomatiques avec la Chine sont très tendues et que nous devons nous attendre à tout.

Les missions et les missionnaires ne sont pas à l'abri et ici, je les fais garder par des détachements : les catholiques sont dans une très mauvaise situation. Je fais ce que je peux ; nous attendons des troupes de France et cette histoire du Tonkin est grosse de nuages.

Je ne m'attendais guère à tout cela il y a trois mois.

Le premier soin du général fut de faire préparer des casernements multipliés. Sous une pluie torrentielle, on travaillait activement à ces abris de plus en plus indispensables. Les digues des environs furent réparées. Une fortification continue servit à relier la Concession française à la citadelle.

Pendant ce temps, il put s'applaudir d'avoir à propos garni Haïphong d'une nouvelle enceinte ; à peine sortie de terre, elle fut attaquée pendant la nuit du 5 juillet.

L'ennemi arrivait trop tard. Conduits par un général annamite, le Tam-tran-Thuet (qui avait une réputation d'invincible et qui avait jadis sous les ordres de Nguyen-tri-phuong, défendu contre les Français Tourane et Ki-hoa), les assaillants fort nombreux comptaient sur une surprise ; ils étaient inopinément sortis de leurs campements des alentours pour se jeter contre plusieurs points à la fois et s'étaient même emparés d'une pagode d'où ils dirigeaient, sur la ville, des coups de feu et des fusées incendiaires. Mais repoussés de partout par nos soldats et nos colons, ils perdirent un grand nombre des leurs et durent se transporter prudemment sur l'autre bord du Cua-Cam.

A Nam-Dinh, où le 20 mai l'ennemi s'était senti assez fort pour mettre à mort un missionnaire, le père Béchet, et plusieurs autres chrétiens, des attaques comme celle de Haïphong ne furent pas plus heureuses. Là aussi, le lieutenant-colonel Badens[1] s'était fortifié et tenait ferme quoique menacé par une armée d'investissement. Tous les soirs, des batteries annamites, mais placées à 1,000 mètres, c'est-à-dire trop loin, le bombardaient régulièrement et innocemment. Une première sortie, le 26 juin, avait fait tomber en son pouvoir quatre de ces canons enlevés de Cau-gia. Malgré ces leçons, qui lui coûtaient cher, l'ennemi tenace n'en démordait pas. Il multipliait ses retranchements, il y remettait de gros canons. Il se glissait en dépit des patrouilles, dans les faubourgs pour y mettre le feu. Le 11 juillet, ces assiégeants tentèrent un assaut dont ils eurent à se repentir. Mais s'ils n'arrivaient pas à forcer la place, ils arrivaient

---

1. Pierre Badens, né à Castelsarrasin en 1847. Élève de Saint-Cyr; a passé trois ans au Sénégal, trois autres en Cochinchine, où il fut promu capitaine en 1872; a suivi les cours de l'École de guerre; chef de bataillon en 1879, il était reparti en 1882 pour Saïgon.

à surmener de fatigues l'intrépide garnison, et il était temps que des renforts lui parvinssent.

Les premiers navires amenant des troupes de France furent salués dans la baie d'Alung au commencement de juillet : c'étaient l'*Annamite*, puis le *Mytho*, grands transports en fer qui avaient pris à Toulon plusieurs détachements d'infanterie de marine, des parcs d'artillerie et des munitions.

L'amiral Courbet arriva sur le *Bayard* un peu plus tard, le 20 juillet.

Dans l'intervalle, le 19, Nam-Dinh, à peine renforcé par 91 hommes et 6 officiers, avait fait une brillante sortie, et décisive. Avant le point du jour une partie des troupes fut envoyée à l'ouest pour tourner les positions de l'ennemi. Le terrain de ce côté est une plaine de rizières coupée par l'arroyo de Cau-gia qui court parallèlement à la face occidentale de la citadelle et va faire au village de Coc sa jonction avec le canal de Nam-Dinh. Une digue longe ce canal jusqu'à l'arroyo, que franchissent par des ponts deux routes ; l'un de ces ponts est au village de Cau-gia, l'autre plus au nord, à celui de Maixa. Ce qu'on appelle des villages sont des ensembles de maisons en torchis avec jardins palissadés de bambous ; on dirait plutôt un bois. Avant d'arriver à l'arroyo de Cau-gia, on rencontre un de ces villages, Mi-Trong, et une pagode, dite des Mandarins, où l'ennemi avait, pour s'abriter, des murs à créneaux. Les troupes chargées de déboucher par derrière ces retranchements se composaient de 120 Français portés sur le canal de Nam-Dinh par la canonnière le *Song-Coï* et par une jonque, sous les ordres du capitaine Lacroix; une autre colonne suivait à pied sur la digue les bords du même canal; cette colonne, commandée par le lieutenant Goullet, comptait 25 tirailleurs cochinchinois, 145 miliciens indigènes. Pendant ce temps, sortaient de la porte sud de la citadelle le lieutenant Onfroy de la Rozière, 50 Français, 100 auxiliaires tonkinois, attirant par une attaque de front l'attention de l'ennemi. Celui-ci fut complètement surpris. Derrière lui, le village de Coc fut enlevé par le lieutenant Goullet, à cinq heures du matin; le capitaine Lacroix y débarqua aussitôt et tous deux marchèrent sur Cau-gia, sous le feu du canon annamite qui balayait les abords. Nos hommes s'abritaient sur le talus de la digue; après chaque coup de canon, se levant, ils gagnaient rapidement un peu de terrain et s'abritaient de nouveau[1]. Malgré ce soin, un soldat, Dumas, et un auxiliaire catholique furent tués avant qu'on eut atteint le pont de Cau-gia. L'ouvrage ennemi qui couvrait ce pont avait pour défenseurs un régiment de Hué, vêtu de tuniques et de casques, et 500 Muong descendus des montagnes, la moitié armés d'arcs et de flèches, l'autre de fusils à mèche et sans crosse, particuliers à ces sauvages et de leur fabrication. Des centaines d'entre eux furent tués à leur

---

1. Rapport du colonel Badens.

poste où ils étaient bravement restés pendant l'attaque du pont. On trouva dans ces retranchements beaucoup de leurs armes et trois canons; on y brûla 40 échelles en bambou et un grand nombre de petits bateaux portatifs. Puis l'on poursuivit la marche, le lieutenant Goullet sur la rive droite de l'arroyo jusqu'au pont de Maixa, d'où il se rabattit vers Mi-Trong, et le capitaine Lacroix, rive gauche, droit sur ce village. Là, furent prises à revers les lignes ennemies, dont les défenseurs, maintenus à leur poste par l'attaque de M. Onfroy, se trouvèrent surpris et tombèrent presque tous fusillés sur place. M. Onfroy enleva, au même moment, la pagode des Mandarins, tandis que M. de Villiers, s'élançant vers la partie nord des retranchements et se précipitant à la baïonnette sur les Annamites, les eut bientôt tués ou dispersés. De nouveaux canons furent ainsi conquis et amenés à la citadelle par des coolies. A cinq heures du soir, nos troupes rentraient en leur caserne ayant à déplorer seulement dans cette affaire la mort de trois hommes et peu de blessures, tandis qu'on avait infligé à l'ennemi un profond découragement.

Un mois après, le 15 août, sur la route de Hanoï à Son-Tay, route deux fois funeste, il fallut se décider à reprendre la lutte. L'ennemi s'y était plus que jamais fortifié; il dressait aussi des batteries le long du fleuve. Le général Bouët sentait qu'interrompre ces préparatifs devenait urgent, « car les populations s'inquiétaient, a-t-il dit. Quand il eut reçu tout ce qu'il pouvait attendre de troupes, il donna ses ordres. Cette fois le plan était d'envelopper de trois colonnes la position des Chinois; ces colonnes devaient être d'environ 500 hommes chacune; l'une, celle de droite (colonel Bichot), devait passer entre le lac et le fleuve et longer celui-ci, soutenue par la flottille, tandis que les deux autres colonnes devraient s'échelonner au delà de Phu-hoaï. Les mouvements devaient commencer dans la nuit. Malheureusement la pluie survint, qui occasionna des retards et créa des obstacles.

Ce ne fut qu'à 7 heures passées que l'avant-garde du colonel Bichot, qui avait atteint sans coup férir le village de Vé, parvint en face de la première barricade, qu'elle enleva ; mais après une série de luttes heureuses, elle fut arrêtée, malgré son élan, par le feu d'une 4me barricade qui couvrait la pagode des Quatre-Colonnes, et ne put la tourner, à cause des rizières inondées. Le colonel fit alors reposer ses troupes, évacuer les blessés sur la flottille, bombarder la position des Pavillons-Noirs et, remettant l'attaque au lendemain, se rabattit sur une autre pagode dans la plaine, où à travers la vase il alla s'installer pour la nuit.

La colonne du centre (commandant Coronat) avait pu arriver assez vite au fort de Phu-hoaï qu'elle fut surprise de voir abandonné par l'ennemi; puis, remplacée dans ce fort par la colonne de gauche (colonel Révillon), elle avait pu se porter à 8 heures et demie sur Yen, où fut rencontré l'ennemi. Feu d'artillerie et d'infanterie. Mais les bandes chinoises, après une retraite derrière la digue, restaient menaçantes. Le commandant prit alors position à Noï dans une pagode qui fut fortifiée et crénelée et dont toutes les avenues furent gardées. A 10 heures tomba une pluie torrentielle qui ne cessa plus de la journée. La nuit se passa sur ce point sans incident.

La colonne de gauche (dans laquelle figuraient, comme auxiliaires, des Pavillons-Jaunes [1]), après avoir remplacé à Phu-hoaï la précédente, continua sur la route de Son-Tay. Elle la trouva barrée, au delà de Vong, au pont de Rien par une ligne perpendiculaire de talus et de redoutes casematées, munies de canons, qui s'étendait sur 2 kilomètres et d'où l'ennemi tirait à couvert. Le colonel Révillon regardait comme décisif l'enlèvement de cette ligne et faisait prévenir la colonne du centre pour lui demander une action combinée. Y eut-il malentendu ou impossibilité? L'action n'eut pas lieu. Ce fut dans tous les cas, on l'a su depuis lors, un heureux contretemps. Le choix de la position occupée par les Chinois était perfide. Devant elle, la plaine était nue, une plaine de rizières inondée; l'inondation dissimulait aux yeux un large ruisseau qui bordait les retranchements ennemis. Que serait-il advenu, surtout avec la crue terrible des

---

[1]. M. Georges, de l'ancienne expédition Dupuis, avait été autorisé à faire des enrôlements de Pavillons-Jaunes pour une *guérilla* commandée par lui.

fleuves qui allait dans la soirée couvrir le pays, si nos soldats, lancés dans les rizières, n'avaient pas été arrêtés par un feu insoutenable. Sans qu'on pût se douter de tout le danger couru, la retraite fut ordonnée par le général. Elle s'effectua en très bon ordre, quoique les Chinois, sortis de leurs retranchements, l'aient harcelée de flanc et qu'une de nos compagnies ait beaucoup souffert. On se replia lentement, emportant morts et blessés, jusqu'au pont Balny, où l'on eut un répit, et de là on put regagner Hanoï, paisiblement mais exténué.

Le lendemain, le colonel Bichot (aile droite) reprenait son mouvement en avant; il trouva la pagode des Quatre-Colonnes évacuée. Mais apprenant que l'aile gauche, puis le centre avaient rétrogradé sur la citadelle, il arrêta sa marche, d'autant mieux que le fleuve grossissait à vue d'œil. Tout à coup, à 9 heures du soir, l'inondation arrivait et mettait plus d'un mètre d'eau dans la pagode. Les troupes en avaient jusqu'à mi-corps. Craignant que leur abri ne fût emporté, le colonel les fit embarquer sur les canonnières, sauf une compagnie qu'il garda. Peu après la digue se rompit, ce qui faisait disparaître tout danger. Des troupes fraîches arrivèrent de Hanoï et la pagode prise fut mise en état de défense pour servir plus tard de base d'opérations.

L'inondation effrayante, qui s'était répandue dans la plaine durant cette nuit, avait fait souffrir plus que nous l'ennemi déjà en retraite depuis la veille; l'eau arrivait à la toiture des cases; il dut perdre par cette crue subite une partie de ses blessés et probablement, a pensé le général ouët, tout son matériel. On évalue les pertes des Chinois à plus de 1,200 hommes. Nous en avions de notre côté, en tués ou blessés, tant Français qu'Asiatiques, 81. Ce combat, s'il n'a pas été une victoire, n'a donc pas été non plus une défaite, comme se sont empressés de le proclamer, jusqu'en Chine et en Europe, nos ennemis fanfarons et nos envieux. C'était seulement un combat infructueux ; la marche sur Son-Tay s'en trouvait ajournée; les difficultés rencontrées indiquaient que la saison plus encore que l'ennemi rendait provisoirement impraticables des opérations décisives.

En compensation, Haï-Dzuong, au même moment, tombait entre nos mains. Une escadrille composée des canonnières la *Carabine*, le *Yatagan* et quelques chaloupes, y avait amené un détachement de 300 hommes commandé par le lieutenant-colonel Brionval. Ils attaquaient les forts, le 19 août. Les Annamites, prenant la fuite à leur approche, abandonnèrent la citadelle avec 150 canons et leur trésor.

Une revanche d'ailleurs fut prise bientôt après par le général Bouët. Il profita de ce que l'inondation avait détruit une partie des lignes retranchées auxquelles nous nous étions heurtés le 15; et toute la péninsule formée en avant de Son-Tay par l'embranchement du fleuve Rouge et du Dai fut enlevée dans les journées du 1er et du 2 septembre.

C'est ce qu'on a appelé « le combat de Palan ».

Palan (ou Ba-Giang) est sur la première des deux branches fluviales, près du point où elles se séparent. La position fut prise sans coup férir. Mais à 5 kilomètres de là, sur la seconde branche, sur le Dai, était une autre position où l'ennemi se tenait en forces : le village Phong. Le commandant Berger eut ordre de l'enlever. Il fallut deux jours. Ce furent deux journées de chaleur accablante. La colonne s'engagea bravement; c'étaient trois compagnies d'infanterie de marine, des tirailleurs annamites et des Pavillons-Jaunes, avec un peu d'artillerie qu'on mena par d'étroites chaussées et des fondrières. Trois canonnières, qui avaient fait le tour pour redescendre le Dai de ce côté, gênaient avec leurs obus les mouvements de l'ennemi. Néanmoins celui-ci fut tenace. Il avait le nombre (4,000 environ), un armement moderne et le tir assez juste. Une à une, on dut lui arracher les lignes qui défendaient les abords de Phong, et les succès furent chèrement achetés. Il ne faiblit que parce que nos troupes, a dit leur général, montrèrent un élan remarquable. A certains endroits, dans les rizières qu'elles avaient à traverser, « la hauteur de l'eau était telle que les hommes en avaient jusqu'aux aisselles et étaient forcés de tenir le fusil haut pour que la culasse pût continuer à fonctionner [1]. » Cela, sous un feu vio-

---

1. Rapport du général Bouët.

lent des Chinois qui tiraient à couvert. Il y eut à livrer un assaut à la baïonnette. Clairon sonnant, on se précipita sur les retranchements, bousculant et jetant à l'eau les défenseurs acharnés. La résistance de l'ennemi fut brisée par cette furieuse attaque, ses cadavres jonchaient le sol, il abandonnait sept étendards, des fusils, des canons; enfin on le voyait fuir! La nuit donna un repos qu'on prit sur le terrain conquis. Le lendemain, à la première heure, nouveaux combats, mais plus faciles et moins sanglants. Heureusement! car les munitions manquaient. Nous pouvions entrer dans Phong, évacué. Seulement il n'était point dans les intentions du général d'occuper ce poste et d'étendre ainsi notre ligne. Il lui suffisait de posséder Palan; il y mit garnison, tenant par là la route de Son-Tay libre devant lui jusqu'au Daï, et fit rentrer le reste de ses troupes.

Ces journées de luttes nous avaient coûté 2 officiers, 15 soldats tués, une quarantaine de blessés — le dixième de notre effectif européen — sans compter les pertes de nos auxiliaires. Mais nous avions gagné, outre le prestige nécessaire d'une revanche, une situation stratégique pour l'avenir [1].

Peu après, le 18 septembre, on apprit avec stupéfaction que le général Bouët rentrait en France, avec mission donnée par M. Harmand d'aller

---

[1]. Voir à l'*Appendice* une lettre du général Bouët complétant ce récit.

éclairer le gouvernement de la République sur les nécessités militaires du moment.

Des mésintelligences, qui étaient le danger d'un triumvirat, mais sur lesquelles mieux vaut ne pas arrêter la pensée, car elles déparent l'expédition, étaient le vrai motif de cet éloignement. Le découragement causé au général Bouët par l'insuffisance des renforts, pouvait y avoir aussi contribué.

Le commandement des troupes de terre passa provisoirement au colonel Bichot et M. Coronat fut remplacé comme chef d'état-major par le lieutenant-colonel Badens.

Ce fut pendant cet intérim, qu'à la faveur des positions récemment conquises autour de Hanoï, on put découvrir les restes du commandant Rivière. Ici nous retrouvons l'intervention de ce missionnaire patriote, Mgr Puginier, dont le dévouement nous avait déjà rendu tant de services. Grâce à lui, grâce aux indigènes chrétiens qu'il employa à recueillir des indications, on apprit que sous la route de Son-Tay, près de ces retranchements de Cau-Rien qui, le 15 août, avaient arrêté les tentatives du général Bouët, était placée, pour que les passants missent le pied dessus, une boîte en laque contenant la tête de l'infortuné commandant. On procéda à l'exhumation. Près de là, dans des paniers, comme en ont les Chinois pour exposer les têtes des criminels, se trouvaient celles de vingt-sept de ses compagnons d'armes. Ces précieux restes furent transportés à Hanoï. C'était le 18 septembre. Quinze jours plus tard, enfin, on retrouva le corps mutilé de Henri Rivière, aux abords de Phu-Hoaï. Les obsèques se firent avec une imposante solennité. Ce fut encore Mgr Puginier qui officia, comme il l'avait fait naguère pour les restes pareillement mutilés de Francis Garnier.

Deux événements considérables, dans l'intervalle, avaient changé la face des choses : la mort de Tu-Duc et la signature d'un traité arraché par le bombardement de Hué.

Tu-Duc était mort le 17 juillet à 54 ans; sa succession, comme il arrive fréquemment dans l'Annam, était exposée à des compétitions d'où pouvait sortir ou un monarque hostile à l'influence française ou un monarque prêt à la subir. Les mandarins du parti militaire se concertaient pour faire passer son héritage à l'un de ses neveux (car il n'avait pas laissé d'enfants) choisi en haine des Français,

Mais sur ces entrefaites, une expédition était préparée par l'amiral Courbet pour agir directement sur Hué. Des navires venus avec environ deux milliers d'hommes, les uns de Haïphong, les autres de Saïgon, après avoir été réunis dans la baie de Tourane, se présentèrent le 16 août devant l'entrée de la rivière de Hué gardée par les forts de Thuan-an.

Le commissaire général M. Harmand se trouvait à bord du vaisseau amiral, porteur d'un ultimatum et d'un projet de traité; il avait avec lui, pour conduire les négociations, M. Palasne de Champeaux, administrateur des affaires indigènes en Cochinchine.

La reddition immédiate des forts ayant été refusée par les Annamites, il leur fut donné avis que le bombardement commencerait le soir du 18. Les cuirassés le *Bayard* et l'*Atalante*, les avisos le *Château-Renaud* et le *Drac*, les canonnières la *Vipère* et le *Lynx* s'embossèrent et ouvrirent le feu à 5 heures du soir. Les batteries annamites, couvertes par de nombreux ouvrages en bon état, ripostèrent bravement, mais sans effet. De petites lueurs rapides et éclatant aux embrasures de leurs forts indiquaient leur riposte ; c'est à peine si quelques boulets atteignirent le *Bayard* et la *Vipère*, celle-ci mouillée très près de l'ennemi. Nos obus, au contraire, malgré la houle qui gênait le tir, touchaient juste, soulevant d'énormes colonnes de poussière, et çà et là, des nuages de fumée noire.

Le lendemain, 19, le feu de l'escadre recommença. En dépit de l'insuccès de leur artillerie, les Annamites, sous la pluie de nos obus, tenaient toujours. Même en face de nos troupes (plus d'un millier d'hommes) qui débarquèrent dans la journée du 20 août, ils firent, jusqu'au bout, bonne contenance. Sous la protection du *Lynx* et de la *Vipère* qui balayaient la plage, nos soldats et nos marins partis des navires au son de la *Marseillaise* s'étaient lancés à l'attaque sous les ordres du capitaine de vaisseau Parroyon. Vainement les Annamites essayèrent de tous les moyens pour les repousser ; ni leurs sorties courageuses, ni le feu de leurs pièces, ni leurs embuscades, ni les incendies qu'ils allumaient pour s'en faire un rempart, n'arrêtèrent l'élan de nos troupes. Un premier fort, celui du Nord, fut emporté d'assaut par une compagnie de l'*Atalante* que conduisait le lieutenant de vaisseau Poidloue. A 9 heures, plus au loin, vers le sud, à la tête de ses hommes qui malgré l'excessive chaleur couraient en avant, le commandant Parroyon pénétra dans le fort principal, grand fort circulaire, que les obus de l'escadre avaient déjà rempli de cadavres. Les survivants, pris d'affolement, se jetaient par-dessus les murs et se précipitaient vers la rivière ; et à 9 heures cinq, tandis que le village de Thuan-an flambait comme un immense feu de paille, on vit notre pavillon tricolore remplacer sur les fortifications le grand pavillon jaune de l'Annam.

Restait à franchir la barre de la rivière : la *Vipère* et le *Lynx* y pénétrèrent dans l'après-midi, traversant les dernières salves d'artillerie des forts encore occupés par l'ennemi. A la tombée du jour toutes les défenses du rivage étaient en notre pouvoir. Dans la nuit, à 3 heures, on vint prévenir M. Harmand, qui se trouvait à terre dans la grande batterie conquise, que le ministre des affaires étrangères de Hué arrivait en parlementaire avec un évêque comme interprète.

C'est que la capitale de l'Annam, jusqu'alors confiante dans ses fortifications inexpugnables, s'était trouvée tout à coup prise de consternation et de panique. Une révolution venait d'y éclater et le nouvel empereur nommé Hiep-Hoa, qu'avait fini par établir un accord de la reine mère avec un comité de hauts personnages était poussé à capituler à la hâte. Une suspension d'armes de 48 heures fut convenue, mais M. Harmand déclara qu'il ne voulait signer de traité qu'à Hué ; il s'y rendit le 22, à bord d'une chaloupe à vapeur, accompagné de M. de Champeaux ; tous deux s'installèrent à la légation de France. Furent stipulées avant tout comme conditions de l'armistice, non seulement l'évacuation immédiate de douze forts précédant la capitale, l'enlèvement des barrages, la destruction des munitions, mais encore, la restitution à la France de deux navires dont l'un était le *Scorpion*, donné à Tu-Duc en 1874. Enfin le *Scorpion* nous revenait ! symbole de notre prestige reconquis !

Quant au traité, signé le 25 août, par M. Harmand comme plénipotentiaire de la République Française, et par LL. Exc. Tran-Dinh-Tuc, premier plénipotentiaire du gouvernement annamite, et Nguyen-Trong-Hiep, deuxième plénipotentiaire, ministre de l'intérieur et des affaires étrangères de S. M. le roi d'Annam, voici en résumé les avantages considérables et un mois auparavant inespérés qu'il accordait à la France :

1º Protectorat reconnu par l'Annam.

L'Annam s'interdisant en conséquence d'avoir

avec les puissances étrangères, *y compris la Chine*, aucunes communications diplomatiques, si ce n'est par notre intermédiaire.

2° Cession de la province de Binh-Thuan pour être annexée à nos provinces de Basse-Cochinchine (ceci en paiement de toutes les dettes de l'Annam envers nous jusqu'à ce jour).

3° Occupation permanente par une force militaire française des forts gardant l'entrée de la rivière de Hué et de la chaîne de montagnes Deo-Ngang formant la limite méridionale du Tonkin.

4° Rappel des troupes annamites envoyées au Tonkin.

6° Contrôle de la France sur les douanes et les travaux publics de l'Annam central

7° Ouverture au commerce de toutes les nations des ports de Quinhon, Tourane et Xuan-Day, où seront établis des *Concessions françaises* et des agents français.

9° Entretien à frais commun d'une large route entre Saïgon et Hanoï.

10° Établissement d'une ligne télégraphique sur ce trajet.

11° Droit pour le résident de Hué d'avoir (ce qui n'avait pu être obtenu par aucun) audiences privées et personnelles du roi d'Annam.

12° Faculté d'avoir des résidents non seulement à Hanoï et à Haïphong, mais dans tous les chefs-lieux des provinces tonkinoises.

13° Chacun de ces résidents protégé par une garnison.

14° Un contrôle exercé par eux sur les administrateurs indigènes du Tonkin.

16° Une juridiction internationale attribuée à ces résidents.

18° Surveillance par eux de la perception et de l'emploi des impôts.

19° Pour les douanes au Tonkin, une administration entièrement française.

20° Liberté de circuler, de s'établir et de posséder reconnue à tout sujet français et même aux étrangers qui réclameront la protection française.

21° Faculté pour la France de créer des postes militaires le long du fleuve Rouge et d'élever des fortifications permanentes où elle le jugera utile.

Par contre, il y aura des charges pour la France, mais ce sont celles qui font partie des devoirs du protectorat : garantir l'intégrité des États protégés, les défendre contre les agressions de dehors et les rébellions du dedans, etc.

Spécialement « la France se charge *à elle seule* de chasser du Tonkin les bandes connues sous le nom de Pavillons-Noirs et d'assurer la sécurité du commerce du fleuve Rouge. »

L'on renvoie à des conférences ultérieures le soin de régler **la** part convenable à attribuer au gouvernement annamite sur le produit des douanes du royaume et des impôts du Tonkin. Les conditions détaillées du régime commercial et industriel seront déterminées plus tard entre les plénipotentiaires des deux pays.

Ce traité est arrivé fort à propos pour bien préciser le caractère de nos relations avec l'Annam et de nos droits au Tonkin, en un moment où ces relations et ces droits contestés par une puissance voisine, la Chine, servaient de prétexte à son intervention.

La Chine, en effet, s'appuyant, comme je l'ai dit, sur des traditions de suzeraineté assez équivoques, et invoquant les hommages de vassalité intéressée que depuis quelque temps lui prodiguait Tu-Duc, élevait à l'encontre de la France des prétentions de plus en plus grossissantes. D'abord, elle prétendait simplement ne pouvoir souffrir d'Européen sur ses frontières ; notre ambassadeur à la cour de Pékin, M. Bourée, avait cru la satisfaire par l'offre d'une zone entre ces frontières et le Delta que nous voulions occuper.

Depuis lors les négociations reprises à Paris avec l'ambassadeur de la Chine, le marquis de Tseng, avaient révélé des prétentions de cette puissance bien autrement exorbitantes. Elle finissait par agir comme si c'était à elle, non à l'empereur d'Annam, que le Tonkin appartînt. Et il n'était plus question que d'en faire le partage avec la France : la Chine était arrivée à ne plus vouloir nous accorder qu'une rive du fleuve Rouge, et encore non entière, se réservant l'autre rive et tout le haut du cours. C'eut donc été pour elle en grande partie que nous aurions fait si péniblement la conquête du pays, que Francis Garnier, Henri Rivière et tant d'autres des nôtres auraient donné leur sang!

Le traité obtenu de l'Annam par M. Harmand nous donnait heureusement un point d'appui assez solide, des droits assez bien établis, et améliorait d'une façon assez manifeste notre situation au Tonkin pour que la France pût espérer n'être plus en butte à des exigences rivales qui avaient un instant transformé la question annamite en question chinoise.

Par ce traité, nous avions et amplement regagné le terrain perdu depuis Francis Garnier. C'est son idée enfin qui se réalisait à treize ans de distance!

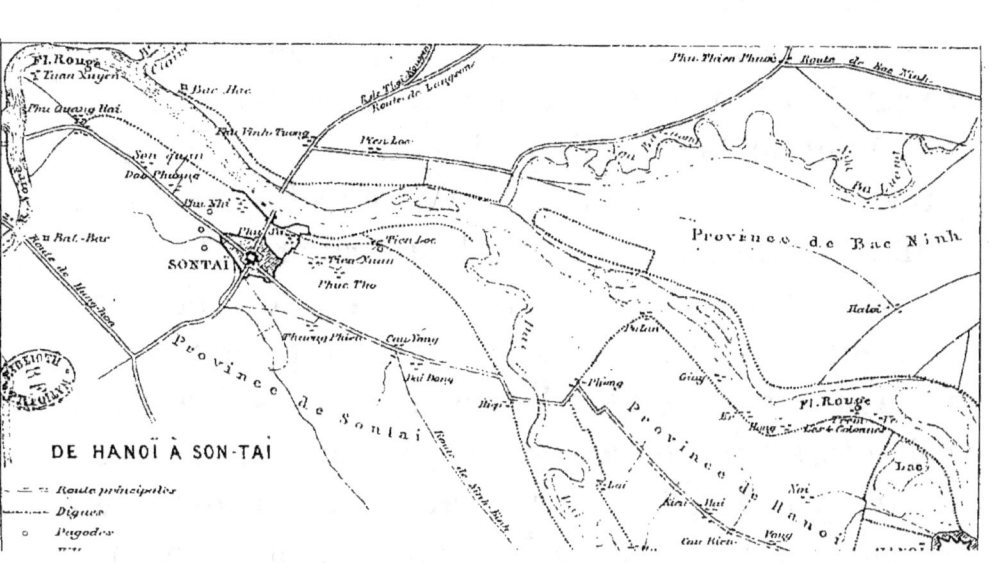

CHAPITRE XII

L'AMIRAL COURBET. — LE GÉNÉRAL MILLOT. — SON-TAY, BAC-NINH ET HUNG-HOA

Le traité de Hué nous donnait des droits, force morale ; il eût été naïf de croire qu'il nous dispenserait de la force matérielle. Il constituait à l'état de rébellion les fonctionnaires du roi qui résisteraient à notre protectorat ; encore, cette rébellion, fallait-il être en mesure de la réprimer. Pour qui connaît le caractère asiatique, un traité n'est jamais que lettre morte s'il se présente sans le miroitement des armes. Les mandarins se seraient volontiers dérobés aux conséquences des engagements pris par leur souverain. M. Harmand ne voulut pas leur laisser le temps de préparer des échappatoires. Il revint aussitôt au Tonkin accompagné de commissaires royaux chargés de répandre la nouvelle officielle de la paix. Parmi ces commissaires était le ministre de l'intérieur Nguyen-Trong-Hiep. Avec eux, M. Harmand entreprit une tournée dans le Bas-Delta. Il visita deux villes où nous n'avions pas encore garnison, où il en mit, Hung-Yen et Ninh-Binh, exigeant des gouverneurs la soumission au traité, soumission hypocrite, bien entendu, mais non sans résultats.

Ces gouverneurs avaient commencé à transporter en cachette les approvisionnements de leur citadelle dans quelque fort plus retiré, où ils comptaient se transporter eux-mêmes; on ne leur permit point de se soustraire ainsi à la surveillance de nos résidents.

Il n'y eut que dans le Haut-Tonkin qu'il fut impossible d'obtenir obéissance. Le prince Hoang-Ké-Vien, appuyé sur les Chinois, réguliers ou non, s'était acquis à Son-Tay une position quasi-indépendante qui lui permettait de braver les ordres apparents de Hué. Autour de lui se ralliaient tous ceux qui opinaient pour la lutte quand même. Il était l'âme de la résistance. En dehors même du territoire où il tenait la campagne, les mécontents correspondaient avec lui; son exemple encourageait de continuelles guérillas jusqu'autour de nos positions les mieux gardées. Il était difficile de distinguer de quelles gens nous venaient les attaques, si c'était de pirates ou de lettrés, de maraudeurs ou d'insurgés; car aucun de ces assaillants ne se faisait faute de pillage ni d'incendie, tous semaient la terreur dans le pays par les dévastations et les massacres, tous procédaient de la même façon, furtivement, par surprises, la nuit surtout, sauf à se disperser, insaisissables, une fois leur coup manqué. On les supposait recrutés parmi les soldats de l'Annam licenciés brusquement, non payés, non rapatriés, non désarmés. Les mandarins étaient soupçonnés de complaisances pour ces désordres ; en réalité, ils étaient hors d'état de les empêcher.

Il y eut des moments où ce fléau devint tel que nous étions en quelque sorte confinés dans nos résidences, et, là encore, tenus sur un perpétuel qui-vive.

Le 17 novembre, il y eut plus qu'une alerte, il y eut un danger véritable, à Haï-Dzuong. Nous occupions sur le bord du fleuve, devant la ville marchande, un fortin, et dans la citadelle un réduit seulement, encore inachevé. Le tout à la garde d'une compagnie, capitaine Bertin, et de quelques auxiliaires tonkinois. Installé dans le fort, le capitaine avait détaché, pour la défense du réduit, une centaine de ceux-ci et une trentaine de Français, pas plus. Le 12, déjà, Haï-Dzuong avait été envahi subitement par des bandes, moitié chinoises, si nombreuses que notre garnison trop faible n'avait pu s'aventurer au dehors ni les empêcher de piller la ville, qui en resta déserte. Leur audace grandit au point que, cinq jours après, elles revinrent pour une attaque en règle, sans être intimidées par la présence de la *Carabine* arrivée depuis la veille.

---

1. L'organisation de milices tonkinoises qui avait réussi à notre première expédition, avait été entreprise de nouveau par M. Harmand. Ce n'était plus aussi facile qu'en 1873. Néanmoins on avait pu réunir 4,000 volontaires, principalement catholiques. On les avait armés en partie avec les fusils retirés aux Pavillons-Jaunes, dont le commissaire civil ne voulait plus comme soldats, et qui furent seulement admis comme coolies pour les convois de notre artillerie.

complices le sous-gouverneur de Haï-Dzuong et le gouverneur de Quang-Yen, qui furent expédiés à Saïgon pour passer en jugement. Et l'état de siège, en vertu duquel on fusilla comme traître aussi, le gouverneur de Hung-Yen, fut proclamé.

Déjà, depuis le 25 octobre, le commandement de nos forces de terre et de mer avait été concentré entre les mains de l'amiral Courbet. L'état de siège, qui soumettait tout au régime militaire, achevait d'annihiler les fonctions d'un commissaire civil, et M. Harmand fut autorisé à rentrer en France.

Ainsi s'est réalisée l'unité des pouvoirs désirée dès l'origine par l'amiral Courbet; les siens se trouvèrent ainsi absolus et complets; il eut désormais l'autorité administrative subordonnée à son autorité militaire et navale.

Son objectif naturel, et d'ailleurs désigné par ses instructions mêmes, était Son-Tay et Bac-Ninh. On ne savait par laquelle des deux forteresses il commencerait ses opérations. De nombreuses reconnaissances furent poussées dans les deux directions. La prise de Bac-Ninh aurait couvert Haï-Dzuong. Mais celle de Son-Tay semblait plus facile, parce qu'il n'y avait pas de barrages et que la flottille, trop peu utilisée, disait-on, par le général Bouët, pouvait servir sur ce point au transport des troupes, à leur ravitaillement et au bombardement des ouvrages ennemis.

Mais l'on avait tant tardé à agir que les Chinois avaient pu se fortifier à l'aise autour de l'une et

Pendant la nuit un grand nombre des leurs s'étaient faufilés dans les bastions inoccupés de la citadelle et ils réveillèrent en sursaut, de grand matin, par leur fusillade, nos hommes mal abrités dans leur réduit. Ceux-ci, commandés par le sergent-major Geschwind, ripostèrent vigoureusement, mais au bout de quelques heures ils manquèrent de munitions. On chercha, du fortin, à leur porter secours, impossible; la colonne qui essaya de passer à travers les rangs ennemis se heurta à une barricade que les Chinois avaient eu le temps de construire [1] et dut rentrer. La *Carabine* aussi s'était avancée pour venir en aide aux assiégés; elle se vit assaillie elle-même par un feu des plus violents, fut criblée de balles et eut bientôt huit hommes de son équipage hors de combat. Elle dut battre en retraite, fort maltraitée, sa situation devenant aussi critique que celle de la citadelle. Là, les défenseurs en étaient réduits à un silence complet. Inquiet de leur sort, le capitaine résolut de se frayer à tout prix passage jusqu'à eux et pour déloger l'ennemi embusqué dans les maisons mit le feu à la ville. On ne sait néanmoins ce qui serait arrivé, si une autre canonnière, le *Lynx*, qui se trouvait par hasard en tournée d'exploration vers le Thuong-Giang, n'était accourue au bruit du canon et n'avait rétabli le combat qui durait depuis neuf heures. Les bandes furent alors dispersées. On arrêta comme leurs

---

1. Rapport de l'amiral Courbet.

l'autre places. A Son-Tay, ils avaient, le long de leur digue, au bord du fleuve, élevé de hauts épaulements et relié par des retranchements l'enceinte de la ville au fort de Phusa puissamment armé.

En 1873, Francis Garnier songeait à prendre Son-Tay avec une centaine de ses hommes.

En mai 1882, H. Rivière, disposant de 650 hommes, écrivait au ministre de la marine : « Je ne crois pas qu'il faille beaucoup de monde au Tonkin... Mais pour expéditionner à Son-Tay et garder Son-Tay quand nous l'aurons pris, il faut toujours 200 hommes de plus. »

En septembre 1883, le général Bouët qui possédait au Tonkin, tout compris (infanterie de marine, fusiliers marins, artillerie, tirailleurs annamites) environ 6,000 fusils et 7 batteries de montagne, sans compter ni les Pavillons-Jaunes auxiliaires (500 environ) ni les 12 canonnières, estimait qu'il ne pouvait marcher sur Son-Tay qu'avec 5,000 hommes.

Nous étions en décembre 1883; l'amiral Courbet jugeait nécessaire, pour attaquer Son-Tay, d'avoir au moins réuni 7,000 hommes en dehors des troupes disséminées dans les garnisons. Ses effectifs comprenaient, après l'arrivée de renforts amenés par le *Bien-Hoa*, le *Tonkin* et la *Corrèze*, parmi lesquels des turcos qui, par leurs allures et leur couleur, firent sensation :

	Hommes.
24 Cies d'infanterie de marine	3,740
4 — de fusiliers marins	610
Compagnies de débarquement	500
Tirailleurs annamites (de Cochinchine)	1,200
Tirailleurs algériens (ou turcos)	1,240
Légion étrangère	620
Chasseurs d'Afrique	120
1 détachement du génie	100
7 batteries diverses d'artillerie	850
12 canonnières et leurs équipages	550
Total	9,530

sans parler des auxiliaires tonkinois (environ 3,000, qui remplaçaient les 500 Pavillons-Jaunes); sans parler non plus de l'escadre navale composée de 3 cuirassés, 6 croiseurs, 2 avisos.

Les préparatifs de l'amiral furent terminés au bout d'un mois. Il avait formé toute une légion de coolies pour les transports; il avait réuni toutes les chaloupes à vapeur de son escadre et réquisitionné le plus de jonques possible; il pouvait mettre en ligne sept canonnières, le *Pluvier*, la *Trombe*, l'*Éclair*, la *Fanfare*, la *Hache*, le *Mousqueton*, le *Yatagan*. L'ordre du départ fut donné inopinément le 11 décembre, dans la nuit.

C'étaient 6,800 hommes, indépendamment des équipages de la flottille, que cet ordre mettait en mouvement. On partit de Hanoï. La moitié de ces troupes fut embarquée sur le fleuve Rouge, transportée au delà de Palan, au delà du Dai, et mise à terre à 6 kilomètres en aval de Son-Tay. De ce côté:

3 bataillons d'infanterie de marine (Chevallier, Dulieu, Reygasse), 1 bataillon de fusilliers marins (Laguerre), 3 compagnies de tirailleurs annamites, 4 batteries, des télégraphistes et une ambulance ; le tout sous les ordres du colonel Bichot.

L'autre partie, commandée par le colonel Belin, fut dirigée par voie de terre; elle avait le Dai à traverser au-dessous de Phong. C'était la colonne la plus bigarrée du monde : des Arabes, des Cochinchinois, 800 indigènes, la légion étrangère, un bataillon d'infanterie de marine, 3 batteries attelées, des télégraphistes et deux ambulances. La marche a été décrite d'une façon assez pittoresque dans une lettre particulière [1] à laquelle j'emprunte ces croquis :

« 11 *décembre*. — Halte du déjeuner. Quel tableau animé offre ce campement !

« A droite de la route les turcos. Là, brillent les yeux noirs au milieu de visages basanés. Le front rasé, le crâne élevé et coiffée d'une petite calotte de cheveux noirs. Quelle souplesse dans leurs mouvements, dans leur taille que fait valoir le costume soutaché si élégant ! Le casque nuit à leur expression originale; aussi plusieurs, par coquetterie, prennent et gardent la chechia. C'est là le côté bruyant. Ils sont heureux, ces grands enfants, d'aller enfin faire parler la poudre. Pendant que l'eau chauffe pour le café, ils forment des rondes

---

1. Publiée par le *National*.

autour du feu et chantent une mélopée bizarre, frappant des mains pour marquer la cadence.

« Près d'eux, les légionnaires sont plus silencieusement affairés, comme de vieux troupiers. Beaucoup sont des Alsaciens... Ils ont l'air de rudes et solides soldats avec leurs longues moustaches et leur sombre capote

« Nos petits soldats d'infanterie de marine semblent moins décidés et sont de tournure plus pacifique. J'en ai connu qui n'étaient en janvier dernier, à Pontauezen, que de gauches recrues. Ils ont encore l'aspect lourdaud du paysan; mais ils ne céderont pas, on le sent, leur part de danger.

« Au milieu des groupes, circulent discrètement quelques tirailleurs annamites au costume de petite fille, à la démarche efféminée [1]. Ils se sont vite débrouillés au campement, et leur table est la première garnie et elle l'est bien. Ils savent trouver les vivres dont les habitants du village se disent dépourvus. Ces auxiliaires de Nam-Dinh sont bien armés de remingtons, mais ils ont l'air peu

---

1. Un officier a dit de même, à propos de ces tirailleurs annamites : « Petits, sans barbe, relevant en chignons leurs longs cheveux retenus par un peigne en écaille, portant un large pantalon qui a l'air d'un jupon court, coiffés d'un petit chapeau tout à fait semblable aux chapeaux ronds et pointus des paysannes de Nice et qui est attaché au chignon par deux longs rubans rouges pendant sur le dos, ils ont absolument l'air d'un bataillon de jeunes demoiselles. Mais « ces jeunes demoiselles » sont des soldats qui, comme courage, discipline et science de la guerre, ne le cèdent à aucune des troupes européennes ou africaines, qui combattent auprès d'eux. »

militaire. Ils sont à peine encadrés. Un commandant, deux lieutenants, quatre sergents, tels sont leurs instructeurs et leurs chefs français. Il n'y a pas quarante jours qu'ils sont armés de fusils.

« A deux heures, nous nous remettons en route. Quelle colonne ! Elle a plus de deux kilomètres de longueur, depuis la tête d'avant-garde jusqu'à la foule dépenaillée de coolies brancardiers, cuisiniers, porteurs de vivres et de bagages.

« A cinq heures, arrivée à Phong. Nous ne sommes cantonnés qu'à la nuit. Nous nous couchons pendant que le capitaine Dupommier va établir un pont sur le Dai.

« 12 *décembre*. — Au bord du Dai, arrêt.

« Le pont n'est pas terminé, nous dit-on tout d'abord, — puis peu après, nous apprenons que les renseignements donnés au capitaine Dupommier, étaient fort inexacts. Tout a été préparé pour établir un pont de 40 mètres, et le Dai a plus de 80 mètres de largeur. Nous nous installons dans le lit abandonné par le Dai, et les bouteilles réservées pour les jours de bataille sont vidées très rapidement. Les turcos sont enchantés, ils étaient las de l'éternelle verdure. Ce sable chaud leur rappelle le pays et ils s'y roulent avec plaisir. On traverse le fleuve en bateaux. Quatre sampans, deux jonques, ont servi à transporter les troupes. Aussi a-t-il fallu treize heures et demie pour faire passer 2,000 hommes d'une rive à l'autre.

« 13 *décembre*. — Quelle marche cette nuit ! La

lune était dans son plein et les ombres des hommes, des chevaux, revêtaient à sa lumière l'aspect le plus fantastique. La digue sur laquelle notre colonne s'allongeait était haute de 10 à 15 mètres et très étroite. Quand on se plaçait en bas de cette digue, à quelques mètres sur le côté, on voyait des ombres étranges se projeter sur le sol. J'ai compris les ombres chinoises. A chaque instant la marche était coupée par des arrêts, des à-coups causés par le mauvais état du chemin. L'artillerie avançait avec peine. A un moment, une pièce dégringola dans la rizière. Hommes, chevaux et matériel sortirent intacts de cette chute terrible Mais quel temps perdu! Combien d'heures nous avons ainsi marché? je ne sais. La lune était couchée quand on commanda halte; chacun se laissa tomber où il se trouvait et s'endormit profondément.

« Au matin, plus de réveil au clairon; on secoue les dormeurs : c'est triste, mais c'est forcé, car nous sommes en pays ennemi. Il y a heureusement des compensations, la maraude est permise. Tout ce qui se trouve sur le chemin, cochons, poulets, canards, est vite pris. Un coup de sabre ou de coupe-coupe est bien lestement donné. Sur chaque sac on voit pendre lamentablement ces innocentes victimes de la guerre. Le soldat ne jure plus après les haltes, il les voudrait plus fréquentes pour augmenter sa chasse, pour mieux parer sa proie. Il en est qui, tout en marchant, plument des poulets ou écorchent de jeunes cochons. Le soldat est content; ces incidents l'ont complètement ranimé. »

Enfin l'avant-garde aperçoit la colonne Bichot, débarquée de l'avant-veille et cantonnée derrière la digue de la rive. En suivant une autre digue plus grande qui tourne dans l'intérieur des terres, la colonne Belin fait sa jonction et devient l'aile gauche. On est fatigué. La fin du jour et la nuit sont donnés au repos.

14 *décembre*. — A six heures du matin, les deux corps se mettent en marche. Au lieu de prendre des directions différentes, ils convergent sur Tien-Loc où les deux digues communiquent. A partir de là, elles forment deux branches longtemps parallèles. Le point où elles se rejoignent est à Phu-sa, barré par les retranchements qui relient ce fort à l'enceinte de la ville. Tout cela est puissamment défendu.

Au milieu de l'enceinte, la citadelle: carré de murailles en briques, entouré d'un fossé à fond vaseux et garni à chaque face d'une demi-tour, sur le flanc de laquelle une porte voûtée. L'enceinte aussi, quoique très étendue, a seulement quatre portes; encore, deux sont-elles comblées de terre. Elle est formée d'un parapet, haut de 4 à 5 mètres, avec embrasures et créneaux. Au devant de ce parapet, une haie épaisse de bambous vivants, inextricables, qui cachent complètement la ville [1].

---

1. Rapport de l'amiral Courbet

Ces bambous constituent, au dire des officiers, le plus sûr obstacle. Le canon ne peut les détruire. Coupés à la hache, ils forment encore une barrière par leurs débris. Autour de cette haie, un fossé large et profond, rempli d'eau. Enfin une troisième ligne de défense s'étend le long du fleuve, de Phu-sa à Phu-Nhi. C'est une fortification armée de 30 canons abrités par des casemates et garnie de banquettes pour la mousqueterie.

Phu-sa était regardé comme la clef de la place. L'amiral, qui d'ailleurs tenait à s'appuyer sur sa flottille, ne tourna pas la ville, n'essaya pas de la cerner ni de la prendre à revers, mais concentra toute l'attaque, et de front, sur Phu-sa.

On mit en avant, sur la branche sud de la digue, les tirailleurs annamites (capitaine Doucet) flanqués des auxiliaires tonkinois, qui se battirent bravement et perdirent beaucoup de monde. Sur la branche nord, s'avançait le bataillon Roux. Entre les deux branches fut établie une batterie. Quant à la flottille que n'atteignait guère la pluie des projectiles ennemis, elle canonnait à force sans grands resultats non plus. Ce duel dura quelques heures, pendant lesquelles la garnison de Son-Tay tenta une diversion sur notre gauche; on lui opposa quelques bataillons. Ce côté du terrain fut, tout le jour, le théâtre d'un combat indécis [1], tandis que l'action principale s'engageait à droite.

---

1. Rapport de l'amiral Courbet.

A 2 heures les turcos impatients reçoivent l'ordre de se porter en avant entre la branche nord et le fleuve. Le colonel Belin demande l'autorisation de livrer assaut. On juge nécessaire de précipiter l'attaque avant la nuit. Ces Algériens (commandant Jouneau) ont un élan admirable, la compagnie Godinet en tête : presque homme par homme, ils filent le long du fort, escaladent le retranchement de bambous pointus où aucune brèche n'avait été faite par notre artillerie, et courent à la jonction intérieure des digues. On est chez l'ennemi ! Là, ils sont rejoints par deux compagnies qui ont franchi un autre point du retranchement, en l'enlevant à la baïonnette : les compagnies Cuny (infanterie de marine) et Doucet (tirailleurs annamites); le capitaine Doucet vient de périr victorieux. Mais on se heurte encore à une barricade, derrière laquelle les Pavillons-Noirs font une résistance tenace. L'élan endiablé des turcos s'y brise. Ils sont trop nerveux, a-t-on dit, ils ne veulent rien attendre. A deux reprises ils s'élancent, quelques-uns pénètrent, mais ne sont pas suivis, les autres reculent. C'est l'incident le plus meurtrier. Le capitaine Godinet et son adjudant sont tués, le commandant Jouneau est frappé d'une balle à la tête. L'infanterie de marine donne à son tour ; le capitaine Cuny reçoit une blessure, dont il doit mourir; le lieutenant Clavet, qui le remplace, tombe atteint d'une balle. Les casernes d'alentour ne sont plus qu'un brasier allumé par l'ennemi.

La nuit approche. Les colonels ne peuvent songer à pousser plus avant, mais préoccupés de conserver le terrain conquis, ils font élever un retranchement en face de la barricade chinoise. C'était prévoyant. « Cette nuit, a dit l'amiral Courbet, fut un combat continuel. Enhardis par l'obscurité, furieux de leur défaite, les Pavillons-Noirs ne cessent de harceler nos lignes, dirigent sur Phu-sa leurs plus violentes attaques et nous infligent des pertes cruelles. Toutefois, ils ne peuvent entamer nos positions; un dernier mouvement offensif tenté sur toute la ligne, vers 4 heures du matin, est repoussé comme les autres; alors, ils profitent des dernières heures de la nuit pour évacuer tous les ouvrages du bord du fleuve et se renfermer dans l'enceinte extérieure de Son-Tay. »

15 *décembre*. — Phu-sa nous est donc entièrement abandonné et toute la ligne qui se prolonge jusqu'à Phu-Nhi. Au jour levé, le silence règne. La terrible barricade n'a plus de défenseurs. Derrière elle, on trouve les cadavres de sept à huit turcos torturés et décapités.

Cette vue surexcite nos troupes. Toute la journée cependant se passe sans luttes, à occuper nos positions nouvelles, à enterrer nos morts, à préparer la dernière attaque pour le lendemain.

16 *décembre*. — C'est sur la porte ouest de l'enceinte que l'amiral Courbet concentrera l'effort. Quoique murée, quoique défendue par quatre

canons, elle lui paraît offrir les conditions les plus favorables à l'attaque, parce que située, a-t-il dit, à l'extrémité d'un saillant très allongé de la fortification, elle est seulement soutenue par des faces très obliques, que peuvent prendre en enfilade des batteries postées en avant. Des canons sont donc hissés sur quelques tertres environnants où sont des pagodes.

Un feu très vif s'engage des deux parts. Mais nos soldats ont cette fois de bons abris pour diriger le leur. L'ennemi essaie bien de les prendre à revers par une sortie; mais ce mouvement tournant, arrêté et troublé facilement par nos Algériens et par les hotchkiss des canonnières, ne fait peut-être, au fond, que cacher une retraite.

Cependant le feu de la place, pour s'être ralenti, n'est pas éteint et l'on voit se balancer au-dessus de la porte ouest trois grands étendards noirs qui se plantent enfin au sommet du parapet.

Vers 5 heures du soir, la légion étrangère reçoit, pendant qu'une diversion est faite contre la porte nord, l'ordre de donner l'assaut sur l'ouest. L'artillerie cesse son feu. Les clairons sonnent la charge. Nos vaillants soldats se précipitent au cri de : « Vive la France! » La légion étrangère ayant à sa tête le commandant Donnier, court vers la porte murée; les fusiliers marins vers la poterne, où s'élance également une compagnie d'infanterie de marine. Tous rivalisent, se frayent passage dans le fouillis des bambous; c'est là que le capitaine Mehl est frappé d'une balle ; les voici maintenant sur la berme, puis sur le parapet. Les grands étendards noirs tombent, remplacés par nos trois couleurs. La garnison fuit vers la citadelle. L'amiral juge qu'il serait téméraire de la poursuivre au milieu de l'obscurité dans des rues inconnues. « Il faut, dit-il, s'arrêter au milieu de ce brillant triomphe. »

La joie, la fierté étaient immenses. Le succès toutefois nous avait coûté de nombreuses victimes, surtout dans la première journée. La prise de Phu-sa et celle de l'enceinte nous avaient mis hors de combat, 4 officiers tués, 22 autres blessés ; en tout, et sans parler de nos auxiliaires tonkinois, qui furent les plus éprouvés, 63 Européens ou Africains à enterrer, 233 à soigner dans nos ambulances.

17 décembre. — On va prendre la citadelle ; on la trouve déserte. Dès la veille, tous les défenseurs s'en étaient échappés ; les mandarins d'abord sans doute, le prince Hoang, Luu-Vinh-Phuoc, et le gros de leur armée ; les Pavillons-Noirs ensuite, qui avaient prolongé la résistance pour couvrir cette fuite. Les poursuivre, leur couper la retraite sur Hung-hoa, il était trop tard, on n'y pouvait plus songer. Le matériel qu'ils avaient laissé, canons, drapeaux, cartouches de tout calibre, fusils et lances, poudre et dynamite, vivres et métaux, était abondant. Quant à la ville, ce fut un saccage inévitable : les Tonkinois sont très coupeurs de têtes ; nous avions du reste nos turcos à venger ;

on ne leur avait point fait de quartier : les vainqueurs n'en voulurent point faire; partout gisaient des cadavres tronqués ou râlants; il n'y eut pas non plus de magasins épargnés, ont dit les témoins. « Bientôt, a écrit l'un d'eux, au pillage brutal, mais peu fructueux des Français, a succédé un pillage plus méthodique et plus ruineux pour la ville : d'abord nos auxiliaires tonkinois écrèment les bons endroits; puis rassurés par des proclamations, les villageois voisins sont accourus. Les routes sont couvertes de congaïs qui arrivent avec leurs petits paniers qu'elles savent vite et avantageusement emplir. Tous ces Asiatiques s'emparent, sans bruit, sans rien bousculer, d'objets précieux que nos soldats ont négligés, cassant des vases magnifiques, jetant des coupes ciselées pour s'emparer et s'affubler d'oripeaux sans valeur. » On devine assez quel peut être le lendemain pour une ville prise d'assaut! Ce qu'il faut regarder, c'est la bravoure de ceux qui l'ont prise.

Ainsi disparaissait le principal repaire des Pavillons-Noirs, ainsi tombait la forteresse que le prince Hoang avait fini par croire imprenable.

Avant cet événement, l'espoir était tel à Hué, qu'une révolution de palais s'y était faite contre nous. L'empereur Hiep-Hoa venait d'être empoisonné par un parti hostile à notre influence; les conjurés avaient, le 2 décembre, transmis le pouvoir à un autre neveu de Tu-Duc, à un adolescent de 15 ans, dont la sœur avait pour beau-père le ministre des finances de l'Annam. Ce mandarin présidait le conseil de régence.

Notre résident, M. de Champeaux, installé près de la capitale, courait de visibles dangers avec sa garde insuffisante. On renforça à la hâte notre garnison de Thuan-An. Le 28, M. Tricou arriva en mission à Hué. Il trouva les mandarins, auteurs du coup d'État, ramenés à la raison; Son-Tay n'avait pu tenir; leur hostilité tomba pareillement. Ils se hâtèrent de reconnaître le traité du 25 août et concédèrent même que désormais notre résident serait installé dans leur citadelle. M. Tricou fut reçu en solennelle audience par le nouveau monarque, Kien-Phuoc ou Taï-Phu. Le mandarin qui tenait ce prince en tutelle, se montra obséquieux et « disposé à suivre en tout les conseils de la France. » Les bandes armées et menaçantes, qui déjà parcouraient les environs, rentrèrent dans l'ombre. Des peines furent exigées contre les fonctionnaires qui avaient, dans le Thanh-hoa et le Nghe-an, poussé au massacre des chrétiens.

En France, de nouveaux renforts étaient préparés. Des crédits furent encore demandés aux Chambres, 9 millions d'abord, puis 17, et votés à de fortes majorités, malgré une opposition de partis chagrins ou malveillants qui n'avaient cessé de dénigrer dans leurs journaux et leurs discours notre tentative coloniale au Tonkin. Cette fois, des troupes de terre devaient se joindre à celles de la marine. Le ministre de la guerre y mit pour condition que les opérations seraient dirigées par un général de division. On fit choix du général Millot[1]. Le contre-amiral Courbet, d'ailleurs élevé glorieusement au grade de vice-amiral, fut maintenu seulement à la tête de la division navale. On mit les deux brigades dont allait disposer le nouveau commandant (l'une déjà existante au Tonkin, l'autre qui allait partir), sous les ordres des généraux Brière de l'Isle [2] et de Négrier. De nombreux transports, et quelques-uns empruntés aux Messageries maritimes, conduisirent rapidement à Haï-phong les forces qui devaient achever la conquête. Le général Millot emmenait avec lui, comme chef d'état-major, le colonel Guerrier et, parmi ses officiers d'ordonnance, un ancien compagnon d'armes de Francis Garnier, M. Hautefeuille, devenu lieutenant de vaisseau. Peut-être, aussitôt après la chute de Son-Tay, mettant à profit la démoralisation produite sur les Chinois, l'amiral Courbet aurait-il pu s'emparer de Bac-Ninh. Cette gloire était réservée à son successeur. Il fut décidé qu'on attendrait les nouveaux renforts.

Par eux, notre effectif au Tonkin allait s'élever,

---

1. Le général Millot, né en 1829, sorti de Saint-Cyr, avait fait partie de l'expédition de Chine, puis de l'armée de Metz, portait les étoiles depuis 1880, et avait été récemment promu divisionnaire.

2. Le général Brière de l'Isle, né en 1827, avait fait la campagne de Chine, s'était battu à Ki-hoa, plus tard à Bazeilles, où il fut blessé ; avait été gouverneur du Sénégal de 1877 à 1880.

Le général de Négrier, né en 1839, avait fait, étant colonel, ses preuves d'énergie contre les insurgés du Sud-Oranais (1881).

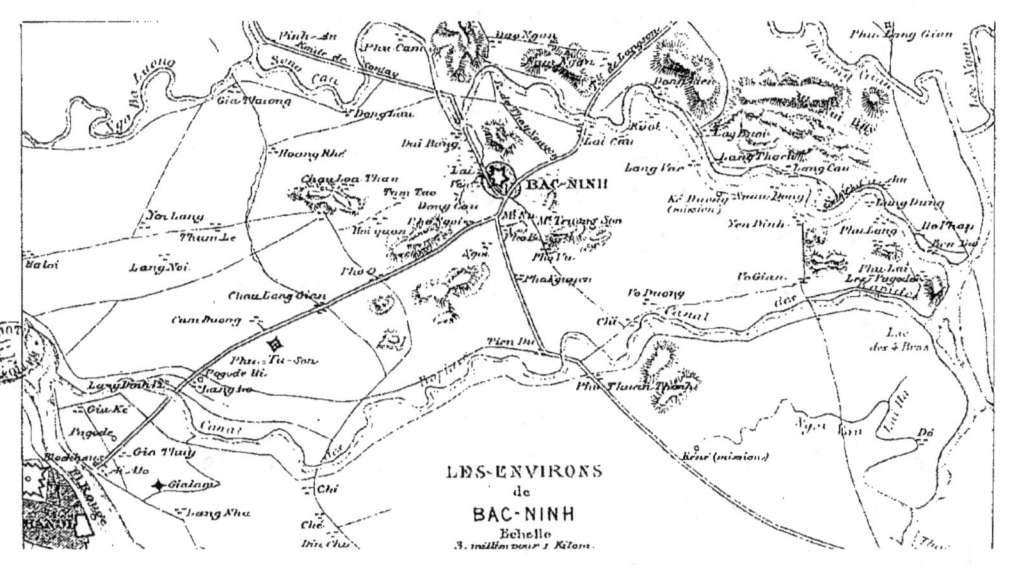

toujours sans parler des auxiliaires indigènes ni des équipages de la division navale, au chiffre de 16,700 hommes, savoir :

Les troupes précédemment envoyées (9,500).

Un surcroît de 600 hommes pour compléter à 800 les trois bataillons tirés d'Algérie, formant au Tonkin un 1ᵉʳ régiment de marche.

Un 2ᵉ régiment de marche d'Algérie, formé de trois bataillons à 800 hommes (tirailleurs, infanterie, légion étrangère).

Un 3ᵉ régiment de marche, tiré de France, formé de trois bataillons de ligne, complétés à 800 hommes par des engagements volontaires.

Deux batteries, une compagnie du train, une autre du génie, six hotchkiss sur affût, deux pièces de siège.

L'état-major, les services administratifs, ambulances, télégraphistes, aérostatiers.

Bac-Ninh, qu'il s'agissait d'enlever aux Chinois, est une ville relativement très petite, entourée d'une enceinte de terre avec fossé et gardée par une citadelle hexagonale. En 1881, dans l'exploration qu'il fit sur la *Massue*, M. de Kergaradec l'avait visitée en y arrivant par le Song-Cau. Bac-Ninh est à 5 kilomètres de cette rivière sur laquelle le village de Lai-Cau lui sert de débarcadère; c'est en cet endroit que passe la route qui va en Chine par Lang-son. La plaine qui entoure Bac-Ninh est inondée dans la saison humide, mais çà et là s'élèvent des mamelons qu'avait remarqués M. de Kergaradec et d'où, disait-il, nos canons pourraient facilement dominer la place. Elle avait été visitée aussi en 1880 par un officier, M. Cabannes, envoyé en reconnaissance de Hanoï, lequel avait suivi la route qui traverse le canal des Rapides et passe devant le fortin de Phu-tu-son; route accidentée, pénible, étroite par endroits; à gauche et à droite, nombreux villages entourés d'un cercle de bambous, qui pouvaient devenir de forts retranchements pour protéger la route; celle-ci d'ailleurs cheminant à travers des rizières, des flaques d'eau, des digues, et constituant un dangereux défilé. De nombreuses reconnaissances depuis lors s'étaient succédé dans cette direction; on avait constaté que les Chinois, ravitaillés par le nord, avaient reçu des canons Krupp, remis à neuf l'enceinte de la ville, protégé leurs batteries par des abris blindés, et garni les approches d'une quantité de retranchements casematés. On les supposait au nombre de 15,000, bien équipés et disciplinés.

A travers le Song-Cau, ils avaient fait deux barrages, des plus solides.

A la fin de février 1884, le général de Négrier, sans attendre l'arrivée de tous les renforts, partit de Haï-Dzuong et alla occuper la pointe que forme le territoire de Bac-Ninh sur le lac des Quatre-Bras. Il y prit position, près de Phu-laï, aux Sept Pagodes, d'où il repoussa un retour offensif des Chinois. Là fut sa base d'opérations. Un peu plus loin, le 9 mars, il s'empara de deux forts voisins de

Yen-Dinh, qui gardaient le premier barrage. La route qu'il voulait s'ouvrir, est celle qui longe le Song-Cau. Mais pour y être soutenu par la flottille il fallait détruire l'obstacle qui fermait le fleuve, destruction qui fut difficile et retarda sa marche. Dès qu'il put la continuer, rien ne tint devant lui et successivement tous les villages furent enlevés jusqu'au second barrage, près de Ruoï. Tandis qu'il s'apprêtait ainsi à prendre Bac-Ninh à revers par le nord, en coupant aux défenseurs la route qui les aurait ramenés en Chine, l'autre brigade, celle du général Brière de l'Isle, les prenait par le sud. Partie du Hanoï, elle avait longé extérieurement le canal des Rapides et l'avait traversé à Chi près Duong. Le général Millot suivait avec la réserve. On évitait ainsi les innombrables retranchements dont la route directe était hérissée. Les Chinois qui, naïvement, comptaient qu'on les attaquerait de front, allaient se trouver entre deux feux ce qu'ils ont en horreur. La seule pensée d'un investissement ou d'une retraite fermée leur fait prendre la fuite. Ils n'attendirent pas que la dernière route leur fut coupée : c'était celle de Thaï-Nguyen. Ils échappèrent par là, avant même d'avoir tenté une résistance honnête. Le seul combat qui nous ait coûté une trentaine de blessés ou tués fut livré près de Laï-Cau, le 12 mars. Mais dès qu'ils virent cette barricade franchie, les milliers de défenseurs lachèrent pied, poursuivis vers Bac-Ninh, entraînant tout dans leur déroute. Aussitôt descendirent des mamelons environnants les Chinois qui les occupaient avec du canon. Ceux de la forteresse disparurent de même. Bac-Ninh fut dégarni en un clin d'œil. Les deux colonnes Négrier et Brière de l'Isle n'avaient plus qu'à s'y rejoindre sans coup férir.

Les munitions, les canons — plus de cent — les drapeaux, laissés par cette débâcle, restaient seuls pour rappeler l'importance que la Chine avait attachée à la garde de Bac-Ninh. A cela servaient cette accumulation d'armements, ces envois bruyants de troupes, cette « instruction européenne », ces engins perfectionnés, dont avaient fait tant de fracas les échos de Pékin, les Anglais et même certaine presse française ou complaisante ou crédule, s'imaginant que l'achat d'un Krupp ou d'un Remington faisait des soldats. Cette fois encore, l'art militaire secondé par des dévouements intrépides et disciplinés, l'avait emporté sur les obstacles matériels. Il avait suffi d'une simple marche conbinée par d'habiles généraux, soutenue patiemment par des hommes que ne lassaient point les escarmouches, par une artillerie que ne déconcertaient point les fondrières. C'était, dans la force du terme, un succès de stratégie. comme on l'a dit; succès même trop rapide.

On avait reproché à l'amiral Courbet d'avoir laissé échapper l'armée de Son-Tay. Ce ne fut point évité à Bac-Ninh.

Du moins, des colonnes legères furent-elles aussitôt lancées à la poursuite des fuyards : l'une, conduite par le général de l'Isle jusqu'à Thaï-Nguyen, dont elle s'empara ; l'autre par le général de Négrier, sur le chemin de Lang-Son. Celle-ci, après avoir pris, en passant, le fort de Phu-lang-Giang, s'arrêta au tiers de la route, à Bac-Cam. Peut-être était-il difficile pour des troupes non ravitaillées de pousser plus avant dans les montagnes. Phu-lang-Giang fut gardé comme poste avancé de ce côté, en attendant mieux. Ce mieux sera l'occupation des défilés : seule, elle préservera le Delta de nos vrais ennemis, puisqu'ils viennent du dehors.

Du côté du fleuve Rouge, dans la direction de Lao-Kai, il restait encore à s'assurer d'un poste important : Hung-Hoa [1]. C'est vers ce point que le général Millot porta, sans retard, ses forces. Rassemblées à Son-Tay le 6 avril, elles se mirent en marche sur deux colonnes, l'une (Brière de l'Isle) franchissant la rivière Noire à Bat-Bac, l'autre (Négrier), avec laquelle était le général Millot, suivant le bord du Song-Coï. On attaquait donc la place à la fois du côté des montagnes et du côté du fleuve. Hung-Hoa était très fortifié comme Son-Tay, entouré de redoutes et soutenu par le voisinage d'une autre citadelle que le prince Hoang avait récemment construite à 14 kilomètres au nord-ouest, non loin de Don-Vang, sur une hau-

---

1. Voir, pour la position de Hung-Hoa, la carte générale du Delta, page 89.

teur et hors du tir des canonnières. Nos canonnières, du reste, ne pouvaient remonter en cette saison ; seuls, l'*Éclair* et la *Trombe*, avec trois canots armés, purent arriver devant Hung-Hoa et ce fut avec de grandes difficultés que la grosse artillerie de 80 et de 95 millimètres put être transportée par des jongues sur l'autre rive de la rivière Noire. Ce passage fut aussi des plus pénibles et des plus longs pour les deux colonnes. Il coûta la vie à quatre de nos soldats et à une douzaine de coolies annamites, emportés par le courant. Ce fut à l'artillerie que revint le rôle décisif. Postée à 6 kilomètres de distance, elle couvrit, pendant six heures, de ses obus les ouvrages ennemis qu'elle bouleversa en quelques endroits. Les dépêches ont dit que ce tir, par sa justesse et sa longue portée, avait produit des effets terrifiants. Il détermina l'évacuation de la ville incendiée et de toutes ses défenses. Quand nos deux colonnes eurent terminé leur passage (11 et 12 avril) elles ne trouvèrent plus d'ennemis devant elles. Il n'y avait plus que que de la fumée dans Hung-Hoa. Le lendemain, 13, le général y fit son entrée à midi, sans combat. On poursuivit immédiatement le succès vers Don-Vang ; cette citadelle, dernière ressource du prince Hoang, tomba entre nos mains et fut rasée. Les Pavillons-Noirs durent chercher refuge plus au nord dans les montagnes. Quant au gros de l'armée chinoise, elle avait pu fuir, par un pont de retraite qu'elle s'était préparé sur le fleuve Rouge, dans la direction de Phu-Lam et de Tuyen-Quang. Le fortin de Phu-Lam leur fut enlevé presque aussitôt et rasé également. Le peu d'Annamites rebelles qui s'étaient joints à la lutte, descendit au contraire vers le sud, vers Ninh-Binh, espérant sans doute repasser de là dans l'Annam. Le général Brière de l'Isle, prenant au plus court le long du Dai, se lança dans la même direction pour surveiller ces bandes et disperser ces derniers débris de la résistance indigène. Enfin, nous sommes devenus maîtres, non seulement du Delta mais du territoire compris entre la rivière Noire et la principale artère fluviale. La prise de Hung-Hoa doit clore les grandes opérations militaires, pourvu qu'on ne laisse pas aux ennemis le loisir de se reformer plus loin et de redresser ailleurs des Son-Tay et des Bac-Ninh. Le reste, la soumission complète du Haut Tonkin jusqu'à la frontière, le refoulement des pillards, la chasse aux pirates, la pacification du pays, l'organisation coloniale de la conquête, et enfin, ce qui en a été le but primitif, l'ouverture de relations commerciales avec le Yunnan, n'est désormais qu'affaire de temps, de patience et de sage administration.

FIN

APPENDICE

INDICATIONS SUR LES NOMS ANNAMITES

L'*u* se prononce *ou*.

La diphtongue *aï* ou *ay* comme dans notre mot *aïeux*, et de même *oï* ou *oy*, comme dans notre mot *boyard*.

L'*n* final sonne comme dans l'anglais, l'allemand ou le latin *in;* mais suivi d'un *g* (*ng*), il prend le son dur de l'*n* final français et le *g* s'entend à peine; c'est ainsi que *Tong-King* se prononce Tonkin; *n* suivi de *h* (*nh*), équivaut au *gn* français dans *bagne, signe*. Aussi M. Dutreuil de Rhins, dans ses cartes, a-t-il pu figurer à la française la prononciation de *Thuan-an*, par Touane-Ane; de *Son-tay*, par Cheune-taï; de *Ninh-Binh*, par Nigne-Bigne; de Thanh-Hoa, par Tagne-Hoa, etc.

Bac, *signifie* nord.
Nam, sud.
Tay, ouest.
Cua, embouchure.
Hai, maritime.
Song, fleuve.
Ngoi, petite rivière.
Thac, rapide.
Cau, pont.
Nui, Son, montagne.

Phu, *signifie* préfecture.
Huyen, arrondissement.
Tong, canton.
Chau, canton de montagne.
Thon ou Xa, commune.
Tram, courrier, poste.
Don, poste militaire.
Thanh, ville forte.
Lang, village.
Dong, champ.

Les fonctions et les grades portent les noms suivants :

Tong-Doc, gouverneur supérieur de provinces.	Tong-Ché, général de division.
Thuan-Phu, gouverneur de province secondaire.	Dé-Doc, général de brigade.
Quan-Phu, préfet.	Lanh-Binh, général de milice.
Quan-Huyen, sous-préfet.	Pho-Lanh-Binh, général adjoint.
Cai-Tong, chef de canton.	Quan-Vé, colonel.
Pho-Tong, sous-chef de canton.	Pho-Quan-Vé, lieutenant-colonel.
Ong-Xa ou Thon-Truong, maire.	
Quan-bo, administrateur, trésorier.	Quan-Co, chef de bataillon.
	Doi ou Quan-Doi, capitaine.
Quan-an, haut justicier.	Cai, sergent.

LA NAVIGABILITÉ DU FLEUVE ROUGE.

C'est à tort qu'on a disputé à la commission du Mékong l'honneur d'avoir la première signalé la possibilité d'utiliser le fleuve du Tonkin (fleuve Rouge ou Song-Coï) comme voie navigable. J'ai raconté que la reconnaissance faite sur ce fleuve par Francis Garnier en 1867 et les renseignements recueillis alors sur cette navigabilité avaient servi d'indication à M. Dupuis. Ce point a été contesté, et par M. Dupuis lui-même, que sa mémoire a mal servi. Mais ce n'a pas été sans preuves que je l'ai avancé. Outre les déclarations de Francis Garnier que j'ai reproduites, pages 54-56, 74, 81, voici deux lettres qui se rattachent au même sujet :

Dès le 6 janvier 1868, cinq mois par conséquent avant que les explorateurs du Mékong eussent rencontré à Hankeou M. Dupuis et plus de deux ans avant les premiers voyages de celui-ci dans le Yunnan, M. Doudart de Lagrée, par un rapport envoyé à Saïgon, annonçait en ces termes ce que venait de découvrir la commission relativement au fleuve Rouge. Il se peut qu'avant elle, des missionnaires, comme les gens du pays, l'eussent connu ; mais ce n'était point divulgué, et l'Europe n'en profitait point.

« 6 janvier 1868.

« Une question de la plus haute importance se présentait ici : où commence la navigabilité du Song-Coï? peut-il servir de voie de communication commerciale entre le Tong-Kin et le Yunnan ?

« Afin de résoudre cette question, pendant que la commission se dirigeait directement sur Linn-gan, j'envoyai M. Garnier en exploration sur la rivière, avec ordre de prendre des informations et de nous rejoindre à Linn-gan.

« Par suite du mauvais vouloir des populations, cet officier n'a pu descendre que jusqu'à une distance de 40 milles ; mais les renseignements qu'il a pris et ceux que j'ai recueillis moi-même *nous suffisent*. A six journées au S.-S.-E. de Linn-gan, se trouve le marché renommé de Mang-Kho (Mang-hao) à partir duquel le Song-Coï *est navigable jusqu'à la mer*. A ce marché, qui est encore sur le territoire du Yunnan, et à quelques autres situés en aval, sur la terre tong-kinoise, affluent des Laotiens, des habitants du Kouang-Si et du Yunnan, des indigènes des montagnes et des Chinois de Canton, qui y apportent par la voie de mer des marchandises européennes. *L'affirmation de cette route sera sans doute l'un des plus utiles résultats de notre voyage...*

« De Lagrée. »

Plus tard, quand M. Dupuis eut entrepris de vérifier cette affirmation et quand Francis Garnier se proposa de faire ressortir en France devant la Société de géographie l'importance de l'entreprise, M. Joubert, autre membre de la commission du Mékong, lui écrivit cette lettre, inédite jusqu'ici :

« Caen, le 2 janvier 1872.

« Mon cher Garnier,

«... Je ne vois pas d'inconvénient à ce que vous entreteniez la Société de géographie du voyage de M. Dupuis, ce voyage n'est que la conséquence de celui que nous avons fait et *il ne s'est accompli que sur nos indications.* Quand nous passâmes à Han-Kwo, je parlai à M. Dupuis, mon compatriote, de la possibilité d'un commerce important d'armes et autres produits européens avec le Yun-nan et je lui indiquai, d'après votre appréciation, la route par la rivière du Tong-Kin, comme plus courte et plus facile; en outre je le mis en relations avec Jang-ta-gen... etc. »

« JOUBERT.

LE PLAN DU GÉNÉRAL BOUËT

Dans l'intervalle d'une édition à l'autre, l'auteur a reçu du général Bouët la lettre suivante qui aidera à faire apprécier exactement ses opérations :

En mer, le 25 janvier 1884.

Monsieur,

Votre ouvrage très intéressant m'est tombé entre les mains, étant à bord de *l'Iraouady* qui me transporte de nouveau à Saïgon. En ce qui me concerne les faits sont aussi exacts que vous pouviez les connaître.

Si j'avais eu l'honneur d'être mis en relation avec vous, j'aurais pu, quoique je me sois tenu en général sur une grande réserve à certains points de vue, vous donner du moins au point de vue militaire l'explication de certains détails et surtout de mon objectif du côté de Sontay. Des conflits inévitables m'ont empêché d'achever, en attendant les renforts, ce que je pouvais faire. Comme vous l'avez compris, la journée du 15 août nous a donné la pagode des Quatre-Colonnes, sur laquelle j'aurais dirigé les deux autres bataillons le lendemain ou le surlendemain, si la crue des eaux n'était pas survenue d'une façon exceptionnelle pour me faire remettre au 1er septembre mon projet d'attaque sur le flanc des Pavillons-Noirs, menaçant ainsi leur retraite. Quoique pas assez nombreux, cette manœuvre en me maintenant à Palan a suffi pour leur faire évacuer toute la partie comprise entre le Day et le fleuve Rouge. Mais j'étais alors sûr de mes hommes et des officiers, qui avaient désormais confiance en moi. Aussi mon objectif, était-il celui-ci : Assurer nos communications avec Haïphong en occupant Batang et le canal des Bambous, augmenter la garnison d'Haïdzuong; après avoir reconnu la route de Phuaï jusqu'au Day, faire remonter le fleuve Rouge jusqu'à Sontay au point où la digue est perpendiculaire au fleuve, prendre pied à terre, faire une levée de terre abritant une compagnie ou deux, y placer les 4 pièces de 12 avec leurs munitions amenées en jonques; ces dernières étaient préparées ; placer un vapeur en amont, un autre en aval; la citadelle de Sontay est à 2,400 mètres (une reconnaissance avait été faite antérieurement par le *Pluvier*) ; faire envoyer toutes les heures simplement un ou deux obus sur la citadelle bien relevée, jusqu'à ce que les renforts me permissent d'agir plus effectivement.

En attendant les renforts, voici à quoi servait cette manœuvre : 1° empêcher autant que possible les communications entre Sontay et Bac-Ninh; communications entre Hanoï et nos forces par Palan qui restait occupé.

2° Arrêt des travaux supplémentaires faits par les Chinois ou Annamites entre le fleuve et Sontay.

3° Démoralisation lente, mais sûre, par l'effet des projectiles tombant d'heure en heure seulement, mais bien pointés, sur les édifices principaux de la citadelle (trésor, poudrière, bâtiments des mandarins) qui de face mesure à peu près 750 mètres.

4° Reconnaissances dans les environs par eau et par terre.

En principe, tout en prenant toutes les garanties possibles, mon avis est de ne jamais les laisser tranquilles.

Vous excuserez, monsieur, ma lettre un peu décousue, mais je n'ai pu m'empêcher d'achever ce que vous avez commencé. . . . .

Le général commandant supérieur,
Bouët.

TABLE DES MATIÈRES

Pages

Avant-propos.................................... 1

CHAPITRE PREMIER

INTRODUCTION HISTORIQUE

§ 1. — De 1787 à 1820. — Premières relations de la France avec l'Annam. — Pigneau de Béhaine. — L'empereur Gialong...................... 9

§ 2. — De 1820 à 1858. — Les successeurs de Gialong. — Les missionnaires persécutés. — Déclin de notre marine en Asie............................ 14

§ 3. — De 1858 à 1867. — Conquête de la Basse-Cochinchine............................... 17

CHAPITRE II

FRANCIS GARNIER. — LE MÉKONG. — LE YUNNAN.

Biographie. — L'expédition du Mékong. — Reconnaissance sur le fleuve Rouge. — Routes commerciales vers la Chine. — L'expédition de Tali. — Francis Garnier pendant le siège de Paris. — Retour en Extrême-Orient. — Voyage dans l'intérieur de la Chine............ 35

CHAPITRE III

M. DUPUIS ET LE FLEUVE ROUGE. — LE COMMANDANT SENEZ ET LE *Bourayne*.

Biographie. — Premier essai de navigation sur le fleuve

Rouge. — *Pavillons-Noirs* et *Pavillons-Jaunes*. — Le maréchal Mà. — Le *Bourayne*, commandant Senez. — Mgr Puginier. — L'interprète Sham. — Le prince Hoang. Le fleuve remonté jusqu'au Yunnan. — Le préfet de police enlevé. — L'affaire du sel. — Plaintes de l'Annam.................................... 71

CHAPITRE IV

L'AMIRAL DUPRÉ, SES PROJETS ET LA QUESTION DU TONKIN D'APRÈS FRANCIS GARNIER.

Ordre à M. Dupuis de quitter Hanoï; ses réclamations; M. Millot à Saïgon. — L'emprunt. — Le plan de l'amiral. — La police de la ville assumée par M. Dupuis. — Formidables préparatifs du maréchal Nguyen-tri-phuong. — Le fleuve de nouveau remonté. — Les radeaux incendiaires incendiés. — Un poste dans les forêts. — Francis Garnier appelé à Saïgon. — Sa mission.......... 111

CHAPITRE V

L'EXPÉDITION DE FRANCIS GARNIER EN 1873. — I LES DÉMÊLÉS AVANT LA PRISE DE HANOI.

Le départ. — Naufrage. — Arrêt à Tourane. — Réception à Hanoï. — Visite brusquée à Nguyen-tri-phuong. — Le Camp des lettrés. — La dynastie des Lê. — Un plénipotentiaire sans pouvoirs. — Affronts à l'envoyé français. — Le fleuve Rouge déclaré ouvert. — Ultimatum au maréchal........................... 151

CHAPITRE VI

L'EXPÉDITION DE FRANCIS GARNIER (*suite*). — II. PRISE DE HANOÏ. — CONQUÊTE DU DELTA.

Plan d'attaque. — L'assaut donné par 120 Français. — Une garnison de 6,000 hommes enlevée. — Le maréchal blessé. — Première nuit de garde. — Proclamations, milices locales. — Soumission de Hung-Yen. — Prise de Phuly. — Le général Ba. — M. Balny à Haï-Dzuong. — Prise de cette forteresse racontée par lui. — M. Hautefeuille avec six hommes s'emparant de Ninh-Binh. — Francis Garnier et le *Scorpion* devant Nam-Dinh. — Encore une citadelle prise. — Mauvaises nouvelles de Hanoï. — Mais terreur de Tu-Duc et envoi de négociateurs. — Espérances de paix. 197

CHAPITRE VII

L'EXPÉDITION DE FRANCIS GARNIER (suite). — III. DÉFENSE DE HANOÏ. — SORTIE FUNESTE.

Les Pavillons-Noirs devant Hanoï. — Armistice. — Trahison. — Les assaillants repoussés. — Sortie. — Triste retour à la citadelle. — Les pleurs d'un soldat. 257

CHAPITRE VIII

M. PHILASTRE ET LA RETRAITE DES FRANÇAIS.

Notre situation au Tonkin. — M. de Trentinian à Haï-Dzuong. — Le Dr Harmand à Nam-Dinh. — M. Hautefeuille à Ninh-Binh. — M. Esmez à Hanoï. — Négociations reprises. — Tout anéanti par M. Philastre. — Ordre d'évacuer. — Massacres qui s'ensuivent. 273

CHAPITRE IX

LES TRAITÉS DE 1874. — LA PÉRIODE DES CONSULS.

M. Rheinart. — Traités — Cadeaux à Tu-Duc. — La « Concession française ». — Une Vendée tonkinoise. — Les navires Dupuis relégués à Haïphong. — M. de Kergaradec. — Le Tonkin exploré. 313

CHAPITRE X

L'EXPÉDITION RIVIÈRE, 1882-1883.

Biographie. — Romans et théâtre. — A la Nouvelle-Calédonie. — Arrivée au Tonkin. — Reprise de Hanoï. — Excuses réciproques. — Infiltration chinoise. — La crainte de la Chine. — Le projet Bourée. — Reprise de Nam-Dinh. — M. Rheinart quitte Hué. — Hanoï canonné par les Pavillons-Noirs. — Sortie sur la route de Son-Tay. — La catastrophe de Francis Garnier qui recommence. 343

CHAPITRE XI

M. HARMAND, LE GÉNÉRAL BOUET, L'AMIRAL COURBET

Les renforts. — Le triumvirat. — Sortie du colonel Badens à Nam-Dinh. — Combat du 15 août. — Reprise de Haï-Dzuong. — Combat de Palan. — Mort de Tu-Duc. — Bombardement et prise des forts à l'entrée de Hué. — Le traité de 1883. 385

CHAPITRE XII

L'AMIRAL COURBET. — LE GÉNÉRAL MILLOT
SON-TAY, BAC-NINH, HUNG-HOA.

Proclamation du traité au Tonkin. — Rébellion. — Alerte à Haï-Dzuong. — Unité rétablie dans le commandement. — État des forces. — Marche sur Son-Tay. — Prise de Phu-sa. — Assaut de la ville. — La garnison s'échappe. — Envoi de trois généraux et de nouveaux renforts. — Marche sur Bac-Ninh. — Suite des Chinois. — Poursuite. — Prise de Hung-Hoa. — Conclusion 411

APPENDICE

Indications sur les noms annamites et la dénomination des fonctions et des grades 439
Documents sur la découverte de la navigabilité du fleuve Rouge. 440
Lettre du général Bouët; son plan, d'après lui-même. 442

LISTE DES CARTES

L'Indo-Chine et le cours du Mékong. 35
Côtes et Delta du Tonkin. 89
Hanoï et ses environs. 168
Les forteresses du Delta. 246
De Hanoï à Son-Tay. 411
Bac-Ninh et ses environs. 431

DOCUMENTS INSÉRÉS OU ANALYSÉS

Lettres de Francis Garnier : à l'auteur, p. 68, 127, 143 et 144, 151 ; — à madame Garnier, p. 153 à 156, 158, 160 à 162 ; — à son frère, p. 127, 130, 158, 168, 183, 194, 210 ; — à des amis (M. E. Levasseur, p. 134 à 140 ; M. Luro, p. 212) ; — à ses lieutenants (ordre d'attaque, p. 198 ; instructions, p. 208, 235, 241, 254, 258, 261 ; sa dernière lettre, p. 262).

Ses proclamations, p. 173, 174, 182, 189, 213, 215, 250.

Extraits de sa brochure *la Cochinchine française en* 1864, p. 32, 33, 40, 193, 310.

Extraits et analyse de sa relation officielle de voyage au Mékong (Les rapides, p. 44 ; entrée dans le Yunnan, p. 49; exploration du fleuve Rouge, p. 52 à 56; portrait du maréchal Ma, p. 78).

Rapport de M. de Lagrée et lettre de M. Joubert sur le fleuve Rouge, p. 441 et 442.

Extraits et analyse des écrits de M. Dupuis (son *Mémoire* et son *Journal de Voyage*), p. 81, 93, 98, 114, 119, 175, 223, 267, 302, 308, 325, et de M. Millot (*Souvenirs de mon commandement*, p. 84, 96, 115 et 116.

Rapport du commandant Senez, p. 86 à 92.

Correspondance de l'amiral Dupré, p. 111, 117, 129, 141, 147, 180, 274, 280.

Récit du sergent Imbert, p. 156, 164, 170, 177, 185, 200, 203, 229, 271.

Rapports et récits des lieutenants de Francis Garnier (MM. Balny d'Avricourt, p. 204, 217, 219, 228, 230 à 241, 251 ; — de Trentinian, p. 165, 225, 231, 286 ; — Perrin, p. 265 ; — Harmand, p. 289 ; — Esmez, p. 297).

Lettre de M. Philastre à F. Garnier, p. 275.

Lettre de M. Luro, p. 278.

Lettre de M. de Kergaradec à M. Luro, p. 323.

Rapports de M. de Kergaradec sur ses reconnaissances, p. 322, 331, 333.

Explorations de MM. Fuchs, p. 335 ; Villeroy d'Augis, 337 ; Aumoitte, 337.

Instructions de M. Gougeard à l'amiral Pierre, p. 341.

Instructions de M. Le Myre de Villers à Henri Rivière, p. 342.

Correspondance de l'amiral Jauréguiberry avec le président du conseil des ministres, p. 339, 355 et 356.
Dépêches et projets de M. Bourée, ambassadeur en Chine, p. 356.
Rapports et lettres de Henri Rivière, p. 348, 351, 360 à 369, 376 et 377.
Rapports et lettres du général Bouët, p. 390, 395, 400, 442.
Rapport du colonel Badens, p. 393.
Rapports de l'amiral Courbet, p. 403, 413 et 414, 422 à 427.
Récit d'un témoin de la prise de Son-Tay, p. 418 à 422.

TRAITÉS ET CONVENTIONS

Traité de 1787, p. 10. — Traité de 1862, p. 29.
Conventions Philastre des 5 janvier et 6 février 1874, p. 304, 306.
Traités de 1874, p. 315 et 318. — Traité de Hué, du 25 août 1883, p. 405.

FIN

Sceaux. — Imprimerie Charaire et fils.

LIBRAIRIE CHALLAMEL AINÉ

Libraire-Éditeur et Commissionnaire pour la Marine, l'Algérie, les Colonies et l'Orient

5, RUE JACOB ET RUE FURSTENBERG, 2, PARIS

COLONIES
EXTRAIT DE LA SIXIÈME PARTIE DU CATALOGUE

LIVRES DE FONDS ET D'ASSORTIMENT

CARTES DES COLONIES ET INSTRUCTIONS NAUTIQUES DU DÉPÔT DE LA MARINE

(Ce Catalogue sera complété par des suppléments qui paraîtront successivement)

COLONIES EN GÉNÉRAL (1)

ANONYME. — Catalogue des produits des colonies françaises. Exposition de 1878. 1 vol. grand in-8 ; *Paris*, 1878. 4 —

— L'Association internationale africaine et le Comité d'études du Haut-Congo. Résultats de décembre 1877 à octobre 1882, par un de leurs coopérateurs. Br. in-8° ; *Bruxelles*, 1882 in-8°. » 50

— Catalogue par ordre géographique des *cartes, plans, vues de côtes, mémoires, instructions nautiques, etc.*, qui composent l'hydrographie française. (Dépôt de la marine et des colonies, n° 594 de la nomenclature.) 1 vol. in-8 ; *Paris*, CHALLAMEL aîné, 1878. 6 —

— Catalogue chronologique des *cartes, plans, vues de côtes, mémoires, instructions nautiques, etc.*, qui composent l'hydrographie française. (Dépôt de la marine et des colonies, n° 515 de la nomenclature.) 1 vol. in-8 ; *Paris*, 1873. 6 —

— Supplément à ces catalogues. Cartes et instructions publiées de 1873 à 1880. 1 —

— 2° Supplément à ces catalogues. Cartes et instructions publiées courant 1881.

— Supplément faisant suite à ces catalogues, publié à la fin de 1882.

— Concession et exploitation des sucreries domaniales à Java. Br. in-8, extr. de la *Revue maritime et coloniale*. 1864. 1 25

— Des colonies hollandaises. Br. in-8, extr. de la *Revue maritime et coloniale*, avec une carte des possessions hollandaises en Asie, en Afrique et en Amérique, 1862. 2 50

— Instructions pour les voyageurs et les employés dans les colonies, sur la manière de recueillir, de conserver et d'envoyer les objets d'histoire naturelle, etc., etc. Br. in-8°. 1 50

---

(1) Voir pour les ouvrages sur la colonisation de l'Algérie la première partie de notre Catalogue : ALGÉRIE, TUNISIE, MAROC, etc.

— Etude sur la colonisation, par un homme de bonne volonté. In-8, t. I (le seul paru) ; *Paris*, 1868. 6 —

— Immigration (l') africaine et la traite des noirs. Br. in-8, extr. de la *Revue coloniale*, 1858. 1 25

— Le Ministère des colonies et son Conseil supérieur. Exposé des conditions de cette création, d'après la commission supérieure des colonies, établie à la fin de 1878 jusqu'en juillet 1881, pour la réforme de notre régime colonial ; *Paris*, 1882. 1 25

— Moyen (un) de colonisation (publié par le gouvernement de l'Algérie). Br. in-8 ; *Alger, Paris*, 1862. 1 —

— Recueil de lois, décrets et arrêtés concernant les colonies.
Tome I. Grand in-8 ; *Paris*, 1877. 12 —
Tome II. Grand in-8 ; *Paris*, 1880. 12 —

— Notices sur les colonies françaises. 1 fort vol. in-8°, accompagné d'un atlas de 14 cartes. Publié par ordre de M. le marquis de Chasseloup-Laubat, ministre de la marine, etc.; *Paris*, 1866.

— La Réforme coloniale par la décentralisation et l'autonomie, par un homme de bonne volonté. Br. in-8 ; *Paris*, 1870. 1 25

— Table alphabétique et analytique des matières contenues dans les 24 volumes de la *Revue maritime et coloniale de 1861 à 1868* et dans les 3 volumes de la *Revue algérienne et coloniale 1859 et 1860*. Br. in-8 ; *Paris*, 1870. 3 50

— Table alphabétique et analytique des matières contenues dans les volumes de la *Revue maritime et coloniale de 1869 à 1879*. In-8, 1879. 4 —

— Tableaux de population, de culture, de commerce et de navigation formant la suite des tableaux statistiques sur les colonies françaises. Cette collection, publiée par le ministère de la marine, se continue.

ARBOUSSET (T.) et DUMAS (E.), missionnaires de la Société des missions évangéliques. — Voyage d'exploration à la colonie du cap de Bonne-Espérance. 1 très fort vol. in-8° accompagné d'une carte et de onze dessins. 12 —

ARMAND (le docteur Adolphe). — Médecine et hygiène des pays chauds, et spécialement de l'Algérie et des colonies (acclimatement et colonisation). 1 beau vol. in-8°. 6 —

D'AUBIGNY (Ch.). — Recueil de jurisprudence coloniale en matière civile, administrative et criminelle, contenant les décisions du Conseil d'Etat et les arrêts de la Cour de cassation. 3 vol. in-4°, 1861-1863-1867. 45 —

AUBRY-LE-COMTE. — Culture et production du coton dans les colonies françaises. Br. in-8°. Extr. de la *Revue maritime et coloniale; Paris*, 1876. 1 50

— Exploitation des matières textiles dans les colonies françaises. Br. in-8° ; *Paris*, 1866. 1 —

— Culture et préparation du thé. Br. in-8 ; *Paris*, 1865. 1 25

— Culture et préparation du cacao dans les colonies françaises. Br. in-8° ; *Paris*. 1 25

— Culture et production du tabac dans les colonies françaises. Br. in-8 ; *Paris*. 1 25

— Produits tirés des eaux et des rivages dans les colonies françaises. Br. in-8° ; *Paris*, 1865. 1 50

— Législation et production du sucre de canne. Br. in-8° ; *Paris*. 1 50

AUCAPITAINE (H.). — **Les Kabyles** et la colonisation de l'Algérie. 1 vol. in-18. 2 50

AUVRAY. — **Colonies danoises** (les) aux Indes orientales, suivi du Budget des Indes néerlandaises, 1862. Br. in-8, extr. de la *Revue maritime et coloniale*. 1 50

BAISSAC (M.-C.), de l'île Maurice. — Etude sur le patois créole mauricien. 1 vol. in-18 ; *Nancy*, 1880. 5 —

BAUDICOUR (LOUIS DE). — Histoire de la colonisation de l'Algérie : les débuts ; les constructions urbaines ; les villages ; la colonisation dans les provinces ; les territoires civils et militaires ; les communes ; du cantonnement des arabes, etc. 1 fort vol. in-8. 7 —

— La colonisation de l'Algérie, ses éléments : les ressources du sol ; les richesses minérales ; les colons ; la population de l'Algérie ; la migration étrangère ; les orphelinats ; la propriété ; les ouvriers et les capitalistes, etc. 1 fort vol. in-8. 7 —

CHANCEL (Ausone de). — D'une immigration de noirs en Afrique. A S. Exc. M. le maréchal comte Randon. In-8°, 52 p.; *Alger*, imp. Bastide. Se vend au profit des orphelines de Blidah. 1 50

Objections contre l'introduction d'engagés noirs en Algérie et réponse à une lettre de E. de Chancel, auteur du projet, par M. Jules Dupré de Saint-Maur. In-18. » 50

CHASSÉRIAU. — Précis historique de la marine française, son organisation et ses lois. 2 vol. in-8° ; *Paris*, 1845. 15 —

COQUELIN (ALFRED). — Colonisation et sociétés d'émigration, conférence faite au Havre, 1877, in-18. — 50

Culture des tabacs. — Exposition permanente des colonies, publiée par la commission mixte des tabacs. Br. in-8 ; *Paris*. 1 —

DELARBRE (J.), conseiller d'Etat honoraire, trésorier général des invalides de la marine. — La liberté du commerce aux colonies. Br. in-8° ; extr. de la *Revue maritime et coloniale 1879*. 2 —

— Les colonies françaises, leur organisation, leur administration. 1 vol. in-8° avec carte ; *Paris*, 1878. 3 50

— M. le marquis de Chasseloup-Laubat 1805 (29 mars) 1873. — 1 vol. in-8° avec portrait ; *Paris*, 1873. 6 —

DELTEIL (A), membre de la Chambre d'agriculture de la Réunion. — Etude sur la vanille. In-8 avec planche; *Paris*. 3 50

DUCOUDRAY (Elie). — **Consulats, Colonies, Algérie**. Réformes proposées. Br. in-8; *Paris* 1867. 1 —

DUTROULEAU (A.-F.), médecin en chef. — **Traité des maladies des Européens dans les pays chauds** : régions tropicales ; climatologie ; maladies endémiques. Ouvrage couronné par l'Académie des sciences et l'Académie de médecine. In-8 ; *Paris*, 1861-1868. 8 —

DUVAL (Jules), — **Les colonies et la politique coloniale de la France**. Domaine colonial de la France; le Sénégal ; les Antilles: la Guyane ; la Réunion : Pêcheries de Terre-Neuve: établissement divers ; Madagascar; programme colonial. 1 beau vol. in-8 ; avec 2 cartes. 7 —

— **L'Algérie et les Colonies françaises**, avec notice biographique sur l'auteur, par M. Levasseur de l'Institut et une préface par M. Laboulaye de l'Institut. in-8, Portrait; *Paris* 1877. 7 50

GAFFAREL (Paul), professeur à la Faculté des lettres de Dijon. — **Les Colonies françaises**. 1 vol. in-8: *Paris*, 1880. 5 —

GAIGNERON (L.-A.), chirurgien principal de la marine. — **Immigration indienne**. Rapport sur le voyage du trois mâts *Le Suger* transportant un convoi d'indiens immigrants de Pondichéry à la Guadeloupe. Br. in-8 ; extr. de la *Rev. mar. et colon.* 1862. 1 50

GASPARIN (Agénor de) maître des requêtes, **Esclavage et traite**.1 vol, in-8 ; *Paris*. 5 —

GUILLON (E.), professeur d'histoire. — **Les colonies françaises**. In-18° avec portrait et carte; *Paris*, 1881. 1 —

HUGOULIN (J.-F.), pharmacien-major de la marine. — **Fabrication de la chaux grasse nécessaire à l'industrie sucrière** ou à l'industrie de bâtiment ; emploi de la chaux maigre des coraux à l'agriculture. (Mission d'études confiée par la Chambre d'agriculture de la Réunion.) Extr. de la *Revue maritime et coloniale 1862*. 1 —

Voir, à la colonie de la Réunion, pages 24 et 25 du présent catalogue, toutes les autres publications de M. Hugoulin.

ICÉRY (le Docteur).— **Recherches sur le jus de la canne à sucre** et sur les modifications qu'il subit pendant le travail d'extraction à l'Ile-Maurice. In-8; *Paris*, 1865. 2 —

— **Législation du sucre en France**. Br. in-8. Extrait de la *Revve maritime et coloniale,* 1863, suivi de la production du sucre à Java. 1 25

LAVELEYE (Emile de). — **Les Français, les Anglais et le Comité international sur le Congo**. Br. in-8°; *Bruxelles, Paris*, 1883. 1 —

LEMIRE (Ch.), chevalier de la Légion-d'Honneur. — **Guide-agenda de France en Australie, en Nouvelle-Calédonie et aux Nouvelles-Hébrides**, par Suez, Aden, la Réunion et Maurice. 1 vol. in-18; *Paris*, relié toile. 3 50

— Guide-agenda. Traversée de France en Nouvelle-Calédonie et à Taïti par le cap de Bonne-Espérance et retour par le cap Horn. 1 vol. in-18; *Paris*, relié toile. 3 50

LE PELLETIER DE SAINT-REMY (R.). — **Les colonies françaises depuis l'abolition de l'esclavage** : Le travail, l'immigration africaine et asiatique, la propriété. In-8, nouvelle édition, 1859. 3 50

— Les Antilles françaises : Question monétaire; entrepôts réels; paquebots transatlantiques. 1 vol. gr. in-8, avec planches; *Paris*, 1859. 5 —

— Le libre-échange colonial. Br. in-8, extr. du *Journal des économistes*, 1860. 1 25

— Saint-Domingue. Etudes et solutions nouvelles de la question haïtienne, histoire et géographie. 2 vol. in-8, avec carte ; *Paris* 1846. 15 —

LEROY-BEAULIEU (Paul), membre de l'Institut. — **De la colonisation chez les peuples modernes.** 1 vol. in-8 ; *Paris*, 1882. 9 —

MAHY (François de), représentant de l'île de la Réunion à l'Assemblée nationale. — **Régime politique aux colonies.** Réponse aux adversaires des institutions libérales aux colonies. Br. in-8° ; *Paris* 1872. 1 25

MADINIER (Paul). — **Journal de l'agriculture des pays chauds**, organe international du progrès agricole et industriel pour l'Algérie, les colonies françaises et étrangères et la région intertropicale. 1 vol. in-8°, le seul paru, 1865-1866; *Paris*, 1867. 25 —

Ce volume fait suite aux *Annales de l'agriculture des colonies*. 4 vol. in-8°, par le même auteur, 1860-1862, qui sont complétement épuisés.

MARGRY (Pierre), conservateur-adjoint des archives de la marine. — **Relations et mémoires inédits** pour servir à l'histoire de la France dans les pays d'outre-mer, tirés des archives du ministère de la marine et des colonies. 1 vol. in-8° ; *Paris*, 1867. 6 —

— Belain d'Esnambuc et les Normands aux Antilles (origines transatlantiques). Gr. in-8° avec deux planches ; *Paris*, 1863. 3 —

— **Mémoires et documents pour servir à l'histoire des origines françaises des pays d'outre-mer.** — Découvertes et établissements des Français dans le Sud et dans l'Ouest de l'Amérique septentrionale (1614-1698). Mémoires originaux et inédits. 4 vol. gr. in-8° ; *Paris*, 1879-1881. 60 —

MARTIN (William), chargé d'affaires de Hawaii en France.— **Catalogue d'ouvrages relatifs aux îles Hawaii.** Essai de bibliographie hawaiienne. 1 vol. in-18; *Paris*, 1867. 3 50

MICHAUX (E.-H.), sénateur, ancien directeur des colonies au ministère de la marine. — **Etude sur la question des peines.** 1 vol. in-8°, 2° édition, revue et augmentée ; *Paris*, 1875. 5 —

POULAIN (H.), capitaine, ex-chef du génie de Gorée. — **Production du coton dans nos colonies.** Br. in-8 ; *Paris*, 1863. 2 —

RABOISSON.— Etude sur les colonies et la colonisation au regard de la France. Br. in-8 ; *Paris*, 1877. 1 25

RAMBOSSON (J.), ancien directeur du journal : *La Malle* (île de la Réunion). — Les colonies françaises. Géographie, histoire, productions, administration et commerce. 1 vol. in-8, avec 1 carte générale et 6 cartes particulières; *Paris*, 1868. 7 50

ROST VAN TONNINGEN (D.-W.)— **Proprieté et valeur de la canne à sucre à Bornéo.** Br. extr. *Revue mar. et col.*, 1862, 5 pages. 1 —

— Abatardissement et amélioration des variétés de la canne à sucre à Java. Extr. de la *Revue maritime et coloniale*, 1862. 1 50

SCHŒLCHER (VICTOR). sénateur. — **L'arrêté Gueydon à la Martinique, l'arrêté Gueydon à la Guadeloupe.** Br. in-8 ; *Paris*, 1872. 2 —

— **Restauration de la traite des noirs**, à Natal. Br. in-8; *Paris*, 1877. 1 —

— **Le Jury aux Colonies.** Br. in-8, en collaboration avec MM. PORY-PAPY, LASERVE et de MAHY Br. in-8; *Paris*, 1873. 2 —

— **Conférence sur Toussaint Louverture**, général en chef de l'armée de Saint-Domingue, in-18 ; *Paris*. 1879. » 50

— **Des Colonies françaises.** Abolition immédiate de l'esclavage. 1 vol. in-8 ; *Paris*, 1842. 6 —

— **Colonies étrangères et Haïti.** Résultats de l'émancipation anglaise. (colonies anglaises.) Iles espagnoles. Quelques mots sur la traite et sur son origine. Colonies Danoises. Haïti. Coup d'œil sur l'état de la question d'affranchissement. 2 vol. in-8 ; *Paris*, 1845. 12 —

— **L'esclavage au Sénégal en 1880.** Br. in-8 ; *Paris*, 1880. 3 —

— **Protestation des citoyens français nègres et mulâtres**, contre des accusations calomnieuses. Br. in-8; *Paris*, 1851. 1 25

— **La vérité aux ouvriers et aux cultivateurs de la Martinique**, suivie de rapports, décrets, arrêtés, concernant l'abolition immédiate de l'esclavage. in-8 ; *Paris*, 1849. 6 —

— **Polémique coloniale, 1871-1881.** In-8° ; *Paris*, 1882. 4 —

SIMONIN (L.) ingénieur. — **Les pays lointains.** Notes de voyages (La Californie, Maurice, Aden, Madagascar). 1 vol. in-18; *Paris*, 1863. 3 —

SUCKAU (HENRI de). — **De l'initiative et de la liberté coloniale**, en matière de colonisation. Br. in-8; *Paris*, 1870. 1 —

VIAL (P.), capitaine de frégate, agent principal de la Compagnie générale transatlantique. — **Organisation rationnelle de l'administration des colonies.** Communication faite au Congrès de l'Association française pour l'avancement des sciences, dans la séance tenue le 26 août 1878, à Paris, par la section d'Economie politique, présidence de M. H. Passy. *Paris*, 1878. 1 —

VIGNERON-JOUSSELANDIÈRE. — **Manuel d'agriculture pratique des tropiques.** 1 vol. in-8° ; *Paris*, 1860. 5 —

— Annales maritimes et coloniales. Collection in-8 publiée sous les auspices du ministère de la marine, par MM. Bajot et Poiré, de 1809 à 1847.
— Revue coloniale. Collection in-8 publiée sous les auspices du ministère de la marine, de 1843 à 1858 inclus.
— Nouvelles Annales de la Marine et Revue coloniale. In-8 publié de 1849 à 1860 inclus.
— Revue algérienne et coloniale. (Ministère de l'Algérie et des colonies.) Collection in-8 publiée de 1859 à 1860 inclus.
Bulletin de la Société des études coloniales et maritimes, publiant depuis six ans huit à dix cahiers chaque année.
— Revue maritime et coloniale. (Ministère de la marine et des colonies.) Collection in-8 de 1860 à 1874. Cette Revue continue à paraître depuis 1875 à ce jour.
— L'Avenir des Colonies et de la Marine, journal politique, maritime, commercial et industriel. Paraissant tous les samedis. Rédacteur en chef : M. Henrique. Prix de l'abonnement, chez Challamel aîné : 1 an, France, 20 fr.; colonies et étranger, 25 fr. Prix du numéro, 0 fr. 40.

MAPPEMONDES

818 (1). — Parties connues de la Terre, par C.-L. Gressier. 1 feuille grand-aigle. 2 —
1425-1426-1427-1428. — Mappemonde hydrographique, par C.-L. Gressier. 4 feuilles grand-aigle ; ensemble 8 —

AFRIQUE FRANÇAISE

Le Sénégal, Saint-Louis, Gorée, Rufisque, Dakar, Falémé, Cayor, etc.
Etablissements français de la Guinée, comptoirs de Guinée, Gabon, Assinie, Ogowai, Grand-Bassam, Daboa, Congo, etc.
La Réunion (ancienne île Bourbon), etc.
Madagascar et ses dépendances, Sainte-Marie, Mayotte, Nossi-Bé, etc.
Obock, baie d'Adulis, Abyssinie, Ethiopie, etc.

ANONYMES. — Guide de la conversation en quatre langues, français-volof-anglais-sérér. Vol. in-18 cart. 5 —
— Dictionnaire volof-français, précédé d'un abrégé de la grammaire volofe, par les RR. PP. missionnaires du Saint-Esprit (mission de Sénégambie). 1 vol. petit in-8. 10 —
— Dictionnaire français-volof. Nouvelle édition contenant tous les mots du dictionnaire de Dard, du vocabulaire de Roger, du dictionnaire

(1) Les cartes ou instructions nautiques dont la désignation est accompagnée d'un numéro sont les publications du dépôt de la marine française dont la vente nous est confiée.

manuscrit de l'abbé LAMBERT. Considérablement augmentée et précédée des principes de la langue volofe, par les RR. PP. du Saint-Esprit (mission de Sénégambie). In-12 cart.; *Dackar*, 1855. 8 —

— **Renseignements sur le commerce et les intérêts français** entre la Côte-d'Or et le Congo. (*Revue maritime et coloniale*, 1867.)

— **Note sur les objets de pacotille** propres aux échanges de la Côte-d'Or. (*Revue maritime et coloniale*, 1868.)

— **La nouvelle France et la colonie française d'Obock.** Br. in-8 avec carte, par GOLDTAMMER; *Paris*, 1880. 1 50

— **Le Sénégal et les Guinées de Pondichéry.** Note présentée à la Commission supérieure des colonies, par les négociants sénégalais. In-8; *Bordeaux*, 1879. 2 —

— **Annuaire du Sénégal et dépendances.** 1 vol. in-18 publié tous les ans.

— **Annuaire de la Réunion.** 1 vol. in-18 publié tous les ans.

— **Annuaire de Mayotte-Nossi-Bé.** In-18 publié tous les ans.

— **Notice statistique** sur l'île de la Réunion. (*Rev. mar. et col.* 1883.)

— **Renseignements nautiques** sur quelques îles éparses de l'océan Indien : Prince-Edouard, Crozet, Kerguelen, Mac-Donald, Rodriguez, Maurice, la Réunion, Saint-Paul, Amsterdam, Les Seychelles, Madagascar et Mayotte (n° 607). *Paris*, 1874. 7 50

— **Catéchisme** pour les adultes. En français et en volof, à l'usage du provicariat apostolique de Sénégambie. 1 vol. in-18, 1/2 rel.; *Dakar*, 1862. 3 —

— **Catéchisme** en français et en volof, à l'usage du provicariat de la Sénégambie et de la préfecture du Sénégal. In-18 cart. toile ; *Dakar*, 1860. 1 50

AUBE (T.), capitaine de frégate. — **Le fleuve du Sénégal.** (*Revue maritime et coloniale* 1864.)

AVEZAC (D'). — **Iles de l'Afrique** (îles de Malte, des Açores, de Madère, des Canaries, du Cap-Vert, de Fernando-Po, de l'Ascension, de Sainte-Hélène, de la Réunion, de France, de Madagascar, des Seychelles, etc.). 1 vol. in-8 avec 69 planches. 7 —

AZAN (H.), capitaine d'infanterie de Marine. — **La culture du coton au Sénégal**, Br. in-8, extr. de la *Revue maritime et coloniale*, 1863. 1 25

— **Notice sur le Oualo** (Sénégal). Extr. de la *Revue maritime et coloniale*, 1863-1864.

AZÉMA (GEORGES), greffier de la justice de paix de Saint-Denis, conseiller municipal de cette commune et membre de la Chambre consultative de l'île de la Réunion. — **Histoire de l'île Bourbon**, depuis 1643 jusqu'à décembre 1848. 1 vol. in-8 ; *Paris*, 1862. 5 —

BARBIÉ DU BOCAGE. — **Madagascar**, possession française depuis 1642. In-8, 1859.

BARTHÉLEMY. — **Notice historique** sur les établissements français des côtes occidentales d'Afrique, 1848. 2 50

BARTHÉLEMY-BENOIT (P.-E.). — **Rapport médical** sur les opérations militaires du Cayor, 1861. (*Revue maritime et coloniale*, 1861.)

BÉRENGER-FÉRAUD, médecin en chef de la marine. — **Les peuplades de la Sénégambie.** Histoire, ethnographie, mœurs et coutumes, légendes, etc. 1 vol. gr. in-8 ; *Paris*, 1879. 12 —

— **Description topographique de l'île de Gorée.** (*Revue maritime et coloniale*, 1873.)

— **Le Sénégal** de 1817 à 1874. (*Revue maritime et coloniale*, janvier 1874,

BERLIOUX (Etienne-Félix). — **André Brue** ou l'origine de la colonie française au Sénégal. In-8 avec une carte de la Sénégambie ; *Paris* 1874. 6 —

BESNARD. — **Campagne du « Curieux »** à la côte occidentale d'Afrique. (*Revue maritime et coloniale*, janvier, mars, 1873.)

BIONNE. — **La Réunion.** (*L'Exploration*, avril 1879).

BOILAT (l'abbé C.-D.), missionnaire apostolique. — **Esquisses sénégalaises**, physionomie du pays, peuplades, commerce, religion, passé et avenir. Récits et légendes. 1 vol. gr. in-8, avec carte et un atlas de 24 planches coloriées du même format ; *Paris* 1853. 40 —

— **Grammaire de la langue du Sénégal** ou de la langue Woloffe. Ouvrage couronné par l'Institut. 1 vol. gr. in-8 ; *Paris* 1868. 12 —

BONNET. — **La Casamance.** (*Bull. de la Société de géographie de Bordeaux*, 1878).

BORIUS (A.), docteur en médecine. — **Recherches sur le climat du Sénégal.** Ouvrage accompagné de tableaux météorologiques, de 14 planches dans le texte et d'une *carte du climat et de l'état sanitaire* du Sénégal suivant les saisons. 1 vol. in-8 ; *Paris*, 1875. 7 —

BOURREL, enseigne de vaisseau. — **Voyage dans le pays des Maures Brakna**, rive droite du Sénégal. Br. in-8. avec carte. Extrait de la *Revue maritime et coloniale* ; *Paris*, 1860-1861. 3 50

BOUET-WILLAUMEZ (E.), capitaine de vaisseau. — **Commerce et traite des noirs** aux côtes occidentales d'Afrique. 1 vol. in-8 ; *Paris*, 1848. 5 —

BRITO CAPELLO. Traduit par A. Le Gras. — **Guide** pour l'usage des cartes des vents et des courants du golfe de Guinée. N° 342. In-8 ; *Paris*, 1862. 2 —

BRAOUEZEC, lieutenant de vaisseau. — **Exploration du cours d'eau de Bounoun.** Marigot du Sénégal, octobre et novembre 1861. Br. in-8, extr. de la *Revue maritime et coloniale*. 1 50

— **Notes sur les peuplades riveraines du Gabon** (*Revue maritime et coloniale*, 1861.)

BRIDET, capitaine de frégate en retraite, de la Société des sciences et arts de la Réunion. — **Etude sur les ouragans de l'hémisphère australe.** 1 vol. in-8 avec 43 figures, 3ᵉ édition revue et corrigée ; *Paris*, 1876. 6 —

BRENIER (J.), directeur du *Courrier du Havre*. — **La question de Madagascar.** Br. in-8 ; *Paris*, 1882. 2 —

BROSSARD de CORBIGNY (le baron), capitaine de frégate. — **Un voyage à Madagascar.** 1862. Br. in-8, extr. de la *Revue maritime et coloniale*. 2 —

CRESTIEN (G.-F.) — **Causeries historiques** sur l'île de la Réunion, avec préface, par François SAINT-AMAND. 1 vol. in-18, caractères elzéviriens ; *Paris*, 1881. 5 —

DAYOT (E.). — **Œuvres choisies de Eugène Dayot**, avec une notice biographique et littéraire par J.-M. RAFFRAY et une préface par FRANÇOIS SAINT-AMAND. 1 vol. in-18, caractères elzéviriens ; *Paris*, 1878. 5 —

DESJARDIN, E. JALABERT et EDOUARD LEROY. — **Les évènements de la Réunion.** Créoles de la Réunion. In-8 ; *Paris*, 1869. 2 50

DU PEYRAT (AUGUSTE). — **Situation de l'agriculture à l'île de la Réunion en 1868.** Br. in-8, extr. de la *Revue maritime et coloniale*. 1870. 1 50

DURAND (J.-B.-L.), ancien directeur de la Compagnie du Sénégal. — **Voyage au Sénégal** ou Mémoires historiques, philosophiques et politiques sur les découvertes, les établissements et le commerce dans les mers de l'océan Atlantique, depuis le cap Blanc jusqu'à la rivière de Serre-Lionne inclusivement ; suivi de la relation d'un voyage par terre de l'île Saint-Louis à Galam et du texte arabe des trois traités de commerce faits par l'auteur avec les princes du pays. Avec figures et atlas. 2 vol. in-4°. (An X.) 1802-1807. 30 —

ESCANDE. — **Notre établissement du Gabon en 1874.** (*Revue maritime et coloniale*, 1875.)

FAIDHERBE (le général), grand-chancelier de la Légion-d'Honneur. — **Les Berbères et les Arabes des bords du Sénégal.** *Société de Géographie*, 1854. In-8. 3 50

— **Populations noires des bassins du Sénégal et du Haut-Niger.** *Société de Géographie*, 1856. 3 50

— **Considérations sur les populations de l'Afrique septentrionale.** (*Nouvelles Annales des voyages*, septembre 1859.)

— **Renseignements géographipues sur la partie du Sahara comprise entre l'Oued-Noun et le Soudan.** (*Nouvelles Annales des voyages*, août 1859.)

— **Notice sur la langue sérère.** 1865.

— **Essai sur la langue poul.** 1874.

— **Essai sur la langue poul. Grammaire et vocabulaire de la langue poul.** 1 vol. in-8 ; 1875. 4 —

—Grammaire et vocabulaire de la langue poul. In-18 cart. 1842. 4 —

GERMAIN (A.), ingénieur hydrographe de la marine. — **Madagascar** côte orientale). Partie comprenant l'île Fong, Tamatave, Foulepointe, Mahambo, Fénérive, Sainte-Marie et Tintive (n° 385). In-8 ; *Paris*, 1864. 1 —

GOLDTAMER (F.) — **Notice sur Obock** (golfe d'Aden). Colonie francaise. Br. in-8 avec 2 cartes ; *Paris*, 1877. 1 50

GUILLAIN. — **Documents** sur l'histoire, la géographie et le commerce de **Madagascar**. 1 vol. gr. in-8 avec carte; *Paris* 1845. 12 —

HAURIGOT (S.) — **Quinze mois en Sénégambie.** Br. in-8. Extr. des *Annales des voyages* ; *Paris*, 1869. 1 25

HUGOULIN (J.-F.), pharmacien. — **Missions d'études** confiées par la Chambre de commerce de la Réunion. Application des industries de la métropole à l'île de la Réunion. Introduction, 1861.) — De l'éclairage des villes et des usines à la Réunion (*Idem*.) — Préparation de la glace artificielle (1862). — Fabrication de la chaux grasse nécessaire à l'industrie sucrière où à l'industrie des bâtiments. Emploi de la chaux maigre des coraux pour l'agriculture. (*Idem*.)— Préparation du sucre pur par le procédé de la double carbonatation.(*Idem*.)— Des buanderies économiques. (*Idem*.) — Exploitation d'un gisement de natron à l'île de la Réunion, préparation du sel de soude. (*Idem*). — Fabrication du sel marin à la Réunion. (*Idem*.) — Préparation du sucre de canne par l'emploi du sulfate de soude. (*Idem*.) — Application des presses hydrauliques à l'extraction des huiles et au débarquement des marchandises à l'île de la Réunion. (*Idem*.)— Utilisation des résidus des sucreries. (*Idem*.)— Vinaigre de mélasse et de véson. (*Idem*.) — Revification du noir animal, par la voie humide dans l'industrie sucrière (1863). — Des engrais artificiels applicables à la culture de la canne. (*Idem*.) — — Création de prairies artificielles à la Réunion. (*Idem*.)— Nouveau procédé de préparation des peintures en bâtiments (1868). 8 —

KERHALLET (de) et LE GRAS. — **Description nautique des Açores** (n° 268). In-8: *Paris*, 1865. 1 —

— **Madère.** Les îles Salvages et les îles Canaries (n° 267). In-8; *Paris*, 1868. 1 —

— **Les îles du Cap-Vert** (n° 269). In-8: *Paris*, 1868. » 75

— **Instructions nautiques** sur la côte occidentale d'Afrique, comprenant : 1° le Maroc, le Sahara et la Sénégambie (n° 435). In-8; *Paris*, 1871. 8 —

— 2° La côte de Liberia, la côte d'Ivoire, la côte d'Or, la côte de Batonga et la côte du Gabon (n° 470). In-8 ; *Paris*, 1870. 10 —

— 3° La côte du Congo, la côte d'Angola, la côte de Benguela et la colonie du Cap (n° 485). In-8 ; *Paris*, 1871. 8 —

LABARTHE (P.).— **Voyage au Sénégal**, en 1784-1785, d'après les mémoires de M. de La Jaille. 1 vol. in-8, avec une carte par E. Lapie; *Paris*, 1802. 5 —

— **Voyage à la côte de Guinée** ou description des côtes d'Afrique, depuis le cap Tagrin jusqu'au cap de Lopez-Gonzalva. Contenant des instructions relatives à la traite des noirs, d'après des mémoires authentiques. 1 vol. in-8, avec carte ; *Paris*, an XI (1803). 5 —

LAVERDANT (Désiré), membre de la Société maritime. — **Colonisation de Madagascar**. In-8 avec une carte ; *Paris*, 1844. 3 50

MAGE (E.), lieutenant de vaisseaux. — **Du Sénégal au Niger**. Relation du voyage d'exploration de MM. Mage et Quintin, au Soudan occidental de 1863 à 1866. 1 vol. gr. in-8 avec cartes, extr. de la *Revue mar. et col.* 1867 (rare)

— **Voyage au Tagant**, Afrique centrale. *Revue algérienne et coloniale* 1870 avec carte. 2 50

— **Les rivières de Sine et Saloum** (côte occidentale d'Afrique), extr. de la *Revue mar. et col..* 1863, in-8 avec carte. 2 —

MAILLARD. — **Notes sur l'île de la Réunion.** 2 vol. in-8 ; 1862.

MARCHE (Alfred). — **Trois voyages dans l'Afrique occidentale.** Sénégal, Gambie, Casamance, Gabon, Ogooué. 1 vol. in-16, orné de 24 grav. et une carte ; *Paris*, 1879. 3 50

MAVIDAL. — **Le Sénégal**, son état présent et son avenir. In-8, avec carte ; *Paris*, 1863. 8 —

MELDRUM. — **Note** sur la formation des cyclones dans l'océan Indien (n° 530). In-8 ; *Paris*, 1874. 1 50

MEYNERS D'ESTREY (Le Comte) directeur des Annales de l'Extrême Orient.
— **La Papouasie, ou Nouvelle-Guinée occidentale.** 1 vol. gr. in-8 jésus, avec planches et carte ; *Paris*, 1881. 7 —

PEUCHGARIC, capitaine au long-cours. — **Côte occidentale d'Afrique.** Côte d'Or. géographie, commerce, mœurs. Br. in-8 ; *Paris*, 1857. 2 —

RAFFENEL (Anne). — **Nouveau voyage dans le pays des nègres**, suivi d'études sur la colonie du Sénégal et de documents historiques, géographiques et scientifiques. 2 vol. gr. in-8 avec de nombreuses planches ; *Paris*, 1856. 20 —

— **Voyage dans l'Afrique occidentale** comprenant l'exploration du Sénégal, depuis Saint-Louis jusqu'à la Falémé, au delà du Bakel ; de la Falémé, depuis son embouchure jusqu'à Sansandig ; des mines d'or de Kéniera, dans le Bambouk ; des pays de Galam, Bondou et Woolli, et de la Gambie, depuis Baracounda jusqu'à l'Océan, exécuté en 1843 et 1844. 1 vol. gr. in-8 ; *Paris*, 1846. 20 —

RICARD (le docteur F.) — **Le Sénégal.** Etude intime. 1 vol. in-18 ; *Paris*, 1865. 3 50

RICHEMONT (le baron de), sénateur, ancien gouverneur de la Colonie de Madagascar. — **Documents sur la Compagnie de Madagascar,** précédés d'une notice historique. 1 vol. gr. in-8 ; *Paris*, 1867. 7 —

ROBERT (M.) l'abbé, chanoine de Rouen. — **Du Sénégal au Niger.** Etude. In-18 (Bibliothèque coloniale et maritime.) *Paris*, 1878 1 50

ROCHON (L'abbé de). — **Voyage à Madagascar et aux Indes orientales.** 1 vol. in-8, cartes; *Paris*, 1791. Relié.   6 —

ROUSSIN. — **Album de l'île de la Réunion**, 1860-1855, 1867-1869. 4 vol. in-4°.

SERVAL (P.-A.), enseigne de vaisseau. — **Le Gabon.** Description de la rivière Rhamboë et de ses affluents. In-8 avec carte. Extr. de la *Rev. mar. et col.*, 1861.   1 50

SIMONIN (L.). — **Les pays lointains.** Notes de voyages. (La Californie, Maurice, Aden, Madagascar.) 1 vol. in-18 ; *Paris*.   3 50

TARDIEU (Amédée), S. CHERUBINI et NOEL des VERGERS. — **Sénégambie et Guinée, Nubie, Abyssinie.** 1 vol. in-8, 38 planches et 4 cartes ; *Paris*.   6 —

THÉVENOT (J.-P.-F.), chirurgien de la marine. — **Traité des maladies des Européens dans les pays chauds**, et spécialement au Sénégal, ou essai statistique, médical et hygiénique sur le sol, sur le climat et les maladies de cette partie de l'Afrique. In-8 ; *Paris*, 1840.   6 —

TROUETTE (Edouard), interne des hôpitaux de Paris. — **De l'introduction et de l'acclimatation des quinquinas** à l'île de la Réunion. Leur histoire, leur étude. Thèse présentée et soutenue à l'Ecole supérieure de pharmacie de Paris. 1 vol. in-8 ; *Paris*, 1879.   4 —

VALLON (A.), lieutenant de vaisseau. — **La Casamance, dependance du Sénégal.** (Mars avril 1862). Br. in-8, avec carte, extr. de la *Revue mar. et col.*   2 —

— **La côte occidentale d'Afrique.** *Revue mar. et col.* 1863.

VERNEUIL.— **Mes aventures au Sénégal**, souvenirs de voyage ; 1858. 1 vol. in-18.   1 —

WALCKENAER. — **Collection des relations de voyage** par terre et par mer en différentes parties de l'Afrique, depuis l'an 1400 jusqu'à nos jours. 1831.

CARTES DE L'AFRIQUE FRANÇAISE (Colonies)

Sénégal, Guinée, Gabon, Ogowé, La Réunion, Madagascar, Obock

Carte du **Haut-Sénégal et du Haut-Niger**, *mission Galliéni*, dressée par MM. Vallière et Pietri. Magnifique carte au 1/100,000, grand monde, en quatre couleurs ; accompagnée d'une carte de profils, en couleur.   8 —

Carte du **Haut-Sénégal**, campagne 1880-1881, levée sous la direction de M. le commandant Derrien. 6 feuilles colombier au 1/100,000, en trois couleurs; accompagnées d'une carte de profils, en couleur.   12 —

Environs de **Médine**. Mission topographique du Haut-Sénégal, carte au 1/50,000. 1 feuille en quatre couleurs.   2 —

Environs de **Kita**. Même mission, carte au 1/50,000. 1 feuille en quatre couleurs. 2 —

Itinéraire de **Kita** à **Margoula**. Même mission, carte au 1/50,000. 1 feuille en quatre couleurs. 2 —

Carte du **Soudan** occidental, dressée par E. MAGE, lieutenant de vaisseau. 1 feuille grand-aigle. 4 —

Petite carte du **Soudan** occidental, dressée par E. MAGE. Hauteur 30 centimètres. 2 50

Le **Haut-Sénégal**. Reconnaissance d'un tracé économique du chemin de fer de Médine au Niger, par la mission topographique du commandant DERRIEN. 1 feuille demi-raisin. 1 50

Carte des **Etats sérères**, dressée sous la direction du colonel du génie PINET-LAPRADE, commandant supérieur de Gorée, par M. BAGAY, au 448,000, 1865. 2 50

Itinéraire du voyage fait en 1860 chez les **Brakna**, par M. BOURREL, enseigne de vaisseau, 1 50

Carte des pays de **Sine** et **Saloum** (Gambie), d'après les travaux de de M. JARIEZ, par M. MAGE, 1853. 1 50

CARTES DE L'AFRIQUE FRANÇAISE DU DÉPOT DE LA MARINE

1883. Carte du **Sénégal**, de la **Falémé** et de la **Gambie**, jusqu'aux limites où ces rivières ont été explorées, dressée sous la direction du général FAIDHERBE, par M. le baron CH. BROSSARD DE CORBIGNY. 2 —

1296. Cours du fleuve du **Sénégal**, depuis Podor jusqu'à son embouchure. Sondes d'atterrissages de Saint-Louis, par CH. PLOIX et PH. DE KERHALLET. 1 —

300. Presqu'île du **Cap-Vert** et rade de **Gorée**. Baron ROUSSIN et GIVRY. 2 —

3481. Port et mouillage de **Dakar**. LECLERC. 1 —

2675. Embouchure de la **Gambie**. 2 —

3019. Cours de la **Casamance**, de son embouchure à Diannah, par VALLON. 2 —

1314. Estuaire du **Gabon**. CH. PLOIX. 2 —

3414. **Gabon** (intérieur de l'estuaire). AYMÈS. 2 —

3358. Du **Gabon** au cap Frio. CH. PLOIX. 2 —

2792-2793. Croquis du fleuve Ogooué. AYMÈS, 1re et 2e feuilles. 4 —

1847. Crique de l'Emigration (embouchure du Rio-Congo). » 75

2107. Embouchure du **Rio-Congo** au Zaïre. SOURY. 2 —

1223. Carte des côtes de l'île de la **Réunion**. Amiral CLOUÉ. 2 —

992. Mouillage de **Saint-Denis** (île de la Réunion). JEHENNE. 1 —

1234. Iles de **France** et de la **Réunion**. 2 —

1226. Côte de Sainte-Marie. Amiral CLOUÉ. 1 —

875. Canal de **Mozambique** et île de **Madagascar**. DAUSSY. 2 —

1442.	Partie occidentale de **Madagascar**, du cap Saint-Vincent au cap Saint-André. De la Roche-Poncié.	2 —
1441.	Partie septentrionale de **Madagascar**, de la baie d'Antongil au cap Saint-André. De la Roche-Poncié.	2 —
990.	**Bavatoubé** (côte Nord-Ouest de Madagascar). Jehenne.	1 —
1046.	Ile **Mayotte**, Jehenne, Protet et Trébuchet.	2 —
996.	Vues de la côte d'**Arabie**, des îles **Galéga**, **Coëtivi**, des atterrages de **Bombay**, de la côte de **Madagascar**, de **Nossi-Bé** et **Nossi-Cumba**. Jehenne.	1 —
997.	Vues de l'île **Mayotte**. Jehenne.	1 —
1204.	Ile et canal de **Sainte-Marie** de Madagascar. Rade et port de Sainte-Marie. Owen, Laurent et de Venancourt.	1 —
2190.	Port d'**Obock** (côte d'Abyssinie).	1 —

AMÉRIQUE FRANÇAISE

Guyane française. Cayenne, La Grenade, Le Kourou, Le Maroni, etc.

Antilles françaises. La Martinique, La Dominique, St-Barthélemy, La Guadeloupe et dépendances, Haïti, Montserrat, St-Christophe, St-Martin, Ste-Croix, St-Domingue, etc.

St-Pierre-et-Miquelon. Terre-Neuve, les bancs, etc.

ACHARD (Mathieu-Justinien), pharmacien de 1re classe. — **Note sur la sangsue officinale**, sa reproduction aux Antilles; *Saint-Pierre* (Marseille), in-18, 1823. (*Annales marit. et colon.*, 1824, t. XXII.)

ALIENET (Léon), ex-chirurgien de la marine. — **Du climat des Antilles** et des précautions que doivent prendre les Européens qui se rendent dans cette région. Thèse in-4; *Paris*, 1823.

AMIC (J.-C.-G.), premier médecin en chef de la Martinique. — **Dissertation sur la fièvre jaune observée à la Guadeloupe**. Thèse in-8 avec une vue de la soufrière de la Guadeloupe; *Paris*, 1879.

ANONYME. — Décret sur la recherche et l'exploitation des gisements aurifères à la Guyane française. Br. in-8; *Cayenne*, 1881.   1 50

— Almanach de la Guadeloupe de 1772 à 1778. (Bibliothèque ministère de la marine).

— Annuaire de la Guadeloupe. 1 vol. in-18, paraissant chaque année, depuis 1853.

— Annuaire de Saint-Pierre-et-Miquelon. In-18, publié chaque année.

— Annuaire de la Martinique. 1 vol. in-18, paraissant tous les ans.

— B.-D.-R. — Conjectures sur la cause du tétanos, ou mal de mâchoire qu'on observe à Cayenne et ailleurs. (*Gaz. de Santé*, janvier 1784).

— Guyane française et fleuve des Amazones (n° 574). In-8; *Paris*, 1877.   3 50

AUBE, contre-amiral. — **La Martinique** : son présent et son avenir. In-8, extr. de la *Revue mar. et col.*, 1882. 3 —

BEAUJEAN (J.-B.-J.), médecin en chef. — Immigration indienne. Rapport sur le voyage du *Richelieu* de Pondichéry à la Martinique, (1860). *Revue alg. et colon.*, 1860. 1 50

BOUINAIS (A.), capitaine d'infanterie de marine, licencié en droit, etc., etc. — **Guadeloupe physique, politique, économique**, avec une notice historique, 1 vol. in-18. 2 50
Le même ouvrage avec une très belle cartes en cinq couleurs. 5 —
La carte seule 3 —

BOUYER (Frédéric), capitaine de frégate. — **La Guyane française**, notes et souvenirs d'un voyage exécuté de 1862-1863. 1 vol. in-4, tiré sur papier teinté, avec 100 gravures et 3 cartes, *Paris*, 1867. 25 —

CASPARI. — **Une mission à la Guadeloupe**. Note de géographie physique. (*Revue mar. et col.*, 1871.) 1 50

CHATON (Prosper), ancien consul de France au Brésil. — **Avenir de la Guyanne française**. Br. in-8 ; *Cayenne, Paris*, 1865. 2 50

CLOUÉ (G.-C.), amiral. — **Pilote de Terre-Neuve**, In-8. tome I, avec un index des cartes de Terre-Neuve, 36 planches (1 à 36) de vues et une carte index des stations, lignes et câbles télégraphiques de Terre-Neuve (n° 646). *Paris*, 1882. 8 —

— **Pilote de Terre-Neuve**. In-8, tome II, avec une carte index des parties décrites dans le Pilote de Terre-Neuve, 36 planches (37 à 72) de vues (n° 647). *Paris*, 1882. 6 —

CREVAUX (J.), docteur.— **Voyages dans l'Amérique du Sud**, contenant : 1° Voyage dans l'intérieur des Guyanes (1876-1877).— I. Exploration du Maroni et du Vary.— II. De Cayenne aux Andes (1878-1879). Exploration de l'Oyapock, du Parou, de l'Ica et du Yapura. — III. A travers la Nouvelle-Grenade et le Venezuela (1880-1881). Exploration en compagnie de M. E. Le Janne, du Magdalena, du Guavire et de l'Orénoque. — IV. Excursion chez les Guaraounos (1881). 1 vol. gr. in-4, avec 253 gravures sur bois, d'après des photographies ou des croquis pris par les voyageurs, 4 cartes et 6 fac-simile des relevés du Dr Crevaux. — *Paris*, 1883. 50 —

DEPROGE (Ernest), député de la Martinique. — **Lettre à M. le contre-amiral Aube**, ex-gouverneur de la Martinique. Réponse à son libelle : La Martinique, son présent et son avenir. Br. in-8 ; *Paris*, 1882. 2 50

DESSALES. — **Histoire générale des Antilles**, 5 vol. in-8; *Paris*, 1847-1848. 30 —

DUVAL (Jules). — Voir l'excellent article sur Saint-Pierre-et-Miquelon, dans son livre : *Les Colonies françaises*.

ERDINGER (J.-D.), médecin de 1re classe. — **Rapport** sur le transport d'émigrants indiens de Pondichéry à Cayenne, effectué par l'*Inverallan*. (*Revue mar. et colon.*, 1873.) 1 50

GÉNIN (E.), professeur agrégé au Lycée de Nancy. — **L'île Maurice, la Réunion et les productions de l'Inde.** Extraits du manuscrit Thiriot, revu et annoté. Br. in-8 ; *Douai-Paris* 1882. 1 25

HUC (Théophile). — **La Martinique.** Etude sur certaines questions coloniales. In-8 ; *Paris*, 1877. 3 —

LE PELLETIER DE SAINT-RÉMY, auditeur au Conseil d'Etat. — **Saint-Domingue.** Études et solutions nouvelles de la question haïtienne, histoire et géographie. 2 vol. in-8 avec carte. 15 —

MARGRY (P.). — **Belain d'Esnambuc et les Normands aux Antilles**, d'après des documents nouvellement retrouvés. Gr. in-8 avec planches ; *Paris*, 1863. 3 —

MAUGEY (N.-P.), commissaire spécial de l'immigration de la Guyane française. — **L'immigration à la Guyane anglaise.** Br. in-8. (Extrait de la *Revue mar. et col.*, 1862.) 1 25

MOURIÉ (J.-F.-H.). — **La Guyane française.** Notice géographique et historique sur la partie habitée par les colons. 1 vol. in-12 accompagné de 3 cartes ; *Paris*, 1873. 3 50

PARDON, chef de bataillon du génie. — **La Martinique depuis sa découverte jusqu'à nos jours**, 1 vol. in-8 avec cartes, *Paris*, 1877. 6 —

— **La Guadeloupe depuis sa découverte jusqu'à nos jours.** 1 vol. in-8 avec 2 cartes ; *Paris*, 1881. 5 —

PLOIX (E.), ingénieur hydrographe de la marine. — **Pilote de la Guadeloupe** (n° 537). In-8 ; *Paris*, 1875. 3 50.

SALLOT des NOYERS. — **Mer des Antilles et Golfe du Mexique**, première partie (n° 564). 1 vol. in-8 ; *Paris*, 1876. 6 —

— Dito deuxième et troisième partie (n° 542). In-8 ; *Paris*, 1877. 14 —

SIDNEY DANEY, membre du Conseil colonial de la Martinique. — **Histoire de la Martinique** depuis sa colonisation jusqu'en 1815. 6 vol. in-8 ; *Fort-Royal, Paris*, 1846. 48 —

VIDAL (G.), lieutenant de vaisseau. — **Voyage d'exploration dans le Haut-Maroni** (Guyane française). Br. in-8, ext. de la *Revue mar. et col.*, 1862, avec une carte. 2 50

CARTES DE L'AMÉRIQUE FRANÇAISE

Antilles, Guadeloupe, Guyanne, Cayenne, La Martinique, St-Pierre-et-Miquelon, etc.

Carte de la **Guadeloupe et dépendances**, par A. Bouinais, capitaine d'infanterie de marine. Très belle carte en 9 couleurs. 3 —

Cartes de l'Amérique française du Dépôt de la Marine

3125-3775-3418-3419-3422. Cartes particulières de la **Guadeloupe**. Ch. Ploix, Caspari et Gourdon. 5 feuilles gr. aigle. 10 —

3423. Carte générale de la **Guadeloupe**. Ed. Ploix et Caspari. 2 —

1003.	Partie des Antilles entre la **Martinique** et **Cristophe**. KELLER.	2 —
1728.	Ile de **St-Domingue**. SORREL.	2 —
2091.	Du **Rio-Janeira** au **Rio de la Plata** et au **Paraguay**. MOUCHEZ.	2 —
2765-2796-2797-2800.	Ilha-**Grande**, Brésil. MOUCHEZ. Ensemble.	8 —
1959.	**Rio de la Plata**. MOUCHEZ.	2 —
1060.	Mers du cap **Horn**. Iles Malouines.	2 —
877.	Carte du détroit de **Magellan**. KING et FITZ-ROY.	2 —
3273.	Ile de la **Grenade**, Antilles.	2 —
3059.	Iles de la **Trinité**, Antilles. W. CHIMMO.	2 —
383.	Carte générale de la **Martinique**. MONNIER et LE BOURGUIGNON-DUPERRÉ.	2 —
386.	Carte particulière des côtes de la **Martinique**, partie septentrionale.	2 —
387.	Plan de la baie de **Fort-Royal**, Martinique.	2 —
1000.	Iles **St-Pierre-et-Miquelon**. DE LA ROCHE-PONCIÉ.	2 —
982.	Plan de l'île **St-Pierre**. DE LA ROCHE-PONCIÉ.	2 —
1437.	Du détroit de Belle-Isle à Boston. L'île et les bancs de **Terre-Neuve**.	8 —
3437.	Carte de l'île de Terre-Neuve.	2 —
3855.	Carte générale des bancs de **Terre-Neuve**. LAVAUD.	2 —
312-817-1453-1987.	Côtes de **Terre-Neuve**. CLOUÉ, PIERRE, COOK et BULLOK.	8 —
3001.	Carte de Venezuela et de **Guyane**. Du golfe de Paria au cap d'Orange.	2 —
2459.	Côte de **Cayenne** entre le Grand Connétable et les îles du Salut (Guyane). MOUCHEZ, DE LIBRAN, TURQUET, etc.	2 —
2386.	Sondes devant la rivière de Cayenne. MOUCHEZ.	2 —
2729.	Côtes de la **Guyane**, depuis Cayenne à l'embouchure de l'Amazone. MOUCHEZ.	2 —
2222.	Fleuve **Oyapoch**, de l'embouchure au pénitencier St-Georges. COUY et DE MOUCHY.	2 —
2148.	Carte routière de la côte du **Brésil**, de l'embouchure de l'Amazone à Céara. MOUCHEZ.	2 —
2753.	Carte routière du **Brésil**, de Céara à Bahia. MOUCHEZ.	2 —
2054.	Entre **Rio-Janeiro** et **Bahia**. MOUCHEZ, DE FONCECA, RICHIER, KIESEL, MAUZAC, GAILLARD et MELLO.	2 —

ASIE FRANÇAISE

(Voir notre Catalogue spécial à l'Extrême-Orient)

Inde française. Pondichéry, Karikal, Yanaon, Mahé, Chandernagor, etc.
Cochinchine française.
Voyage d'exploration en Indo-Chine.

Les pays protégés. Le Cambodge, l'Annam.
Le Tonkin.

— **Annales de l'Extrême-Orient**. Publiées par M. le comte MEYNERS D'ESTREY, membre de l'Institut royal des Indes néerlandaises, avec le concours de MM. SCHOUW-SANTVOOT, P.-J. VETH, le marquis de CROIZIER, VON ROSENBERG, le docteur LEGRAND, H. VAN WAEY, LIGTVOET, Frédéric PRACHIM et KAIBIN, WALLON, le docteur MAGET, etc., etc.

Tome 1er, avec cartes, vues et plans. 15 —
Tome 2, avec cartes, vues et plans. 15 —
Tome 3, avec cartes, vues et plans. 15 —
Tome 4, avec cartes, vues et plans. 15 —
Tome 5, avec cartes, vues et plans. 15 —

— **Bulletin du comité agricole et industriel de la Cochinchine**, paraissant depuis le 1er novembre 1865, par cahiers, format gr. in-8. *Saïgon, Paris*, chez CHALLAMEL aîné.

— **La Cochinchine française en 1878**, par le comité agricole et industriel de la Cochinchine. 1 vol. gr. in-8, orné d'une carte coloriée et des plans de Saïgon et de Cholen, en couleurs; *Paris*, 1878. 10 —

— **La Cochinchine française**, publié d'après les documents du ministère de la marine. Br. in-8, avec une carte, par M. MANEN; *Paris*, 1865. 2 50

— **Cochinchine française. Excursions et reconnaissances**. Paraissant par fascicules gr. in-8, avec planches. (Les cinq premiers sont déjà très rares et recherchés.) Prix de chaque fascicule. 4 50

— **Annuaire** des établissements français de l'Inde, paraissant chaque année.

— **Etat de la Cochinchine française en 1881**. 1 vol. in 4; *Saïgon* 1882. 7 —

— **Etudes** sur les origines judiciaires dans les établissements de l'Inde par F. N L.. Br. Ext. de la *Rev. mar. et col.*, 1862. 1 50

— **Relation** de l'ambassade de M. le chevalier de Chaumont à la cour du Roi de Siam, avec ce qui s'est passé de plus remarquable durant son voyage; 1 vol. in-8. *Paris*, 1687, relié. 6 —

BOUINAIS (A.), capitaine d'infanterie de marine, licencié en droit, etc., etc. et PAULUS, professeur à l'Ecole Turgot. — **La Cochinchine contemporaine**. 1 vol. in-8 avec carte; *Paris*. 6 —

BOURGEOIS (S.), contre-amiral. — **Renseignements nautiques** recueillis à bord du *Duperré* et de *La-Forte*, pendant un voyage en Chine, 1860-1862. Ext. de la *Revue maritime et coloniale*, 1863. 2 50

CANDÉ (J.-B.), médecin de deuxième classe de la marine, médecin aide-major. — **De la mortalité des Européens en Cochinchine** depuis la conquête jusqu'à nos jours, avec une description de la ville de Saïgon et des plans de la caserne d'infanterie et de l'hôpital de la marine. In-8; *Paris*, 1881. 4 —

CHAROLAIS (LOUIS DE). — **L'Inde française**. Deux années sur la côte de Coromandel. 1 vol. in-18; *Paris*, 1877. 3 50

CODINE (J.). — **Mémoire géographique** sur la mer des Indes. 1 vol. in-8 ; *Paris*, 1868. 6 —

DABRY DE THIERSANT, consul de France. — **Pisciculture et pêche en Chine.** *Paris*, 1871, 1 vol. grand in-4, orné de 51 planches représentant les principales espèces de poissons, les appareils et engins de pêche, et précédé d'une introduction sur la pisciculture chez les divers peuples, par le docteur L. SOUBEIRAN. 40 —

DABRY DE THIERSANT. — Voyez SOUBEIRAN.

DUBOIS DE JANCIGNY. — **Japon, Cochinchine, Empire Birman, Annam, Siam, Tong-King, Ile de Ceylan** etc. 1 vol. in-8, 19 planches et 3 cartes ; *Paris*, S .D. 6 —

DUPUIS (J.), négociant. — **L'ouverture du fleuve rouge au commerce et les évènement du Tong-King**, 1872-1873. Journal de voyage et d'expédition. Ouvrage orné d'une carte du Tong-King, d'après les documents les plus récents, du portrait de l'auteur et d'une préface par M. le marquis de CROIZIER. 1 vol. in-4. (Tome II des *Mémoires de la Société académique indo-chinoise, de Paris*) ; *Paris*, 1879. 15 —

ESQUER (A.), conseiller à la Cour d'appel de Pondichéry. — **Essai sur les castes dans l'Inde.** Utilité possible et but de cette étude. Origine et étude de la distinction des castes. Classes mêlées. Diffusion des castes. Résultat. Etat actuel des castes dans l'Inde. Extinction des castes. Avenir et régénération de l'Inde. Conclusion. 1 beau vol. in-8 ; *Pondichéry*, 1871. 20 —

GARNAULT (J.-A.), pharmacien. — **Note** au sujet de l'importance qu'il y aurait à réunir en une collection et à étudier d'une manière sérieuse les produits industriels de la Cochinchine. (*Bulletin du commerce agricole et industriel de la Cochinchine*, 1868.)

— **Note sur une écorce aromatique.** (*Idem, idem*)

— **Note** relative à des observations sur le climat de la Basse-Cochinchine, comprenant : 1° Tableau résumant les observations météorologiques faites en Cochinchine depuis l'occupation jusqu'en 1867 ; 2° tableau des observations météorologiques en 1867 ; 3° extrait d'un rapport sur le service météorologique en 1867. (*Idem, id., id.*)

GARNIER (FRANCIS). — **De la colonisation** de la Cochinchine. Br. in-8 ; *Paris*, 1865. 1 25

— **Voyage dans la Chine centrale**, vallée du Yang-Tzu. Fait de mai à août 1873. Br. in-8 avec une carte. (Extr. du *Bulletin de la Société de Géographie*); *Paris*, 1874. 2 50

GÉNIN (E.), professeur agrégé au Lycée de Nancy. — **J. Dupuis et Francis Garnier au Tonkin.** Br. in-8. (*Ext. du Bull. de la Soc. de géog. de l'Est*, 1882.) 1 —

— **De l'importance de la voie commerciale du Song-Hoï.** Br. in-8. (*Ext. du Bull. de la Soc. de géog. de l'Est*, 1883.) 1 —

— **Les cinq voyages du Dr Harmand en Indo-Chine**, 1875-1877. *Bull. de la Soc. de géog. de l'Est*, 1882. » 60

— De France en Inde. **La marine française dans l'Atlantique et la mer des Indes**, de 1781 à 1783. Campagnes de l'Inde. Extrait du manuscrit Thiriot, revu et annoté. Br. in-8 ; *Douai-Paris*. 1 25

— **Mœurs des Indiens.** Extrait du manuscrit Thiriot. Br. in-8 ; *Nancy-Paris*, 1882. 1 25

— Documents inédits sur l'histoire et la géographie de l'**Inde française**, d'après le manuscrit n° 448 de la bibliothèque de Nancy, intitulé : Voyage dans l'Indoustan, par *Thiriot*. *Paris*, 1881. 1 25

GIBERT (Eugène), secrétaire de la Société académique indo-chinoise. — **L'Inde française** en 1880. Br. gr. in-8 ; *Paris*, 1881. 1 25

GRAMMONT (L. de), capitaine. — **Notice sur la Basse-Cochinchine.** Br. extr. du *Bulletin de la Société de Géographie* ; *Paris*. 1 25

HUMBERT (Aimé), ancien envoyé extraordinaire et ministre plénipotentiaire de la Confédération suisse. — **Le Japon illustré**, ouvrage contenant 176 vues, scènes, types, monuments et paysages, dessinés par E. Bayard, H. Catenaci, Eug. Cicéri, L. Crépon, Hubert Clerget, A. de Neuville, M. Rapine, E. Théroud, etc. 2 vol. in-4 avec une carte et cinq plans ; *Paris* 1870. 60 —

HUREAU de VILLENEUVE. — **La France dans les mers asiatiques.** Br. in-8 ; *Paris*, 1858. 1 50

JANNEAU (G.). — **Luc-Van-Tien**, poëme populaire annamite, transcrit pour la première fois en caractères latins, d'après les textes en caractères démotiques. 1 vol. in-8, 2ᵉ édition, accompagnée de notes et planches ; *Paris*. 1873. 6 —

JULIEN (Stanislas). — Résumé des principaux **traités chinois** sur la culture des muriers et l'éducation des vers à soie, traduit par Stanislas Julien. Publié par ordre du ministre des travaux publics, de l'agriculture et du commerce. 1 vol. in-8 avec 10 planches ; *Paris*, 1837 10 —

KERGARADEC (de), lieutenant de vaisseau, consul de France à Hanoï. — **Rapport sur la reconnaissance du fleuve du Tonkin.** Br. in-8 extrait de la *Rev. mar. et col.*, 1877. 2 —

LANOYE (de). — L'Inde contemporaine, 1858. 3 50

LECLERC (O.-J.-F.-M.), chirurgien. — **Immigration indienne.** Transport de 429 Indiens pris à Pondichéry et débarqués à la Martinique, navire le *Siam*. *Revue alg. et col.*, 1860.

LEGRAS (L.), capitaine de frégate, ancien chef de service des instructions au dépôt de la marine. — **Mer de Chine** (1ʳᵉ partie). Instructions nautiques sur la côte Est de la Malaisie, le golfe de Siam, les côtes de la Cochinchine, le golfe du Tonkin et la côte Sud de la Chine (n° 395). 1 vol. in-8 ; *Paris*, 1865. 3 —

— **Mer de Chine** (2ᵉ partie). Instructions nautiques sur les côtes Est de la mer de Chine, la mer Jaune, les golfes de Pé-tchi-li et de Liau-Tung, et la côte Ouest de la Corée, traduit de l'anglais par Vautré et annoté (n° 373). In-8 ; *Paris*, 1863. 3 —

— **Mer de Chine** (3ᵉ partie). Les îles et les passages entre les Philippines et le Japon ; les îles du Japon (n° 584). In-8 ; *Paris*, 1867.   7 —

— **Mer de Chine** (4ᵉ partie). Instructions nautiques pour naviguer sur les côtes Ouest et Nord-Ouest de Bornéo, les détroits de Balabac, les côtes Ouest et Est de Palawan, les îles Calamianes, le détroit de Mendoro et les côtes Sud-Ouest et Ouest de l'île Luçon, suivies d'une description des bancs de la mer de Chine (n° 447). In-8 ; *Paris*, 1868.   9 —

— **Mer de Chine** (5ᵉ partie). Instructions nautiques sur la mer du Japon, la côte Ouest du Nipon, la côte Est de Corée et la côte de Tartarie, le détroit de Tsugar, les îles Kouriles, le détroit de la Pérouse, la mer d'Okhotsk et Kamtschatka (n° 432). In-8 ; *Paris*, 1867.   5 —

— **Mer de Chine** (2ᵉ partie). Renseignements nautiques sur la côte Ouest de la Corée et la rivière de Seaul (n° 434). In-8 ; *Paris*, 1867.   2 —

— **Supplément** aux instructions sur la mer de Chine (à la 2ᵉ partie n° 373), contenant des instructions sur les côtes Est de Chine, la mer Jaune, les golfes de Pé-tchi-li et de Liau-Tung et la côte Ouest de la Corée, traduit de l'anglais par Costa (n° 404). In-8 ; *Paris*, 1865.   2 —

— **Mer de Chine** (4ᵉ partie). Supplément n° 3 à l'instruction n° 447 (ce supplément remplace le chapitre VI). In-8 ; *Paris*, 1871.   1 —

— **Route des bâtiments à vapeur** dans l'océan Indien, d'Aden au détroit de la Sonde, et retour. Instructions publiées par J.-E. Cornelissen (n° 496). *Paris*, 1872.   2 —

LESERTEUR (E.-G.), directeur au séminaire des Missions étrangères. — Le **Hoàng-Nàn**, remède tonquinois contre la rage, la lèpre et autres maladies. In-8 ; *Paris*, 1879.   2 50

MALLESON, lieutenant-colonel. — **Histoire** des Français dans l'Inde, depuis la fondation de Pondichéry jusqu'à la prise de cette ville 1674-1761. Traduction française de Mme Le Page. 1 vol. in-8 ; *Paris*, 1874.   7 50

MEYNERS D'ESTREY (le Comte) **L'art Médical en Chine**. Br. gr. in-8, 1882.   1 50

MILLOT (Ernest), ancien président du Conseil d'administration municipale de la concession française de Chang-Haï. — **La France** dans l'Extrême Orient. La concession française de Chang-Haï, conférence faite à la Société académique indo-chinoise. Br. in-8 ; *Paris*, 1881.   1 —

— **La concession française** de Chang-Haï. Réponse à MM. P. Brunat, J. Chapsal et E.-G. Vouillemot.   1 50

MOURA (J.), ancien officier de marine, ancien représentant du gouvernement français au Cambodge. — **Le royaume de Cambodge**. 2 vol. gr. in-8 avec planches et cartes.   30 —

PARIS (A.), lieutenant de vaisseau. — **Une excursion à Kiotto**, capitale du Japon. In-8, accompagné de grandes planches et de figures dans le texte ; *Paris*.   2 —

PLOMB (J.), chirugien de la marine. — **Rapports** sur un voyage de rapatriement d'Indiens des Antilles françaises à Pondichéry et sur un transport d'Indiens de Pondichéry à Cayenne. Br. in-8 ; 1863.   1 50

PIHAN (A.-P.) **Exposé des signes de numération** usités chez les peuples orientaux anciens et modernes. Cet ouvrage, qui est un véritable chef-d'œuvre typographique, contient plus de 1.200 signes de numération dont la collection complète n'existe dans aucune autre imprimerie qu'à l'imprimerie nationale de Paris. 1 beau vol. in-8 ; *Paris*, net. 7 —

RAVIER (M.-H.), miss. apost. societatis Parisiensis missionem ad exteras — **Dictionarium** latino — Annamiticum completum cui accedit. Appendix præcipuas voces proprias cum brevi explicatione continens. 1 fort volume in-4°. Minh-Phu ex typis missionis Tunquini occidentalis, 1880. 75 —

ROCHER (EMILE), administration des douanes de Chine. — **La province chinoise du Yün-Nan**. 2 vol. in-8, avec planches : *Paris* 1880. 25 —

ROSNY (L. LÉON DE). — **Etudes asiatiques de géographie et d'histoire**, L'ouverture du Japon. L'Ile de Yeso. Les îles de Lou-tchou. La Corée. L'empire d'Annam. Le Kamboje. Le royaume de Siam. L'empire Birman. Le Thibet. Le Ladâk. Le Khanat de Boukara. La Perse contemporaine. Le Nippon, ou archives de M. Von Siebold. Les Parsis, d'après un parsi de Bombay. Le fleuve Amour, d'après les documents russes, etc. 1 vol. in-8 ; *Paris*, 1864. 7 50

ROMANET DU CAILLAUD. — **Les produits du Tong-King** et des pays limitrophes. Br. in-8 avec carte. 1 25

— **Histoire de l'intervention française au Tong-King**, de 1872 à 1874. Un fort vol. in-8 avec carte et planches; *Paris*, 1880. 6 —

— **Notices sur le Tong-King**, in-8 ; 1880, avec une carte. 2 —

ROUSSIN (ALFRED), aide commissaire de la marine. — **Une campagne sur les côtes du Japon**. 1 vol. in-8. 3 50

SAINT-PRIEST (DE). — **La perte de l'Inde sous Louis XV**. (*Rev. des deux Mondes*, 1875.)

SALLOT DES NOYERS. — **Instructions** sur les îles et passages du grand archipel d'Asie. T. Ier comprenant la côte Ouest de Sumatra, ainsi que les îles extérieures, le détroit de la Sonde et la côte Sud de Java (n° 422). In-8 ; *Paris*, 1867. 6 —

— T. II, comprenant les côtes Nord et Nord-Est de Java, la mer de Java, les détroits de Banca, Gaspar, Carimanta et les côtes adjacentes (n° 428). 1 vol. in-8; *Paris*, 1868. 6 —

— T. III, comprenant les îles et les détroits à l'Est de Java, le détroit d'Ombay, celui de Macassar, la mer de Célèbes, la mer des Moluques, le passage de Pitt, les détroits de Gilolo, Pitt et Dampiar, et la mer de Banda (n° 433). 1 vol. in-8 ; *Paris*, 1868. 6 —

— T. IV, comprenant les détroits de Malacca, Singapour, Durian, Rhio ; l'archipel Linga et les îles et bancs du passage à l'Est de Bintang (n° 437). In-8 ; *Paris*, 1868. 6 —

— T. V, comprenant les routes du cap de Bonne-Espérance et de l'Inde en Chine, aller et retour, diverses routes dans les mers, des passages et des renseignements commerciaux (n° 442). In-8 ; *Paris*. 6 —

SICÉ (F.-E.), sous-commissaire de la marine. — **Législation Hindoue** publiée sous le titre de VYAVAHARA-SARA-SANGRAHA ou abrégé substantiel de droit par MADURA-KANDASVAMI-PULAVAR, traduite du Tamil par F.-E. SICÉ. In-8 ; *Pondichéry*, 1857. 10 —

— Traité des lois mahométanes, ou recueil des lois, us et coutumes des musulmans du Décan. 1 vol. in-8 ; *Paris*, 1841. 6 —

SOUBEIRAN (LÉON) et DABRY DE THIERSANT. — **La matière médicale** chez les Chinois, précédé d'un rapport à l'Académie de médecine de Paris, par le professeur GUBLER. 1 vol. in-8. 7 50

TABERD (J.-L.), episcopo isauropolitano, vicario apostolico conicinæ, cambodiæ, asiaticæ Societatis pariensis, nec non Bengalensis socio honorario.— **Dictionnarium** latino-anamiticum et **dictionnarium** anamitico-latinum, primitus inceptum ab illustrissimo et reverendissimo 50 —

— **Dictionnarium** anamitico-latinum ex opere. Ill. et Rév. TABERD constans, necnon ab Ill. J.-S. THEUREL episc. Acanthensi et vicario apost. Tunquini Occidentalis recognitum et notabiliter adauctum, ad quod accedit Appendix de vocibus sinicis et locutionibus minus usitatis. Imprimé à *Ninh Phu*. 1 beau vol. in-4 à 2 col. de 670 pages. 50 —

THEUREL (ILL. et RÉV. J.-S.), voyez TABERD. — **Dictionnarium** anamitico-latinum. 50 —

THÉVENET, ingénieur des ponts-et-chaussées. — **Les travaux publics** et les voies de communication en Cochinchine. In-8 avec 3 planches ; *Saïgon*, 1880. 7 —

THUREAU (H.). — **Le Tong-Kin, Colonie française**. Br. in 8 avec une carte; *Paris*, 1883. 2 —

VIAL (P.). capitaine de frégate, ancien directeur de l'intérieur en Cochinchine. — **Les premières années de la Cochinchine française**, colonie française. 2 vol. in-18, avec carte préface par M. RIEUNIER, capitaine de vaisseau; *Paris*, 1874 6 —

VILLENEUVE (P. DE). — **Les affaires du Tong-King** et le traité français. Br. in-8. Ext. du *Correspondant*, *Paris*, 1874. 1 —

VIMEUX (PAUL). — **De l'immigration en Cochinchine**. (Etudes sur la Cochinchine française). Br. in-8; *Paris*, 1874. 1 50

(*Voir notre Catalogue n° 4 spécial a l'Extrême-Orient*)

CARTES DE L'ASIE FRANÇAISE

INDE FRANÇAISE, COCHINCHINE FRANÇAISE, VOYAGE D'EXPLORATION EN INDO-CHINE, LES PAYS PROTÉGÉS, LE TONKIN.

Carte de la **Cochinchine française**. Réduction de la Cochinchine en 20 feuilles, de M. BIGREL, capitaine de frégate, corrigée d'après les documents les plus récents. 1 feuille en couleurs. 2 50

Plan de la ville de Saigon, dressé par le chef du service des travaux publics à Saigon. 1 feuille en couleurs. 2 —

Carte de l'**Empire d'Annam**, d'après la carte publiée en 1838 par Mgr PALLEGOIX, évêque de Mallos, sous le titre *Annamdai quôc Hoa-Do seu*

Tabula geographica imperii annamitici ab auctore dictionarii latino-annamitico disposita. Réimprimée en 1862. 3 —

Carte du **Royaume de Siam**, avec un plan de Bangkok et ses environs, dressée par Mgr PALLEGOIX, évêque de Siam. 1 feuille coloriée. 2 —

Panorama de Saigon, par M. J. FAVRE, capitaine d'infanterie de marine, dessiné par M. H. CLERGET, gravé par M. LEPÈRE. 1 feuille grand aigle, avec une notice sur la Cochinchine. 3 —

Carte de l'**Indo-Chine orientale**, par J.-L. DUTREUIL DE RHINS. 1 feuille grand-aigle, imprimée en quatre couleurs. 5 —

— *La même*, en 4 feuilles grand-aigle, imprimée en quatre couleurs. 15 —

Carte des **Missions de l'Indo-Chine**, par E.-C. L. (M. l'abbé LESSERTEUR), missionnaire. 1 feuille demi-aigle coloriée ; *Paris*, 1879. 4 —

Carte du **Tonkin**, publiée avec l'autorisation de M. le Ministre de la Marine et des Colonies, par M. A. GOUIN, lieutenant de vaisseau, d'après les travaux de MM. LES INGÉNIEURS-HYDROGRAPHES DE LA MARINE, les OFFICIERS DE VAISSEAU, les MISSIONNAIRES DES MISSIONS ÉTRANGÈRES, MM. DUTREUIL DE RHINS, J. DUPUIS, ROMANET DU CAILLAUD, MALLART, VILLEROI, L. DE KERGARADEC et d'après les cartes annamites. 1 feuille grand-aigle imprimée en trois couleurs. 4 —

Carte de l'**Asie orientale**, comprenant l'Empire chinois, le Japon, l'Indo-Chine et le grand archipel d'Asie, par ANDRIVEAU-GOUJON. 2 feuilles demi-jésus. 5 —

Carte d'**Atchin**, par L. WALLON, dans le tome Ier des *Annales de l'Extrême-Orient*.

Carte **Itinéraire à travers Sumatra**, par J. SCHOUW-SANTVOORT, dans le même tome de *l'Extrême-Orient*.

Carte **Itinéraire de Djambi à Palembang** (Sumatra), par le même.

Le Thibet et les régions avoisinantes, petite carte, dans le tome II des *Annales de l'Extrême-Orient*.

Cartes de l'Asie française du Dépôt de la Marine

957. Côtes orientales de **Chine**. 1 feuille grand-aigle. 2 —
3002. Mers de **Chine**. 1 feuille grand-aigle. 2 —
1844. Partie des **Côtes de Chine**, golfe du Tonkin et détroit d'Haïnan. 2 —
3519. Carte générale du **Delta du Tonkin**. HÉRAUD et BOUILLET. 2 —
3537-3524-3533. **Delta du Tonkin**. Feuille 1re : La côte et les embouchures, les cours des rivières et des canaux entre les îles Nerway et le méridien du Cua-Ba-Lac. — Feuille 2e : La côte et les embouchures entre le Cua-Ba-Lac et le Loch-Tron. — Feuille 3 : Cours du Snog-Ca et des rivières et des canaux compris entre les méridiens du Cua-Balac et de Hanoï. Ensemble 6 —
3776. **Rivière et ville de Hué**. DUTREUIL DE RHINS. 2 —
1254-1271. **Mer de Chine**. Feuille 1re : Côte méridionale de la Cochinchine. — Feuille 2e : Côte orientale de la Cochinchine de la pointe Cambodge à Camranh, par J. DE LA ROCHE-PONCIÉ. — Ens. 4 —

1958.	Plan de la **Baie de Tourane**. Côte de Cochinchine. E. PLOIX. 2 —
3899.	**Golfe du Tonkin**, de Hué aux îles Culao-Cham, environs de Tourane. 2 —
2193.	Carte de la **Presqu'île de l'Indo-Chine**, du port de Qui-Nhon, à l'entrée de la rivière de Bang-Kok. 2 —
3837-3901-3866.	— Côtes est de **Cochinchine**, de la baie de Comraigne au cap Varella. Baies de Binhcang et de Hine. Du cap Varella à l'île Bufle; des îles Buffle à Poulo-Canton. CASPARI et RENAUD. 6 —
3865.	**Golfe du Tonkin**. De l'île Hon-Tseu au cap Lay, Mer de Chine. CASPARI, REY, DEVIC et LEGRAS. 2 —
3850.	**Tonkin**. De l'île du Tigre au cap Choumay. Environs de Hué. CASPARI, REY, DEVIC et LEGRAS. 2 —
2360.	**Port de Saigon**. VIDALIN, HÉRAUD. 2 —
2192.	Carte générale de la **Basse-Cochinchine et du Cambodge**. MANEN, VIDALIN, HÉRAUD. 2 —
2475-2476-2477-2478.	Carte générale de la **Basse-Cochinchine et du Cambodge**. MANEN, VIDALIN, HÉRAUD. Ensemble 4 —
2460-2461-2462.	**Royaume de Cambodge et de Khmer**. 1ʳᵉ feuille : Le Tien-Giang et le Haû-Giang de Nam-Vang à Wam-Nao, le canal de Vinh-Thé ou d'Hatien, de Chaudoc au golfe de Siam. — 2ᵉ feuille : de Phnom-Penh ou Nam-Vang aux rapides de Sambor. Le Tonly-Sap ou Song-Di-Bien-Ho (bras du lac) de Phnom-Penh au Camnau-Tieu (petit lac). — 3ᵉ feuille : les lacs de Tonly-Sap ou Song-Di-Bien-ho (bras du lac). L'arroyo d'Angcor, et l'arroyo de Bathom-Bang. MANEN, VIDALIN, HÉRAUD. Ensemble 6 —
863.	Carte de la **mer des Indes**. DAUSSY et WIESOCQ. 2 —
900.	Carte du **golfe du Bengale**. DAUSSY. 2 —
903.	**Côtes d'Arabie et de Perse**, de Socotra à Bombay. DAUSSY. 2 —
2373.	Ile de **Ceylan**, du détroit de Palk au golfe de Manaar. 2 —
2372.	Ile de **Ceylan**, partie Sud. 2 —
2254.	**Côte occidentale de l'Hindoustan**, de Bombay à Calicut ; archipel des Laquedives. 2 —

OCÉANIE FRANÇAISE

Polynésie française. Taïti.
Nouvelle-Calédonie. Les îles du Protectorat, les Tuamotou et Gambier, les îles Marquises, l'archipel néo-calédonien.

— ANONYMES. — Annuaire des établissements français de Taïti, paraissant chaque année.
— Annuaire de la Nouvelle-Calédonie. Paraissant chaque année.
— Renseignements sur quelques îles de l'archipel des Tuamotou. (*Ann. hydrog.*, 1874.)
— Renseignements sur quelques points des îles Marquises, sur diverses îles des Tuamotou, sur les Gambier et sur l'île Méhétia. (*Ann. hydrog.* 1875.)

— Routier de l'Australie (côtes N.-O. et E.) compilé par CH. YULE R.N., traduit de l'anglais par BESSON (n° 420) ; *Paris*, 1866. 3 —

— La Nouvelle-Calédonie. (*Rev. marit. et colon.*, avec carte, fév. et mars 1866.) In-8°. 2 —

— Note sur la transportation à la Guyanne-Française et à la Nouvelle-Calédonie. (*Rev. marit. et colon.*, sept. octob. 1867.)

BANARÉ (A.), capitaine de frégate, chef du service des instructions nautiques au Dépôt des cartes et plans.— **Instructions nautiques** sur la Nouvelle-Calédonie, 1 vol. in-8°, en collaboration avec M. CHAMBEYRON (n° 458) ; *Paris*, 1876. 4 50

BOURGEY. **Une exploration** dans l'intérieur de la Nouvelle-Calédonie. (*Nouv. Annal. des Voyages*, novemb. 1865).

— **Voyages** à travers la Nouvelle-Calédonie de Kanola à Nouméa (*Ann. des Voyages*, décembre 1867).

BOUT (CH.) **Des exploitations minières** à la Nouvelle-Calédonie. Br. in-8°. Extr. de la *Rev. mar. et colon.* 1873. 1 50

CAVE (PAUL), lieutenant de vaisseau. — **La France en Nouvelle-Calédonie.** Services militaires et maritimes. Br. in-8°. *Paris*, 1878. 0 75

CHAMBEYRON, capitaine de frégate. — **Instructions nautiques** sur la Nouvelle-Calédonie. 1 vol. in-8 en collaboration avec M. BANARÉ (n° 458) ; *Paris*, 1876. 4 50

FRICKMANN (L.-A), lieutenant de vaisseau. — **Routier de l'Australie** (1ʳᵉ partie), côte Sud et partie de la côte Est, détroit de Bass et Tasmanie. Vol. 1ᵉʳ, comprenant du cap Leeuwin au cap de Shanck. *Paris*, 1871. 6 —

— Vol. 2°, Du cap Shanck au port Jackson. In-8 *Paris*, 1871. 6 —

GAUSSIN (P.-L.-J.-B.), ingénieur hydrographe en chef de la marine. — **Du Dialecte de Tahiti**, de celui des **Iles Marquises**, et en général de la langue polynésienne, (ouvrage qui a remporté en 1852 le prix de linguistique fondé par Volney. 1 vol. in-8. *Paris*, 1853. 6 —

GRAD (Ch.-A.). — **L'Australie intérieure.** Explorations et voyages à travers le continent australien. 1 vol. in-8 avec carte par V.-A. MALTE-BRUN. In-8 *Paris*, 1864. 5 —

LA HAUTIÈRE (Ulysse DE). — **Souvenirs de la Nouvelle-Calédonie.** Voyage sur la côte orientale. 1 vol in-18, *Paris*, 1869. 3 —

LEMIRE (CHARLES), chevalier de la Légion-d'Honneur.— **La colonisation française en Nouvelle-Calédonie et dépendances** ; comprenant les itinéraires de France à Nouméa, par l'Australie, le cap et l'Amérique ; le tracé kilométrique d'un voyage à pied autour de la grande Terre ; des statistiques sur la colonie et l'Australie ; des tableaux, cartes, plans et gravures, des types indigènes et une vue photographique du chef-lieu. 1 beau vol. in-4 ; *Nouméa, Paris*, 1878. 20 —

— **Guide-agenda** de France en Australie, en Nouvelle-Calédonie et aux Nouvelles-Hébrides, par Suez, Aden, la Réunion et Maurice. 1 vol. in-18 ; *Paris*, relié toile. 3 50

— **Guide-agenda.** Traversée de France en Nouvelle-Calédonie et Taïti par le cap de Bonne-Espérance et retour par le cap Horn. 1 vol. in-18; *Paris*, relié toile. 3 50

MARIN LA MESLÉE (E.), membre de la Société royale de Sydney, etc. — **L'Australie nouvelle.** 1 vol. in-18 avec carte et gravures, préface par L. SIMONIN ; *Paris*, 1883. 4 —

RIVIÈRE (HENRI), capitaine de vaisseau. — **Souvenirs de la Nouvelle-Calédonie. L'insurrection canaque.** 1 vol. gr. in-8, illustré d'un beau portrait de l'auteur et de 45 vignettes, dont 17 hors texte, par J. FÉRAT. *Paris*, 1881. 8 —

SCREINER (Alfred). — **La Nouvelle-Calédonie**, depuis sa découverte (1774) jusqu'à nos jours. *Essai historique.* In-18 avec carte ; *Paris*, (1882). 4 —

TRIHIDEZ (M. l'abbé TH.), ancien aumônier de la flotte, etc. — **Géographie minéralogique de la Nouvelle-Calédonie** (nickel, cuivre, or, charbon). Br. in-8 ; *Paris*, 1881. 1 25

VIEILLARD (E.), chirurgien de la marine. — **Etude sur les palmiers de la Nouvelle-Calédonie.** Br. in-8, 7 pages. Extr. du *Bulletin de la Société linéenne de Normandie* ; 1871. 2 —

— **Plantes de la Nouvelle-Calédonie.** Br. in-8, 21 pages ; *Caen*. 2 —

— **Notes sur quelques plantes intéressantes de la Nouvelle-Calédonie.** Br. in-8, 23 pages ; *Caen*, 1866. 2 —

VIEILLARD et DEPLANCHE. — **Essais sur la Nouvelle-Calédonie,** Réunion des articles publiés dans cinq numéros de la *Revue maritime et coloniale*. 10 —

VINCENDON-DUMOULIN et DESGRAZ. — **Iles Taïti.** Esquisse historique et géographique précédée de considérations générales sur la colonisation française dans l'Océanie. 2 parties, fort in-8 avec carte ; *Paris*, 1844. 15 —

WALLUT, enseigne de vaisseau. — **Australie. Côte Est** ; vues de côtes. (N° 637.) 35 planches, cartonné. 6 —

CARTES DE L'OCÉANIE FRANÇAISE

POLYNÉSIE FRANÇAISE, NOUVELLE-CALÉDONIE, ILES DU PROTECTORAT, LES TUAMOTOU ET GAMBIER, ILES MARQUISES, L'ARCHIPEL NÉO-CALÉDONIEN.

Carte de la Nouvelle-Calédonie, dressée d'après la grande carte marine et le relevé d'un voyage à pied autour de l'île, au 1/440,000, par Charles LEMIRE, chef de la mission télégraphique. *Nouméa*, une très belle carte en quatre couleurs. 5 —

Nouméa, presqu'île Ducos, île de Nou, au 1/40,000, par Ch. LEMIRE. 1 carte, format carré, en trois couleurs. 2 50

2109. **Mer du Corail.** Dépôt de la Marine. 1 feuille gr. aigle. 2 —

3041-3067-3082-3123-3130-3187-3194-3247-3406. **Australie**, en neuf feuilles gr. aigle. Ensemble 18 —

985. **Archipels Taïti, Pomotou, Nouka-Hiva** et îles environnantes. 2 —

962. **Iles Marquises.** Archipel de Mendana ou de Nouka-Hiva. 2 —

1915-1946-1957-2799. **Nouvelle-Calédonie** en quatre feuilles gr. aigle 8 —

CHALLAMEL AINÉ, ÉDITEUR ET COMMISSIONNAIRE
LIBRAIRIE ALGÉRIENNE, MARITIME ET COLONIALE, 5, RUE JACOB, PARIS

ALGÉRIE, TUNISIE, AFRIQUE

La colonisation officielle en Algérie. Des essais tentés depuis la conquête et de la situation actuelle, par le Cte d'Haussonville, membre de l'Académie française, Sénateur. Brochure in-8 ; 1883.   1 —

L'Algérie et les questions algériennes. Etude historique, statistique et économique, par Ernest Mercier. 1 vol. in-8 ; 1883.   5 —

Situation politique de l'Algérie, par F. Gourgeot, ex-interprète principal de l'armée d'Afrique, officier de la Légion-d'Honneur. — Le Sud ; Bou-Amena ; les Oulad Sidi cheikh ; Figuig: le Tell ; les colons ; les grands chefs ; les Fellahs ; les Kramms ; Tyout ; création d'un Makhezen ; pouvoirs politiques ; pouvoirs administratifs. 1 vol. in-8.   5 —

Lettres sur le trans-saharien, par F. Abadie. In-8 avec carte.   3 —

La pénétration dans l'Afrique centrale, par le contre-amiral Aube. Br. in-8.   1 25

Le tracé central du chemin de fer saharien, par le général Colonieu. Br. in-8 avec carte.   2 —

Description géographique de Tunis et de la régence, avec notes historiques, ethnographiques et archéologiques, par le commandant Villot, du 125e de ligne. Br. in-8 avec carte.   2 —

Histoire générale de la Tunisie, depuis l'an 1590 avant Jésus-Christ jusqu'en 1883, par Abel Clarin de La Rive, correspondant de la Société des études historiques de France. 1 vol. in-18.   2 —

Etude sur la propriété foncière en Algérie, par A. Carra de Vaux, ancien magistrat. Br. in-8.   » —

Le règne végétal en Algérie, par E. Cosson, de l'Institut. Br. in-8.   2 50

Le fermage des autruches en Algérie (incubation artificielle), par Jules Oudot, ingénieur civil. 1 beau volume grand in-8, avec planches.   7 —

La question africaine (Algérie et Sahara). Etude politique et économique. — Les âges de pierre du Sahara central. Carte et itinéraire de la première mission Flatters, par L. Rabourdin, membre de la première mission Flatters, etc. In-8.   3 50

Voyage de la mission Flatters au pays de Touareg azdjers, par Henri Brosselard, lieutenant au 4e régiment d'infanterie, chevalier de la Légion-d'Honneur, etc. 1 vol. in-18, illustré de 40 dessins de Juillerat, d'après les croquis de l'auteur.   2 25

Les Kabyles et la colonisation de l'Algérie, par H. Aucapitaine. In-18.   2 50

De Mogador à Biskra ; Maroc et Alger, par Jules Leclercq. 1 vol. in-18, carte.   3 50

Etudes d'après Fromentin. A l'ombre ; Ben-Laïeb le Mzabi ; le ravin des lauriers ; dans nos Alpes, par A. Geoffroy. 1 vol. in-18.   3 50

L'Algérie au point de vue belge, par Lancelot. Br. in-8.   1 —

EXPLORATION SCIENTIFIQUE DE L'ALGÉRIE

Sciences historiques et géographiques. Sciences médicales. Géologie et minéralogie. Sciences physiques. Zoologie. Sciences mathématiques. Beaux-Arts.

Pour cette importante collection, voir le détail à notre catalogue général

PARIS, CHALLAMEL AINÉ, 5, RUE JACOB

La Vallée du Darror. Voyage au pays des Çomalis (Afrique orientale), par Georges REVOIL. 1 vol. grand in-8 jésus. Edition sur très beau papier, avec plus de 60 dessins, *types*, *paysages*, *scènes* et *panoramas* hors texte, etc., d'après les photographies et croquis de l'auteur, par MM. DE HAENEN, DOSSO, SCHMIDT et GAILLARD, avec une carte. 15 —

Les oasis de l'Oued Rir' en 1856 et 1880, suivies du résumé des travaux de sondage exécutés dans le département de Constantine de 1879 à 1880 et de la production annuelle des oasis de Biskra à Ouargla, par H. JUS, ingénieur, directeur des travaux de sondage. In-8 avec carte. » —

Les plantes textiles algériennes. Histoire d'une botte d'Alfa, par H. JUS, ingénieur civil. Br. in-8. 2 —

La pâte d'Alfa, sa fabrication, son avenir, par Edouard BUCHSVALDER, ingénieur civil. Br. in-8. 1 25

Code musulman, par KHALIL (Rite malékite; statut réel), texte arabe et traduction française de N. SEIGNETTE, interprète du gouvernement général de l'Algérie. 1 beau volume grand in-8. 25 —

L'Afrique occidentale. Algérie, Mzab, Tildiket, par P. SOLEILLET. In-18 avec carte. 4 —

La question tunisienne et l'Afrique septentrionale. Angleterre, France, Italie, par Edmond DESFOSSÉS. In-8. 2 —

Le protectorat français en Tunisie, avec texte et commentaire du traité de Kassar-Saïd du 12 mai 1881. Br. in-8 par le MÊME. 2 —

De la réorganisation administrative et financière de la Tunisie, avec texte officiel des traités. Br. in-8 par le MÊME. 2 —

Espagne, Algérie et Tunisie. Lettres à M. Michel Chevalier, par P. DE TCHIHATCHEFF. 1 vol. gr. in-8 avec carte. 12 —

Le général Margueritte (Algérie et Sahara), par le général PHILEBERT. 1 vol. in-8, orné d'un portrait et d'un autographe du général 7 50

La vigne en Algérie, par DEJERNON. Br. in-8. 1 —

Bêtes à cornes et fourrages de Constantine, par DEJERNON. Br. in-18. 1 50

Souvenirs de l'armée d'Afrique, par Ernest WATBLED. In-18. 2 50

Colonisation de la Kabylie par l'immigration, avec itinéraires, cartes et plans. 1 vol. gr. in-8. 5 —

En Algérie, souvenirs d'un Provinois, par E. BOURQUELOT. In-18. 3 50

Etudes algériennes. L'Algérie politique et économique à travers la province d'Oran. Lettres sur l'insurrection dans le sud oranais, par ARDOUIN DU MAZET. Préface par L. DRAPEYRON. 1 vol. in-8. » —

L'ALGÉRIE AGRICOLE. — BULLETIN DE LA COLONISATION
Agriculture, horticulture, économie. Paraissant le 1er et le 15 de chaque mois. Publié par le Comice agricole d'Alger. — Abonnement, un an, 12 fr.

ANNUAIRES ET RECUEILS DE NOTICES
De la Société archéologique de la province de Constantine, de 1853 à 1882.

COLLECTION D'OUVRAGES POUR L'ÉTUDE DE LA LANGUE ARABE
PARIS, CHALLAMEL AÎNÉ, 5, RUE JACOB

CHALLAMEL AINÉ, ÉDITEUR ET COMMISSIONNAIRE

LIBRAIRIE ALGÉRIENNE, MARITIME ET COLONIALE, 5, RUE JACOB, PARIS

COCHINCHINE, TONKIN, NOUVELLE-CALÉDONIE

La Cochinchine contemporaine, par A. BOUINAIS, capitaine d'infanterie de marine, licencié en droit, chevalier de la Légion-d'Honneur, officier d'Académie, et A. PAULUS, agrégé de l'Université, professeur d'histoire et de géographie à l'école Turgot, officier d'Académie. 1 vol. in-8 avec une carte générale de la Cochinchine, réduction de la carte en 20 feuilles de M. le capitaine de frégate Bigrel. Documents récents. 7 50

Histoire de l'intervention française au Tong-King, de 1872 à 1874, par F. ROMANET DU CAILLAUD. 1 vol. in-8 avec 1 carte et 4 plans. 6 —

Notice sur le Tong-King, par ROMANET DU CAILLAUD. Br. in-8. Extr. du *Bulletin de la Société de géographie de Paris*, avec carte. In-8. 2 —

Les produits du Tong-King et des pays limitrophes. In-8. 1 25

Carte du Tonkin, publiée avec l'autorisation de la marine, par A. GOUIN, lieutenant de vaisseau, d'après les travaux de MM. les ingénieurs-hydrographes de la marine, les officiers de vaisseau, les missionnaires, et de MM. J.-L. DUTREUIL DE RHINS, J. DUPUIS, ROMANET DU CAILLAUD, MALLART, lieutenant d'infanterie de marine, VILLEROI, et d'après les cartes annamites. Très belle carte, grand aigle, en trois couleurs. 4 —

Exposé chronologique des relations du Cambodge avec le Siam, l'Annam et la France, par Ch. LEMIRE. Br. in-8. 2 50

Cochinchine française et Royaume du Cambodge, avec l'itinéraire de Paris à Saïgon, avec carte de la Cochinchine française, un plan du canal et des villes de Suez, etc., par Ch. LEMIRE. 1 fort volume in-18. 4 —

L'ouverture du fleuve rouge au commerce et les Evénements du Tonkin, 1872-1873. Journal de voyage et d'expédition, par J. DUPUIS. 1 vol. in-4 avec une carte du Tonkin, d'après des documents inédits. 15 —

L'Inde française. Deux années sur la côte de Coromandel, par L. DE CHAROLAIS. 1 vol. in-18. 3 50

Code annamite. Lois et règlements du royaume d'Annam, traduit du texte chinois original, par G. AUBARET, capit. de frégate. 2 vol. in-8. 10 —

Etat de la Cochinchine française en 1881. 1 vol. in-4, imprimerie du gouvernement à Saïgon. 7 —

L'Annam et le Cambodge. Voyages et notices historiques, avec carte, publié par M. l'abbé BOUILLEVAUX. 1 vol. in-8. 6 —

Souvenirs de Hué (Cochinchine), par M. CHAIGNEAU, ancien officier de marine, consul de France. 1 vol. in-8 avec plans et un tableau. 9 —

Notice sur la Basse-Cochinchine, par M. L. DE GRAMMONT. In-8. 1 25

Bibliographie annamite. Livres, recueils périodiques, manuscrits, plans, par M. BARBIÉ DU BOCAGE (V.). 1 vol. in-8. 2 50

Luc-Van-Tien, poème populaire annamite, transcrit pour la première fois, par G. JANNEAU. 1 vol. in-8, 2ᵉ édition, avec notes et planches. 8 —

France et Chine. Vie publique et privée des chinois, anciens et modernes. Passé et avenir de la France dans l'Extrême-Orient. Instructions politiques, sociales, civiles, etc., etc. 2 vol. in-8. 12 —

LIBRAIRIE ALGÉRIENNE, MARITIME ET COLONIALE, CHALLAMEL AINÉ

Histoire et description de la Basse-Cochinchine (pays de Gia-Dinh), traduit d'après le texte original par G. AUBARET. 1 vol. gr. in-8.   6 —

Grammaire annamite, suivie d'un Vocabulaire annamite-français, par G. AUBARET. 1 très gros volume grand in-8.   25 —

La grammaire annamite seule. Br. gr. in-8   —

Dictionnaire annamite-français, par l'abbé LEGRAND DE LA LIRAYE, ancien interprète du gouvernement pour l'annamite. 1 vol. gr. in-8.   10 —

Vocabulaire français-cambodgien et cambodgien-français, contenant une règle à suivre pour la prononciation, les locutions en usage pour parler au roi, aux bonzes, aux mandarins, etc., par MOURA, ancien représentant du protectorat français au Cambodge. 1 vol. gr. in-8.   10 —

L'Extrême-Orient. Cochinchine, Annam, Tonkin, par Raoul POSTEL, ancien magistrat à Saigon. In-18 avec gravures dans le texte.   2 50

Collections d'ouvrages pour l'étude des langues annamites, chinoises, cochinchinoises, etc.

La Colonisation française en Nouvelle-Calédonie et dépendances, comprenant les itinéraires de France à Nouméa, par l'Australie, la carte de l'Amérique, le tracé kilométrique d'un voyage à pied autour de la Grande-Terre ; des tableaux, cartes, plans et gravures indigènes, etc., par CH. LEMIRE. 1 beau volume petit in-4.   20 —

L'Australie intérieure. Exploration et voyage à travers le continent australien, par Ch.-A. GRAD. In-8 avec carte par MALTE-BRUN. In-8.   5 —

Géographie minéralogique de la Nouvelle-Calédonie (nickel, cuivre, or, charbon), par M. l'abbé TRIHIDEZ, aumônier de la flotte. In-8.   1 25

Guide-agenda de France en Australie, en Nouvelle-Calédonie et aux Nouvelles-Hébrides, par Suez, Aden, la Réunion et Maurice, par Ch. LEMIRE. 1 vol. in-18, relié toile.   3 50

Guide-agenda. — Traversée de France en Nouvelle-Calédonie et Tahiti par le cap de Bonne-Espérance et retour par le cap Horn, par Ch. LEMIRE. 1 vol. in-18, relié toile.   3 50

Souvenirs de la Nouvelle-Calédonie. Voyage sur la côte orientale, un coup de main chez les canaks, pilou-pilou à Nanioussi, par U. DE LA HAUTIÈRE. 1 vol. in-18.   3 —

Carte de la Nouvelle-Calédonie, dressée d'après la grande carte marine et le relevé d'un voyage à pied autour de l'île, au 1/440,000, par Charles LEMIRE, chef de la mission télégraphique. *Nouméa*, une très belle carte en quatre couleurs.   5 —

Nouméa ; Presqu'île Ducos ; Ile de Nou au 1/40,000, par Ch. LEMIRE. Une carte format carré, en trois couleurs.   2 50

CHALLAMEL AINÉ, libraire-éditeur et commissionnaire pour la Marine et les Colonies

5, RUE JACOB, ET 2, RUE FURSTENBERG

Havre. — Imprimerie BRENIER et Cᵒ, rue Beauverger, 2.

CHALLAMEL AINÉ, LIBRAIRIE COLONIALE

5, RUE JACOB, PARIS

Carte du Tonkin, publiée avec l'autorisation du Ministre de la Marine et des Colonies, par M. Gouin, lieutenant de vaisseau, d'après les travaux des ingénieurs hydrographes, des officiers, des missionnaires, de MM. Dutreuil de Rhins, J. Dupuis, R. du Caillaud, Mallart, Villeroi, et d'après les cartes annamites. 1 f^ille grand aigle en 3 couleurs. 4 »

Histoire de l'intervention française au Tong-King, 1872-1874. par F. Romanet du Caillaud, 1 fort vol. in-8° avec une carte et 4 plans. . . . . 6 »

Notice sur le Tong-King (Extrait du *Bulletin de la Société de Géographie* 1880), par LE MÊME. . . . . 2 »

L'Ouverture du fleuve Rouge au commerce et les Événements du Tong-Kin, 1872-1873. Journal de voyage et d'expédition. par J. Dupuis. Ouvrage orné d'une carte du Tong-Kin d'après des documents récents, du portrait de l'auteur et d'une préface par le marquis de Croizier. 1 vol. in-4°. . . . . 15 »

La Cochinchine contemporaine, par A. Bouinais ✳, capitaine d'infanterie de marine, et A. Paulus, professeur d'histoire et de géographie à Turgot. 1 vol. in-8° avec carte en couleurs. 7 50

De la colonisation de la Cochinchine, par Francis Garnier, in-8°. 1 25

Les premières années de la Cochinchine Colonie française, par P. Vial. 2 vol. in-18, avec carte; préface par M. Rieunier. . . 6 fr.

La Cochinchine française en 1878, par le Comité agricole et industriel de la Cochinchine. 1 vol. gr. in-8°, orné d'une carte coloriée et des plans de Saïgon et de Cholen en couleurs . . . . 10 »

La Cochinchine française et le royaume de Cambodge, par Ch. Lemire, avec l'itinéraire de Paris à Saïgon, une carte de la Cochinchine, un plan du canal de Suez. 1 vol. in-18, 2° édition. . . . . » »

La Cochinchine française, publiée d'après les documents du ministère de la marine. Br. in-8°, avec une carte, par M. Manen. . . 2 50

Exposé chronologique des relations du Cambodge avec le Siam, l'Annam et la France. In-8°, avec carte, par Ch. Lemire 2 50

L'Annam et le Cambodge, par l'abbé Bouillevaux. Voyages et notices historiques, accompagné d'une carte géographique. 1 vol. in-8° . . . . 6 »

Histoire et description de la Basse-Cochinchine (pays de Gia-Dinh). Traduites par Aubaret. 1 vol. gr. in-8°. . . . . . . 8 »

Code Annamite, par Aubaret. 2 vol. gr. in-8°. . . . . 10 »

Grammaire Annamite, suivie d'un *Vocabulaire français-annamite et annamite-français*, par G. Aubaret. 1 très fort vol. in-8°. . . . 25 »

Dictionnaire Annamite-Français, par le P. Legrand de la Liraye, 2° édition, gr. in-8° . . . . 10 »

Vocabulaire Français-Cambodgien et Cambodgien-Français, par M. Moura, représentant du Protectorat au Cambodge. In-8°.

Souvenirs de Hué (Cochinchine). 1 vol. in-8° avec carte, plan, gravures, par Michel D'uc Chaigneau. . . . . 9 »

La Marine française au Mexique, par Henri Rivière, capitaine de vaisseau. 1 vol. in-8°. . . . . 5 »

Sceaux. — Typ. Charaire & fils.

www.ingramcontent.com/pod-product-compliance
Lightning Source LLC
Chambersburg PA
CBHW071718230426
43670CB00008B/1048